王定华　河南上蔡人。教育学博士，教授，教育部基础教育一司司长。先后在河南大学、河北大学、美国波特兰州立大学学习。1986年在河南大学执教，并任教研室副主任、研究生辅导员。1994年起历任教育部基础教育司教育行政管理处主任科员、义务教育处副处长、高中教育处副处长。2000年任中国驻纽约总领事馆教育领事、交流与调研组组长。2003年任教育部基础教育司办公室主任、综合处处长。2007年任教育部基础教育一司副司长，2012年至今任司长。在国内外教育刊物上发表论文100多篇；著有《走进美国教育》《美国基础教育：观察与研究》；主编有《透视美国教育》《新形势下我国学校德育调查与研究》《新形势下我国中小学生品德状况调查与思考》《我国中小学心理健康教育发展状况》《全面推进义务教育均衡发展》《中外教育史》《教育与环境》；合著有《比较教育基础》《中国教育改革与发展》《民族振兴的希望：中国教育体制改革的进程与前瞻》；组织翻译并审校的著作有《21世纪的大学》《美国公立大学的未来》《教育科学研究法》。主要研究领域为基础教育政策、一流大学建设、中美比较教育。

美国基础教育：观察与研究

王定华　著

人民教育出版社

·北京·

图书在版编目（CIP）数据

美国基础教育：观察与研究 / 王定华著. — 北京：人民教育出版社，2016.1
ISBN 978-7-107-30856-7

Ⅰ. ①美… Ⅱ. ①王… Ⅲ. ①基础教育-研究-美国
Ⅳ. ①G639.712

中国版本图书馆CIP数据核字（2016）第000075号

人民教育出版社 出版发行
网址：http://www.pep.com.cn
保定市中画美凯印刷有限公司印装 全国新华书店经销
2016年1月第1版 2016年1月第1次印刷
开本：787毫米×1 092毫米 1/16 印张：25.25
字数：362千字 印数：0 001～3 000册
定价：47.10元

序

朱永新

2015年年初，我邀请教育部基础教育一司王定华司长到北京师范大学参加新教育实验“缔造完美教室”叙事研讨会活动。我没有把他当作官员，而是把他作为一位既非常熟悉我国基础教育国情，又十分了解国外教育发展概况的专家来邀请的。在参加活动以后，定华即席做了十分精彩的点评，旁征博引。在评点英语教师的演讲时，他干脆直接用起了英文。他的幽默、思想深刻与博学，给与会者留下了非常深刻的印象。

在活动中，我们讨论起我国基础教育的改革与发展等问题，颇为投机。我们一致感到，中国基础教育改革和发展已经进入了新的历史阶段。为此，我们一方面需要坚定自信，自觉传承和弘扬中华优秀传统文化与教育优势，另一方面必须更加对外开放，吸收和借鉴人类文明的先进成果与教育经验。

中华文化源远流长，根深叶茂。优秀传统文化，是民族的魂魄，是凝聚力的根本。文化存，则民族存；文化亡，则民族亡。缺乏民族文化滋养的孩子，哪怕自诩为“世界公民”，终归是肤浅片面的，既难奉献独特价值，也难真正走远。断绝民族文化之根的孩子，是“空心”的孩子；只有这样的孩子的民族，未来就会成为“空壳”的民族。文化，是人类认知世界的智慧结晶。教育是对人类创造的思想文化的自觉传承。对各种思想文化要进行审视、选择、编纂和诠释，把精髓纳入教育之中。教育应该是当今文明复兴的新动力，学校应该是文化发展的新中心。完善中华优秀传统文化教育，不仅是立德树人的根本立足点，是国家文化建设的根基，是贯彻党的教育方针的重要内容，是建设社会主义核心价值体系的重要基础，更是关系到中华民族生死存亡的大问题，也是教育工作者义不容辞的神圣使命。

中华优秀传统文化能否再度兴盛乃至生生不息，完全有赖于我们的努力。传承绝不是为了复古，继往是为了更好地开来。真正的民族自信，是对自身的客观审视，是对世界多元文化瑰宝的包容。在此过程中，要对我国传统的教育思想、教育实践进行总结，该坚持的坚持，该发扬的发扬，该改进的改进。

同时，为了把我国基础教育做得更好，应在大力弘扬中华优秀传统文化、洞察我国基础教育成败得失基础上，深入探讨发达国家的教育理念、教育政策、教育实践和教学行为，总体观察发达国家的教育特征，研究和分析国外先进的教育思想和教育实践，通过比较提出对我国教育颇有助益的教育策略，为中国基础教育改革提供他者视域，积极稳妥地推动我国教育深化改革与持续发展。

当今世界，美国无疑是最有影响的超级大国。美国教育的理论与实践，受到许多国家广泛关注。比如，作为联邦制国家，美国联邦政府和州政府分享权力，各负其责。在联邦与州两级教育行政管理中，以州政府为主体。联邦政府教育部主要负责规划、指导和协调，开展立法、拨款和统计，一般不具体干涉地方的教育行政事务。各州的教育行政事务由州教育厅负责，包括教育立法、教育准入、学校设立和教师资格制度、教学大纲和高中生毕业标准的制定，对公立学校进行资格认证、评估，尤其对教育质量进行管理与综合评价及制定教育预算等。各州对教育事业发展虽有较大的统筹权，但不介入学校内部管理。美国基础教育管理的基本单元是学区，由学区发挥基础教育行政管理功能，同时调动学校办学的自主性……美国教育的政策与做法，有些是成功的，值得我们学习；有些是失败的，需要我们避免；有些虽有成效却不符合我国实际，我们不可盲目照搬。

这些年，我国学者对美国基础教育介绍已有不少，但是，且不说美国基础教育自身也在不断改进提升，仅从教育本身之复杂而言，我们的介绍与研究都不能说已经全面深入。事实上，既有实地观察又有深入研究，既有理论高度又比较通俗易懂的研究美国基础教育的著作，仍是大家翘首期盼的。

定华是学比较教育的，到教育部工作之前就已获得教育学博士学位，还在大学教过多年书，具有深厚的教育理论功底。担任领导职务后，他的行政工作非常繁忙，开会、出差、深入基层调研、制定政策文件、组织全国交流、指导改革试点，但这种生活却给他更多深入基础教育一线、切入改革前沿的亲身体验。对他来说，最大的挑战是时间被繁重的工作切割，平时几乎没有自己自由支配的时间。但对于一个勤奋的人来说，时间其实永远也不会少。听说他每到夜深人静，都坚持两个小时的阅读和写作，以治学者的理性和管理者的心胸，将满腔热血泼洒在教育研究之中。经过日积月累，他著述颇丰，其中已在《教育研究》上发表过五篇论文，在《中国教育学刊》发表过十篇论文，并且有多篇作品被《新华文摘》转载。

更为难得的是，定华不仅扎根于中国教育的现实沃土，还具备广阔的国际视野，关注着发达国家教育改革动向。这部《美国基础教育：观察与研究》就是他花费大量精力、关注域外变革、深入分析归纳而完成的。

翻阅这本书稿，能够感觉到作者的用心与用力。这本书不是把人家的东西不加分析地直接搬过来，而是站在中国基础教育的需求上确定章节、谋篇布局。这本书有重点，对国人需要了解的美国基础教育的经费投入、课程改革、校长队伍、教师队伍、考试评价、教育体制，以及品格教育、心理健康、信息技术教育进行介绍，但不求对美国基础教育面面俱到；这本书有高度，从过去、现在、将来的坐标轴上进行分析，入木三分，而不是浅尝辄止；这本书有实例，作者基于自己多次访美的亲身观察，夹叙夹议，娓娓道来，不像有些学术著作那样晦涩难懂；这本书有细节，如，他观察美国的校车制度，就从美国校车的缘起开始探讨，比较详细地考察美国校车的技术保障体系、校车治理体系、校车司机选配、对学生乘车安全要求、校车通行权与校车文化等，有心者从细节处管中窥豹，就容易得到启发，举一反三。

尺有所短，寸有所长。比较教育的目的并不在于判断哪一个教育制度优于其他制度，而是借鉴他国经验，根据本国情况，取长补短，不断提升我国的教育水平。我认为，《美国基础教育：观察与研究》是一本有着广泛读者群的教育著作。

观察和研究美国基础教育，要经历一个由远及近、由空泛到具体、由理论到实践的过程。至今，本书作者已11次访问美国，先后到美国首都和40多个州，访问了联邦教育部和一些州教育厅、地方学区，观察了100多所中小学、60多所大学，接触了几百位美国教育管理人员、研究人员和实际工作者，与学生、家长进行了座谈，打开了眼界，受到了启发。本书是基于作者对美国基础教育的长期观察与研究写成的，运用了大量第一手材料，既有理论深度，又比较生动流畅；既不是就理论谈理论，也不是就观感说观感，而是理性中有感性，观察中有思考；既适合广大教育理论研究者和教育行政工作者，又适合广大中小学校长和教师参阅。我认为它应该会受到教育理论工作者和教育实践者的一致欢迎。

我愿意向大家郑重推荐这本书，相信大家一定会开卷有益。我也期待，更多此类深入浅出的教育著作出版。他山之石，可以攻玉。学习其他国家的先进经验，旨在解决我国教育的现实问题。如果我们能够兢兢业业地完善中华优秀传统文化教育，认认真真地汲取外来文化的长处，我相信，中国基础教育就会真正地办出特色与水平，为实现中华民族伟大复兴的中国梦做出贡献。

2016年1月1日于北京滴石斋

（本序作者系全国政协副秘书长、民进中央副主席、中国教育学会副会长、新教育实验发起人）

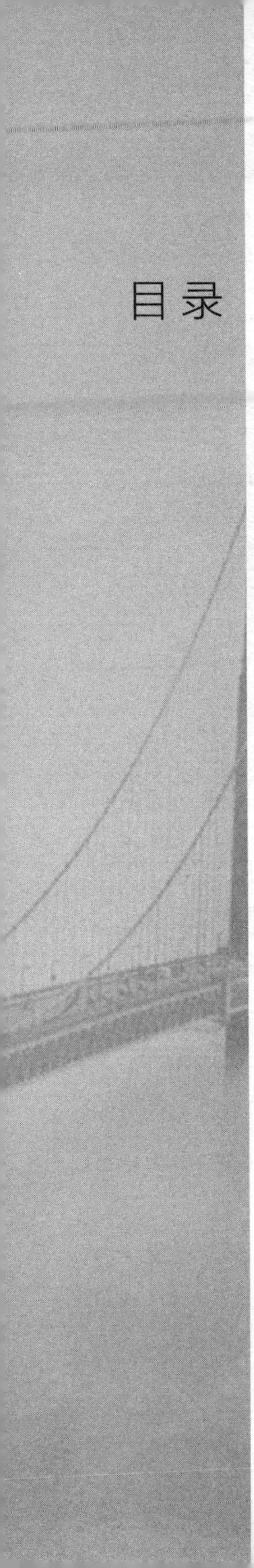

目录

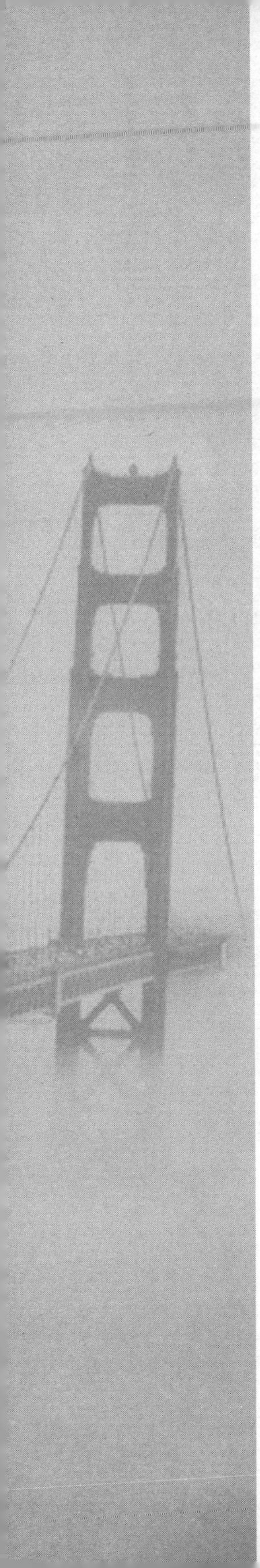

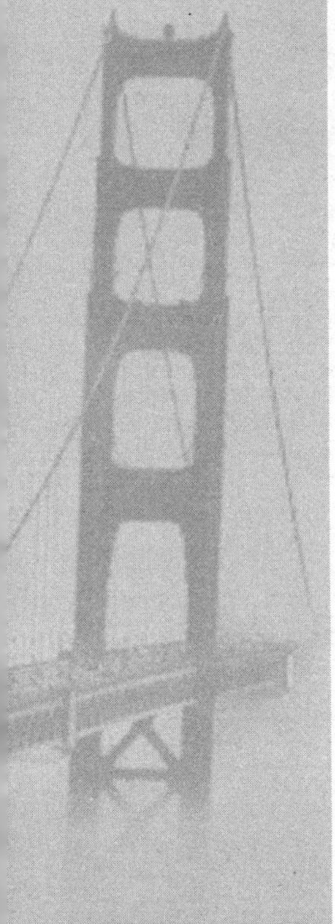

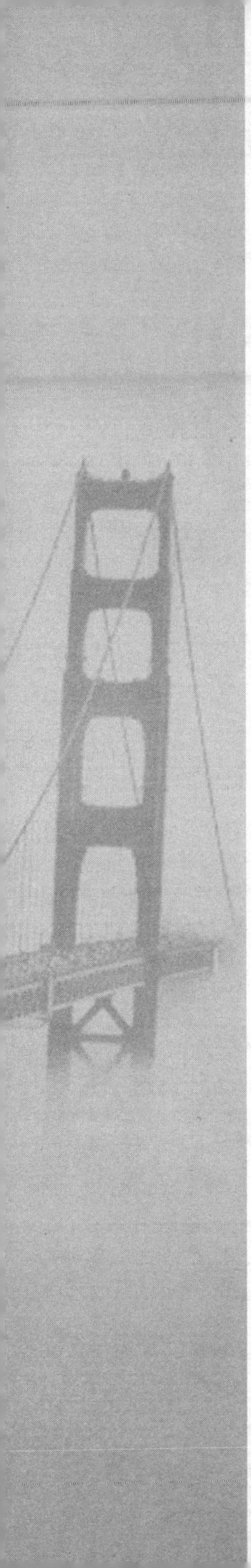

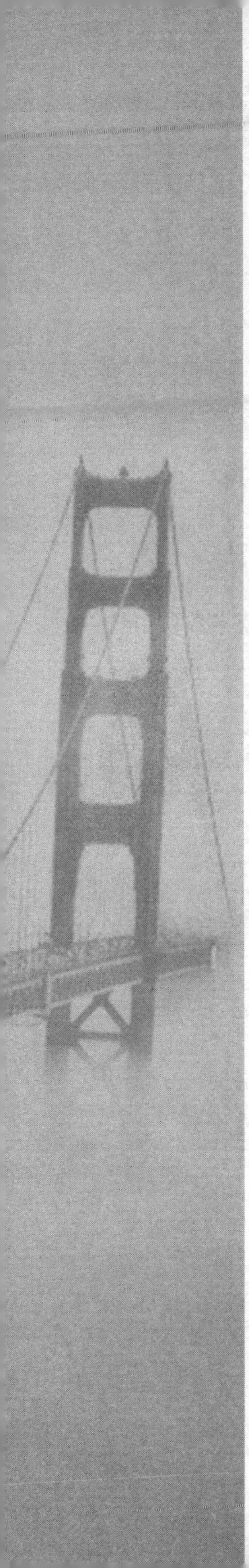

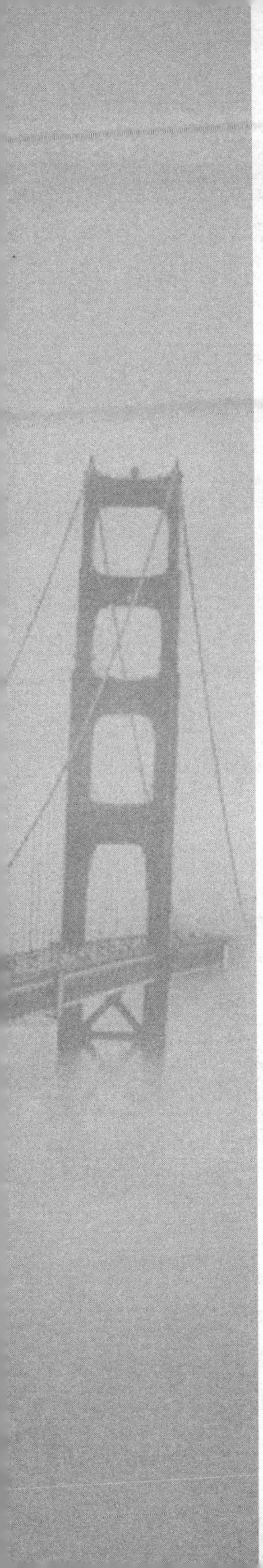

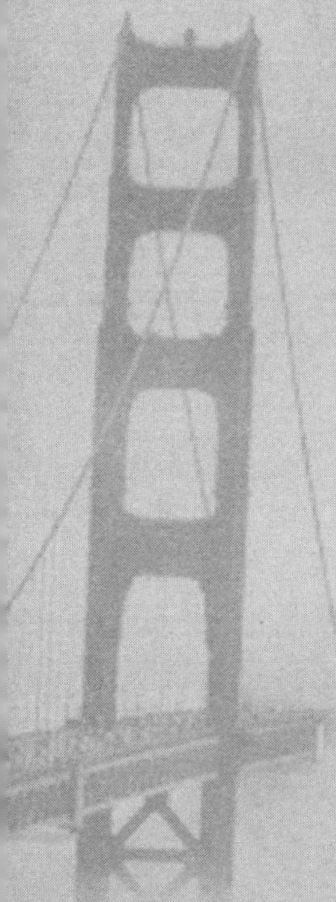

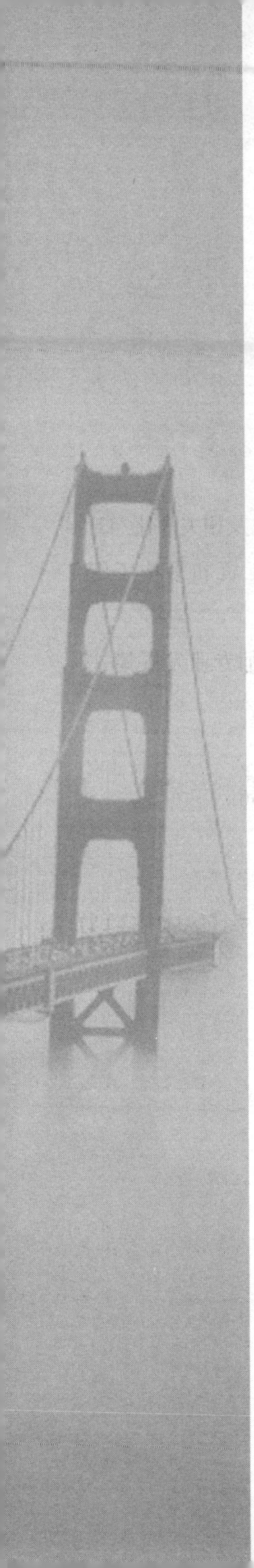

图目录和表目录

图1-1 停靠在普利茅斯港口的“五月花号二世”

第一章

从哪里来：美国基础教育发展历史回顾

美国的历史不长，是一个比较年轻的国家。从1776年独立建国至今的两百多年间，美国教育发展引人瞩目。美国教育改革发展与其经济、社会、文化、科技的不断进步紧密联系，伴随于实现“美国梦”的全过程。其中，面向广大国民的美国基础教育直接提升了其人口素质，为国家进步奠定了重要的人才基础。以史为鉴，可明白很多事理。对美国基础教育发展历程进行梳理，有助于加深对美国基础教育过去与现在的了解，也可以借鉴其教育实践和教育思想，从而借他山之石以攻玉，达到洋为中用之目的。

一、美国基础教育发展的基本脉络

（一）基础教育萌芽阶段（1776年以前）

美国教育，是伴随着美洲大陆的发现和移民的出现而兴起的。14世纪以前，作为美洲主要土著人，印第安人生活在原始、简朴的状态中。1492年哥伦布发现新大陆后，欧洲殖民者便开始了探索美洲的历程，使印第安人平静的生活被打破。1607年，英国殖民者在今弗吉尼亚州的詹姆斯敦建立了殖民地。1620年，“五月花号”轮船把另一批英国人运抵普利茅斯。普利茅斯今属马赛诸赛州，毗邻大西洋，虽人口至今不到十万，但因是最早的移民登陆点之一，建有欧洲移民纪念亭、印第安人纪念馆，故为北美名城，参观者四季不断。随着岁月的流逝，原“五月花号”客船已不复存在，但“五月花号二世”停泊在普利茅斯港口，供人参观。有时，这艘船要应邀驶往波士顿、纽约、费城等地，作为青少年爱国主义教育的载体。

16世纪以后，英国及欧洲其他国家的人群逐渐登陆并居住于美洲大陆，从此北美大陆成为殖民地，长达百余年之久。那时，随着移民的不断涌入，北美大陆欧洲文化的色彩浓烈，对教育十分重视。1636年哈佛学院成立，1647年首批公立学校问世。移民按自己的意愿办学，不同的移民区产生不同的教育模式，带着宗主国的烙印。那时，唯有上等阶层子女可以受到较好的教育，贫穷和下等阶层子女与正规教育无缘，很早就得学艺谋生。

1. 土著美洲人的教育

哥伦布发现的所谓新大陆，对北美土著人来说，其实并不新。考古发现表明，北美大陆的第一批居民是在公元前15000年左右穿越白令大陆桥来到北美的。随着时间的推移，早期美洲居民的活动范围不断扩大，由北到南向中美洲和南美洲扩展，乃至遍及整个大陆。

在这片陆地上，印第安人繁衍生息，各具特色的本土部落群体也缓慢地得以形成。虽然各个部落存在着文化方面的差异，不过，要想成为一名合格的部落成员，每一个儿童、青少年都必须接受一定的教育和训练。这至少包括三个方面：

一是生存技能。为了生存下去，就要了解地理、温度、水源，还要与自然界和谐相处，接受有关生存经验及身体技能的训练。

二是传统文化知识。为了更好地在群落中生活，他们还要学习本部落的歌曲、舞蹈、戏剧等知识和本领。

三是精神意识。为了在精神层面上获得一份安宁，他们须参加宗教学习，以了解宗教，敬畏宗教。宗教学习往往是由家族或者部落中的年长者通过庆典、祭祀等活动，以故事叙述方式进行。

2. 欧洲人开拓新大陆的教育

大约500年前欧洲人来到新大陆，打破了这片土地原本的秩序和宁静。1565年，西班牙殖民者在美洲建立了第一个殖民定居点。之后，来自其他国家的殖民者建立了更多的定居点。当欧洲人陆续来到这片新大陆时，他们也把欧洲的教育理念和经验带到了美洲。这些殖民者不仅重视对自己子女的教育，而且重视对土著美洲人的教育。在他们看来，土著人是野蛮的、未开化的，其儿童也必须接受文明教化和基督教教育。

那时候，教育与宗教没有分离，教会不仅对年轻一代传授宗教教义，而且还教授阅读、写作、商业贸易、手工业以及艺术绘画等。尽管也有一部分西班牙殖民者的孩子进入传教学校，但是大部分家庭条件较好的西班牙殖民者还是选择聘请家庭教师在家里教育孩子，或者将孩子送回国内上学。客观来说，西班牙人对土著美洲人的这种强制性同化政策收到了成效，给土著人奠定了初步的文化基础。

值得一提的是，在殖民者中，法国人对土著美洲人并没有实行强制性的同化政策，而是尝试着融入当地的部族社会，学习他们的语言，了解他们的文化，并与他们通婚。不过，由于法国政府在1673年停止了对美洲的殖民活动，故而法国的学校制度也没能在美洲发展起来。

3. 殖民地时期的初等教育

在新英格兰殖民地，最常见的初级教育机构是主妇学校。它是一种家庭式的学校，收费低廉，由周边受过一些教育的主妇在家里的厨房或起居室举办。主妇学校主要教儿童吟唱童谣，以及基本的拼写和阅读技能。提供初等教育的机构还有阅读学校和写作学校，主要教授阅读和写作知识。阅读学校是更为基础的一类学校，它主要以阅读启蒙和宗教教育为主。写作学校以教授商贸所需的技能为主，包括写作、算术、复式记账法等。在殖民地后期，这两类学校也获得了一些公共经费的支持。

此外，提供教育的机构还包括慈善学校或贫儿学校，主要招收那些无力支付学费的贫困家庭儿童。这类初级学校采取宗教式教学，教育目标主要是为来世做准备。课程主要以“4R”为主，即阅读、写作、算术和宗教。记忆和背诵是基本的教学方法。教师主要是通过恐吓的方式来激励学生，让他们遵守学校秩序。

4. 殖民地时期的中等教育

拉丁文法学校是作为大学的预备学校而产生的，因为精通拉丁文是大学招生的基本要求。公立和私立的拉丁文法学校都是为满足富裕家庭中的男孩进一步学习的需求而产生的。在学校中，学生每天学习 8 个小时，每周学习 6 天。主要学习拉丁文、希腊文和希伯来文等古典语文，还要学习其他包括自文艺复兴以来培养有教养的人所要进行的古典教育科目。一般来说，学生们星期一至星期四上午学习语法，下午学习阅读，星期五温习和考试，星期六写作文，星期日一般做教义问答和宗教练习。学生的学习任务非常繁重，他们需要大约 7 年的时间才能完成一整套课程。1635 年，在波士顿建成的拉丁文法学校开学，它被认为是第一所建立在英属殖民地的正式“公立”中学。随着 1647 年教育法案强制要求建立文法学校的规定颁布，文法学校逐渐在各地建立起来。

文实学校作为殖民地的一种教育机构，出现于 18 世纪中期，文实学校最早最有力的支持者就是本杰明·富兰克林。富兰克林深受启蒙哲学的影响，特别是受约翰·洛克的影响，主张传授实用知识，培养殖民地所需要的熟练工匠、商人和农民，指出英语应该成为教学的主要语言，而不是拉丁语。从新英格兰开始的文实中学运动扩展到了西部和南部地区。文实学校的类型是多样的，有寄宿的，有走读的，有教师举办的，有家长或社会团体举办的，还有教派或慈善家举办的。文实学校还因得到了公共资金的支持，其规模不断增大。女子文实学校的建立扩大了女性的受教育机会。

5. **殖民地时期的教育法**

新英格兰殖民地发展了政教合一的传统，于 1642 年颁布了第一部教育法即马萨诸塞教育法，首次明确提出了国家在教育中扮演重要角色。该法是义务教育法令的雏形。5 年后，殖民地颁布了 1647 年教育法。该法要求建立学校，要求所有 50 户及以上家庭的城镇都必须为本地儿童提供基本的读写教学，它规定教师的工资由学生家长或者社区里的人共同支付。它还要求凡满 100 户家庭的城镇必须建立一所文法学校，以准备将一些男孩送去继续深造。那些不服从的城镇会被处罚。

（二）基础教育初创起步阶段（1776—1861 年）

从美国独立后至南北战争前这段时期，属于教育改造或教育制度的初创时期。为了有效培养新型劳动力，适应经济发展，也为了把各不相同的移民文化熔炼在美利坚合众国这个大熔炉里，以巩固新生政权，繁荣经济和文化，19 世纪 20 年代掀起了一场席卷北部和中西部的公立学校运动，成了普及、平等、免费、不属任何教派的美国公立学校制度的开端。公立学校运动其实就是依靠公共税收维持，由公共教育机构管理，面向所有公众的、免费的义务教育运动。当时，美国北部各州的大部分选民认为，创建由州政府规定并由地方管理的免费学校是明智的选择。在这种教育模式盛行后，美国开始出现了有教无类的免费教育制度。从此，基础教育作为正规、公益的教育模式在美国长期存在。

1. **教育理论家强调教育作用**

开国元勋托马斯·杰斐逊（Thomas Jefferson）认为政府的权力是被统治者授予的，人人享有政府不可掠夺的若干权利。1779 年，杰斐逊在弗吉尼亚州议会上提出了《关于进一步普及知识的法案》，主张在弗吉尼亚州建立公共教育制度。该法案提出将县划分成不同的小区，每区设一所由税收支持的小学，为所有入学的白人男女儿童提供三年免费教育，学生学习古典学科和现代历史，掌握必要的文化知识和计算能力。每区建立一所寄宿文法学校，招收那些付得起学费的学生，以及聪慧但出身贫困的学生，后者学费由州提供。文法学校的课程包括拉丁语、希腊语、地理、英语、文法和高等算术。该法案极具精英主义特质，并且富有自由主义和人道主义色彩。虽然该法案最终没有获得通过，但是，杰斐逊提出的普及免费公共教育观对于美国基础教育制度的建立具有重要意义①。

本杰明·拉什（Benjamin Rush）是费城学院的一名教授。他提出要建立由公共财政资助的免费学校制度，在他制定的《关于在宾夕法尼亚州建立公立学校和普及知识的方案》中，他提出在每个有100户或超过100户家庭的城镇建立一所免费小学，每个县建立一所文实学校。拉什积极倡导女性教育，由他建立的费城女青年文实学校是美国最早的女子文实学校之一。出于他的“共和机器”的教育理念，他对黑人教育、宗教教育都给予支持，并主张建立由公共财政支持的宗教学校。与其他理论家相比，拉什更多关注教师质量与品质以及他们得到的经济支持。他还是严厉的共和国理论家，主张通过教育甚至教化来实现自律和政治。

诺亚·韦伯斯特（ Noah Webster）被誉为“共和国的教师”，他认为教育之目的是灌输爱国主义，制定国家语言和课程是实现这一目的的根本途径。他赞成免费学校的观念，支持女性教育。他编写了《英语语法课程》，代替了当时的英语课本，他还编写了《美国英语词典》，这成为促进美式英语发展的一个重要工具。他最受欢迎的一本书是《初级拼写读本》，内容包括带有政治和爱国内容的联邦问答和关于道德和行为方面的知识。有评论认为，他的课本对美国教育产生的影响要比他的理论设想大得多。

2. 创办崭新的初等教育机构

建国初期的美国初等教育虽然留有欧洲的痕迹，但是在一定程度上满足了人民大众的教育需求，为他们提供了学习的机会。

导生制学校在美国得到普遍推广并赢得广泛赞誉，它被认为是19世纪末美国出现的工厂式城市学校的原型。导生制学校源于英格兰，由约瑟夫·兰卡斯特引进到美国。导生制学校以学生的学习能力为标准，挑选出导生或实习教师，进而通过他们来教授学生。1806年，纽约市成立了美国第一所导生制学校。导生

① 滕大春著：《美国教育史》，人民教育出版社2001年版，第50—56页。

制学校为贫穷儿童提供了一种廉价的受教育机会，这也成了慈善学校的一个典范。后来，导生制学校逐渐衰落，原因是导生们无法赢得学生的尊重，无法维持秩序，以及所教授科目的局限性。

主日学校是一种慈善学校，起源于英国。1786 年，弗吉尼亚州出现了美国第一所主日学校，目的是向平时需要工作的儿童提供道德教育，传授读写的基础知识，强调阅读和背诵圣经。主日学校主要出现在一些大城市的工厂里。随着主日学校规模的不断增长，它面向所有儿童开放，这扩大了儿童受教育的机会，也使主日学校成为公立学校的先驱。

1827 年，在纽约和费城成立了幼儿学校，招收 2—6 岁的贫困儿童，学生主要学习基础文化知识，接受道德教育。在美国，幼儿学校在 1840 年前后出现了短暂的中断，并在 19 世纪 50 年代随着幼儿园的兴起而得以复兴。它在学校引导大众关注教育需求方面发挥着重大作用，作为小学预备学校被保存下来，成为城镇学校的组成部分。

3. 开展公共学校运动

公立中学运动发端于内战之前，其初衷在于取代拉丁文法学校，此外，人们也对私立中学的收费制度以及私人控制学校的制度感到不满。1821 年，在波士顿成立了英语古典男子学校，标志着公立中学运动的开端。1824 年，该校改名为英语中学，这是美国建立的第一所公立中学。1826 年，美国建立了第一所女子公立中学。对公立中学运动具有重要意义的是 1827 年的《马萨诸塞州法》，这是美国第一部要求建立公立中学的法律。该法依据城镇或区的大小，对教师数量和所授学科进行规定，要求在具有 500 或 500 个以上家庭的所有城镇或地区建立一所公立中学。它还要求，当已开办中学的城镇或地区人口达到最低 4 千人的时候，学校课程中必须开设拉丁语和希腊语。事实上，该法没有被严格执行，该州的中学数量也增长缓慢。这是因为，当时大多数人都未完成初等教育，大众对中学的需求是非常有限的。直到内战后各种政治的、社会的、经济的因素汇集起来，才创造出对公立中学的巨大需求。

1830—1860 年的这段时期在美国教育史上被称为公共学校运动时期。公共学校运动形成于美国当时特殊的政治、经济和社会发展背景之下。公共学校运动以兴办州立学校制度为宗旨，促使州政府加强对教育尤其是财政方面的支持，在一定程度上实现了教科书和教学的标准化，加强了教师培训。虽然公共学校运动招来了各方的批评，但是它获得了广泛的公共支持，为美国公共教育制度奠定了坚固的基石。

那时，城市移民劳动力大量汇集。从19世纪三四十年代开始，大量来自爱尔兰、德国和南欧的新移民涌入到美国的大城市就业，他们大多信奉罗马天主教，一般不说英语。新移民在为工业化提供大量必需劳动力的同时，也产生了越来越多的问题，其中就包括教育问题。广大工人的受教育需求极为迫切。城市化的发展推动了适龄儿童的集中化，工人阶级个人无法负担起子女教育所需的费用，工人们要求给他们的孩子建立一个良好的教育制度，建立由税收支持的公共学校。

起初，死记硬背的机械教学方式在公共学校最为常见，学生学习的东西就是书本。普遍使用的教科书是系列读本，以传授美德与宗教教义，宣扬美国的文化和民主政体。到了19世纪中期，为公共学校出版和使用的教科书种类更加多样，教学方法也发生了变化，简化教学方法、直观的教学原则、实物课程观以及爱儿童的教育理念逐步得以体现。

（三）基础教育普及发展时期（1861—1945年）

从南北战争至第二次世界大战结束，是美国教育的普及发展时期。19世纪中期，美国爆发了具有划时代意义的南北战争。南北战争后，美国教育阔步前进，逐渐枝繁叶茂起来。

1. 制定义务教育法律

1852年，马萨诸塞州通过了全美第一个义务入学法，规定每一城镇满500户居民设立一所中学，适龄少年儿童必须入学。要求所有8—14岁的儿童每年就学12周，连续6年。到1918年，全美各州都颁布了义务入学的法律规定。这些法案虽然没有即刻得到充分执行，却提高了入学率，降低了文盲率。到1919年各州都普及了年限不等的义务教育。在美国教育初创阶段，为适龄儿童提供免费的基础教育是以原则的形式出现，而在南北战争后，国家通过联邦和州两级政府联动的方式，对免费基础教育的推广提供了具体的实施保障。1868 年联邦政府设立教育机构，负责搜集、印发、统计教育信息，管理联邦教育经费，对各州教育系统提供咨询和帮助。州政府设立教育委员会或教育厅，依照州教育法规实施教育行政。州下面设学区，学区的教育管理机构成了具体管理教育事务的实权部门，从此形成了教育的地方分权制。

2. 开展综合中学探索

20 世纪初，美国的综合中学出现，其典型特征是学术研究和职业培训实现了并轨。综合中学的课程是多元化的，它为不同能力和不同兴趣的学生开设了系列课程。这些课程主要有四类：

一是大学预备课程，包括英语和文学、外国语、数学、自然和物理科学以及历史和社会科学；二是商业或企业课程；三是工业、职业、家政和农业的课程；四是为计划中学毕业后就结束接受正规教育的学生提供修改过的学术课程。学生基于自己的能力、目标、兴趣或者未来的教育前景，可以选择不同的教育轨道。

3. 发起进步主义教育运动

进步主义教育反对传统的以教师为中心、以学科为中心的课程，主张以儿童为中心的课程。进步主义教育协会的成立，曾一度扩大了进步主义教育在全国的影响。在流行了一二十年之后，在大萧条到来之前，进步主义教育很快陷入了低潮。进步主义教育运动超越了美国历史上所有的教育改革运动，虽然在 20 世纪二三十年代进步主义教育从来也没有完全占领美国教育，但它的深远影响远远超出了它所处的时代，它作为一种审视课程和学习过程的方法从来没有消失过。

20 世纪初的美国人口大幅增长，到 1930 年已达到 1.23 亿。人口的增长很大程度上是大量移民涌入的结果。这些移民基本上是天主教徒或犹太教徒，许多人是农民或难民，他们的生活方式与那些本土出生的美国人迥然不同。在人口数量迅速增长的同时，人口的城市化进程也日益加快。新移民往往聚集在拥挤的隔离地区的出租房内，环境和卫生状况极为糟糕。新移民不仅通过他们外来的方式使本土生的美国人感到惊恐，而且他们固执地忠于犹太教和天主教，使占支配地位的新教徒市民感到震惊。新移民文化与美国本土文化之间的差异巨大，这在客观上恶化了与住房、卫生条件和公共教育有关的现实问题。

在这期间美国的经济迅速增长。到 1920 年，美国已经成为当时世界上最大的制造业国家。随之而来的是在工业和政治上的腐败肆虐。为了回应商业和政治活动中的负面影响，进步主义运动应运而生。进步主义者向政府的理念提出了挑战，要求政府从商业团体中夺取控制权，将其用于推进社会变革，保护弱势群体利益。

进步主义对教育的影响日益深刻。随着人口的迅速增长，学生人数亦随之增多，需要扩大学校规模、加强师资配置、增加教学设施等。进步主义改革者呼吁要让学校变得更加卫生，要有更多的开放空间和阳光，要更有助于创造性活动的开展，要降低师生比例等。此外，进步主义教育改革运动初级阶段的目的是为各类学生尤其是为不断增加的城市贫困儿童提供一种新型教育，使教育事业更为有效，使儿童成为教育过程的中心。进步主义改革者对当时一些学校的无效或低效不满，他们主张把企业的原则和实践应用于学校管理，以提高学校效率。

约翰·杜威（John Dewey）是美国的教育家，也是世界的教育家。杜威于 1859 年出生于美国西北部佛蒙特州一个叫柏灵顿的风景秀丽的农业小镇。祖辈是为逃避迫害于 1630 年逃到新大陆的英国移民。父亲是小商，母亲是地方法官之女。滕大春先生在为杜威的《民主主义与教育》中译本所做的序言中写道，杜威的幼年平凡无奇，他送过报、干过杂工、开垦过荒地等。他就读的当地中小学校比较陈腐，杜威也学业平平①。不过，在课堂之外的广阔乡村活动中，他获得体验，受到启迪。杜威就读的大学是位于当地的佛蒙特大学。笔者曾于一个秋季访问过这所大学。当时，树叶五色斑斓，校园美不胜收，颇有世外桃源的感觉。不管现在还是过去，要论美丽，佛蒙特大学堪称上乘，不过要论学术，这个大学还算不上一流。遥想杜威当年，就在家门口上这所大学，并不会感到骄傲。好在，他从课外活动和广泛的阅读中得到了可贵的启发。大学毕业后，杜威在本州和宾夕法尼亚州中小学任过教。时值美国南北战争后的重建时期，美国在政治、经济方面改革力度很大，在文化教育方面掀起了学习德国学术的热潮。杜威受此

① [美] 约翰·杜威著，王承绪译：《民主主义与教育》，人民教育出版社 1990 年版，第 5 页。

学风激励，在工作之余主动求教于佛蒙特大学教授陶瑞（H. A. Torry）。在陶瑞指导下，杜威认真研读了黑格尔的哲学著作。他撰写的哲学论文被黑格尔的崇信者哈里斯（William T. Harris）称为佳作，并予以发表。彼时，美国效仿德国大学既重教学又重科研的传统，于1976年在马里兰州巴尔的摩创建约翰霍普金斯大学①。在哈里斯鼓励下，杜威成了约翰霍普金斯大学的一名研究生。他博览群书，而又精读哲学著作，1884年荣获哲学博士学位。

杜威勤于思考、乐于实践，著作等身。杜威的理论为进步主义教育提供了智力基础，他被认为是进步主义时代美国知识分子的真正代言人。杜威本人也热衷于传播自己的教育思想，曾到中国、俄国讲学，阐述学说，扩大影响。他在《我的教育信条》一书中的名言“教育是社会进步和改革的基本途径”话语至今镶嵌在哥伦比亚师范学院大门内侧的墙壁上，启发着人们的思考，指导着教育实践。他的进步主义教育理论反映了其实用主义哲学，认为课程要以儿童为中心整合多个学科，并让学生在体验中学习，最佳的教学方法是“做中学”、问题解决、实验、手工活动、合作学习与演绎性思考。他提出教育的目的是要促进个体发展和为儿童全面参与民主社会做准备，不过，他也赞成学校作为社会变革的基本工具本质上具有政治任务。在美国教育界，人人都知道杜威，就像在中国人人都知道孔子一样。

（四）基础教育的改革创新阶段（1945—2000年）

第二次世界大战后，美国基础教育进入了大发展和大改革的时期。伴随国内外政治、经济和科技变化，当时基础教育的发展水平已经不能满足社会的期望。于是，一连串的法律和一系列改革政策出台。

1. 关心贫困学生

与种族问题一样，20世纪60年代的最初几年中，贫困现象在国家的议事日程中得到高度重视，消除贫困成了政府的首要目标。教育被视为消除贫困的关

---

① 约翰霍普金斯大学首任校长吉尔曼（D. Gilman）参照德国柏林大学和莱比锡大学的范例，大力提倡学术研究。他比喻道，一个教授只会上课，不懂科研，就会变成会说话的鹦鹉。笔者恰好也曾访问过柏林大学、莱比锡大学，对其既重教学又重科研的校风印象深刻。

键。在基础教育领域，1964年的《经济机会法案》提出了“先行计划”，对那些3—5岁不能正常上幼儿园的处境不利儿童实施资助。1965年，美国通过了《初等与中等教育法》，这是“向贫困宣战”中最重要的一项教育立法。该法规定每年从联邦基金中抽出十多亿美元资助教育。第一条规定为地方学区的低收入家庭的儿童提供教育援助，联邦资助基金的80%用于该项目。

20世纪70年代美国的经济动荡使地方财政收入急剧减少，这进一步加剧了富裕学区和贫困学区之间的财政不平衡。贫困学区的家长、公民团体、教师和管理者向州议会施加压力，要求增拨资金，缓解弱势学校面临的财政不平衡，以及教育机会缩减等问题。“塞拉诺诉普里斯特案”的判决，成为法院判决学校财政改革运动的一大基石。法院认为，儿童的教育质量不仅取决于其所在学区的财政状况，而且还取决于整个州的富足程度。人们对教育经费不均衡的关注和诉讼，迫使立法机关推行学校财政改革，旨在增加州教育拨款，缩减生均教育经费差距。

2. 照顾多元背景

对其他族裔学生实施双语教育。20世纪60年代的美国中小学校基本上只用英语授课，这在某种程度上对于无英语表达能力或英语表达能力有限的学生是一种不公平。1968年，美国修订了《初等和中等教育法》，增加了双语教育计划，首次颁布《双语教育法》。在整个70年代，联邦政府多次修订该法，对双语教育的支持力度不断加大，扩大了符合双语教育学生的范围，从英语表达能力有限的学生扩展至英语不精的学生，并通过向学区通过竞争性拨款，向学院和大学提供培训拨款的方式为双语教育提供额外的支持。

颁布关于印第安人的教育法。印第安人的教育得到了政府的高度关注。美国参议会印第安人教育特别小组委员会提交的报告，即《印第安人教育：国家的悲剧和挑战》，介绍了印第安人公立学校的教育情况，提出了60项建议，其中包括增加印第安人教育经费，课程中保护印第安人语言、文化和历史，增加印第安人家长参与教育自己孩子的机会等。联邦政府顺应了印第安人的教育诉求，于1972年和1975年相继颁布了《印第安人教育法》和《印第安自决权暨教育补助法》，赋予印第安人家庭和部落更多地参与管理其自身教育的权利。

扩大墨西哥裔、亚裔美国人的教育机会。墨西哥裔、亚裔美国人的孩子起初只能在种族隔离的学校上学，即使能在白人学校上学，也经常被隔离在不同的教室或不同的楼层中。这种情况在二战结束后才逐渐改观，他们的孩子可以进入种族融合学校，不过，由于许多社区的住房模式和入学地区的局限，很大程度上种族隔离依然存在并固定化。

（五）进入新世纪以来的新探索

第二次世界大战后的几十年里，美国教育改革从未停息，教育结构调整从未中断，对人才培养规律的探索从未放弃。进入 21 世纪后，世界格局变化很大，美国社会受“9・11 事件”影响也很大。美国决意继续加大教育改革与发展力度，努力培养效忠美利坚合众国的、素质较高的一代新人。至 21 世纪初，美国教育类型多种多样，实验丰富多彩，成就有目共睹，但存在的问题也不容忽视，因而需要继续探索新的发展道路。

布什（George W. Bush）总统签署《不让一个孩子掉队法》等一系列法律、政策，加强教育治理与管控，是基于教育优先发展的战略考虑，确实是把教育摆到直接影响美国国际地位高低、国际竞争成败的高度来谋划的。旨在让全社会形成共识，各界参与和支持教育事业，对教育体制进行根本性改革，重塑学习体系，全面提高教育质量。

巴鲁克・奥巴马（Barack Obama）总统也对教育十分关注。奥巴马将教育视作重建美国经济和改善民生水平的基石之一，并在刺激经济法案中将教育置于相当优先的地位，就基础教育的改革提出了一系列方案。奥巴马政府增加了联邦政府对基础教育的拨款，启动了一些基础教育改革项目，纠正了一些地方过度强调州级统考带来的弊端，加强了与中国、欧洲在基础教育方面的交流，提高了对弱势群体学生的关注。2015 年 12 月，奥巴马总统签署《每一个学生成功法》（Every Student Succeeds Act）。该法对过于苛刻的测试、问责、末位淘汰等规定予以改变，以期调动各州积极性，顾及美国教育传统，改弦更张，面向未来。

二、影响美国基础教育发展的重要文献

在美国成为世界头号强国的发展进程中，教育起到了巨大的推动作用，而这种教育对社会发展进程的巨大作用，很大程度上取决于强有力的法律与政策保障。在不同发展阶段，美国出台关键性法律与政策，引导基础教育的发展方向。对这些法律与政策进行梳理，有利于理解和掌握美国基础教育的发展现状和未来趋势，具有较强的现实意义。

（一）《国防教育法》

1957 年，苏联第一颗人造卫星上天使得美国政府顿生强烈的危机感，迫切感到有必要加快教育改革，培养足够数量的科技英才以满足国家安全的基本需要，美国国会于 1958 年通过了旨在大力提高教育质量的《国防教育法》。该法并不是专门加强国防教育的法律，而是致力于提高教育质量的一揽子拨款方案。当时认为，教育上去了，美国才有资格与苏联在各方面抗衡，保障国防安全。该法共有十章，即：总则；学生贷款；加强科学、数学和现代外国语的教学；奖学金；教学指导、辅导和测验；发展语言；发展传递媒介；技术员训练；科学情报工作和各州统计工作。主要内容可概括为以下五个方面：

第一，加强数学、自然科学和外语教育，推动这些课程的现代化；

第二，加强英才教育，对大学生和研究生提供奖贷学金，使任何英才不因经济困难而失去享受高等教育的机会；

第三，加强实验室建设和教学手段现代化；

第四，积极发展职业教育，大力培养中层技术人员；

第五，强化师范教育，提高教师水平。

根据该法，联邦政府每年斥资数百亿美元资助各州的教育改革，推动上述目标的实现。1964 年，国会延长了该法的有效期限，并补充了新内容，扩大了发放奖贷学金的数量。1982 年，国会再次修订该法，以加强科技人才的培养，应对苏、德、日等国在科技、贸易、空间领域及战略武器方面的挑战。该法通过联邦专项补助金的方式，加强了联邦政府在教育领域中的干预作用，是美国提高教

育质量的核心策略，是教育发展中的一个里程碑。后来，外国人到美国短期访问也好，长期考察也罢，所接触的人，所研究的事，很多都与《国防教育法》有直接或间接的联系。美国教育人士时不时会提到该法，比较该法实施前后的变化，谈及提高教育质量的重要性、现实性。由此可见，该法在美国基础教育发展历史上起到重要的推进作用。

（二）《国家处在危险之中》

1983 年美国高质量教育委员会发布报告《国家处在危险之中》，副标题是“教育改革势在必行”。这是美国“回归基础”思潮和行为的具体表现。当时，美国高中课程呈现出失衡发展的状况，其影响因素主要包括课程及其功能的泛化，教育哲学流派影响的强弱变化，“民主平等”“社会功效”和“社会流动”三种教育价值观的影响，学科中心、社会中心和学习者中心三种课程观的影响，学校系统对课程改革固有的阻力等①。报告罗列美国中小学生在国际比赛中处于劣势以及基础教育的其他种种问题，呼吁开展教育改革，提高教育质量。这份报告认为教育成绩下降并不是一时所致，它在很大程度上是由于教育过程本身存在令人不安的缺陷造成的。

就课程来说，中学课程已趋于单一化，内容浅显且分散，学生乐于选修那些容易拿到学分的科目。科学的课程政策制定不仅需要国家、地方及学校的“课程共有”理念，而且需要与课程政策密切相关的各类人士的积极参与。

就学校对学生的要求来看，在整体平均成绩持续下降的同时，高中生的家庭作业量却减少了。其他国家常常从 6 年级就开设科学必修课，美国却较晚。到 1980 年只有 8 个州将外语作为必修课。

就学习时间而言，美国中学生每天在校学习时间是 6 小时，全年在校 180 天；而其他一些发达国家的中学生通常每天在学校学习 8 小时，全年在校学习 220 天。美国中学家庭作业也比较少，甚至不留家庭作业。

就教师情况来看，教师职业吸引力不够，进入教师队伍的往往不是高校最优

① 程可拉、胡庆芳：《美国高中百年课程发展述评》，《课程·教材·教法》，2004 年第 10 期。

秀的毕业生，而且教师培训时，对教学方法用时较多，而对教师所教学科的学术提高不够。

《国家处在危险之中》提出了以下建议：一是加强中学新基础课的训练；二是提高教育标准和要求；三是增加教与学的时间；四是改进师资培养工作，使未来的教师适应较高的教育标准；五是联邦、州及地方官员以及各级教育领导人员在教育改革中必须发挥决定性作用，并提高必要的财政资助。

（三）"2061 计划"

为改变美国中小学科技教育薄弱的局面，1985 年，美国促进科学协会联合科学院、联邦教育部等 12 个机构，启动了一项面向 21 世纪、致力于科学知识普及的中小学课程改革工程。当年恰逢哈雷彗星临近地球，改革计划又是为了使美国青少年能够适应未来，包括 2061 年哈雷彗星再次临近地球的那个时期科学技术和社会生活的急剧变化，所以取名为"2061 计划"。这么多年过去了，该计划取得了一定成效，对推动美国中小学科技教育发挥了应有的作用。

"2061 计划"认为，美国青少年的科技知识非常贫乏，远不能应对世界科技飞速发展的挑战，亟须在全国范围内搞一次科技扫盲，在科学、数学和技术教育上制定一个示范性、指导性的基本标准，编写新的教学大纲。它号召全国中小学以及幼儿园据此实施科技教育，从而使年轻一代具备科学技术的基础素质。该计划制定的基本标准是面向所有学生的普及科技教育的底线，它鼓励天资聪颖的儿童少年超越这个标准，以获得更好的发展。计划强调普及科技教育不是盲目增加学校教学内容，中小学教学重点是指导学生获得最基本的科学知识，形成良好的科学素质。

1985—1989 年为准备阶段。由科学家、企业家、大中小学教师和教育工作者等参与总结战后科学、数学和技术领域的深刻变革和未来发展趋势，汲取美国 80 年代以来教育改革的成果，于 1989 年推出了阶段性成果《普及科学——美国 2061 计划》的报告。该报告明确指出，下一代必将面临巨大的变革。科学、数学和技术位居变革的核心，它们导致变革、塑造变革，并且对变革做出反应，它们对今日的儿童适应明日的世界十分重要。该报告提出了未来儿童和青少年从小学到高中毕业应掌握的科学、数学和技术领域的基础知识框架，包括主要学科的基本内容、基本概念、基本技能，学科间的有机联系，以及掌握这些内容、概念和联系的基本态度、方法和手段。

1989—1993 年为进展阶段。根据第一阶段提出的理论和指导思想，研究实施所需要的条件、手段及战略，并设计不同模式的课程。同时，针对第一阶段的研究报告，展开广泛讨论，制定相应的教育改革和革新工程。1993 年《普及科学的阶段指标》报告问世，标志着“2061 计划”第二阶段圆满结束。该报告阐述了数学、科学、技术以及社会科学的性质、特点，确定了各年级学生达到的知识水平及发展程度。

1993—2012 年为深化阶段。“2061 计划”在更多的州和学区进行科学、数学和技术领域的教育改革实验。“2061 计划”于 1996 年设计了进一步的改革蓝图，编制丰富多彩的参考材料，并使之变成电子信息，广为传播；制定关于课程改革和工程推行情况的评价标准；促使各级教育的一体化，特别提倡大学要继续支持基础教育；加强教师培训和对科技教育的科学研究工作；筹集和落实改革所需资金。

2012 年之后为参照阶段。各地根据 2061 计划的理论和实践成果，反思本地教育改革或教学模式，力图借鉴其重视基础知识传授和促进学生科学素养提高的具体做法。一些国家也一直跟踪、关注着 2061 计划的后续报告和成果，特别是其提出的有关学科的关键知识点、不同阶段学生的核心素养构成。

（四）“蓝带学校”计划

义务教育普及后，提高质量便成了永恒的主题。美国联邦教育部于 1982 年开始实施“蓝带学校”（Blue Ribbon School）计划，旨在通过精神鼓励和物质刺激，引导各地提高中小学办学水平和义务教育质量，促进学校改进。“蓝带学校”计划的目标主要包括以下三个方面：

一是甄选在一定时间内达到了较高的学业标准，或者取得了显著学业进步、普遍得到公认的优秀公立和私立中小学校；

二是通过实施这个计划，引导所有的学校开展教育科研，努力提高办学水平，并确立自我评价、自我发展目标，明确前进方向和步骤；

三是促使这些优秀学校之间和学校内部更好地相互学习，交流办学经验。

“蓝带”是美国中小学能够获得的最高荣誉，遴选过程十分复杂。首先由各州经过考察后将学校名单报送联邦教育部，接着联邦教育全国审查小组（National Review Panel）审查各州推荐名单，为了确保蓝带学校水平和资料的可信度，蓝带学校均需接受实地考察。最后，全国审查小组经过慎重研究后，将最终名单推荐给教育部，并由教育部审查后宣布获选学校。

2002年《不让一个孩子掉队法》颁布后，美国基础教育的一些改革项目被整合或淡化，但蓝带学校计划得以保留。不过，这个计划与时俱进了，简化了申请表格，由州教育厅集体办理，对相对落后地区给予名额倾斜，促进教育均衡发展，照顾那些虽还不够卓越但进步明显的学校。正因为如此，这个计划被称为新蓝带学校计划。截至2012年，全美有3.9%的学校进入蓝带学校之列。

2015年11月9日，美国教育部长邓肯（Arne Duncan）参加2015年度蓝带学校认定表彰会，该年度又有285所公立学校、50所私立学校被认定为蓝带学校。至此，33年来美国共认定了8000多所蓝带学校①。

（五）《美国2000年教育战略》

1991年，时任总统老布什发布了《美国2000年教育战略》，期望在20世纪的最后10年彻底改革美国中小学教育模式，不拘一格地创办全球第一流的中小学校，从根本上提高全体美国人的知识和技能水平，使美国在21世纪保持世界头号强国的地位。

《美国2000年教育战略》具体目标包括六个方面：

一是所有学龄儿童具有入学学习准备；

二是中学生的毕业率至少提高到90%；

三是美国的学生在学满4年、8年和12年时，在有相当难度的课程——其中包括英语、数学、科学、历史及地理等科目中，学习成绩优秀，考试合格；

四是力争美国学生在数学与科学成就方面全球第一，名列前茅；

五是每个成年人都具有文化知识和在国际经济活动中的竞争能力；

① 参见2015 National Blue Ribbon Schools. http：//www2. ed. gov/programs/nclbbrs/2015/index. html.

六是每所学校力争成为无毒品、无暴力的场所，以及秩序井然而又富有浓厚学习氛围的园地。

《美国 2000 年教育战略》提出了四个方面的主要对策：

第一，为今天的学生创办更好更负责的学校。家长、教师、学校及社区对学生的学业成绩进行衡量和比较，并在发现学生学习成绩不够好时不断提出具体的改革措施。

第二，为明天的学生创办新一代的美国学校。美国发动富有创造力的天才设计和举办“新一代的美国学校”，这种学校彻底打破传统模式，不拘一格，它们力争成为世界上最好的学校，能使学生达到“国家六大教育目标”，在学业上获得飞跃进步，从而保持美国世界强国地位。

第三，美国变成人人学习之国。仅仅为今天和明天的学生而改善学校是不足以确保美国在 2000 年的竞争能力的，为此，要求美国成年人“回到学校去”，把美国变为“人人学习之国”。

第四，把社区变为大课堂。重新推广美国传统价值观念，如家庭凝聚力、家长责任心、邻里互助以及社区教会、公民组织等，认为教育责任由学校向整个社会的转移是办好教育的关键所在，符合学生全面发展的环境要求。

（六）《2000 年目标：美国教育法》

1994 年，克林顿政府宣布了题为《2000 年目标：美国教育法》的全国性教育改革计划，并首先作为法案提请国会参众两院审议通过，以完成立法程序。为此，联邦政府第一年就拨款 4.2 亿美元用于这个教改计划。美国政府把教育改革置于获取更强经济竞争力的中心，并将改革传统的地方教育引向深入，促进全国统一的学术标准的形成。

长时间以来，学校教育的标准偏低始终是美国政府、教育界和民众所广泛关心的问题。美国学生在阅读、数学、科学等方面的能力水平不仅与亚洲和欧洲国家相比大为逊色，就是与 20 世纪 70 年代相比，也鲜有出色的表现。这一令人担忧的状况是美国 80 年代以来历任总统的教育改革都无法忽略的重要背景，也是《2000 年目标：美国教育法》所谋求解决的问题。

美国的地方主义传统和地方分权的教育管理体制，在对美国教育发展发挥了巨大作用的同时，也显示了它的局限。国家教育的意志很难得以贯彻，统一标准难以建立，教育交流也存在着某种障碍。而如果这些问题得不到改善，就很难在提高教育质量方面收到切实效果，包括硬件方面如资金、设备等教育资源的配置也无法得到切实保障。这是《2000 年目标：美国教育法》提倡建立国家统一标准的又一个原因。该法确立了许多宏观目标，如：对学生提出更高期望、彻底改革教师培训制度、增加学校的责任、加强学校和家长及工业企业的联系、通过建立国家技术标准委员会来鼓励发展更系统化的工业培训体系等。

根据该法，联邦政府将成立一个国家教育标准与发展委员会来监督新标准的确立和评估方法的改进。此外，如前所述，该法还提出了六个中观和微观目标。

一是所有的学生在入学前都须具有学习的准备；

二是高中毕业率起码达到 90%；

三是学生要在英语、历史、地理、外语和艺术方面具有竞争力；

四是美国学生的数学和科学达到世界第一；

五是所有成人都有文化和技术；

六是每个学校都须摆脱毒品和暴力等。

《2000 年目标：美国教育法》受到社会的普遍欢迎，在 20 世纪末的六年中对美国的教育发展起到积极的促进作用。但它的效果究竟如何，也并不非常乐观。尽管该法在协调联邦政府和各州的通力合作方面做出了努力，但它仍自觉不自觉地维护了美国的分权传统。因此，国家标准能否真正建立，也是一个不小的疑问。

（七）力争上游计划

2009 年颁布了《美国复兴与再投资法》，目的就在于刺激经济发展、增加就业机会、投资包括教育在内的支柱领域。为了调动各州改革教育的热情，提高教育改革的成效，联邦教育部预留了 43.5 亿美元经费用于“力争上游”（*Race to the Top*）的竞争项目，用来鼓励和激励各州创造教育改革与创新的良好环境，极大地改进学生的学业成就，包括促进学生考试成绩显著进步、缩小学业差距、提高高中毕业率，为学生在大学和职场取得成功做好准备。

“力争上游”计划经费使用由各州向联邦申请，联邦教育部对各州是否能够达到改革的一些关键标准进行衡量，那些表现卓越的州有可能赢得较多拨款。资金分配主要依据国际基准的教育标准，着重看各州是否招募和保持了高质量的教师队伍，是否建立了数据体系以评价学生表现，是否告知了教师如何改善教学和改变薄弱学校等。据统计，截至 2013 年，美国联邦教育部已经通过“力争上游计划”向 16 个学区资助大约 3.83 亿美元，范围从 1000 万美元到 4000 万美元不等①。

（八）《不让一个孩子掉队法》

《不让一个孩子掉队法》（No Child Left Behind Act）是美国“9·11 事件”后由美国国会通过、时任总统小布什签署生效的旨在提高教育质量，以培养具有爱国主义精神的高素质年轻一代。

该法还对提升教师质量做出了规定。首次提出通过测验来提高教师能力，通过提高大学毕业要求来增强未来师资力量，要求所有教授核心课程的教师，如英语、阅读、数学、科学、外语、市政、经济、艺术、历史和地理教师等，都必须在 2005—2006 年度实现“高素质”，新入职教师则必须在聘用时就是“高素质”教师。联邦政府首次参与制定教师的资格要求，虽然教师资格证由州颁发，但是怎样才能算是一个“高素质”的教师则是由联邦政府规定，并强迫州政府执行。对“高素质”教师的规定，引发了各方的讨论和质疑，其直接后果是在许多学区和学校，尤其是薄弱学校，都出现了高素质教师紧缺的问题。

该法规定，从 2005—2006 年度开始，各州每年要对 3 年级到 8 年级的所有学生进行阅读和数学考试，对 10 年级到 12 年级的所有学生每年还要再加试一次。

该法规定，要开展对 4 年级、8 年级学生的数学、阅读方面的州级统考，用考试成绩给学生、教师排队，以激励先进、鞭策后进。还规定要特别关注弱势群体学生的学业进步。为确保各州和私立教育委员会的提名工作顺利进行，对于上述提到的“取得异乎寻常的进步”“达到很高的学业水平”的界定和标准，联邦

① 朱晓玲编译：《美国宣布启动 2013“力争上游”学区竞赛》，《中国教育报》2013 年 8 月 27 日。

教育部还分别就公立学校和私立学校提出了具体、明确的指标要求。在评选的第一个标准中，要求申请学校至少有40%的学生来自不利家庭，且根据州制定的评价系统，这些学生取得了异乎寻常的学业成就，同时要求各州提交的提名学校中，符合第一个标准要求的学校数量至少占提名学校总数的一半。这里的不利家庭背景的学生是指学生在学校全部或部分免费就餐、来自社会经济地位较低的家庭，如低收入家庭学生、不能熟练掌握英语的学生、少数民族裔学生和移民家庭学生等。此外，要求提名的学校必须是认真执行残障人教育法的学校，确保残障人也能接受良好的教育。该法具体规定了对那些在州考试中没有达到年度进步目标的小部分学校和学生实施制裁。最为严厉的是，如果学校连续五年没有完成年度进步目标，学校就要被列入改造学校范围内，并交由私人办学团体接管，学校的教师被解聘或者被州政府接管。

在执行的过程中，这部法律一直饱受争议。有人说，它是应运而生，有利于提高教育质量。也有人说，这部法律不符合美国的教育传统，甚至缺乏宪法支撑。后者认为，该法要求各州自定标准并实施考试，这导致的结果是各州的考试标准不一致，在某个州内认为已经达到熟练程度的学生不一定能够通过另一个州的考试。还说，拿应试的办法试图提高教育质量，与美国传统的教育哲学不符，会加重教师的心理压力和学生的课业负担。尽管看法不一，但都承认，在21世纪初叶这个法律是发挥了作用的，对当时过于松懈的教育氛围是一种刺激和引导。

（九）《2007—2012年战略规划》

继《2002—2007年战略规划》颁布、实施后，美国联邦教育部于2007年3月公布了《2007—2012年战略规划》。与《2002—2007年战略规划》相比，《2007—2012年战略规划》组成结构基本相同，包括教育使命（Mission）、战略目标（Goal）、具体目标（Objective）、实践策略（Strategy）。《2007—2012年战略规划》提出新时期美国联邦教育部的使命为：通过加强优质教育和保证教育公平，提升学生学业成就，为全球竞争做好准备①。

① 丁连普：《美国联邦教育部2007—2012年战略规划述评》，《世界教育信息》2008年第6期。

《2007—2012 年战略规划》提出了教学和管理的三个目标：

第一，让阅读和数学均达到目标要求。包括：提高学生的阅读、写作成绩；提高学生的数学成绩；提高教师素质；构建安全守纪、远离毒品的学习环境；为家长提供更多信息和选择，支持特许学校，鼓励各州及社区为水平欠佳学校的学生提供多种选择；提高高中毕业率，提早干预以促使有退学风险的学生步入正轨。

第二，提高所有高中学生的学习成绩。增加高中学生选修有挑战性课程的比例；增加 AP 课程及 AP 课程教师的数量；提高所有学生在数学和科学方面的熟练水平；提高外语水平。

第三，确保高等教育的普及性。确保提供优质高等教育资源并提高学生毕业率。通过大学预备奖学金、学生贷款和校园助学项目来提高高等教育的普及率，为美国发展急需的行业，尤其是为外语、数学和科学等领域提供更多的毕业生。提高向学生和家长提供的联邦政府学生补助的效益，创造高效率的综合补助体系。资助专门知识与技能的全国性计划项目，支持并完善各州和地方教育体制以提高社会青年的学习效果。

三、美国基础教育发展的历史经验

在世界近代史上，美国是后起之秀，其教育发展甚为迅速，在较短时间内一跃成为教育大国，用两百多年走过了欧洲国家几千年走过的道路。这里有经济、政治、文化方面的原因，也有教育界自身的努力。

（一）移民重教传统，北美得以继承

来美移民一般都具有面对社会巨变的气魄和能力，敢于直面新情况，促进教育的不断发展。欧洲来美移民多是政治、经济、宗教上受压迫者或受难者。他们远涉重洋来到新大陆，期盼享有自由民主的生活。从北美建立殖民地起，人们对教育就很重视。移民每踏上一片土地，有两件事必做：一是修教堂，二是建学校。有识之士认为，教育既可促进经济发展，又可增进民族团结；教师是最好的警察，开办一所学校就等于关闭一所监狱。当时，凡是殖民地比较繁荣的地方，

必是教育发达之地。英国清教徒为国教所不容，来美洲大陆后不久即致力于教育，仿照牛津和剑桥两校，先设立哈佛学院，后设立耶鲁学院。

新兴国家民族矛盾逐渐理顺，形成了多元文化。各民族相互融合，彼此学习，相得益彰。在由众多欧洲移民所建立的国度里，曾存在尖锐的宗教教派矛盾。在作为英国殖民地之际，不同派别之间也矛盾重重，教派不同，所传教义、所设学校背道而驰。他们互相敌对，水火不相容。新中国成立后，人们逐渐承认培养公民的目标与培养宗教信仰是不矛盾的。各教派为保持和扩大在教育阵地的优势，以本教派的理解决定公民形象，创办他们理想中的学校，传授与其宗教相适应的宗教教义和文化知识。当时，宗教和教育是一体的，国家引导和利用了教会办教育的热情和力量。随着美国的政治改革和经济发展，人们不得不面对现实生活，加上自然科学和哲学思潮的冲击，教会只好在控制教育方面节节退让。国家实现了教育的世俗化，公立学校与教会彻底分离，但教会仍举办私立学校，出资聘用教师，收取学生学费，供家长做出选择。

美国的多元文化对教育的影响是广泛和深刻的。2006 年 10 月 17 日，美国人口达到 3 亿。白人占一半略多，其余是非裔美国人、拉美裔美国人、亚裔美国人等。笔者于 2006 年 10 月到夏威夷州麦肯利高中和罗斯高中访问时，发现少数民族学生已不再是少数，各民族学生大致可以和谐相处，倒也是一道风景。2013 年，笔者参观了洛杉矶的一些学校，各色人种的学生均享有免费接受 12 年义务教育的机会。只是，美国各学区内学校办学条件差距较大，真正意义上的教育公平未见休止符，永远在路上，那些享有盛名的重点学校通常汇集了经济地位比较好的白人家庭的少年儿童。

（二）联邦项目引导，各州具体推动

对教育进行目的明确、策略适当、方式有效的政策干预，是实现教育发展与经济社会发展相协调的重要保障。虽然美国宪法规定教育管理系各州的事务，但联邦政府却始终把教育作为其实现国家目标的重要政策工具，在宪法允许的范围内对教育进行积极干预。尽管不同执政党的政策侧重和干预方式有所不同，但总的来说，美国联邦政府对教育的政策性干预都取得了明显的效果。本章列举的美国历史上的重大教育决策大都是联邦政府通过干预使教育直接服务于国家政策目

标，并对社会历史进程产生重大影响的事例，如：普及中等教育的政策提高了美国国民的素质，《国防教育法》推动了美国科技教育的发展。美国历史上这些教育政策和法律对个人及社会产生了巨大的经济效益，备受各界欢迎，成为一股社会进步的力量。美国的经验表明，中央政府对教育的积极干预为实现教育与社会经济发展的良性循环起到重大的积极作用，它不仅有利于教育自身的发展，而且可以促进经济发展和社会稳定。无疑，历史上这些成功范例为历届美国政府重视教育发展与改革提供了依据。

美国的经验还表明，联邦政府对教育的干预必须有明确而具体的目标，并配以强有力的财政手段。由于无法对教育进行直接的行政管理，美国联邦政府对教育的干预主要通过立法和财政资助手段来间接地实现。因此，财政补助成为联邦政府干预教育、实现其政策目标的最重要手段。上面的事例，很多都是用立法的形式实施的财政手段。从这个意义上说，政策就是钱，财政干预是最有效的教育政策。

重视普及教育，不断提高国民的基础教育水平是国家综合国力的基础。美国历来十分重视提高国民的基础教育水平，是世界上最先提出普及中等教育和高等教育目标的国家，并为此建立了一套开放式的学校教育制度，投入大量的公共经费。现在，美国是世界上教育普及水平最高的国家之一。至 2014 年，高中入学率达到 95%以上，高等教育的毛入学率也达到 60%以上。美国的发展历程向世界表明：要成为世界强国，必须有强大的教育体系做基础。

（三）管理体制多元，办学模式灵活

首先是教育行政的分权制。美国是联邦制的市场经济国家，美国宪法第十条修正案规定教育权力属于各州。教育管理体制上的地方分权制、办学和管理的主要责任集中在各州和地方。美国各级政府之间并不存在行政上下级关系，总统对州长没有行政管理权。各州教育厅一般对本州教育董事会（Board of Regents）负责，而不是对州长负责。董事由选民选举产生，不拿工资，定期到州教育厅开会，审议本州教育发展的大事，形成决议后交教育厅具体承办。在基础教育方面，学区是管理学校、任免校长、评聘教师、财务管理的基本单位。

其次是办学主体的多元化。美国以公立学校为主，公私并举。除政府外，社

会团体和个人均有权开办学校，而且公立私立学校并举。私立中小学学生约占15%，经费渠道来源多样。

再次是学校模式的多样化。教育机构和制度、学制、办学形式、学生构成、教育内容和方法等方面都表现为多样化。美国公立中小学的模式让人眼花缭乱，小学多是五年制的，但也有地方采用四年制或六年制。就整个中小学教育来看，有四四四制的，有六三三制的，有五三四制的，不过都强调课程打通，从幼儿园到高中进行统筹考虑。K—12 的概念最为流行，采取从幼儿园到高中的一贯制，只排年级，不分什么小学、初中、高中了。

教育体制上的这些特点决定了美国在教育上能够充分发挥地方分权和市场调控的积极作用，联邦政府必须避免对州的教育管理权限过分干预。这是美国教育本身具有活力的根本原因。另一方面，在市场调节难以发挥作用的领域和时候，充分发挥政府的宏观调控和干预职能同样是重要的。世界上最好的学校在美国，最差的学校也在美国。地方负责制的管理体制，使美国各地的基础教育差别很大。各地有权发挥自主性、创造性，使本地的基础教育具有特色、灵活多样，这是好事。然而，各地经济条件不同，办学水平各异，导致教育质量参差不齐，有些地方的学校甚至达不到州最低标准。所以有人说，美国的基础教育并不算成功。但是，在这样的情况下，美国基础教育仍然为国民素质提高做出了贡献，还为高等院校输送大批合格新生，并最终造就出科技发展的英才和各行各业的骨干，这说明美国基础教育也有其成功之处。

（四）大兴研究之风，遵循教育规律

历史上，美国针对民族、自然、经济等方面的新问题，以不同于传统的观点进行分析、钻研、实验，探讨教育规律，寻求解决方法。在逼人的形势下，美国人自学成风，研讨成风，求实成风，求新成风。杜威的实用主义教育理论、巴格莱的要素主义教育理论、哈钦斯的永恒主义教育理论等，各树一帜，从不同侧面阐述教育问题，影响深远。而今，美国对教育研究的重视不减当年，从联邦教育部，到大学，到基层学区，专职研究人员聚精会神，兼职研究人员孜孜以求，力图将教育决策建立在科研基础上，将教学实践根植于理论研究中。在美国教育中，不唯上，而求是；不尚空谈，而重调查。在美国，教育领域博士学位获得者

居各科之首。全美教育研究会的年会历来是人头攒动，云集数千人。

值得一提的是，近年来美国日益重视对中国教育的研究，试图将中国教育的得失作为借鉴。哥伦比亚大学师范学院于2001年成立了中国教育中心，对中国的义务教育、教育财政、基础教育课程、高等教育体制等问题开展研究。这个中心定期举办中国教育问题研讨会，出席者包括校内外对中国教育感兴趣的人士，有时也邀请中国驻纽约总领馆教育领事参加。与会者就中国教育的某个问题切磋交流，相互启发，有时展开争论，好不热闹。2006年10月，笔者率中国高中教育代表团访问美国联邦教育部时，对方介绍为了研究提高高中教育的途径，教育部专门支持研究人员成立了全国高中教育研究中心。这个中心设立了专门网站，发布高中教育研究成果，提出高中教育发展建议。

美国基础教育发展政策的形成，具有强大的研究基础，如，《美国国家科学教育标准》就是大批科学家、教育专家和教师共同研究的产物。各州都以此为参考制定了本州的科学教育标准，而后续的科学教育教材的编写、科学教育教学的实施、科学教育的评价等皆以科学教育标准为依据，对每款每条都有具体落实，并且有相应的检查，这便使科学教育标准落实到实处，由“标准”引导了“教材”“教学”“评价”的改革，具有非常明显的系统性。并且，关于科学教育培养目标的定位以及相应的“标准”“教材”“教学”“评价”等发展决策的制定不因政府的改组或者某权威人士的言论而变化，具有相对的稳定性。

美国基础教育发展政策的形成，非常注重实证性和针对性。无论是调查报告还是研究文章均注重数据收集、定量分析，无论是权威人士还是一般学者，所得结论都注重相应证据的展示。注重以事实、证据说明问题，提倡实事求是地研究，坚持科学严谨的学术态度，所有观点都建立在调查研究而不是主观臆断之上。这便使所得结论具有一定的可靠性，而可靠程度高的结论对政府的决策也就具有真正的参考价值，相应地由此做出的相关决策也更具有针对性和可操作性。

此外，美国的教育公共信息系统也非常发达，全国及各州均建立了相对完善的教育信息系统，各种教育信息相当完备。这也为教育界和整个社会系统了解和广泛参与基础教育改革提供了必要的基础和条件。

（五）尊重学生个性，促进全面发展

美国中小学注重人的发展，注重实际能力的培养。受以杜威为代表的进步主义教育思潮的影响，美国基础教育开始主张尊重儿童，尊重儿童的兴趣和需要，开放教育，以儿童为中心，以活动为中心组织教学，让儿童“从做中学”，从生活实际中学，反对读死书，注重培养学生解决实际问题的能力。他们还提出了“全儿童”（whole child）的概念，主张儿童身心的全面发展。虽然进步主义教育运动在一段时间内受到批判，但它所倡导的基本原则深入人心，改变了人们传统的教育观、人才观，在很大程度上成了美国教育思想的主流。美国中小学强调尊重学生，尊重学生的兴趣和需要，鼓励学生个性的自由发展和自我表现，注重造就学生健康的人格，以及促进学生多方面能力的发展。美国学校教师权威较少，课堂教学多采用讨论式，学生可以自由发言，课堂气氛很宽松。美国中小学不仅在课程设置上考虑了学生的多方面需要，在教学的组织和方式上也很重视学生的个体差异，不搞一刀切，提倡个性化教育，如，按程度编班，实行个别化教学和分层次教学，力图让每个学生都能学有所得。美国中小学生能够享有一个宽松的学习环境，发展自己的个性和才能，同进步主义的教育观、人才观是密切相关的。

虽然多数大学，尤其是州立大学和名牌大学，要求学生提供某种升学考试成绩，比如学术评估测验（SAT）或美国大学考试（ACT），但考试成绩只是学校考虑是否录取学生的众多条件之一。学校还同时考查学生在中学的学业成绩、选课情况、社会活动能力、是否有特殊才能、社区服务的表现、工作经验以及个人的志向和目的。这种综合选拔的制度对于中小学教育起着积极的导向作用。因此，美国学生不搞死读书，他们非常注意多方面发展自己的才能。到了中学阶段的最后两年，除了准备参加 SAT 或 ACT 的考试外，美国中学生都要主动联系去社会服务机构如老人中心或医院做义工。在美国，中学生打工也非常普遍。去公司或餐馆打工可以锻炼独立生活能力，同时也能取得实际工作经验以提高自己报考大学的竞争能力。

（六）提倡向外学习，博采异邦众长

美国是众多国家移民汇聚之地。各国移民把祖国学校模式移来，在互相交流观摩中，美国自然成为各国教育竞赛会的会场或各国教育博览馆。独立建国后，美国多次认真向欧洲优良教育学习取法。就中等教育而言，如果美国仅仅依照波士顿市 1821 年的决议，中学放弃升学准备的目标，高等院校必然缺乏高质量的生源。美国在注重中学完成就业准备的同时，对欧洲中学重视升学准备的做法仍然保留。后来在 1918 年制定了中等学校七项原则，既重升学准备，又重就业准备，更重生活能力准备，走向了综合中学的道路。就初等教育而言，如果美国不向瑞士裴斯泰洛齐的教育教学思想学习，美国中小学必长期沉溺于本本主义。通过向外学习，美国尊重儿童天性，崇尚自由自觉，实行人格感化和利用直观教学等先进原则和方式方法，从而改变了教育的落后面貌。美国在教育上从不闭关自守，总是注重向外学习，引进经验，引进人才，肯于学习借鉴别国长处。

进入 21 世纪以来，美国积极寻求加强与中国的基础教育合作，在课程标准、教科书、教学实践等方面进行比较研究，在中美姊妹学校中开展学生合作科研活动，以科技手段提高美国数学及科学学科的教学质量。美国联邦教育部与中国教育部举行了多轮基础教育论坛。美方表示，在开展交流与合作中，双方遵循互惠互利的原则，在协议内进行目标管理，给予合理的、充足的经费支持并在可预见的期限内取得实效。为了解当今世界不断变化的市场和人才需求，用国际标准衡量课程教学，美国高中校长与其他国家的校长进行短期“影子”式接触，积极开展国际学术交流与合作。商业和慈善机构都赞助州或市组织重要代表团参观访问中国，发展和中国的伙伴关系。两国代表团在第四次中美基础教育论坛后分别撰写了报告。后来，根据美国亚洲协会的建议，双方非正式地在网上交换报告互为参考，结果发现有一段话几乎完全相同：中美两国在历史、传统方面差异很大，对方的经验不能直接采取拿来主义的方式，但是我们要在数学和科学教育等方面向对方学习。中美两国的青年人需要进一步互相认识和了解对方，因为他们需要共创和共享同一个未来。

结语

美国经过较短的历史发展，成为世界上最发达大国，与重视教育改革是分不开的。美国教育在自身的发展过程中，形成了独具特点的深层意识，即当国家面临重大危机时，总是想以教育改革为中心，企图摆脱危机的困扰。1957 年，当苏联第一颗人造卫星上天时，美国政府及教育界受到强烈冲击，在赶超苏联的口号下，于 1958 年颁布了著名的《国防教育法》，目的是使教育适应现代科技的发展，适应国防竞争的需要。进入 20 世纪 80 年后，面对日本和西欧各国在经济和科技上的崛起，美国深感国际竞争的危机，美国高质量教育委员会于 1983 年提交了《国家处在危险之中：教育改革势在必行》的报告，引起了全国各界人士的强烈反响。教育在经济竞争日趋激烈的形势下对在未来发展中的重要性，已愈来愈成为美国各阶层的共识，就是在总统竞选纲领中乃至施政过程中，也无一不提出自己的教育改革方案和计划。自 21 世纪初以来，美国政府重视基础教育力度不减，举措不断。美国教育理论和教育实践者勇于创新，成果丰硕。美国的基础教育，值得进一步观察与研究。

图2–1 美国总统府白宫

第二章

有钱不可任性：美国基础教育经费投入

美国朝野长期以来有一种共识，那就是对教育事业的投入，是开发人力资本、引领国家未来、改善民众福祉、赢得选民信任的最必要、最有效的途径之一。总统竞选时，候选人通常大谈特谈教育，承诺一旦当选必将推动增加教育投入，努力成为称职的教育总统。特别是，基础教育作为提升国民素质的奠基工程，政府必须保障投入。尽管钱不是万能的，但没有钱是万万不能的。又让马儿跑，又不让马儿吃草，是不可持续的。义务教育作为具有普及性、强迫性和免费性的国民教育，在美国早已实现了普及。发展到今天，美国各州的义务教育包括小学、初中、高中在内的12年教育，同时学前一年教育也已免费。于是，义务教育与基础教育几乎成了同义语。在美国，办教育是各州的法定义务，所以，保障基础教育投入，是地方政府或学区的基本公共政策。尽管联邦政府并无教育投入的法定义务，但鉴于教育的特殊重要性，故而近年来对各地基础教育的投入有增无减。联邦政府在基础教育经费上向经济相对落后的州和学区倾斜，而州政府的基础教育经费主要向经济比较困难的学区倾斜。学区内部支配财力基本上采取公平分配的办法。

一、美国基础教育经费投入沿革

从美国基础教育经费投入的发展历程来看，美国各级政府对于基础教育确实是十分重视的。美国非常重视通过立法来实现对基础教育经费投入的保障。第二次世界大战以后，美国基础教育经费呈持续增长的发展态势，经费投入不仅在绝对数量实现增加，而且体现了对薄弱地区的倾斜，使得基础教育办学条件总体上趋于均衡。

（一）美国基础教育经费的持续增长

第二次世界大战结束后的两年间，美国基础教育经费投入数额就由1945—1946年度的30亿美元增长到1947—1948年度的43亿美元。20年后，1965—1966年度美国基础教育经费投入猛增至253亿美元。到了40年后的1985—1986年度，基础教育经费投入已超过1491亿美元，这个数额几乎是第二次世界大战结束时的50倍。之后，美国基础教育经费投入总额一直在明显增长，由1988—1989年度的3500亿美元增长到2009—2010年度的6380亿美元，增长比例高达82%①。美国对基础教育的经费投入数量不仅让一般发展中国家望尘莫及，就连其他许多发达国家也无法媲美。

当然，仅看表面是不够的，还要考虑一些具体情况。

一要考虑学生人数的增加。第二次世界大战期间，美国有近40万军人死于战争。社会环境比较动荡，人们的日常生活因受到战争的影响而无法得到基本保证。战争结束后，社会环境趋于平稳，人们的日常生活也逐步恢复正常，于是，在战争结束的几年甚至几十年内，美国人口数量迅速增长，出现“婴儿潮”现象。尽管如此，由于对教育投入经费大量增加，生均教育经费仍然表现出增长的态势（见表2.1）。随着适龄儿童数量和生均教育经费的同时增加，美国基础教育经费投入总额呈现逐渐增加的状况。

① U. S. Department of Education. *The Condition of Education 2013*, p.94.

表 2-1 美国基础教育生均经费的情况①

年度	投入总数（百万美元）	学生总数（万人）	生均经费（美元）
1939—1940	2261	2543	89
1949—1950	5437	2511	216
1959—1960	14747	3609	409
1969—1970	40267	4555	884
1979—1980	96881	4165	2326
1989—1990	208548	4054	5144
1999—2000	372944	4686	7959
2009—2010	638000	5007	12742

二要考虑货币购买力的下降。在经济发展过程中，美国多次出现严重的物资短缺和通货膨胀现象。货币购买力的下降在一定程度上削弱了美国基础教育经费投入的增长程度，就是说钱不如过去那么经花了。不过，即使将通货膨胀的因素计算在内，在战后四十多年间美国基础教育经费投入实现成倍增长也是毋庸置疑的事实。

到了 20 世纪 90 年代初期，虽然美国基础教育经费投入的总额度仍有所上升，但增长速度则明显趋缓。随着美国对自身“世界霸主”的地位产生忧虑，同时鉴于时局的迅速变化，美国各界对基础教育的作用进行了系统性反思。“回归教育”的改革运动席卷全美，旨在培养质量上和数量上都能满足国家发展需要的人才。所以很多人说，对基础教育投入关键是把钱花好，重视质量，提升内涵，帮助所有学生提高学业水平。

到 20 世纪 90 年代后期，面对 21 世纪的曙光，美国朝野又把目光聚焦到基础教育上，认为政府有了钱，就是应该大办基础教育，将之作为最大民生予以切实保障。到了 21 世纪之初，美国每年对基础教育的总投入超过 4 000 亿美元，后又继续增长。美国联邦教育部统计显示，2000—2001 年度，公立中小学的投

① 数据由经费收入总数除以学生数所得，经费收入按定值美元统计，学生数按平均每天出席的学生数计算。参见 U. S. Department of Education. *Digest of Education Statistics* 2008, p.60.

入为5300亿，生均11353美元；2012－2013年度，投入公立中小学的经费为6320亿美元①。

美国确实是重视教育的国家。即使在经济发展不景气的时候，也还是保障对基础教育的投入。2001年初美国经济出现逐渐衰退的征兆，到“9·11事件”后，这种衰退状况迅速向各经济领域全面扩散。2003年失业率平均高达5%－8%，创十年来新高。美联储连续降息，以刺激经济、扩大就业，但并无明显效果，联邦预算沦为赤字。在此形势下，基础教育经费投入还能继续增长吗？这曾让大家广泛关注。尽管个别政客大放厥词，认为教育是个无底洞，削减预算先要削减教育预算，但白宫一再表示，为了美国的长远利益，联邦政府和各州、各地应克服困难，一如既往地保持教育投入，改善办学条件，使教育支出占GDP的比例保持在6%以上，并使基础教育投入占GDP4%的比例不致下滑，以保障年轻一代接受公平的、高质量的教育。

在承认美国基础教育经费投入保持增长态势的同时，我们必须清楚地认识到，经费的增加过程并非一帆风顺。在经济发展相对繁荣的阶段，增加基础教育经费投入遇到的阻力会相对较小，而在财政困难的情况下，保持对基础教育经费投入的增长则需要面临众多阻碍因素，能否真正实现经费投入的增长则在很大程度上体现对基础教育重要性的认识程度。

纵观美国基础教育财政制度的发展历史，发现确有一些可取之处。例如，基础教育财政体制由各级政府共同分担、对弱势群体进行“补偿”、采取系统化的管理方式等。然而，就目前状况来讲，此制度并非无可挑剔，其中存在很多并非尽如人意的方面，这些矛盾和障碍的长期存在直接影响到美国基础教育经费投入的增长。

首先，联邦政府与州政府之间的关系有时不顺。与纵向直接管理的关系不同，美国各州政府具有很强的自主权，各州政府与联邦政府只在一定程度上相互依存。在基础教育领域，联邦政府、州政府和地方学区三级分担。

其次，基础教育经费投入渠道的多样化造成教育经费缺乏稳定性。除各级政府对于全国各地的基础教育进行保障性经费投入外，来自捐赠、税收、债券等方

① U. S. Department of Education. *The Condition of Education 2014*.

面的收入也成为美国基础教育经费投入的重要组成部分，基础教育经费方面表现出额度缺乏稳定性的非标准特点。多渠道经费方式能够为政府进行经费投入提供补充性保障，但这也确实为地方和学校的预算决算带来一系列不稳定因素。地方和学校无法对经费预算进行较为准确的预测，这会直接影响区域发展的科学规划和统筹，从而成为区域基础教育可持续发展的重大障碍。

（二）美国基础教育经费向欠发达地区倾斜

提供优质教育与保障民众生活水平有时是矛盾的。在欠发达地区，改善办学条件，需要增加教育经费投入。然而，美国基础教育经费投入中，承担比例最大的是学区，而学区的教育经费来源又主要依靠本地区居民的房产税。通常来讲，亟待提升教育质量的学校大多集中在经济发展相对贫困的学区，若期望通过增加学区投入来为学校发展提供保障，那么则会直接造成民众的经济负担。民众生活水平的提升同样是各级政府所关注的重要方面，若为增加学区对基础教育经费投入，而影响到民众生活水平，也需决策者谨慎抉择。所以，税收的额度是需要综合考虑确定的。

美国各州的经济文化和教育发展水平存在较大的差异，在州内学区之间的办学条件和教育质量差异也客观存在。事实上，无论是联邦政府还是各州政府对于基础教育不均衡现象都有一定的认识和思考。美国联邦教育部以项目做“抓手”，给予欠发达的州投入上的倾斜，促进各州基础教育相对均衡发展。与此同时，各州政府为调节各学区之间因居民贫富悬殊造成的教育资源的过大差异，体现教育的公平性，也加大了对基础教育的州级投入，提高了经费分担比例和统筹调节力度。比如，有的学区很富裕，那么州政府拨款就少；而有的学区比较穷，州政府便多拨款项给予照顾和扶持。

美国农村基础教育与城市相比，总体上没有明显差距。虽然有些农村地区存在学生居住比较分散、交通相对不便等问题，但经过各级政府在投入方面的倾斜，就生均经费而言，已赶上或超过全国平均的生均经费。许多农村地区的学校比城里的学校条件还好，成为家长认可的优质学校。城里的一些学校反而校园较小、人多拥挤、设备陈旧、管理不善，沦为薄弱学校。相应地，这些城市学校常常是需要关注和亟待脱薄的。

二、美国基础教育经费投入的原则与机制

基础教育是整个教育发展的基石。是否重视基础教育投入，反映了一个国家对公共事业的态度、治国精神与价值观念。由国家或公共团体筹措和投入的教育经费，能够保障教育系统运行和发展，促进合理配置教育资源，努力实现教育公平。

（一）美国基础教育经费投入原则①

1. 依法投入原则

美国的法治比较完备，基础教育经费投入也靠法治来保障。美国建立了完备的教育法律法规体系，为基础教育经费投入体制的建立与改进提供了依据与保障。从1787年的《西北土地法》规定美国联邦政府关注基础教育财政开始，先后制定了《国防教育法》《初等和中等义务教育法》《2000年目标：美国教育法》《不让一个孩子掉队法》《美国复苏与再投资法》等，对教育经费的投入做出了明确具体的规定。所以，基础教育的经费始终有比较稳定的来源。

2. 公益性原则

在美国，在12年义务教育阶段，公立学校的经费均由政府确保，充分体现了教育经费投入的公益性原则。义务教育作为纯公共产品的基础性、公共性特征决定了在发达的现代国家，其经费应由政府公共财政予以保障。当前，义务教育经费保障水平已经成为衡量一个国家经济社会发展状况和民主文明程度的重要标志。

3. 受益与能力原则

受益与能力原则为确定教育经费投入主体的基本准则。受益原则即根据受益

① 黄巍、苏娜：《发达国家义务教育经费投入体制比较及其对我国的启示》，《比较教育研究》2009年第10期。

水平确定负担水平，能力原则就是根据能力水平确定负担水平。义务教育是任何公民必须接受的最基本的教育，国家是最大的受益方，因此必须由国家主导提供义务教育服务。同时，各级政府由于所获取的公共财政收入比例不同，负担能力也不同，获得财政收入多者应该负担更大的比例。在美国，因为教育体制原因，各州财政和地方财政对基础教育的经费投入占了绝大部分。

4. **公平与效益原则**

追求公平、兼顾效益是美国基础教育经费投入体制的一项基本准则。一方面，美国非常关注每一个适龄青少年儿童，特别是弱势群体学生平等接受教育，制定了《不让一个孩子掉队法》。另一方面，美国资助私立中小学发展，允许私立中小学按照优质优价原则收取学费，同时改革公立中小学的办学体制、管理体制、评价体制，激励公立学校、私立学校之间开展竞争，以提高教育资源的利用效率，提供多样化的优质教育服务。

（二）美国基础教育经费投入机制

从义务教育经费投入的分担机制来讲，美国基础教育的经费首先强调政府的责任，即明确公立中小学最主要的经费应来源于政府拨款。由于美国财政实行联邦财政、州财政和地方财政三级管理的体制，三级财政各有其相对独立的财政税收制度和专门法，各自独立编制、审批和执行本级预算，因此对美国基础教育的经费投入来讲，承认并明确三级财政的投入分担机制就尤为重要。由于基础教育具有公共性特征，因此美国的基础教育经费主要来源于税收，这种经费投入机制与美国财政有着必然联系。

基础教育经费投入机制主要包括基础教育经费的拨付、使用、监管等各个环节的有机整合。美国十分重视基础教育经费运行过程的规范，注重提高教育资源使用的效率与效益，主要体现为：改革拨款制度，提高经费拨付的实效；完善教育经费预算和决算制度，保证经费的合理使用；加强投入监管力度，保证经费运行的规范等三个方面。

1. **改革教育拨款制度，提高经费拨付实效**

一方面，美国建有完善的基础教育经费转移支付制度，采用联邦政府直接拨款与联邦、州级政府对地方进行转移支付相结合的办法，保证地方有能力成为基础教育事业的直接提供者与管理者。例如，经过转移支付，1993 年美国地方学区所提供的初等、中等教育公共经费由 44.3%提高到 98.3%，同时接受联邦政府与州政府对经费使用情况的监督。另一方面，通过减少拨款中间环节，保证基础教育经费落实到学生身上。例如，美国联邦政府的教育拨款直接以学生为对象，并保证生均经费逐年增长。

教育经费的发展表现为一个历史过程。第二次世界大战后，特别是苏联人造地球卫星上天以来，美国朝野逐步认识到教育对国家发展至关重要，甚至与国家安全息息相关，从此，联邦政府加大了对全美教育的投入力度。在义务教育阶段，联邦教育部通过增加资金投入，支持各州的教育普及；通过启动教改项目，引导各地义务教育的巩固提高。联邦政府对义务教育的投入占全国义务教育经费的比例，从 20 世纪 50 年代初的 1%，90 年代初的 3%，提高到 21 世纪初的 7%。教育经费是各州政府最主要的公共开支。各州政府在义务教育财政分担中的比重渐升，从 20 世纪 40 年代的 30%，提高到现在的 49%，各级政府具体分担比例是有变化的（见表 2.2）。

表 2-2　美国各级政府对基础教育投入占比①

年度	总收入来源的结构（%）		
	联邦政府	州政府	地方政府
1959—1960	4.4%	39.1%	56.5%
1969—1970	8.0	39.9	52.1
1979—1980	9.8	46.8	43.4
1989—1990	6.1	47.1	46.8
1999—2000	7.3	49.5	43.2
2000—2001	7.3	49.7	43.0
2001—2002	7.9	49.2	42.9

① National Center of Education Statistics. *Digest of Education Statistics 2008*，p.247.

续表

年度	总收入来源的结构（%）		
	联邦政府	州政府	地方政府
2002—2003	8.5	48.7	42.8
2003—2004	9.1	47.1	43.9
2004—2005	9.2	46.9	44.0
2005—2006	9.1	46.5	44.4

2. 完善预决算制度，保证经费使用合理

美国政府制定每个年度的教育经费预算。各级政府教育预算经国会、议会或地方经费监管部门批准后实施，学校则经校务委员会批准后执行。各级政府、学校依据预算进行义务教育经费的划拨、分配、使用、结算，以确保支出合理、决算有据。美国的联邦、州政府和地方学区每财年定期编制教育预算，列明教育经费占公共财政支出的比例，明确包括基础教育在内的当年教育经费支出项目及经费投入金额，进而根据预算进行经费的使用与管理。

3. 加强经费投入监管，保证经费运行规范

为了防止基础教育经费运行中的截留、挪用、浪费等问题，美国采用多种办法加强经费的监管。一方面，严格内部监督，包括财政部门对教育部门、上级部门对下级部门、立法机构对教育部门的监督等。例如，中央政府负责对地方政府基础教育经费运行情况进行监督；国会、议会负责批准并监督政府教育预算及其实施；学校校董会、校务委员会负责审核并监督学校预算实施等。另一方面，完善外部监督。美国建立了广泛的教育中介机构，它们对政府、学校教育经费的拨付、使用、管理等进行多方面的监督。由于这些中介组织立场中立，有利于避免政府内部监督可能导致的公正缺失问题。美国还建立了公开、透明的信息化制度，运用网络平台公布教育经费的预算、拨付、使用等信息，便于社会监督。同时，美国的媒体、家长及教育捐赠方的监督力量也非常强大。

为了克服对于联邦政府的依赖，消除“等”“靠”的消极思想，各州和各地政府也都积极承担起筹措义务教育经费应有的责任。学区是地方筹集基础教育经费的基本单位。美国南部诸州设有独立学区，行使基层政府部分职责，学区自行征收和安排用于义务教育的税款。而在多数州，学区本身不算一级政府，因而由县、市政府负责代为征收和管理义务教育的税款，但基本上是哪来哪去，学区居民所交财产税基本上又用于本学区的基础教育事业。从这方面来讲，县、市政府只是过路财神，本身往往无其他用于基础教育的机动财力。近年来，地方对义务教育的投入资金总额也在增加，只是由于政府特别是州政府加大了对义务教育的投入力度，地方分担的比例反而下降，从 20 世纪中叶的 69％占比，降为目前约为 44％。现在，就大概念而言，各州政府和地方政府从公共经费的整体中拿出 24％用于义务教育、9％用于高等教育①。

除完善的公共教育财政体制外，美国还有比较成熟的中小学经费筹措拨款体系，基础教育财政在发展中经多年探索积累了一些比较成熟的历史经验和可行做法，比如：政府顺应时代发展，教育财政水平与国民经济发展相适应；加强教育财政立法，健全教育法制，坚持依法理财；积极开展有关教育公平、效率与自由的研究，把公平、效率与自由作为基础教育财政的理想与追求；坚持对弱势群体予以大量资助，确保教育财政的公平；建立比较完善的基础教育财政转移支付制度，联邦和州越来越多地承担起基础教育财政责任。通过比较研究，这些经验和做法对于当前我国探索和建立科学合理的基础教育财政体制具有积极的借鉴意义和较高的参考价值。

三、美国基础教育经费来源

按照美国宪法，联邦政府的主要经济职责是保持宏观经济健康发展，美国联邦政府的财政支出由国防开支、人力资源经费、物力资源开支、其他用途等项目组成。同时也要向州和地方政府提供拨款、贷款和税收补贴。州和地方政府的主要职责是在该区域内提供公共服务，如公共教育、法律实施、道路交通、供水和污水处理等。

联邦、州、地方对教育的拨款大多来自政府预算，即政府日常收入所依赖的

① U. S. Department of Education. *The Condition of Education 2002*, p.112.

各项税收，主要包括个人所得税、消费税和财产税。前两种税收是联邦和州政府支持教育的主要经费来源，财产税是地方支持义务教育的主要经费来源。义务教育经费除主要来自以上3个税种外，还有教育税、彩票收入、教育基金、校企联合等多种辅助性经费来源。现分别简述如下。

（一）所得税

个人所得税一般是以家庭为单位来征收，是联邦政府最大的收入来源，每年约占联邦政府收入的45%左右。从2000年至2009年，联邦政府收取的个人所得税每年不低于7 000亿美元，最高时达到11 000亿美元。联邦政府收取的个人所得税2001年占联邦政府收入的49.9%，比例最低的2004年也为49%。可以说，个人所得税是美国联邦政府收入的支柱，没有个人所得税，联邦政府就难以运作。

表2-3　2000—2009年联邦政府所征个人所得税及相关占比①

年份	个人所得税（亿美元）	占联邦收入比例	占GDP比例
2000	10 044	49.6%	10.2%
2001	9 913	49.9%	9.7%
2002	8 583	49.3%	8.1%
2003	7 936	49.5%	7.2%
2004	8 089	49.0%	6.9%
2005	9 272	49.1%	7.5%
2006	10 439	49.4%	7.9%
2007	11 634	49.3%	8.4%
2008	11 457	49.4%	7.9%
2009	9 153	49.5%	6.4%

个人所得税的征税起点和税率的高低都能反映出政府政策的导向。从严格意义上说，美国的个人所得税征收是没有起点的，只要有收入的人都要报税，但因

① 乔磊：《美国如何征个人所得税》，《理财周刊》2011年3月16日。

为有退税制度，所以美国很多家庭报税的结果是不用缴纳个人所得税的。与其他税种相比，个人所得税的税率相对较高。目前，美国个人所得税基本都是六级税率制，最低税率10%，最高税率35%。由于个人所得税是累进税率，例如一个年薪7万美元的单身男人差不多要缴纳2万美元的所得税。由于此项税收的涉及主体比较广泛，税率也相对较高，个人所得税成为美国联邦收入稳定的重要保障。

（二）消费税

消费税在美国是一种较为常见的税种，除少数特定商品外，凡是进行消费就都要支付一定数额的消费税。消费税是州政府收取的最主要税种之一，在美国有40个州以公共消费税为主要税种，这也是州政府支持教育的重要经费来源。由于消费税的地方性特点，美国州市各级议会在获得上级议会的批准后，根据当地经济实际情况及政策目标确定消费税率的高低。通常，消费税的额度基本相当于消费总额度的3%—9%。2003年，全美各州征集的消费税总共2719亿美元，其中约有33%的消费税收用于教育。

（三）财产税

财产税最早是对土地和牲畜按不同税率征收的一种税种。在19世纪初，财产税发展为一般的、执行同一税率的税种。直到19世纪末，一般财产税被只对不动产和工商业动产等征收的选择性财产税所代替。不动产主要指房产和土地等不能移动或者移动则会损害其价值或用途的物品，工商业动产主要指机器、家畜等有形资产以及金钱、股票、债券等无形资产。美国现代地方财产税中，最重要的课税对象是非农业地区的居民住宅和非农业的工商业财产。财产税的税率，是由地方政府对不同类财产，根据各项支出的预算来确定系列的财产税税率，再得出总的财产税税率。此外，税法规定，对各级政府的财产以及宗教、慈善机构和教育事业所拥有的财产都免征财产税。许多地方政府还规定对老年人的房地产减免财产税。建国以来，财产税一直是美国地方政府最重要的财政来源，它占地方政府税收收入的80%以上。2002年，州和地方政府征收的财产税总共2 791亿美元，其中2 694亿美元是地方政府征得，占总量的92%，而这其中大约一半的收入都用于资助学校的建设和发展。

（四）教育税

教育税是各州为解决教育经费而征收的专门税。20 世纪 90 年代，为解决教育资金短缺的问题，全国有 28 个州经本州议会批准设立了教育专门税，所开税种少的有 1—2 种，多的则设几种。不过依靠专门税收来解决教育款项短缺的现实，对于满足基础教育学校资金的长期需要并不是很有效的，因为设立专门税需要州政府的同意，同时也应有一定的限额。尽管如此，征收教育税对于扩充基础教育经费来源并保证其来源的稳定性仍起到一定的辅助和补充作用。

（五）彩票收入

彩票是 1964 年建立起来的州政府资金体系，到 2002 年已有 20 个州通过彩票募集教育经费，另有 13 个州通过彩票筹集州公用基金，用于州内包括基础教育在内的公共事业。近年来，彩票收入已经得到明显提升，已从 1983 年的 55 亿美元发展到数百亿美元。受到各地政策的影响，目前很难准确测量出彩票收入分配到教育领域的具体份额。事实上，在整个国家教育投入不足而财政压力又较大的社会经济背景下，通过彩票收入作为教育经费投入的保障同样是一条可行的、值得尝试的投入渠道。加利福尼亚州彩票发行始于 1985 年，其彩票销售量和投入教育领域的比例长期以来都是全美最大的。30 年来，加州在利用彩票发行支持公立教育方面已建立了一套比较成熟的机制和做法，彩票销售毛收入的至少三分之一以上要投入到从幼儿园到社区学院的公立教育系统。在加州彩票平均收入为 8.12 亿美元，在用于公立教育的资金中有 80.6％投入到了基础教育，占基础教育经费的 1.5％。

（六）私人捐赠

私人捐赠是捐赠制度的一种具体表现形式，是自然人、法人实体等主体给予的捐赠。虽然私人捐赠并非政府基础教育经费来源，但它是社区捐资助学的一种有益方式，是基础教育发展的重要物资补充。在美国，私人捐赠已经拥有较为悠久的历史，一批极具影响力的人士都非常重视与支持教育发展，他们不仅积极宣传基础教育的必要性和重要性，而且纷纷慷慨解囊，捐赠资金，为基础教育提供充足的经费保障。如目前加利福尼亚州内大约有 260 个学区建立了较为稳定的基金会，其中三分之二基金会的基金数额有增有减。

（七）校企联合

校企联合的推进与基金运动有很大关系。美国基础教育学校在资金预算与发展项目上与商业或工业界保持合作，同时校企联合能提高企业在国际市场上的竞争力，企业与教育的合作关系本身就具有较强的商业发展潜质，这与教育具有较强的智力动力有密切的关系。美国的校企合作形式由来已久，至今已经走过一百年的历史，其存在形式与运转程序已经得到社会各界的广泛认可。虽然，最初表现为以高等学校作为主要参与主体，但随着社会的发展，该形式的经费获取也在基础教育领域得到扩展。

（八）发行债券

相对于银行贷款等社会融资方式，发行债券具有融资成本低、融资风险小、融资规模和期限可控的特点。从融资者的角度来看，教育债券具备收益率高、风险小的特点，适应社会民众和机构的投资需求，会对社会民众和机构产生较大的吸引力。而且，教育事业发展的连续性和稳定性以及国家对教育领域重视程度的提升，都使投资者对教育债券有较强信任感，从而有效提高投资的积极性。如在美国基础教育阶段，如需重新建设校舍或者其他大型项目，所在学区不能一次性地拿出数额如此之大的一笔教育资金，那么地方政府和学区政府经过当地居民投票同意后，便可通过发行债券的方式来筹集资金，保证大型项目的建设和完成。

四、美国基础教育经费投入调整

美国的基础教育经费构成主要表现为以政府投入为主、各州税费做补充的特点。在政府投入方面表现为联邦、州、学区三方共同负担的机制，这与美国税收体制有着密切的联系。在税费补充方面，各类型税费对于基础教育的投入比例呈现上升趋势。美国基础教育经费的数额和持续性已经得到了基本保障，这种平稳发展的趋势与美国公共教育财政有着密切的联系。美国公共教育财政的起源、形成与发展，经历了由薄弱向比较充足、由不均衡向比较均衡、由效率低下向效率提升、由财政体制缺乏选择性向较为自由的财政体制发展与改革的转变，反映了美国基础教育财政向着公平、效率、自由3大目标努力。

美国人认为，义务教育作为公共产品，是政府向公民提供的服务，人人享有获得公平公共服务的权利。在财政上，“公平”的内涵界定为向每名学生提供相同的最低限额的基本经费，保证真正实施普及、免费、强迫的义务教育。但是，美国义务教育经费的来源相当复杂，各州、各地区之间差异很大，容易造成不公平。为了能够在最大程度上实现教育公平，目前在保证教育经费稳中有升的基础上，在教育经费的投入方面进行了适当的改革。

（一）尊重广大公民的公平诉求

美国基础教育经费不均衡直接导致诸多诉讼案件的产生。随着民权运动在美国的深入，公平意识被越来越多的人逐渐接受且日益强化，他们认为人人不但要有接受教育的权利，同时还要有接受公平的有质量的教育的权利。他们认为，州政府应该有义务为区域内居民提供公平的公共教育服务，促使区域内基础教育阶段的学校能够尽可能实现均衡发展。虽然，各州正努力采取各种措施试图缩小区域间差距，实现基础教育的均衡发展，但部分州政府的做法仍然不能让所有人都满意，于是低收入学区状告州政府违法的案例屡有发生。自从20世纪70年代以来，有43个州的政府或其教育行政部门先后遭到起诉，其中有18个州的教育经费体制被法院判决违反本州宪法。此类诉讼案件的存在，是人们追求教育公平的重要体现。当然在全国范围内实现全面的、绝对化的公平发展具有较大的难度，可能性也较小，但教育领域涉及的众多相关群体需要建立起对于公平的基本理解，并对公民追求公平的行为表示尊重。

（二）承认教育差距的客观存在

由于美国基础教育的重要管理主体是各州政府，而非联邦政府，于是当人们谈及基础教育均衡发展问题时通常会将问题矛头直接指向各州政府，州政府对于促进基础教育均衡发展担负着至关重要的责任。联邦政府发挥配合作用，促进各州基础教育发展及公平性的实现。联邦政府的配合方式有很多种，其中以联邦资助的形式较为普遍，对于在经济方面确有需要的州和地方，联邦政府会给予适当的经济资助，当然这种经济资助的额度和方式都要通过与州政府的共同协商来确定。由此可见，为了进一步缩小区域间差异、减缓学区间教育资源的过大悬殊，联邦政府、州政府和地方政府都为之付出了艰苦努力，做出了重要贡献。在增加各级政府对基础教育学校投入的同时，更加突出州政府的管理主体地位，提高州政府在基础教育三级财政分担中的比例，并在经费分配时根据学区的实际情况做出适当的均衡调整。对于由于多方原因共同作用而产生的差距进行明晰化认识，能够为调整策略的实施提供背景性依据。

首先，各州经济发展状况不同造成各州间教育经费收入的差距明显。哥伦比亚特区是首都华盛顿所在地，2008—2009 年度，该特区给每位学生的拨款达 3 万美元，比各州都多。一般的州生均在 1.2 万美元左右，而犹他州生均最少，仅为7 395美元。作为联邦制国家，美国各州之间经济发展情况差距很大，对于基础教育的投入能力及倾斜程度都不尽相同，因此对于基础教育经费投入也表现出明显的差距。

其次，学区经济发展水平不同造成州内学区间教育经费收入悬殊。通常除州政府的经费拨款外，地方自筹经费常常是其基础教育经费投入的最重要组成部分。在众多税费种类中，财产税是地方学校经费的主要来源，由于不同学区内居民财产状况差别很大，因而造成美国义务教育经费在地区间的不均衡。假设某一富裕学区人均房地产的价值是 10 万美元，另一低收入学区为 5 万美元，都按 3%收税，那么，富人学区的学校可从房地产税中得到人均 3 000 美元的经费，而低收入学区却只有 1 500 美元。美国共有 9 万多个学区，正是由于在税收比率和税收额度方面存在很大差距，使得各州内部的学区间也会存在差距。面对客观存在的差异现状，尽管联邦政府和州政府都采取了一系列的资助措施，以缩小学区间的经费差距，但这些补偿性的经费资助只能让低收入学区生均经费保持在一定水平上，与经济发展水平相对较高的富裕学区相比，补偿性资助的额度往往显得力度不够。

最后，经费支出途径不同导致教育经费相对不均衡。有些州和学区虽然在税收总额上并不处于劣势，但却由于支出经费的方式和途径不同，而表现出经费短缺现象。如在美国部分农村地区，由于居民居住地点比较分散，办学规模效益低，交通费用相对较高。于是，即使在生均经费相差不多的情况下，学区办学实际上也会遭遇困难。无论是由于经费收入数量有限，还是经费支出途径较宽，经费不足的客观情况都会对教师队伍建设、教学仪器设备、教育教学质量产生一定制约。原本素质全面、经验丰富的教师会产生工作热情的削减，并最终形成单向流动，即流向工资待遇较高的富裕学区。教师的专业素质是制约教育质量的重要因素，优秀教师资源的单向流动无疑会加剧教育的不公平。

（三）体现扶持薄弱的政策倾斜

美国学区是以与乡镇、市、县的行政区域或与其边界相毗邻为划分标准的，但美国的学区划分与行政区域的划分并不完全一致，有时一个学区跨两个或多个行政区。美国的学区具有多样性标准，通常在一个州内不只存在一种类型。如一个州可能会有镇学区、小学学区、中学学区或市学区、县学区、独立学区、统一学区等。美国学区作为一级行政机构，有相对较大的自主权，它有权力选举教育委员会。教育委员会成员都是兼职的，不领取报酬，具有高度的责任心。该委员会负责制定本学区的教育政策，全权负责学区教育事务的管理。学区教育委员会的执行机构是教育局，负责人是教育局长。学区内各校的重大事项都要由教育委员会决定，教育局长负责执行。除管理权外，美国90%的学区都有财政独立权。学区有权征税，主要是征收学区内居民的财产税，为学校筹集教育经费，拟定学校预算，决定课程设置，聘请教职员等，美国学区是公共教育经费的第一负担者。学区发展是多重外界因素共同作用的结果，如学生规模、学区面积、农村学生数、生活开销、入学率、巩固率、残障学生数、低收入家庭学生数、资优学生数、母语非英语学生数、州级统考成绩、单项竞赛成绩、基本建设需求、上年教育经费使用效益和管理情况等。众多因素共同作用，决定着学区的发展动力和方向。各州在对学区进行拨款时，州政府或教育行政部门会综合考虑各因素，同时会重点考虑学区和地方的经济发展情况，对经济欠发达的低收入学区和地区给予倾斜。

（四）引导教育改革的前进方向

除最为直接的经济资助外，联邦政府还通过一系列教育改革项目，支持那些有积极性、符合项目要求的地方和学校。以项目为引领的资助方式，能够促进参与项目的地方和学校通过改革实现教育质量的提升，尽可能缩小区域间和区域内的差异，实现均衡发展的目标。2002 年，联邦教育部对低收入地区补贴 104 亿美元，特殊教育 75 亿美元，薄弱学校改造项目 78 亿美元，与基础教育有关的学前一年教育项目获得 65 亿美元①。2006 年笔者到夏威夷州访问时，该州教育厅副厅长富吉（Fujie）介绍说，由于夏威夷远离美国本土，经济相对落后，多民族聚集，海军子弟较多，基础教育水平一直偏低。夏威夷州政府通过申请每年可得到一笔数量可观的联邦教育拨款。对于夏威夷州来讲，联邦政府的教育拨款占该州教育经费的比例大致可达到 20%，远比全国的平均比例 7%要高很多。

事实上，部分教育参与个体对于基础教育绝对公平的追求表现出缺乏理性的状态，在较短期时间内实现此目标存在较大的难度，但作为各级政府来讲，对个体缺乏理性的目标制定和追求，也需要表现出一定的可理解性和容忍度。美国联邦政府和各州政府应在科学认识现有状况的基础上，努力缩小区域间和区域内的现实差距，促进基础教育的均衡发展，为全体少年儿童享有基本公平的基础教育提供机会和可能途径。

（五）选择转移支付的有效模式

作为较早实行教育经费转移支付的国家，基础教育经费主要由各州政府承担，鉴于各州的实际情况，美国各州政府会采取不同的财政转移支付模式。虽然各州的情况都不尽相同，但可根据转移支付特点对其进行归纳和总结，概括起来主要分为 4 种类型②。

① Kevin Carey. Overview of K-12 Education Finance. 参见 http://www.cbpp.org/，2013-8-29.

② 尹玉玲：《美国促进基础教育均衡发展的举措及启示》，《上海教育科研》2005 年第 12 期。

1. 水平补助模式

水平补助模式（flat grant）实施主体是各州政府，补助标准是学生数，采取一次性人均补助的方式，对州内学生给予同等的生均补助。这一模式看似能够体现出公平的特点，但却无助于消除富裕学区与贫困学区间教育经费的差距。南卡罗莱纳州仍在采用这一补助模式。在其他州，它已经不再是主要方式，而是在实行了后几种转移支付方式后，为体现州政府对各学区的财政支持，仍给予所有学区小额的均等补助。

2. 基准补助模式

基准补助模式（foundation program）是一种保底模式，类似于审定定额标准，即州政府为各学区设定一个生均义务教育经费定额标准，其特点是：向每一学区的学生提供的人均补助额与学区的教育成本、学区的贫富程度相联系，而不仅仅是与这一学区的学生数相关。在这一模式下，依靠学区财力无法达到基准的学区，不足部分由州政府补助。比较富裕的学区，从州政府得到的补助较少甚至微乎其微，主要靠本学区维持上述基准。基准补助模式考虑到学区间的贫富及发展差异，能够有效缩小学区间教育经费的差距。

3. 学区能力均等化模式

学区能力均等化模式（district power equalizing），旨在为每个学区提供一个相同的基础性的学生人均财产税基，而不同于基准补助模式中设定一个基础的学生人均最低支出水平。使用这一模式，所有的学区，不管是贫穷还是富裕，在相同税基下，都会筹集到大致相同的生均教育税。州政府可以保证不同的学区在同等的税收努力下，获得相同的教育经费。但这一模式会造成部分地区税率偏高的情况。威斯康星等州采用这种模式。

4. 百分比均等化补助模式

运用百分比均等化补助模式（percentage equalizing grants），州政府可以主动对地方学校予以财政支持。每个学区可以确定自己在州所限定范围内的本学区支出水平，州政府根据学区财政状况给予不同的财政补助，对支出进行均衡调整。在此模式中，首先确定一个地方学区承担对公共学校支持的比例和生均教育经费支出水平，然后根据学区生均财产价值与州生均财产价值的比值进行调节，计算出州对某学区的补助总额。学区与州的生均财产价值越接近，得到的补助越少，反之，则越多①。马萨诸塞、宾夕法尼亚等州采用这种模式。

5. **全州资助模式**

全州资助模式（full state funding）意味着州政府全部承担公共教育经费，基层学区不承担学校经费筹措。目前，只有夏威夷州采用这种模式。该州很小，州政府在联邦政府帮助下负责资助所有学校，州下不设真正意义上的学区，只设6个分学区。而这些分学区是不承担经费责任的。

由于美国各州对于学区公立中小学的教育转移支付模式都是采用因素法客观地确定各学区的拨款额，较为公平、透明、合理，较少受人为因素的影响。因此，在美国，这种加强州一级政府对中小学教育经费的教育财政转移支付力度的做法，对于提高学区内公立中小学教育经费的水平、保障各学区公立中小学生获得平等教育机会发挥着重要作用。

结语

综上所述，美国基础教育经费的增长是伴随着基础教育财政发展而产生的，在不同的历史阶段，美国基础教育都面临着众多急需解决的问题。各级政府重视促进教育立法、及时协调政策制定、注意不同层级协同，调动了各有关方面的积极性，保障了对基础教育高位投入，顾及了不同学区之间和学区内学校之间的均衡发展。联邦政府进一步加大对中小学的资助力度，约占全美基础教育公共经费的7%；各州政府在基础教育经费投入方面不断提高所负担的份额，约占全美基础教育公共经费的43%；地方投入仍是主体，约占全美基础教育公共经费的50%。上述比例在不同的州是有差别的，越落后的地方，其享受联邦和州所拨经费的比例越大。联邦政府与各州政府共同负担基础教育财政一半的责任，这对相

① 高建民：《美国基础教育财政发展研究》，人民教育出版社2005年版，第114页。

对薄弱的地区是莫大的利好。在美国，联邦政府的教育预算由教育部提出方案报白宫，再由白宫送到国会审议通过。如果不增加预算，送到国会自然是会通过的。如果明显增加教育预算，白宫方面就必须拿出充足的理由。于是，联邦政府挖空心思，编制各种理由，如，国家发展的需要、信息化时代的来临、为了民众的福祉等，但历届政府最成功的要钱撒手锏则是把美国教育描述得一塌糊涂，已经影响到美国的国家安全，年轻一代与其他许多国家相比素质太差，在未来国际竞争中难担大任。于是，全国哗然，国会震惊，不但批复教育预算，还马上启动教育立法，持续保障教育投入。长期以来，就全国来看，美国对基础教育的财政投入占到 GDP 4%以上，对高等教育的财政投入另占到 GDP 2%以上。

图3-1　弗吉尼亚大学校园（该校经常接受中小学校长前往研

第三章

学校的领头雁：美国基础教育校长队伍

美国中小学校长作为学校范围内的重要管理者，其对学校的定位以及管理方式直接影响着学校的发展方向和动力。美国中小学校长是学校的领头雁、排头兵，没有什么行政级别，也没有什么特权，往往吃苦在前，享受在后，比一般教师付出多得多的辛勤劳动，所以不是谁都想当校长。同时，校长被当作专业性很强的岗位，要成为一名校长必须通过严格的选拔程序，常常是优中选优，所以，也不是谁想当就能当上的。

一、美国校长的选拔

从各学区对于校长的选拔和聘任标准来看，各地对于中小学校长的选拔和聘任越来越重视。在学校，校长作为首要领导者具有较强的自主空间，学校是其教育智慧和教育理念得以实践的主要场所，一名优秀的学校领导者能够为学校的持续发展指明方向并提供强劲动力。在此过程中，过去单纯的行政管理已经不能满足学校的需要，很多校长由行政管理者转向专业管理者。校长向专业化转变，是对教师专业化的尊重。校长在制定教师发展、学校发展目标时，也会增加对教师专业成长的关注，而非仅仅是行政管理理念下的规约。

虽然各州在选拔的具体程序上会表现得略有差异，但通常会遵循一系列程序①。

（一）公布空缺信息

由学区主任或代理人起草校长工作说明书，包括本学区校长职务的定位和职责、社区背景、学校状况、学校的课程方案、校长职务的资格要求、工资状况等，之后刊登校长职位空缺的广告。广告中一般要标明工作头衔、主要职责、学区的名称和场所、申请的程序和时间以及最低学历要求等。及时、准确和范围适当的广告是招募一定数量和质量申请人的基础性工作。

（二）开展资格审查

审查有关证件，并对候选人进行初步面谈。学区在收到若干求职申请后，先要对申请人提交的学历证书、推荐信及健康证明等进行审查。一般来说，校长候选人在提出申请校长职务时，都要填写两种基本表格，一种表格可反映申请人详细的基本事实和信息，另一种则可反映申请人的态度、见解和价值观等。同时，校长候选人能否被聘用还必须经过一次面试，面试的内容不但涉及候选人对教育工作的了解程度，而且涉及其对教育的主张。

---

① 赵宇新、王远：《美国中小学校长选拔机制》，《中小学校长》2008年第1期。

在对竞聘校长候选人进行资格审查时，着重看其教学经验和学历是否满足要求。例如，康涅狄格州对校长候选人的底线要求，是具有 3 年以上成功的教学经验，具备硕士学位或学习过最少 16 学分的硕士课程。

（三）进行全面考核

美国各州多设有校长评估机构。这类机构的主要职能是对校长应具有的资格和技能进行研究，根据需求设计问卷，模拟现实可能遇到的活动并制定面试标准，并对现任校长进行评估。评估所得结果常常成为选拔和聘任校长的重要依据。

一般来说，初试后所产生的人数比为 1∶5。5 位校长候选人通过学区主管及董事会组织的以管理知识为基本内容的考试。之后，将候选人放置在一个虚拟的学校场景中，让其了解学校背景信息、课堂数据和案例材料。可能模拟课堂观摩，观看教师上课视频，候选人为上课教师提供辅导和反馈。处理一个突然的家长电话，摆平棘手问题，就某个议题给家长写一封模拟信。或者模拟与学生关键利益相关者开会，候选人会被问及具体问题和状况，并对挑剔的发问者做出回应。综合一天的信息，向上级主管简要汇报重要趋势、经验教训、策略、行动计划和学校目标。与评估者进行反省式交流，简述当日事件和结果。上述是对初任校长的选拔和考核过程。

如果在同一岗位上进行续聘，受聘人每五年需要完成 16 个学分的研究生课程，这是督促其持续学习的外在标准与手段。在职后的持续学习过程中，校长能够结合实际工作中的需求进行更具针对性的学习，是实践与理论相结合的重要体现。

（四）确定校长候选人

在综合考察几位最具竞争力的人申请后，学区则可确定最后的入选者。其间，要开展背景再核查，主要包括州及联邦刑事记录、性侵犯、教育背景、过往工作记录、违纪处分、体罚学生、语言侮辱、歧视、报复、资格证等情况。申请人与学区双向协谈相关条件、责任与义务。这一切都通过后，申请人就升级为合格候选人。学区根据情况或将其纳入校长备选库，或直接确定为试用期校长。试用期校长须与学区签订任职合同，确定职责和权力、工资待遇、聘用时间以及向谁负责等，然后报地方教育委员会批准，使合同生效。

（五）正式任命校长

初次聘任之后，试用期校长或助理校长需要有一年的试用考验，由经验丰富的校长为其做顾问，提供智力支持。只有在试用期满并经评估合格时，才能转为正式校长。如果原来已做过校长现在属于连任或调任，则不再试用，直接任命为正式校长。

近年来，美国对中小学校长领导艺术开展了大量的研究，以概括校长的领导行为。在选拔校长时，负责选拔工作的学区或教育局，往往考虑候选人未来的专业发展，是否能成长为出色的领导者是一个重要的方面。具备或可能具备研究得出的领导艺术之一者，自然成了加分项。领导艺术的名称诸多，这里简单归纳介绍 5 类①。

一是管理型领导。这种校长的注意力集中在工作效率上，力争保证学校贯彻执行政策，完成任务，不出重大问题。

二是民主型领导。这种校长关心的是每一重大决策的民主过程，保证各级组织和其中有关的每一个人能参与决策的制定和执行。

三是教学型领导。这种校长关心的是与学生学习有关的教师行为和学生表现，熟知与教学有关的问题。

四是道德型领导。这种校长十分尊重大家公认的价值观念，把握道德标准，准确判断是非，并能承担责任，以身作则。

五是改革型领导。这类校长注意调动全体人员的积极性和才干，打破各种影响积极性的陈规陋俗，努力使学校工作出现新的起色。

① 刘京秋、哈维·奥威：《校长管理手册》，中国财政经济出版社 2007 年版，第 29 页。

二、美国校长之职责

美国州教育委员会制定了好校长的 6 项标准①：第一，校长能够带领大家制定一个远大的学习目标，全体人员同舟共济贯彻执行。第二，校长能够提倡、培养和保持一种建立在最佳教学实践基础之上的学校文化和教学模式，有助于学生的学习和教职员的在职发展。第三，保证学校的构建、运作和资源的管理都致力于建立一个安全、高效、低成本的学习环境。第四，与家长和社区成员合力协作，顺应他们各方面的兴趣和需要，充分利用社区资源。第五，做一个公平、正直并具有职业道德的校长。第六，了解与学校有关的政治、社会、经济、法律和文化诸方面，能及时做出反应，并产生影响。

美国中小学校长由独立学区聘用，确保每所学校都有卓有成效的校长。校长权力有限，责任清晰，主要职权就是确保学校的正常运行②。独立学区对校长的资质认定、聘用进行统一管理，使得学校的管理者必须是专业水平高的教学顶尖人才。如果一名教师有志于成为一名校长，他必须先利用业余时间去参加相关培训，达到美国中小学校长职业标准，并取得校长任职资格证书。学区严格按照职业标准遴选校长，同时也赋予校长应有的权责。公立学校实行校长负责制，受学区总监领导。公立学校校长的职责一般有：管理学校财务、招聘管理人员、决定课程的开设、确定学校的特色项目、教师的考核、与独立学区的沟通、与教师沟通和为学校筹款等。

（一）处理日常事务

美国公办学校属于学区管理。学区校董会和总学监负责该学区内所有公立学校的具体管理工作。管理的内容包含对学校的考核与评价、校长的聘任与考核、教师的聘任与调配、课程的设置与教材的选用、学生的入学与转学管理、财产的

① National Association of Elementary School Principals. *Principals Should Know and Be Able to Do*, 2002.

② 参考了北京市海淀区教科所吴颖惠所长率领中学校长代表团于 2012 年 12 月至 2013 年 1 月赴美教育考察的报告。

管理等。美国学校的很多工作包括学校岗位设置、人员职责、设备购买、教师培训、教师评语的撰写、学生考试材料的准备、学校紧急预案等等，学区都有统一规定，校长需按照规定执行。校长接受学区学监的领导，并对学区负责。

伊利诺伊州亚伯拉罕·林肯小学是一所有近500名学生的小学，班级设置从学前班到六年级。每天早上8点钟，学校欢迎学生进校，下午3点15分校车载着学生们相继离开校园。每年学生在校180天，教师的规定工作天数是185天。鲍勃·史密斯先生是这所学校的校长，每年规定的工作220天。史密斯校长一天的工作既繁杂、琐碎又简捷。现行政策与学校现实之间的关系和冲突，纵横交错，构成史密斯校长繁杂的一天；发生在学生、家长和教职员工之间大大小小的事件是鲍勃·史密斯校长每天必须面对的琐碎的学校生活；无论是校内或校外，也无论是计划中的还是突发的事件，鲍勃·史密斯校长都要迅速简捷地处理①。

史密斯校长的一天，也是绝大多数美国中小学校长典型的日常职业生活的写照，反映了他们是如何履行作为一名教学领导同时又是行政管理带头人的责任。他清晨5点钟起床。吃完一顿营养均衡搭配的早餐后，他打开计算机，登录上网，准备快速地处理一夜之间转送进来的电子邮件。在这安静、没有打搅的20分钟内，他可以回复比白天多得多的邮件和询问。在邮件回复过程中，他一贯遵循3条原则：

第一，只用两三句话作简洁答复；

第二，不用电子形式回复任何有可能透露个人信息或保密信息的信件；

第三，如果交谈比电子邮件回复更好，则不做电子回复。

（二）管理课程教学

校长可以依据学生选择课程的情况，决定是否开设某门课程。学校开设课程所需经费仍然由学校提出申请，学区论证审批后再下拨给学校，学校可以根据经费下拨情况开设课程。一般情况下12—15个学生选择这门课，校长就可以向学区申请。根据学区拨款情况，学校决定是否设这门课程。校长一般不直接从事具体教学管理，但是巡视课堂、对教师的教学进行评价占了校长大部分的工作

① 刘京秋、哈维·奥威：《校长管理手册》，中国财政经济出版社2007年版，第2页。

时间。

（三）管理教师工作

校长对教师的管理权限是有限的，校长可以提出教师招聘的需求，但不负责教师的招聘，教师由学区统一聘任，如果校长发现教师不称职，首先做的工作不是“辞退”而是“补救”。所谓的“补救 ”就是通过一些帮助改进的措施，促进教师胜任教育教学工作。校长采用的补救过程一定要记录在案，尽量补救成功。事实上，由于各地教师工会都比较护犊子，校长想解聘教师几乎是不可能完成的任务。当然，如果帮扶之后有个别教师仍然不胜任或目无校纪我行我素，校长就只好考虑将之辞退了。

校长能不能用绩效工资调动教师积极性呢？中小学教师工资完全是由岗位决定的，没有额外的奖金或生活补助。公立学校可以接受社会捐赠，但是所得到捐赠需要用在学校建设和发展方面，绝对不可能用在改善教师的福利待遇方面，否则就会涉及“职务腐败”的问题。任何与教师工资待遇有关的经费都要由学区决定，学校不能自行决定。中小学教师的岗位工资完全由学区根据州政府统一制定，每个州中小学教师的工资差别不大，但州与州之间是有差别的。如果一个教师想提高自己的工资待遇，唯一的办法就是在学校里多承担一份工作，多有一个岗位，比如说多兼任一个学科，多负责一份工作，别无他法。所以，校长是学校的领头雁，其对教师的管理通常是通过工作评价、发展机会、岗位安排来实现的，或者发挥人格魅力及非权力因素来施加影响。

（四）维护社区关系

在美国，教育领域中的公民参与以及“学校就是家庭的延伸”的思想已根深蒂固，美国校长岗位职责明确要求：校长维持与社区间积极的合作关系。美国校长要在与社区、家长合作方面花费大量的时间和精力。要向本学区的所有公民传达学校目标；重视社区成员对学校活动的参与；及时回复学生、员工、社区成员的质疑和不同意见。校长每周要开校务会，要接待家长，要会见教师，要接待学区领导，当然还要与社区沟通联系，积极为学校募款。

总之，美国中小学校长在学校中担当了学习愿景的创造者、学校文化的发展者、学校管理的执行者、学校家庭社区关系的协调者、道德伦理的促进者、校外环境的影响者六个角色。总体来说，美国校长的工作是科学有序的，给人的感觉是忙碌而愉快的。

三、美国校长之证书

一般来说，美国通过校长等级资格证书制度来确立不同阶段校长的标准和培训。美国的校长资格证书一般分为校长初级证书、校长专业证书和校长精熟证书三个层次，通过校长资格证书的递进来激发校长的积极性和内在的专业发展要求。也就是说，美国中小学校长在被任命前，都必须符合一定的任职标准和条件，取得低级证书的校长想要获得高一级别的证书，必须到大学的研究生院修满必要的学分或取得高一级的学位，并且达到高一级证书所要求的工作绩效。

（一）校长初级证书

校长初级证书（Initial Provisional Principal License）始于 20 世纪 90 年代，当时美国各州相继实行中小学校长资格准入制度。由于美国的教育制度属于分权制，校长任用属于聘用制，故各州独立制定自己的校长资格准入制度。可以看到，在美国，虽然各州规定的校长入职资格标准不完全相同，但也存在以下共同之处：(1) 持有教师许可证；(2) 有一定从事教育工作的经验，一般为 3—5 年；(3) 取得硕士以上学位；(4) 在研究生院修满规定的学分，通常会包含行政实习。

除了上述规定外，多数州规定要申请校长许可证一定要通过考试。这种考试，有的州自行命题，也已有越来越多的州采用美国教育测验中心开发的校长许可证测验。此外，有的州将许可证分为校长许可证及一般行政人员许可证，有的州只是核发一般行政人员许可证。有的州将中学校长许可证及小学校长许可证分开，有的州则不分。

因此，想从事学校行政及教育行政工作的人员，在取得教师资格证书和具有一定的工作经验后，需要到相应的培训机构进修教育行政或学校管理的课程。在完成必修和选修课程取得相应的学分后，便向州政府教育厅申请校长初级许可证，通过考试，取得许可证后方可参加校长的竞选①。也就是说，美国校长经过认证获得许可证的目的是获取职业准入的资格，获得准入资格才有可能被选任为校长。比如，科罗拉多州的校长初级许可证有效期限三年，可换证一次，再延三年。申请者必须具有至少三年中小学教学经验、大学学士学位、在州政府批准的校长培训机构修习一定的教育行政科目及学分，并通过州教育委员会的校长许可证测验（包括基本能力、英文口语表达、专业知识），该测验根据该州“校长及行政人员专业教育及专业发展课程标准”而拟定题目。

通过校长许可证测验并取得初级校长许可证者，必须在该州内任何设有州政府批准的“初级校长导入方案”的地方学区，申请担任校长职务。

（二）校长专业证书

校长专业证书（Professional Principal License）是初级校长许可证的进阶许可证。校长候选人在获得初级许可证之后，只是获得了校长准入资格证书，经过竞聘成为校长后，还必须在初任期间获得校长专业许可证。美国校长的选拔与任命一般都是由地方学区自主决定，校长要想获得校长专业许可证，还必须参加由学区组织的校长考核和培训。另外值得一提的是，美国很多州的地方学区都设置有初任校长导入制度，安排有经验且公认有绩效的校长担任初任校长的指导者（mentor）。比如，在科罗拉多州，要获得校长专业许可证，申请者必须具备有效的初级校长许可证，具有硕士学位，经过初任校长导入训练，成绩合格，得到设有“初任校长导入方案”的地方学区推荐，通过州教育委员会的校长表现测量，并通过该州制定的根据校长及领导人员准则所开发的校长工作熟练度测验，包括技能的应用、综合知识与实务及工作考核。校长专业许可证有效期限为五年，期满可换证。

（三）校长精熟证书

校长精熟证书（Master Principal Certificate）只对那些当了多年校长，并在校长职位上做出突出业绩的校长颁发。比如，科罗拉多州的学校校长要获得校长

① Noel Epstein. *Who's in Charge Here*. Brookings Institution Press，2004，pp.14-41.

精熟证书，必须满足以下条件：持有有效的校长专业许可证，并从事校长职务者；在校长专业许可证所要求的各项标准上均表现卓越；在各项内容的相关知识上，均深度掌握；长期致力于追求学生成就的进步及教育事业的提升；对学校整个教育社区有重大影响；需向州教育委员会申请校长精熟证书。该证书的有效期限与校长专业许可证的有效期相同，期满可换证。校长精熟证书可使校长专业许可证的有效期限延长到七年。可以看出，科罗拉多州的校长精熟证书本身不是许可证，而是证书，而且该证书是完全与校长专业许可证并行的，可使校长专业许可证的价值更高，有效期更长。

另外，值得一提的是，美国的校长资格证书一般不是终身制的，都有一定的有效期，有效期限各州有所不同，以 5 年居多，最短的为 3 年，最长的为 12 年。颁发永久性校长资格证书的州越来越少了，有效期满后，校长可通过到大学的研究生院选修必要的课程并获得学分，或取得高一级的学位，或参加专业发展活动，并通过工作绩效评价后方可获得新的同等级证书或更高一级的证书。合格的工作绩效、不断的在职进修和专业发展是调换证书的必要条件，这也是校长绩效考核的一种有效方式。

美国校长资格证书的停用、失效分为三种情况：一是通过改变或提高证书的要求使其自然失效；二是证书期满失效；三是通过法律程序强制终止，包括持有者有违法行为、被定罪、违反职业伦理等情况。

四、美国校长之发展

（一）培育校长培训机构①

美国中小学校长的在职培训可以由地方学区和学校承办，也可以由专业学术团体或高等院校承办。培训的项目包括非学历的短期课程，也包括硕士、博士学历教育。不同的培训机构形成竞争，并利用各自的优势形成自己的特点，从而满

① 曲铁华等：《美国中小学校长在职培训制度及启示》，《外国教育研究》2011 年第 5 期。

足多样性的校长培训需求。现在美国的相关培训机构主要包括教育行政部门、高等学校教育学院、学校领导者协会等。校长专业机构与校长中心的结构大体如下。

1. **大学或学院设置的机构**

例如，哈佛大学校长中心于1981年由罗兰·巴斯（Roland Barth）和一些校长、学校领导者以及哈佛教授等相关人员组成。原先仅是作为校长间彼此交流、反思的中心，现在则提供校长认证，并与其他专业机构进行交流。其运作宗旨是帮助学员获得证书、提供领导知识课程、提供国际网络资源、提供校长在职进修机会并满足其需求。除了提供每年八月开始申请的学分认证或州标准认证课程，通过各种项目进行在职培训是其重要工作内容。培训的形式多种多样，包括讲座式授课、分组讨论、分组写作和结对互访学校。该中心正逐步扩大为一个全国性的校长培训中心网络。

2. **政府设置的校长进修中心**

例如，加利福尼亚州教育厅所举办的加州学校领导研究院。该研究院于1985年成立，加州政府教育厅是其核心成员，主要从事研究与发展规划各种课程，下设12个中心作为区域性办公场所，其中最大的是洛杉矶校长中心，负责洛杉矶地区的校长专业发展计划。其运作宗旨是：(1) 协助校长熟悉全国不同层级法律的相关问题；(2) 指导校长提出面临新法案时的应对策略，协助校长了解教育新趋势；(3) 协助校长领导学校推进教育改革。再如，北卡罗来纳州教育委员会成立的校长培训学院通过组织研讨班、短期实习计划等方式，为在职校长提供培训。研讨班围绕校长们关注的主题进行讨论，诸如评估、有效教学实践、学科、领导、时间压力管理、不合格教师管理等。研讨班每年要组织五次研讨会，校长参加研讨班要经过严格的选拔，并需制订一份持续两个月的活动计划，并在结束时共同商讨各自计划的结果，提出问题并就各自关心的问题进行探讨。参加研讨班的校长经费由学院提供。短期实习计划主要是校长根据自己的需要和兴趣，通过对另一教育工作者、学校或教育机关的访问进行学习，学院给校长发放津贴和车费。

3. 专业机构或私人基金下的研究中心或实验单位

全国学校行政人员学会（NASE）主要是为在职学校管理人员提供提高专业水平的方案，并制定在职培训的标准、准则和目标。采用多种方案如研讨班、讲习会、合同方案等对在职的学校管理人员实施培训。学会与教育部密切合作，彼此互相咨询。协会通过出版刊物、举办各种研讨会，以及设置校长专业信息网络等，为校长提供意见交流、问题咨询及专业成长的机会。学会旨在提升学校领导力，为学会成员提供以专业为基础的研究平台，并通过彼此间评价的方式来塑造具有远见与智慧的领导者。

因为校长培训机构众多，所以校长培训课程存在较大差异，但据哥伦比亚大学师范学院莱文（Levine）教授提供的一份校长调查报告，那些毕业于大学或最近参加过培训项目并获得学位证书的校长们主要学习了以下 9 门课程：教学领导力（92%，指参加此课程的人数比例）、学校法律（91%）、教育心理学（91%）、课程开发与发展（90%）、研究方法（89%）、教育学的历史和哲学基础（88%）、教学和习得能力（87%）、儿童与青少年发展（85%）、学校领导力（84%）。

（二）完善校长培训课程①

为了更好地实施校长培训，美国在培训机构、培训课程、行政实习、培训方法上都实施了一定的改革，完善了校长培训机制。学者斯巴克迈和坎贝尔（Sparkman & Campbell）列出如下较详细的校长培训课程：（1）教育领导领域：包括教育史、教育哲学、团体历程、人际关系、伦理学、决策、学校组织氛围、长期及短期计划、改革、研究之应用、负责任及自评、多元社会之了解；（2）校务改进领域：当代课程与教学理论和实践、人的生长与发展、教职员和学生在课程与教学中的角色、课程与教学的督导与评鉴、资源的有效使用、推动州或联邦政令落实、促进人员发展、为特殊需求学生服务；（3）教育人员管理领域：人员管理、平等就业法、人员招募、甄选、留用、资遣、职员的管理与考核、人员关

① 孔令帅、吕杰昕：《美国中小学校长专业发展机制探析》，《外国中小学教育》2012 年第 10 期。

系、契约、磋商、非正式组织；（4）学校与社区关系领域：学校、社区等之角色，与机关、委员会共事；（5）教育的法律与财政层面：学校与法律、学校财政；（6）教育管辖体系、政治学领域：权威、权力概念，联邦、州、地方的角色，地方学区委员会，专业团体，社会团体与势力；（7）学校管理领域：发展、推动、评鉴各项目标、做法、政策、管理资讯系统、电脑与科技、沟通、学生或教职员冲突解决、压力管理、学校设施管理、参与管理、行政实习。

其实，培训课程内容的设置在美国并没有受到共同的认可，很多接受培训者认为课程并没有提高他们的实践管理能力。他们更倾向学习与实践密切相关的课程，如最新的高科技如何在教学中运用的能力、最新的课程发展方向与相关课程编制能力、金融资助的获取和管理能力等。多年来，比较受校长欢迎的培训课程是学校法律、儿童与青少年心理、教学领导力，而教育学的历史和哲学基础、教育研究方法等，则被认为对担任校长职务作用不大。

美国校长培训项目采用的教学方法有案例研究法、计算机辅助模拟法，还有小组专题讨论，比如讨论如何最佳地处理标准和实践之间的关系。此外，还会采用模拟实践录像和读物、杰出国际教育家和商务专家的有关录像，艺术的网络教学和可以互动的教学软件。校长培训项目一般都强调理论服务实践，以问题为导向，期望每一门课程都会帮助校长们将课本知识运用到真实情境中。

（三）设定优秀校长标准①

通过专业发展，美国学校校长得以应对不断变化的学校治理与教育教学新情况。其中，有的校长通过专业发展，逐渐成长为优秀校长。

美国中小学校长联盟创办于1921年，现拥有三万多名成员，包括美国、加拿大的公立与私立中小学校长，旨在提高中小学校长的业务水平，增进校长间的相互理解，为他们提供交流教育思想的平台。为提高中小学校长的领导力，美国中小学校长联盟于2009年发布了评价优秀校长的六条标准，并提供了领导力与专业发展的提高策略。美国中小学校长领导力项目着力通过提高校长的领导水平

① 周玉龙：《美国中小学校长联盟认定的优秀校长的六条标准》，《北京教育》（普教版），2010年第6期。

和管理能力，进一步影响中小学教师的专业发展，从而促进美国中小学的整体发展，提高学校教育教学质量。这为其他国家促进中小学校长专业化发展，以及提高中小学教学质量提供了参考。

1. 应为专业发展设定较高的期望值

为了不断提升自己的专业水平，校长在工作中应继续学习与教学实践相关的知识，不断提高个人专业水平，不断进行关于教学实践和行政管理工作的反思，经常浏览教育专业网站，获取教育信息与提高专业能力。

2. 应指导和帮助本校教师解决工作中遇到的困难

校长要充分了解学校的教学活动，通过日常学习和工作实践掌握高效的口头和书面沟通技巧，这对校长指导与帮助教师具有重要的意义。在教学中，校长应该掌握积极倾听的技巧，为教师提供建设性的反馈意见，并具备清晰的表达能力，使教师能够很快理解你的用意。为了更好地管理教师，校长应多理解并掌握成人学习的相关理论，这对教师的专业学习与发展有极大的益处。

3. 应在学校的教学工作中发挥积极的领导作用

很多美国校长是参与教学实践的，尤其是特许学校和私立学校，并且是教课的内行，即教学和管理两方面的能手，这与我国的情况可能有所不同。这条标准要求校长必须对教学工作非常了解，当任课教师在教学工作中遇到问题时，校长可以提出指导性意见。由于有更多的机会参加其他学校和教育机构组织的活动，校长可以将从外校获得的教育理念和经验讲解给本校的教师。据此，要发挥校长在教学工作中的领导作用，首先，校长应时刻关注学校教学和管理工作中存在的问题，并给予解决。其次，校长应积极参加专业教育机构、地方和国家教育机关举办的活动，如会议、讲习班和研讨会等，了解教育教学的前沿信息与动态趋势，与教育专家进行思想交流与探讨。最后，在专业发展和教育实践的学习活动中，校长应起到模范带头作用。

4. 应在学校管理工作中遵循正确的行为准则

校长应制定例行会议讨论制度，鼓励教师在会上积极建言，并进行开放性和反思性的教学研究大讨论。校长的言谈举止应体现出值得他人信赖的品性，为本校教师做出榜样。

5. 应善于调动行政人员和一线教师的工作积极性

掌握有效的行政管理知识和技能，与教师合作共同开展调查研究。根据学校和教师的评估数据信息，校长要及时调整对教师的业务指导，及时反思在学校教学实践和行政管理方面存在的问题，并记录下来以备日后查用。积极引导教师记录个人的工作情况及设想，在教学讨论时同其他教师交换意见。

6. 应为教师创设团结和谐的学习氛围

教师之间的相互学习十分重要，校长应鼓励全校教职人员充分利用科技和网络，参与到专业发展的活动中去，不断进行业务交流与学习。校长应充分认识到教师业务培训的重要性，它与教师专业发展是有机结合不可分割的。此外，校长须努力调动教师的积极性，创设校长与教师之间、教师与教师之间平等的氛围。如果教师感到不受尊重、压力过大、不高兴、很无助，那么就可能把这种不良的情绪带给学生，就不会对学生表现出足够的关心与尊重①。

结语

美国的中小学校长勤奋辛苦地带领全校师生员工维持日常运转，并按照学校发展的理念和既定目标，不断向前。美国的校长没有太多的自由裁量权，很多规定由学区做出，教师的管理受教师工会的制约。我在美国学校参观遇着饭点，校长不太可能带我去馆子吃饭，而是刷自己的卡请我在学校食堂吃便餐，这是再正常不过的事了。美国校长更像是学校的领头雁、排头兵。美国很多学区将校长工

① Marie-Nathalie Beaudoin. Respect-Where Do We Start? *Education Leadership*, No., 2011.

作看作是一项专门事业，当校长需要有专业精神和专业水平，需要全身心地投入。一个有远见、负责任的校长一定有清醒的角色意识，为学校的发展夙兴夜寐，殚精竭虑，全力做好教育思想的领导，教育理念的指引，为学校的发展出思路、定规矩、立标杆、抓落实。

图4-1　弗吉尼亚州数学教师接受培训过程中正在做题

第四章

学生的引路人：美国基础教育教师队伍

教师队伍水平的高低，直接关系到基础教育质量与学生成长。教师在课堂中的作用就像血液对于生命一样重要，教师塑造孩子的未来，也在塑造国家的未来。提高基础教育质量的关键主要集中于提高教师队伍的软实力。在美国基础教育阶段，比较充足的教育经费投入已经能够为基础教育提供有力的硬件保障，而教师队伍的质量就成为影响美国基础教育质量的关键因素。那么，美国基础教育教师是如何招募的？是如何开展教师职前培养的？是怎样改进教师在职培训的？如何确定发放绩效？怎样确保教师可持续发展？对上述问题，的确需要认真观察与研究。

一、美国基础教育教师的招募

多年来，美国中小学教师，有的从大学的教育学院毕业，有的曾是普通系科学生，加修了教育学、心理学类科目，并经实习、考核合格而成为教师；还有的已在社会其他行业工作若干年，经公开招聘进入教师队伍。中小学教师的学历起点是大学本科毕业，具有硕士学位者也非常普遍。在中学教师中博士学位获得者也越来越多。

虽然美国中小学教师职业的社会吸引力远不如律师、医生等职业，但仍是从业者最为众多的群体。究其原因，主要包括以下几个方面。

第一，教育事业体量庞大。据美国有关部门发布的2008年美国各行业雇用人员及薪水统计报告显示，在美国目前22个大的行业中，雇用人员总数达1.35亿人。而教育行业雇用的从学前班到大学的教师以及相关人员人数为845万人，是美国雇用人数第六多的行业，雇用人数约占美国全部受雇人数的6%。美国公立中小学相关从业者610万人，其中一线专职教师310万人①。教师在各种就业人群中是一支庞大的队伍，每年有退休、有新进，已成常态。在知识社会中，国家对人才愈发重视，使得教育领域成为关键领域。

第二，教师工作比较稳定。与众多体力劳动职业相比，教师工作环境的危险性较低，直接造成身心伤害的概率很小，也是教师成为受欢迎职业重要原因。中国驻纽约总领事馆教育组了解到，2014年1月21日，美国进步中心发布了一项关于中小学教师工作状态的研究，认为中小学教师心态良好，队伍稳定。在就业竞争异常激烈的社会现状下，能够找到一份个人满意的工作并非易事。而中小学教师在任教三年后便可成为终身制教师，而且教师工会能够有效保证教师不会被无端解雇。

第三，工资待遇还算体面。在政府拨款发薪的人员中，教师的工资、待遇，仅次于政府官员和警察。考虑到专业化程度、工作环境、劳累程度等多方面因素，教师能够获得的工资和待遇在可接受的范围内。20世纪初叶的20年间，美

① U. S. Department of Education. *The Condition of Education 2014*, p.66.

国中小学教师工资待遇偏低，严重影响教师来源和师资队伍建设，从而在很大程度上影响了教育质量的提升以及教育领域的整体发展，引起了社会各界的广泛关注和重视。幸运的是，基础教育发展不利很快引起了社会各界的广泛关注和重视。在苏联经济、军事发展的刺激下，美国基础教育经历了跨越式的改革，在教师工资待遇方面做了些改进。经过努力，至 2015 年，美国中小学教师工资水平有较大幅度增长，平均年收入为 5.6 万美元。当然，各州差别很大，最低的是亚拉巴马州，中小学教师起薪只有 36 198 美元，年平均工资只有 47 949 美元；最高的是纽约州，起薪是 48 631 美元，年平均工资高达 72 334 美元（见表 4.1）。基础教育领域中，高中段、初中段、小学段教师工资略有差异，但无明显差距。

表 4-1　2015 年美国部分州中小学教师起点工资和平均工资（单位：美元）

州名	起点工资	平均工资
亚拉巴马	36 198	47 949
加利福尼亚	41 259	69 324
科罗拉多	32 126	49 844
康涅狄格	42 924	69 397
佛罗里达	35 166	46 598
马萨诸塞	40 600	72 334
新泽西	48 631	68 797
纽约	43 839	75 279
宾夕法尼亚	41 910	62 994
弗吉尼亚	37 848	48 670

资料来源：www.teacherportal.com/teacher-salaries-by-state/

第四，部分人士乐于从教。除外界的影响因素外，个人的主观喜好倾向也是选择职业的重要原因。如果个人的性格和职业定位都倾向于教师职业，于是教师就成为其职业首选。

美国中小学教师工作量较大。一般平均每天上课 4－5 节，尤其小学低年级一般采取包班制，由一名教师负责一个教学班除音乐、体育以外的全部课程。美国通过优秀教师的招募从入口方面保证教师队伍的水平。

教师是学校最基本行为中的主要参与群体，教师的素质水平在很大程度上影响到教育水平，而在教师招募阶段对优质教师进行选聘具有提升教育质量的现实意义。在美国基础教育阶段，教师队伍建设一直是备受关注但未能很好解决的问题。

由于各州政府和地方政府的经济收入直接影响到教师的待遇，因此各地和各学区中小学教师的收入和待遇也因学区居民的财产状况而表现出明显不同。一些相对落后的学区常常感到留住好教师是很难的事①。在纽约、芝加哥等地，由于市区是贫民相对集中的地方，市区教师的工资普遍比郊区富人区教师的工资低，出于现实经济驱动和追求更好的生活环境，一些优质教师便由城区调往郊区。

以加利福尼亚州为例，在选聘优质教师过程中就对工资和待遇情况进行了明确的规定。通常来讲，加州中小学教师的起薪是年薪3万至5万美元不等，不同的基层学区在年薪方面也会存在差异。教师如果具备硕士以上的学位，获得加薪的机会比其他人要多一些，加薪的速度也比其他人快一些。对于拥有高学位或者双语证书的教师，一些学区会给予更高的经济支持。教师薪资每年会依据工作年限得到提升，提升过程不需要经过特殊评选，经过一定时间，中小学教师会拿到最高年薪。加州中小学教师不必交纳社会安全保险税和加州残疾人保险税（每月可以节省大概10%的税金）。此外，中小学教师还同时享受免还大学学费贷款、首次购房优惠等一系列优惠政策。由此，在加州年薪3.8万美元的教师，实际所得要高于一个年薪4.5万美元的其他行业工作人员。事实上，提高中小学教师的收入和待遇可作为吸引优质教师的重要途径之一。

除了通过经济手段增加中小学教师职业的社会吸引力外，在招募中小学教师时必须首先从现状出发，即对美国基础教育教师队伍建设中所面临的、亟待解决的问题进行客观认识。在美国基础教育教师队伍建设所涉及的众多困境中，聘任具有良好数学和科学学科知识背景的教师被认为是重中之重。目前，在美国基础教育教师队伍中，此类教师明显缺乏。2007年，时任美国联邦教育部助理部长苏珊·斯克拉法尼指出，在中学51.5%的数学教师和40%的科学教师没有所教专业的主修或辅修学位；全美50个州中只有29个州要求教师参加全国的教师考试。考试采取百分制，其中15个州设置的及格线低于25分，只有弗吉尼亚州设

① Noel Epstein. *Who's in Charge Here*，Brookings Institution Press，2004，p.166.

置的及格线高于50分。为了推动这些状况的改善，联邦教育部于2003年启动了称为“数学—科学革新”的行动，旨在增加公众对数学与科学教育的极端重要性的认识，招募到更加优秀的有数学和科学专业背景的教师，为建立一个进行数学、科学之学习与评价研究的综合平台奠定基础。

二、美国基础教育教师的职前培养

美国中小学教师职前培养经历了较长的发展历程，按培养机构来划分，曾经历了中等师范学校、高等师范学校、综合型大学三个发展阶段。就目前情况来看，美国中小学教师的来源虽然比较广泛，但主要由综合性大学来培养。与专门型大学相比，综合性大学表现出学科数量多、侧重科学性和基础性等特点。鉴于综合性大学本身具备的一系列特质，美国中小学教师的职前培养阶段同样表现出重视普通文理知识和专业知识的学习、重视学生的实际教学能力等特点。

（一）职前教育课程设置①

美国的教师教育课程看似没有统一规定，实际上各个大学的教师教育课程在内容上有许多相同之处。教师教育机构不但须得到全国教师教育鉴定委员会认可，而且还得接受州级教育行政部门的检查和监督。这样使得美国的教师教育在地方分权的教育制度下，有一定的标准得以遵守，总体上保障了学校的学术水准。

根据国家教师教育鉴定委员会认可的标准，教师教育课程内容主要由三部分组成：普通教育课程、教育科学课程、学科专业课程。

1. 普通教育课程

普通教育课程又称为通识教育课程，最初是由西欧的博雅教育发展而来，旨在对学生进行人文学科教育，使学生具有深厚的文化底蕴和高雅的人文气质。普通教育课程是使学生具有广博知识、开阔视野的保证，也是对当前知识相互渗

① 刘河燕：《美国教师职前教育课程设置及其启示》，《职教论坛》2010年第26期。

透、相互综合和中小学课程日益综合化的回应。受这种传统的影响，美国教师教育非常重视普通文理课程的设置。普通文化教育是为美国大学生提供基础性的文理知识，且各个大学的普通文化教育差异不大，主要包括自然科学、人文科学、社会科学、语言学等各个方面的基础性、通识性的课程内容，主要有英语、哲学、文学、美术、音乐、戏剧、外语、历史、经济、法律、社会学、人类学、政法、生物、数学、物理、化学、体育，等等。这类课程是为学生进行必修和选修打好基础。普通教育课程在大学的前两年完成，学时约占整个大学学时的三分之一，学分占二分之一左右。美国的大学一般在前两年不分专业，主要是开设普通文化教育课程。这为师范生提供了较为宽泛的知识面，使学生们能够具备宽厚的文理基础知识。

2. 教育科学课程

教育科学课程是教师专业化的根本标志，是为职业做准备的课程，目的是为师范生提供教育教学专业知识，主要有以下内容。

一是教育基本理论课程，主要包括教育哲学、教育史、教育心理学、教育社会学、教学论、教育行政与管理、教育技术、职业道德与法律等。

二是教学法课程，主要包括教学方法与策略、课程设计与开发等。

三是教学实践课程，主要包括教育实习与讨论。这是美国师范教育课程的重要组成部分。实习期限安排较长，一般持续 1 个学年，直接上课 15 周左右。这部分课程的学时大约占三分之一，学分占六分之一左右。

3. 学科专业课程

学科专业课程是师范生将来从事教学的学科，一般与中小学开设的学科课程相对应。比如你将来要做数学教师，你就要学习相应的数学专业课程；如果你将来从事物理教学，就要学习物理专业课程。每名师范生必须具备较为精深的专业知识，同时还应掌握该专业前沿学科发展动向，乃至相关边缘学科的发展情况，也就是要求专业知识深而宽泛。这部分课程的学时大约占三分之一，学分占三分之一左右。

（二）职前教育课程的特点

1. 强调知识的宽泛性

美国教师职前教育期间要花1到2年不等的时间来学习普通的文理课程，包括广泛而又实用的人文学科、自然学科以及社会学科课程，目的是拓宽知识面，具备宽厚的文理知识基础。这种课程设置要求学生掌握人文科学、社会科学和自然科学的普通知识，使他们具有基本的文化修养、伦理道德、探索精神和分析问题、解决问题的能力。广博的普通教育课程设置对于拓宽师范生知识面，加强其知识基础起着重要的保证作用。从这点不仅可以看出课程内容上的广泛，而且有时间上的保障，而我们国内的一些高校课程设置在表述时是宽泛的，但实际中没有时间的保障，也就成为空中楼阁了。

2. 强调实践的必要性

美国教师职前课程强调实践的必要性。首先在时间上长达1学年，师范生实践能力的培养因而得到充分的保证。内容上美国教育实践课程包括各种观察和教学体验，如开设教育专业课程之前安排的现场体验、与专业课相联系的现场体验、教育实习和见习等。美国于1991年开始建立大学与中小学合作培训教师的联合体专业发展学校（PDS），开展教育实习。

高度重视实习活动，不断提升师范生教学实践水平。教育能力是一种综合素质，对它进行评价的种类和方式众多，但最为显性的形式是通过教学活动加以呈现，因此，对师范生的职前教育阶段突出了实际从教能力的培养。一般来讲，美国师资培训课程中大约有一个学期的时间集中用于教学实践上。美国各州都对教育实习活动进行了规定，虽然时间长短各州不同，但基本安排在教育课程结束后的最后阶段。教育教学实践活动平均为11学分，占总学分的11%。全国优秀师范教育委员会建议，对新教师应进行至少1学年的实习训练。

实习期间，实习教师必须和正式教师一样，每周在校工作5天，每天工作8个小时，完全参与学校生活，并至少有两周全面负责其所任教班级全部教学活动的计划、实施和评价工作。甚至有些州对实习教师的教学工作量进行了量化规定，要求师范生在从事教学之前，在某一学科完成至少20个学时的教学工作任务。规定了职前实习教学工作量的州，在全美 50 个州里占了 24 个，旨在增加实习教师与学生的接触机会和频率。让实习教师不仅能学到理论上的知识，更重要的是让实习教师在实践中得到锻炼，这种实习方式是教育理论和教育实践有机结合的重要体现。通过实践活动培养出的实习教师能够较快融入教师角色，由于身份转换所带来的不适应也很微弱。

3. **强调发展的持续性**

由于美国是联邦制国家，教师教育课程的设置在各州、各大学教育学院之间存在比较大的差异。但归纳起来，美国教师教育在培养方案上有三种水平，即本科水平、硕士研究生水平和博士研究生水平。培养方案水平不同，开设的课程内容也不一样。尽管不一样，但无论是哪一个层次的培养方案，其教育科学课程中都明确提出了教师专业化发展，突出其重要性。

重视促进教师创新能力、批判意识的培养。自 1983 年《国家处在危险之中：教育改革势在必行》报告问世以来，美国各界对公立学校的不满情绪日渐加深，通过教师专业水平的提高来提升美国基础教育质量势在必行。为了适应基础教育改革发展的需要，美国不断加强教师创新能力、批判意识的培养。但是，这一过程并非一蹴而就，不仅需要个体主观意识的参与，而且需要外界环境的激励。美国基础教育教师职前培养阶段采取案例式、开放式等教学形式，对教师的创新能力和批判意识进行培养。斯坦福大学在对教师进行职前培养时，会针对存在分歧的问题，采用案例教学的方式，培养准教师的创新能力。

虽然国家有教育教学标准，但各州也有自己的标准，甚至学校还会各自制定标准。由于评价标准的多重性特征，学校考试内容、侧重点往往不一致，甚至会互相矛盾，给众多教师的教学带来很大困难。针对这个问题，教师在阐述了相关理论问题之后，准教师会根据课堂录像案例中所涉及的内容，对中学项目设计、开卷考试的评分标准等一系列相关问题进行讨论。授课教师在课堂教学中所起到的作用是启发和引领，而非简单的传授，准教师在自身的学习中便能够体会到研究性学习所带来的创新意识，在步入工作岗位后在自己的教育教学中也同样会注重学生创新能力的培养。在培养创新精神的同时，准教师的批判意识也得到关注。为了能在教育教学实践中更好地培养学生的批判思维能力，教师首先应该是一位具有批判精神和批判能力的人，即便不能作为批判精神的培养者，但至少也不能成为消灭者。事实上，接受过批判思维训练的教师，同样也会加强学生批判思维的培养，并根据学生的实际情况想办法弥补学生在批判性思维方面的欠缺之处。在中小学教师职前培养阶段，通过激发准教师对于课堂讲解的批判性思考，克服一味听讲、不假思索地记笔记的习惯，采用参与式互动方式，能够培养准教师的创新能力和批判意识。

（三）教师资格证书制度

美国的教师资格认证制度，虽然各州标准不同，但也存在着共性。通常来讲，在美国获得教师资格证书的途径通常有 5 种，即传统模式、提交申请、紧急资格证书、选择性教师培养方案和社会聘任。其中最为常见的是传统模式，即通过在州教育管理机构认可的教师培养机构中进行专业学习，毕业后就可以直接申请获得教师资格证书。在传统模式中，教师资格证的获取需要经过 3 个阶段。

第一，师范生接受国家认可的 4 年制师资培训，其中包括课堂观察、课堂实习和为期 10 周的实地学习。在 4 年学习结束后，师范生需要参加正式的、州举行的涉及学科知识和教学专业知识的考试。最后，毕业生要完成 1 年的合作性教学和学习。

第二，师范毕业生通过州组织的资格证书考试，获得州资格证书。在这一阶段，同样要考查师范毕业生的教育理论知识和教学实践能力。

第三，至少具有 2 年以上教学经验的合格教师，可以接受国家教师教育鉴定委员会的考核，考核通过后才可以获得国家教师资格证书。由此可见，美国中小学教师的职前培养阶段重视教育实践活动，通过教学实践促进培训内容的强化和掌握。多数州通过美国教育考试服务中心对申请教师资格者进行评估，其考核内容包括学科、教育学和教学基本功等方面。学科主要考察申请者对各学科教学知识和技能的掌握和理解情况；教育学主要考察通用的教育学知识，教育学研究的一个基本任务就是要促进教育专业知识的增长，促进获得更好的教育效果，在这个过程中教育学扮演着“中介”或“桥梁”的作用；教学基本功主要考察申请者的多学科综合性知识，被认为是实现优质教学的基本手段。

三、美国基础教育教师的在职培训

教师职业的专业素质主要通过教育教学实践来体现。教师的职前培养阶段是为准教师奠定基础的专业素质，但由于职前培养阶段表现出实践缺乏的特点，因此对于准教师的职前培训只具有预测、模拟的特点。事实上，经过职前培养的教师在进入教育教学现场后，会出现若干方面的不适应。为了帮助教师能够解决在实践中存在的各类问题，促进教师专业素质的持续发展，美国各级各类教育培训机构和中小学校都采取各种方式为中小学教师提供具有针对性的职后培训。

（一）新教师入职培训：以老带新的培训形式

为了促进新教师在较快时间内适应教育教学环境，部分学校和学区通常会采取以老带新的帮扶制度促进新教师的专业成长。在20世纪60—70年代，美国学者对关于教师专业发展各项研究中涉及的划分标准和形式不尽相同，但表现出一定的承接性和发展性，都认为对于新任职教师的早期关注和入职引导至关重要。虽然教师在入职前会按要求接受一定学时的教育教学实习，但教育者开展优质的教育教学活动，需要在教育教学经验积累的基础上，进行具有主观能动性的遴选和重组。而由于缺乏教学经验的积累，新任教师对课堂教学中的复杂性会感到不知所措，专业理想与教学现实之间的距离会引起教师专业感失落、教学任务安排紊乱、师生关系摇摆不定等负面表现。美国斯坦福大学教育学院教授布什（Robert N. Bush）认为："一名教师头几年的教学实践对他今后能够成就的效能水平有重要影响，对支配他以后30多年的教学生涯的教学态度有重要影响，而且决定他能否在教学领域持续教下去。"研究还发现，美国超过20%的公立学校教师在入职后的前三年内离开学校，其中在第一年就放弃从教的老师占9.3%。

据调查，在对新入职教师辅导工作做得好的地区，教师离职数量和比例都较低，由此可见，开展良好的新入职教师辅导工作能够有效避免新任教师在危险阶段离职。成熟教师对新任教师的指导，不仅能够传递专业知识，而且能够帮助新任教师创造积极的工作热情和进取意识，在帮助新任教师实现身份转变的同时，较大程度地减少教师流失率。现在美国许多州都开始鼓励甚至要求各地实施新教师的“入门辅导”项目，有组织地指导新教师进入课堂教学。如俄亥俄州1998年试点实施两年制的“入门辅导”项目，要求学校为每位新教师配备1名有经验的辅导教师，定出计划对新教师进行系统的辅导。在这两年期间，新教师必须接受1名外地专家的2次听课考核和教案审核，通过课堂教学能力的评定，才可获得正式的教师资格证书。这项试点已于2001年年初上报州立法院审批，然后推广到全州。现在，美国很多州的中学都对新教师设置了“入门辅导”项目。

（二）适应形势发展需求：信息技术素质的培训内容

先进的教学技术是开展优质教学的基础，若不能引起教师对于信息技术的重视，再先进的教学技术也很难落到实处。由于信息技术教育具有更新速度快、发展迅速的特点，信息技术的教师培训不可能一劳永逸，因此需要给予持续的培训和关注。对于信息技术教育，部分教师表现出积极性不强的特点，这与传统教育的习惯形式有关。为了体现信息技术在教育教学中的重要性，以及为了减少部分教师的负面情绪，美国总统科技顾问委员会建议将教育技术投资的30%用于教师培训。

2000年9月全美教育统计中心以“教师21世纪的武器，当今教师应用计算机技术状况”为题的调查中指出，1999年美国中小学学生平均每6人拥有一台计算机，平均每10人拥有一台能上网的计算机。1994年，美国中小学只有3%的教室能与互联网连接，如今这一比例已经达到63%。另外，据全美教育统计中心（NCES）调查，1999年，99%的中小学教师称他们学校配有计算机，84%的教师说他们每个教师至少有一台计算机，82%的教师家中有计算机，63%的人能在家上网。1999年，有三分之一的中小学教师表示，他们可以自如地应用计算机和网络进行某一课题的教学，或收集信息、开发课程和辅导学生。

据2000年国家教育技术计划介绍，截至1999年，三分之一的公立中小学教师感觉在课堂教学中使用计算机和互联网方面已得到了较好或很好的培训，绝大多数教师已经受到了基本的专业技术应用培训，近半数教师在过去三年中受到8小时以上与教育技术相关的专业培训。与前三年相比，凡是接受过计算机和互联网训练的教师，更愿意在教与学的活动中使用教育技术。为了帮助未来的教师熟练掌握现代教育技术，美国联邦教育部专门创设了名为“培养未来教师使用技术”的项目。这一投资巨大的项目由高等院校、州政府、学区、非营利组织等共同承担，其目标是创建一个21世纪的学习环境。“培养未来教师使用技术”项目首先保证到2003年帮助60万名教师熟练使用先进的教育技术。从2001财政年度开始，行政管理部门还另外拿出1.5亿美元培训40万名教育工作者，这样到2004年，接受这一项目资助的教师总人数达到100万。这些资助教师培训的行动在每个州和地区同时展开，大多数基金主要投放在低收入地区、乡村、少数民族地区及特殊需求人口地区。参与该项目的组织应至少提供与联邦拨款相同的配套资金或提供等值的服务、支持或设备。

美国中小学教师信息技术培训的方式主要表现为2个类型。

一是校内培训，让教师在学校内部开展互助活动，如波士顿郊外的一所学校就是这样，让16名在外进修过的教师帮助身边的其他教师。由于教师在日常工作中已经形成了较为亲密的关系，他们之间的沟通和交流就会变得更加顺畅，成为产生培训实效性的重要保障。

二是校外培训，由于主办机构不同，校外培训可分为行政当局主办的讲习班和研讨会，以及大学和学院为中小学教师开设的培训班。校外培训的优势在于能够统一部署，聘请专业人员进行适当的专业指导，学员能够接触到不同类型和层次的信息技术培训课程。

为了进一步明确美国中小学教师在信息技术培训方面的规程，波士顿一些学区对培训流程中的各个程序进行了详细的规定。在培训计划设计方面，邀请中小学教师代表直接参与到计划设计中，其目的是促进教师素质的提升；在培训内容方面，重视教师对硬件的掌握情况，同时更强调对软件的开发和运用；在培训目标方面，注重运用计算机等其他现代教育技术的意识和能力，从根本上摆脱主观能动参与性不强的状况；在培训参与者方面，区分不同年龄阶段对教师进行区别化培训，重点突出对中青年骨干教师的信息技术素养的培训，而对年龄偏大教师的要求则需要略微降低，按年龄作为标准进行区别对待，符合教育的多样化特点以及教师作为个体的身心发展特点。截至2000年，全美教育统计中心的调查结果显示，以3年为周期进行计算，有77％的中小学教师参加了各级各类计算机教育的培训，平均累积时间为32小时，即4个工作日，为中小学教师信息技术能力的培养提供了充足的时间。

（三）优秀教师成长项目：建立课题引导的培训载体

2001年由美国国会通过、2002年由布什总统正式签署的《不让一个孩子掉队法》明确要求，于2005—2006学年结束时，全国公立中小学各主科教师都必须是优质教师（Highly Qualified Teachers）。主科是指英语（包括阅读、语言艺术）、数学、科学、历史、地理、经济学、公民和政府、外语、艺术（舞蹈、音乐、演讲、舞台艺术）。于是，2002年美国教育部向国会提交的年度师资报告就取名为《迎接优质教师的挑战》。为了促进中小学教师专业素质的提升，美国联邦教育部所属的教育研究所开展了11个项目的研究，包括6个早期阅读教师教学职业发展研究，2个数学教师职业发展研究，3个证书测试有效性的评估研究及教师测试分数对学生学业提高的预测研究。

从2004年起，联邦政府建立了优秀教师成长项目，给在职教师提供见面交流、分享实践经验、开展科学研究的机会，其主要途径包括以下3个方面。

一是举办教学研讨。研讨会由在相对薄弱学校成功任教的教师来主持，在阅读、数学的教学策略和学校领导能力的实践基础上进行理论研讨。相对较弱的成长环境能为教师的专业成长提供途径和机会，薄弱学校涌现出来的成功教师案例更具榜样作用。此类教师在实践经验和理论总结的基础上形成自身对教育教学和专业成长的领悟，会直接影响教师的专业成长的路径和动力。研讨会为中小学教师提供信息交流、思想碰撞的机会和平台，为优秀教师引领、辐射作用的发挥提供现实可能性。

二是实现资源共享。优质学校和薄弱学校之间存在的较大差距在于所占有的教育资源的数量和质量，其中包括教师能够获取并加以利用的各种各样的教育资源。通常来讲，薄弱学校中的教师由于教育资源占有量明显不足，因此在科学研究的过程中不占优势。鉴于薄弱学校教师成长保障不力、发展路径缺乏明晰度等状况，联邦政府以课题研究为引领，为中小学教师提供23个学习站点，其中包括有关阅读、数学教学的知识和由收集的数据转化而来的教学改进信息，中小学教师可以通过网络对这些课程进行学习。中小学教师在课题研究过程中，可以充分利用丰富的资源平台，作为开展有效研究的重要途径。

三是开展示范引领。以评选美国教学之星的方式带动优秀教师的成长。每年

50个州和华盛顿特区会各评选出一位候选教师，候选教师是那些有效提升学生成就、使用创新教学策略来教学生，并且给学生的生活带来变化的教师。候选教师的提名可以来自任何人，如学生家长、校长、学校官员、现在或以前的学生等。成为美国教学之星的教师，则会成为全国教师学习的榜样和楷模。虽然教学之星的评选本身不是具体的培训方式，但为中小学教师参加培训实现专业水平的提升提供了动力，因此也可作为发现并培养优秀教师的重要途径。如，2013年美国国家年度教师杰夫·沙博诺认为"只要拥有机会、支持和信心，每一个学生都能学好科学。作为一名教师，应把学生放在绝对优先的位置，所教的内容是第二位的。"①

四、美国基础教育教师的管理机制

全国教师资格委员会不仅对教师所应具备的学历提出具体要求，而且还强调在获取教师执照过程中应具备的专业水平以及责任心、语言能力等一系列的隐性特质。全国教师资格委员会认为，未经严格专业训练的人进入教师队伍后，教育专业思想很难持续，一旦遇到别的发展机会便可能出现跳槽的现象。例如，20世纪90年代初，为了解决中小学教师短缺的问题，各州共急招8000名各学科大学毕业生加入到基础教育教师队伍中，到2002年这批教师中仍从事基础教育工作的只剩2000人。当然，中小学教师流失是造成教师队伍不稳定的重要原因，而造成中小学教师流失的原因既包括主观因素也包括客观因素。为了保留更多、更适合的中小学教师服务于教育事业，各级政府和教育行政管理部门应各司其职，发挥最大工作效能，保证美国中小学教师队伍的稳定发展。

（一）提升教师职业的社会认可度

教师的流失主要指原本从事中小学一线教学工作的教师不再担任学校的教学和管理工作，特别是优秀教师的改行，更是教育资源的明显损失。从主观因素来讲，中小学教师职业在社会中的认可度偏低是造成中小学教师流失的重要环境

① 高靓：《每一个学生都能学好科学》，《中国教育报》2013年9月13日。

因素。为了提升中小学教师的社会认可度，美国联邦政府、各州积极采取各种方式增加教师的职业荣誉感。

美国基础教育界有一项延续了60多年的传统，即每年四五月份，从全国教师中选出最优秀的一名代表，到白宫接受总统亲自颁发的国家年度教师奖，并且可到国内外进行为期一年的巡回交流。2014年度获奖的教师西恩·麦康卜如期应邀来到白宫，从奥巴马总统手中接受了奖牌①。

与其他多数州一样，夏威夷州每年评选年度优秀教师，同时在教师工会的争取下设立终身教师教职（tenure），这本来是对大学实行的办法，而今在中小学里实施，主要是关注教师的工作资历和实际成绩。休斯顿为最短缺的教师职位提供签约奖，炙手可热的双语教师一旦签约即可获得高达3000美元的奖金，在休斯顿的汽车修理店、干洗店等商业服务行业还可享受优先或折扣等优惠。无论是精神上的肯定还是物质上的奖励，这些措施都将成为教师职业社会认可度提升的重要手段，有助于吸引并留住优秀教师。

除法律法规的硬性规定外，美国规模较大的教师组织也同样为教师的专业发展起到引领性作用。美国全国教育协会（NEA）是美国综合性的教学专业组织，就其规模而言，是世界上最大的教师组织，也是美国最大的专业组织。它将教师专业化发展的任务指向内部的专业人员，制定专业标准和规范，要求专业人员改善对社会的专业服务水平。而美国教师联合会则主要从外部着手，强调社会对教学专业的认可和其成员经济地位、工作条件的改善。在促进教师职业的专业化方面，两个组织具有共同的愿景，但却经由不同的途径加以实现。美国全国教育协会强调教师入职的高标准等专业主义（professionalism）道路，而美国教师联合会更加关注整个专业社会地位提升的工会主义（trade unionism）道路。无论是何种方式、路径的选择，提升教师职业的社会认可度是美国社会的共同追求，同样也被认为是保证中小学教师队伍稳定发展的重要保障。

（二）确保教师工资适度增长

为了促进中小学教育改革、提升基础教育质量，美国联邦政府从21世纪初

① 高靓：《汲取来自内心的自信与力量》，《中国教育报》2014年12月18日。

开始对现行中小学教师工资制度进行反思，毕竟工资的高低能够在一定程度上体现出劳动者的工作价值和特点。经过对现行中小学教师工资制度的反思，各级政府和各类学区普遍认为，目前的工资制度缺乏职业发展阶梯和激励机制，未能反映中小学教育改革对教师队伍急切的发展需要。由此，部分州和学区开始对中小学教师工资制度进行改革尝试，其中影响比较深远的主要有以下 3 种类型。

第一，教学能力工资制。在此类型的工资制度中，增加对中小学教师专业能力的评价。通常中小学教师工资包括教龄工资和学历工资两部分，而在此类型的工资制度中，增加教师教学能力方面的工资。如明尼苏达州拉宾德尔学区规定，教师工资由基础工资（教龄工资、学历工资）和教学能力工资共同组成。而对于教师教学能力的评价主要考虑获奖证书、课堂教学评估、教学改革试验、学科知识水平、学生与家长评价等因素。增加教师教学能力工资，重点加强中小学教师的专业水平，是关注教师专业特点和职业价值的重要体现。

第二，教师职务工资制。在此类型的工资制度中，确定的教师职务职责与工资相关。从 2003 年起，美国纽约州新教师执照被划分为三种类型，实习执照、初期执照、资深专业执照。根据教师执照的不同类型，教师在获得工资额度方面也表现出相应的差异。近年来，纽约州在教师聘用上采用全州通用的标准，对教师资格的要求越来越严格。要取得教师执照，申请者必须拥有所教专业的硕士学位，并修满所教专业的学分，还要通过纽约州的教师考核。考核包括综合知识、专业知识、教育心理学等多种考试以及教学录像的审查。对于师资极其短缺的一些学科，教育行政管理部门也采取应急措施，如优先聘用业务过关的人做临时教师，在教课的同时，让他们去进修所缺课程，参加相关考试，获得必要学分。但只给三年的期限，如临时教师在三年内仍然不能拿到执照，就被取消教师资格。同时，为了不断提高教师的学术水平，各中小学校都设有教师提高日。在这一天，学生可以不上学，但老师必须到校参加学习，实现专业水平的提升。此外，学校还经常组织校内各教研组开会，布置和组织教师开展业务提高活动。同时，市教育局、学区和学校也定期举办教学研讨会，给同行之间提供互相交流、研讨、学习和提高的平台与机会。

第三，教学绩效工资制。教师的教学绩效工资是指通过对教师的工作业绩、工作态度、工作技能等方面的综合考核评估，确立教师的绩效工资增长幅度。此类型的工资制度需要以科学的绩效考核制度作为基础，主要体现出教师的实绩和贡献。通常来讲，政府建立学校绩效测评体系，根据学校教学工作成绩给予经费奖励，学校用所获奖励经费给教师加薪。

教师的绩效工资是一个测评教师行为或结果的系统过程。绩效工资改革计划分为个人绩效工资制、学校绩效工资制和混合制。

个人绩效工资制就是知识和能力的工资制，重在奖励个人的工作绩效，给予差别化的薪酬，从而鼓励教师积极投入工作。个人绩效工资制可以起到较好的激励效果，有利于学校吸引和留住业绩优秀的教师、聘请表现优秀的教师，并鼓励青年教师脱颖而出。这种工资制可以调动积极性，促进教师之间竞争，提升工作业绩，不过有时会影响教师集体的合作。

学校绩效工资制比较强调合作，包括教师之间的合作，还有教师与学生的合作。学生成绩被认为是全校教师共同努力的结果，因而应该对为实现目标的每一个人提供激励。学校绩效奖励提供给学校的所有成员或教师团队。一般来说，如果学校在核心课程领域的成绩超出预定提高的标准，学校就获得一定的额外奖金。

混合制模式综合了以上两种类型，认为绩效工资应当是基于对教师业绩评估的工资水平与学校战略目标相联系的一种综合制度，目的是支持学校实现教育使命及其核心价值，并在激烈竞争的就业市场中吸引和留住高素质的教师，激励教师不断学习新知识、获得新技能。混合制的模式关注学生成长。

对于教师工作绩效的衡量问题，在美国各地一直是有争论的。有人说，有必要衡量绩效，体现多劳多得，优劳优酬，奖勤罚懒。也有人说，教师的劳动十分复杂，单纯用学生考试成绩来衡量教师绩效并不全面。大家已有的共识是，如果推行绩效工资制，一要保证充足而稳定的资金，在增量上做文章，尽量不触及教师已经获得的利益；二要提供可观的基础薪酬，就是每位教师都可以获得体面的基本工资和福利，不因绩效部分让有的教师受益，而另一些教师则不满情绪很大。三要建立完善的评价体系，绩效评价必须基于高信度的、可靠的绩效指标与程序，科学判定教学改进，要体现区分度、公平性、可接受性①。

① 陈时见等：《美国公立中小学教师绩效工资改革》，《比较教育研究》2009 年第 12 期。

全美教育统计中心公布的资料显示，2011—2012 学年，公立中小学全职教师的平均基本工资为 53 100 美元。具体说，小学教师 52 800 美元，初中教师 53 400美元，高中教师 54 500 美元。美国教师除了基本工资外，没有什么“外快”。小学、初中、高中教师年薪差别不是太大。但是城郊教师、城镇教师和农村教师有差别。此外，各州的差别也较大。工资差别主要源自不同学区的房价。从总体情况来看，一位教师的收入相当于美国家庭的中等收入①。

（三）预测教师发展性空缺情况

美国中小学教师总量始终是不够的，尤其是数学、科学、双语课的教师比较紧缺。造成如此紧缺状况的原因是多方面的，如，中小学生人数剧增，老一代教师退休高峰的来临，因工作挑战性较大等原因造成部分教师流失。当然除教师数量的自然减少、偶然流失外，由于小班化教学的推动，美国中小学教师岗位还会出现一系列的发展性空缺。为了满足因教师退休或离岗而产生的教师空缺，美国每年需要招募公立教师的数量超过 15 万。政府对于中小学教师岗位空缺情况有及时的掌握和科学的预测，能够有效改善因各种原因而造成的教师师资严重短缺的现象。1999 年教育统计杂志曾对新招募教师的数量制定了一系列预测公式，试图通过前几年教师队伍中数量及结构的变化，对中小学教师发展性空缺进行科学预测和补充性准备，其中新招募教师既包括初任教师，也包括离开专业领域一段时间后又返回教育领域的教师。基于对中小学教师的发展性空缺进行科学预测和统计，在提升低水平教师教育水平的同时，教师队伍建设的途径也在拓展。不少有识之士把眼光投向全球，如，芝加哥的中小学校发起了一场全球性的教育人才招募活动，不远万里从印度、哥伦比亚、菲律宾请来新教师，由校董事会帮助其办理有效期长达 6 年的工作签证。截至 2014 年，全美共有数万名外籍教师在美国中小学任教②。《纽约时报》2013 年 11 月 21 日报道，美国教育部与广告企业和教师协会在全美共同发起了代号“教学”（Teach）的声势浩大的教师招聘宣传活动。通过电视、广播、网络反复播放广告，呈现教师在课堂内外的工作生

① 姚鸿恩：《美国中小学教师没有隐性收入》，《现代教育报》2013 年 10 月 21 日。

② 参见 http://www.post-gazette.com.

活场景，宣传教师职业具有与医生和工程师一样的重要性、创造性、活跃性。

（四）解聘确实不合格教师

在美国，解聘不合格教师很不容易，操作起来也十分谨慎。美国公立中小学的不合格教师是指，获得了终身教职，但在一个或几个方面不符合学区有效教学标准要求的教师。劳伦斯（Lawrence）等人把不合格教师界定为：不能够或不愿意改进其教学行为，以至于对学生产生负面影响的教师。

1. 美国解聘教师的理由①

美国各州解聘教师的理由包括以下几个方面。

一是不道德（immorality）。教师因为不道德因素被解聘，主要包括以下行为：与未成年学生发生性关系、教师校外不正当的生活、未婚怀孕、使用猥亵或凌辱的语言、触犯刑事案件、服用禁药和酗酒、强占他人财产、不诚实等。

二是不胜任（incompetency）。在学生管教方面，无法维持教室秩序、体罚学生或管理学生方法不当、缺乏指导学生的能力、无法和学生和睦相处等。在专业知识方面，缺乏教学所必备的知识以及有效传达该知识的能力，包括任教学科的专业知识贫乏、拙劣的教学方法或技巧、不能很好地设计教学和课程等。在个人态度方面，不愿意或拒绝教学、无理由缺课、拒绝接受管理、无法与其他教师合作、不能控制自己的情绪等。在教育效果方面，造成学生道德低下或恐惧、学生学业成就低下等。

三是不服从（insubordination）。不服从指教师持续地有意忽视或拒绝遵守上级所制定的合理规定。不服从的行为包括：拒绝遵守教育法规和有关规定、不愿与督导人员合作、拒绝学校合理的行政安排、执意在教室中传教等。

① 周成海、孙启林：《美国有关中小学不胜任教师处理问题研究的若干主题》，《比较教育研究》2007 年第 2 期。

2. 解聘不合格教师的程序①

一是告知评定结果。管理者与不合格教师合作的第一步是要告知他们“不满意”或“需要提高”等级的评价结果，并通知他们将被安排进入强化帮助程序接受学习。正式的告知是以书面通知的形式出现的，它一般描述了导致评定结果的原因及教师自身所存在的问题，还描述了教师所拥有的申诉权利。告知是不可缺少的环节，因为它意味对不合格教师正式实施强化帮助的开始，同时也是尊重教师正当权利和解聘不合格教师法定程序的需要。

二是实施强化帮助。在给不合格教师提供强化帮助的过程中，管理者首要的任务就是组建适合于每一位教师的强化支持小组，并开发出详细的强化帮助计划。强化支持小组成员一般由一位管理者和另外两位（或以上）教师组成，其中一位由管理者指定，另一位由教师自己选择。强化帮助计划包括清晰的目标、实现目标的方法、帮助不合格教师获取必要的知识和技能的专业发展措施以及活动的具体时间安排。强化帮助计划由支持小组的成员负责实施，不合格教师只有在计划规定的时间内解决了其教学行为中的问题，才能在最后的总结性评定中获得“满意”的等级。在为不合格教师提供强化帮助的过程中，最为重要的是让不合格教师对自身教学中存在的问题有一个清晰的认识。

三是总结性评价。总结性评价是在强化帮助结束后进行的，它要求管理者对不合格教师在接受强化帮助的过程中所取得的进步做一个总结。评价所依据的资料是校长以及支持小组成员在对不合格教师实施强化帮助的过程中所记录的观察内容，也可以由不合格教师在管理者的指导下制作的能说明其取得进步的档案袋材料组成。资料的收集主要是以学区建立的有效教学标准为依据，特别是针对不合格教师存在的问题和不足的领域。当然，不合格教师也可以收集一些学区有效教学标准之外能说明其所取得进步的资料。在对不合格教师做出总结性评价时，管理者只有在认为资料显示了不合格教师的教学行为已完全符合学区的有效教学标准时，才能获得“满意”的评价等级。而当管理者认为评价资料不能明确地说明不合格教师是否达到学区有效教学标准，或根本没有达到时，不合格教师再一

① 徐祖胜：《美国公立中小学不合格教师的解聘及启示》，《基础教育参考》2007 年第 7 期。

次获得“不满意”或“需要提高”的等级评定，并面临被解聘的危险。

四是解除聘任合同。解聘不合格教师只是在强化帮助未取得成功的情况下才会发生。管理者在做出解聘决定前，一般会先采用其他方法劝导教师主动辞职，因为解聘对于管理者和教师来说都是一种伤害。在管理者做出解聘决定后，一般都要为不合格教师举行一个听证会。听证也是教师在解聘的过程中享有的基本权利之一。听证会一般由学区教育管理部门主持，并提前通知不合格教师以让其有所准备。在听证的过程中，管理者要说明做出解聘不合格教师的原因，并出示证据加以支持。如果教师对管理者所做出的解聘决定不服，可以向当地法院提起诉讼。解聘决定最终只有在得到法院认可的情形下才能生效。法院在裁决时，一般都会尊重学校管理者对教师教学行为所做出的实质性评价，但法院通常会对不合格教师是否被赋予了正当权利的程序方面进行缜密考察。只有在管理者充分赋予了不合格教师正当权利并对其不合格原因做出详细记录的情况下，法院才会支持其做出的解聘决定。

五是对错误解聘的补救。如果校方在解聘诉讼中败诉，则说明管理者对不合格教师所做出的解聘决定是不恰当的。不合格教师对其在此过程中所受到的利益损害可以通过以下方式得到补偿：首先是要求恢复原聘任合同，并要求对其损失的工资以及花费的律师费用给予补偿；其次是寻求公民权利的救济，这种情况通常只有在学校做出恶意的、违反联邦法规的解聘决定时才会发生，教师可因此而获得校方的惩罚性赔偿。

（五）与教师工会进行博弈

在美国，绝大多数教师都是工会会员。就中小学而言，教师工资由工会与学区当局订立合同。美国中小学学生每学年在校时间一般为180天，每天下午3点或3点半就放学了，学生在校时间相对较短。曾有人提出延长学生在校的学习时间，但由于教师工会的反对而未果。为了让家里没有学习条件的学生能跟上进度，有些学区另付钱雇用课后辅导员（一般仍是本校教师）指导学生放学后留在学校做作业，补习功课。有的学区将学生送到社区活动中心或公共图书馆继续学习。《不让一个孩子掉队法》规定，如果有学校的学生成绩长期不能达标，教育当局就可以关停学校，解聘教师。在夏威夷州，校长工会、教师工会的势力很强，要求给教师增加待遇，要求给数学、科学、特教、小岛上的教师给予一定补助。州教育厅与之是一个既合作又对立的矛盾关系。州教育厅面对教师工会表达的每年只给教师十个月工资的不满，在发薪时做些小动作，把本应十个月发出的工资分成十二月来发。这种做法无法瞒过教师工会，遭到批评。于是，州教育厅开始通过州教育委员会考虑增加1个月工资的问题。当然，教师工作也有压力。例如，学生成绩不好，外界会责备教师，并将最终原因归咎到教师工会身上。以后若干年，教师工会仍影响许多教育变革的举措，但在一些方面会有所收敛。2006年，笔者在美国访问期间，美国全国教育协会通过中国驻美大使馆教育处派记者沃克（Time Walker）找到了我，一口气问了许多问题，教师在中国是否愿意参加课程改革，家长与学校如何沟通，等等。但他最为关心的是，教师如何行使民主权利，他们的权益如何得到保障等问题。2010年春，我第10次访问美国，当时，正值旧金山教师工会与学区发生争执，谈判破裂。百余名联合学区的教师、学校职工在学区大楼前集会，抗议学区不尊重教师和教辅人员，称经常会遭遇被裁减的危险。据悉，这个学区拟裁减811人，几乎占教师总数的20%。因而，教师工会成了教师们的主心骨。

五、美国基础教育教师的研究报告

从20世纪90年代起，美国中小学教师教育改革可谓是轰轰烈烈，政府、教育行政部门、学术机构纷纷提出相应的改革建议和方案，继而出台了一系列的教育改革新法案。由于教师队伍的整体水平在一定程度上决定着教育动力，因此在这些教育改革方案中，教师教育改革仍然是改革的中心和焦点。许多从事教育研究的官方机构、专业协会和其他组织机构，也都积极参与到教师教育改革过程中来。

（一）霍姆斯小组系列“明日”报告

成立于1986年的霍尔姆斯小组（1996年后改称为“霍姆斯伙伴关系”Holmes Partnership）是一个营利性的学术研究机构，该机构先后组织出版《明日的教师》(1986)、《明日的学校：专业发展学校设计之原则》(1990) 和《明日的教育学院》(1995) 3份报告。霍姆斯小组主要由美国大学教育学院的领导人士代表组成，由于其组成成员的特殊性，因此这一系列关于教师教育改革的报告主要由教育界提出，与以往美国教育改革报告多由教育圈外人士发表意见的状况表现出明显的不同。霍姆斯小组希望通过教育界的自我检讨和变革，最大限度地争取社会大众对教师职业的信任并赋予其真正的专业形象。他们认为，美国的教学专业和教师教育长期处于地位不佳的境遇，从而阻碍了教师专业水平的提升。因此提升教师素养和质量的关键在于教师教育的改善，当教师素养和质量得到实质性提升后，学校教育质量的提高才有可能实现。基于教师的现实地位，他们注重教师教育质量，促进教师队伍建设，于是相互独立而又相互关联的3个《明日》报告应运而生，得到了各级政府和社会各界对教师教育和教师职业的广泛关注，对当时教师教育改革的贡献是非常巨大的。

1.《明日的教师》

该报告提出教师培训改革课程，认为教师培训课程的改革必须从师范生的本科文理课程入手，强调文理课程的完整性、连贯性和成熟性，要严格制定教师教育的文理“核心课程”。建议取消大学阶段的教育主修，提供更多学科方面的专业课程，以保证教师教育的内容具备丰富的学科知识、系统的教学知识和真实的实践经验。报告明确指出教师教育的发展目标和基本理念：使教师教育在学术上拥有更牢固的基础，因而教师要更好地掌握学科知识和教学技能；要承认不同教师在知识、技能和工作态度以及在所受教育、资格证书和工作方面存有差异，因而要区分出不同级别的教师；要制定从事教职（考试和教育要求）的标准，而标准在专业上要适切，在学术上要严格，因此应该严格挑选每一位教师，杜绝不合格者从教；要使教育学院与中小学相联系，并充分利用有经验教师来教育其他教师，而建立专业发展学校或许是一种有效途径；要使中小学成为教师工作和学习的更好的场所，因此要给予教师更多的专业自主和更多的领导机会。

2.《明日的学校：专业发展学校设计之原则》

该报告着重阐明建立专业发展学校以及进行教师教育改革的6项基本原则，引导学校的发展和教师教育的改革。由于专业发展学校在美国教师教育改革中的重要地位，这些原则也反映了美国在世纪之交对教师教育改革提出的要求，分别为：教师的教学是为了实现理解的教与学；为了使这种理解的教学能够顺利进行，把学校建成一个学习的社区或团体也就成为教师的一大责任；为每个儿童（不论其种族、肤色、性别、家庭出身）提供平等的教育；学校中的所有人（成年人和儿童）都是学习者，学习的团体是一个人人参与学习、人人都获得提高的团队；新时期的教师应该能够进行研究，成为研究型教师或反思型教师；教师教育改革始终是整个教育改革的组成部分，教师素质的提高必须放在教学这个特殊的环境中来实现。

3.《明日的教育学院》

该报告列举了当时美国教育学院存在的种种问题，揭示出教育学院面对教育改革应做出的努力，并提出了教育学院未来的发展方向。报告认为未来的教育学院目标包括以下几方面：使教育学院为了可信赖的行为对教学专业和社会公众负责；使中小学和社区中的研究、发展和优质学习的展示成为教育学院的主要使命；使明日的教育学院同地方、州和国家的专职人员相联系，以符合更高的标准；确认不同教师的作用的相互依赖性及其共同特征，并为团队工作及共同理解以学习为中心的教育做准备；为使教育学院成为专业化研究和学习的更好场所培养领导人才，为培养和帮助那些服务儿童和青年的教师而将教育学院的工作集中在专业知识和技能上；要为州和地方教育决策做贡献，因为这些决策让所有学生有机会从高素质教师那里获得学习支持。

（二）全美教学与美国未来委员会的系列报告

全美教学与美国未来委员会（NCTAF）由洛克菲勒基金会和卡内基公司资助成立并运作，是一个常设的非营利性机构，其成员主要包括政府官员、企业人士、社区领袖、教育专家等，办事机构设在哥伦比亚大学教育学院。全美教学与美国未来委员会在 1996 年和 1997 年相继发表了《什么最重要：为美国未来而教》和《做什么最重要：投资于优质教学》两个报告，是继霍姆斯小组报告后关于教师教育发展政策的又一重要文献。

1.《什么最重要：为美国未来而教》

该报告旨在向美国社会提供这样一种信息，即招聘、培训、支持和奖励美国所有学校中的卓越教师（excellent teachers）的蓝图，是实现美国教育目标的唯一且最为重要的战略。这个蓝图要确保所有中小学的教师都掌握了他们进行教学所需要的知识和技能，这样所有学生才能更好地学习。为此提出了使美国在教和学方面得到长期提高的一系列目标：所有儿童都应由那些有知识和技能并承诺教好学生的教师来教；所有的教师教育课程计划要符合专业标准，否则将对这些课程计划予以取消；所有教师都有得到高质量的专业发展和定期从事研修的机会；中小学教师和校长能否予以聘用和继续工作都应根据其能力，以符合实践的专业标准；教师的薪金应以他们的知识和技能为基础；优质教学应是学校投入的中心，绝大多数教育经费应该用不断改进课堂教学。

为了实现上述系列目标，报告中提出5方面的变革建议：

一是为了学生和教师而认真考虑标准；

二是重新设计教师教育和专业发展路径；

三是革新教师聘用方式，保证每个课堂都有合格教师；

四是鼓励和奖励富有知识和技能的教师实现成长；

五是创设为学生和教师获得成功而专门组织的学校。

2.《做什么最重要：投资于优质教学》

该报告是在前一报告的基础上，从“为什么教学重要”和“教学如何才重要”两个方面阐述委员会的观点。报告认为尽管10多年来美国教育改革采取了各种各样的措施来提高教育质量，而且确实也发生了一些变化，但事实上学生的学业成绩却鲜有提高和改善，甚至自1988年以来高中学生在阅读和写作方面的成绩还略有下降。此外，教师所熟悉的专业知识影响到教学的核心任务。教师对学科内容以及对学生的了解，形成了他们从教科书和其他学习材料中进行选择的方式，形成了他们如何有效地在课堂中呈现材料的方式。教师评估学生进步的技能同样依赖于他们对学习的理解程度，依赖于他们如何向学生解释和讨论及书面作业。报告还认为，各种研究一再表明，教师的专业知识是决定学生成绩的最重要因素，其次才是小班小校。也就是说，对教和学知之甚多的教师以及在更好地了解学生的环境中工作的教师，才是学生成功学习的关键性要素。

3. **全国教师教育认定委员会《2000年标准》**

全国教师教育认定委员会成立于1952年，是对教师教育机构进行鉴定、认可的组织，它所指定的认定标准对教师教育机构及教育课程计划而言，具有一定的约束力和引导作用。该委员会于2000年公布了《2000年标准》，计划在2001年秋季学期开始正式使用这一新的认定教师教育机构标准，对教师教育的质量提出了进一步的具体化要求。它在对原"初任教师"（beginning teachers）证书标准和"称职教师"（accomplished teachers）证书标准进行修订的基础上，从以下六方面提出了新的要求①。

标准一，候选人的知识、技能和意向。准备在中小学做教师或其他专业人员的候选人熟悉并展示那些帮助所有学生进行学习所必需的学科内容、教育学知识、专业知识、教学技能和意向。评估应表明候选人符合专业标准、州级标准和教育机构的标准。

标准二，评估系统和机构评价。要求教育学院拥有一种评估系统，它能收集和分析有关候选人的资格及候选人和毕业生的成绩以及学校运行的数据和资料，以便对教育学院自身及其课程计划进行评价和改进。

标准三，教学实习和临床实践。要求教育机构及其中小学合作伙伴共同设计、实施和评价教学实习和临床实践，以便教师候选人和其他学校人员发展并展示帮助所有学生进行学习所必需的知识、技能和意向。

标准四，多样性。要求教育机构设计、实施和评价适用于候选人获得并应用能帮助所有学生进行学习所必需的知识、技能和意向的课程和实践经验。这些经验包括与不同的高等教育机构和中小学的教师、不同的候选人以及K—12学校中不同学生之间一起工作的经历。

标准五，教师的资格、成绩和专业发展。要求教育机构的教师必须是合格的并能在学术、服务和教学方面重复最佳的专业实践；他们还应与其他学科及中小

① 赵中建：《美国80年代以来教师教育发展政策述评》，《全球教育展望》2001年第9期。

学的同事进行合作。教育机构要系统地评价教师的业绩并促进他们的专业发展。

标准六，机构的管理与资源。要求教师教育机构提供领导、权威、预算、人员、设施和资源（包括信息技术资源），以使对候选人的培训能符合专业标准、州级标准和教师教育机构的标准。

《2000年标准》重点强调教师候选人所能展示的学科知识以及将这些知识教授给学生的技能。在这种体系下，寻求鉴定认可的教师教育机构必须定期地评估其学生的成绩表现，并将评估结果告知鉴定人员。除了查看教师教育机构提供的证据材料以外，委员会还要考虑候选教师参加州级教师资格证书考试的通过率，对他们教学实习所做的评价以及来自雇主的报告等。

六、21世纪美国教师教育改革和行动计划

进入21世纪以来，为了保证和增强国家竞争力，美国先后出台“为美国而教”（Teach for America）、“新教师计划”“实习教师项目”“新时代教师计划”等教师教育改革和行动计划，通过教师水平的提升实现教育质量的提高被认为是可行之举。为了进一步推进教育改革，提高学生学业标准并奖励教师，逐步淘汰低能效教师，建设一支强大的、分布均衡的师资队伍，联邦政府采取了一系列手段促进教师队伍的有效发展。

首先，加大经济资助力度，帮助能够服务于教育事业的优秀人才解决后顾之忧。如增加佩尔助学金（Pell Grants）、改革联邦家庭教育贷款（FFEL）、美国机会税收抵免（American Opportunity Tax Credit）等优惠政策，为有志于从事教育事业的高等学校学生提供必要的经济支持。

其次，重视师资培养的教育实习，确保开展有效的教学。加强中小学校和大学之间的合作，使参与实习教师计划的教师候选者都有机会得到最优秀教师的指导，有工资收入、硕士学位、教师资格证书以及两年的专业教学指导。作为交换条件，这些求职者至少在市区学校任教4年。

再次，广泛采用教师专业发展学校模式，创造集体学习氛围和机会。由于教师专业水平展现的最主要途径是通过教育教学实践，新教师要在经验丰富的教师指导下进行一年的教学学习；鼓励经验丰富的教师和新入职教师建立伙伴关系；

建立数据分析系统追踪学生学业成绩，帮助教师提升工作效能。

最后，实施职业阶梯计划，奖励优秀教师。将教师奖励基金从 2009 年的 9 700万美元增加到 2010 年的 4.873 亿美元，用来鼓励那些较好地完成了对新教师指导工作的优秀教师、在农村等条件较差地区工作的教师、课堂教学表现长期优异的教师、提高学生学业成绩效果突出的教师。

（一）“为美国而教”

“为美国而教”（Teach for America）是由美国普林斯顿大学毕业生温迪·卡普（Wendy Kopp）于 1990 年发起的一项计划，旨在聚集一批来自一流大学各个专业的优秀毕业生，到欠发达地区以及城市师资薄弱学校任教两年，进而通过优秀师资输入，让全国儿童特别是贫困社区儿童获得平等的受教育机会；同时通过派遣专职教师跟踪指导、暑期集中培训、校友会网络、充足的生活保障等使派出教师在这两年的教学以及未来工作中取得成功，培养一批有社会责任感的大学生对美国社会改革产生长远影响①。

1. “为美国而教”的师资培训

为确保“为美国而教”成员成为合格的教师，能够胜任针对弱势群体儿童的教学工作，该组织提供了师资培训课程及后续的专业发展辅导。加入“为美国而教”的新成员必须参加夏季培训学院（Summer Training Institute）组织的为期 5 周的严格培训，通过实践、观察、辅导、计划及反思等方式，发展新教师应具备的基础知识、技能及态度，以成为合格教师。培训课程主要包括：

一是教学能力。学习掌握针对弱势儿童的良好的教学方法。

二是教学计划与实施。使新教师学会确定教学目标及授课方式，包括备课、教学、学生的学习诊断与评价等环节。

三是班级管理与班级文化。学习建立和发展有利学生学习的班级文化。

四是多元性与学业成就的相关性。新教师在执教过程中可能遇到的与多元文

---

① Viadero Debra. Study Finds Benefits In Teach For America. *Education Week*, No. 23, 2004.

化相关的议题。

五是学习理论。探索发展以学习者为中心的教学计划。

六是读写教学。探索培养中小学生读写能力的教学策略。

新教师培训主要遵循以下流程：教学——观察和反馈——试教——集体备课——课程研讨——反思。白天，他们在老教师和“为美国而教”计划的教学辅导教师的指导下进行教学；到了黄昏和晚上，则参与课程实施的教研活动，通过观摩教学、辅助老教师和“为美国而教”计划的教学辅导教师等途径掌握最佳教学能力，以便胜任秋季教学任务。之后的专业发展辅导，则主要包括提供地区性的培训、定期与辅导教师讨论成员的进步情形、参与学习团队进行经验交流，以及利用网络实现网上平台资源共享。

2.“为美国而教”的基本特点

首先，高学历、高质量的人员结构。“为美国而教”计划在招收成员上遵守严格的选拔标准。2006 年《华盛顿月刊》报道指出，“为美国而教”的录用率很低，只接受最具竞争力的院校毕业生，因而“为美国而教”得到长足的发展。近年来，受经济衰退的影响，许多名牌大学的毕业生也难以在华尔街获得高薪的职位，部分学生转而申请参与“为美国而教”计划，从而使加入该组织的优秀毕业生人数呈上升趋势。2009 年常青藤盟校 11％的毕业生向“为美国而教”组织递交了申请。“为美国而教”的成员规模从 2006 年的 2400 人发展到了 2009 年的 4100 人。目前，“为美国而教”计划扩大了录用范围，不再局限于之前与之合作的几所名校，美国 46％的理学院以及 74％的大学都曾有毕业生申请成为其成员。尽管如此，“为美国而教”仍没有改变其吸收最优秀毕业生的初衷。

其次，服务辐射面广。随着成员规模的不断增长，“为美国而教”辐射的地理范围也不断扩大。至 2010—2011 学年，7300 名“为美国而教”的成员遍布美国 39 个州的被联邦政府列为教育“高需求”的地区。基于“为美国而教”成员在课堂上对孩子能够产生积极影响并且在长期教育改革中表现出卓越的领导能力，很多学区请求“为美国而教”组织能够增派更多的教师。当年，“为美国而教”向亚拉巴马、底特律、罗德岛和圣安东尼奥等地区派出成员。与此同时，“为美国而教”继续积极扩大在以往服务地区的影响力。

最后，成员的多样性。“为美国而教”的目的是争取美国各行各业潜在的未来领军人物共同努力消除教育不公平。这些成员的民族、种族、社会经济背景可能都不同，政治派别和宗教信仰也不一样，因此“为美国而教”计划欢迎不同性别、出身和阶层的申请者，也不限制专业。这能最大限度地发展“为美国而教”计划的多样性，有效吸纳所有集智慧和能力于一身的人才，增加其在多元化社会中的影响力。此外，“为美国而教”计划的多样性还有助于实现其国家公正和机会平等的远大理想。同时，“为美国而教”计划还有意实现成员种族背景多元化，大幅度提高美籍非裔、拉美西班牙裔毕业生等在成员中的比例。

（二）“新教师计划”①

“新教师计划”（New Teacher Project）是由“为美国而教”中部分有经验的工作人员于1997年创建的。其目的与为美国而教计划基本相同。但是有研究表明，“新教师计划”的推行使教师留任率增高。作为一项改革计划，它是由美国专门从事教师招募、选拔、培训和管理的全国性非营利组织所推行的一项改革方案，影响很大，并且得到了联邦政府的大力支持。

“新教师计划”服务的对象一是美国的州、学区或城市教育主管部门，二是美国的“潜在教师”（教师候选人）。“新教师计划”的作用其实就是努力搭建平台，将公立学校教学岗位的需求与社会上潜在教师的供给两者联系起来。但是在工作过程中，工作人员不是仅仅充当咨询员的角色，而且还要与委托人一起参与学区的决策和实际运作，全面了解学区或学校的情况，迅速诊断问题、提出解决方案。

之所以设立“新教师计划”就是要力图打破美国教师培养的传统路径，改变和简化教师入职和培训程序，使教师职业成为向社会各行各业的人而不仅仅是师范毕业生开放的行业，最终解决教师数量结构性不足和教师质量低下的问题。

从创建至今，新教师计划的业务范围逐步扩大。从21世纪开始，“新教师计划”致力于与地方教育行政机构和学区合作，创建区域性“教学社团”等相关组织，使之成为招募、选拔和培训新教师的区域平台，并提供与区域状况相适应的

① 李佳萍：《美国新教师计划与我国教师教育改革》，《内江科技》2009年第10期。

个性化服务。与“新教师计划”开展合作的州、城市和学区也越来越多。到2008年，“新教师计划”与美国25个城市的教育行政机构合作，实施了“教学社团方案”。2007年“新教师计划”吸引了35 000多人申请教师职位，录取率仅为15%，与美国最优秀的大学录取率相当。2015年，与美国30多个州的300多个学区开展了合作，实施了一系列改革方案。经“新教师计划”征募和培训的教师多达数万名，影响范围覆盖了全美数以百万计的学生①。

（三）“新时代教师计划”②

2001年，卡内基基金会发起了一项雄心勃勃的教师教育改革计划，即“新时代教师计划”（Teachers for a New Era，简称TNE）。通过选择若干所教师教育院校进行教师教育改革试点，以推进美国教师教育培养模式的全面变革。最初它只打算资助6至8所院校，后来安娜伯格（Annenberg）基金会和福特基金会加入其中，更多院校获得资助。2002年4月，首批改革资助的4所院校确定，包括纽约市的班克街教育学院、加州州立大学、密歇根州立大学和弗吉尼亚大学。次年夏天，获得立项资助的第二批7所院校名单确定，包括波士顿学院、佛罗里达农业机械大学、斯坦福大学、康涅狄格大学、得克萨斯大学、华盛顿大学、威斯康星大学等。这些院校在5年期间各获得500万美元的经费资助，用于支持本校的教师教育改革。上述11所院校代表了目前美国不同类型院校的教师教育，具有较大的代表性。

“新时代教师计划”的总体改革理念是，只要坚持改革和创新，充分借助大学良好的学术资源和研究专长，通过教师教育培养模式的改革，鼓励教育学院和其他文理学院在教师教育培养过程中的密切合作和协调，传统的“大学本位”的教师教育质量就可以得到有效提高，完全可以培养出胜任的教师。

“新时代教师计划”所倡导的新的“大学本位”的教师教育的设计理念或原则包括：教师教育的培养方案应以对证据的尊重为重要指导；应该充分发挥大学文理学院的作用，鼓励文理学院的教师积极参与师范生的培养；教学是通过学术

① 参见 http://www.ntp.org.

② 徐明：《美国“大学本位”教师教育改革的新尝试》，《比较教育研究》2010年第4期。

性教授的临床实践专业。

“新时代教师计划”最为引人注目的改革是，将大学毕业后为期两年的入职培训当作教师教育的组成部分，就是所谓的“住校实习”（residency）。这与以往以地方教育部门和中小学为主体的入职培训有很大的区别。按照新的模式，它是“大学本位的入职培训计划”（university based induction programs）。也就是说，入职培训是职前教师教育的组成部分。这标志着入职培训的前移，对大学职前教师教育提出了更高的要求。因此，这要求大学教育学院要与中小学进行更加密切的合作，通过吸纳中小学“主任教师”（master teachers）作为教育学院的临床教师。

与以往的教师教育改革相比，此次改革有以下特点：

第一，它是迄今为止美国历史上最大的民间组织参与教师教育改革的计划。该计划选取美国教师教育的主体力量寻求变革和突破。它为每所大学提供的资助力度非常大，加上受资助大学的配套改革经费，总额达到 1000 万美元，这在美国历史上是空前的。

第二，“新时代教师计划”注意到复杂的改革计划不仅需要充足的经费支持，也需要政府和社会机构的技术支持。该计划资助方特别聘请了非营利机构教育开发研究所作为第三方参与改革，在技术上提供帮助，也监督改革的进展。

第三，关注教师教育改革的成效。主张教师教育改革成败要以效果，即中小学学生学业成绩的提高为证据。

（四）美国“团队教师专业发展”模式①

教师专业发展不仅应考虑个体教师知识态度和技能的提升和改进，还应考虑教师工作环境中的学校组织文化和结构。“团队教师专业发展”模式正是在这一背景下，基于新的学习思维、变革理念及有效专业发展的实践提出的一个全面、持久的发展模式。与传统的教师专业发展模式相比（见表 4.2）。这一模式已经超越传统模式下专业知识、技能及规范的个体被动的发展，开始关注教师协作文

① 段晓明：《美国“团队教师专业发展”模式的实施准则》，《世界教育信息》2006 年第 12 期。

化的不断形成及教师专业背景的改造与重构，即从以往关注教师的自治和个体发展转而强调教师专业发展的整体环境。

表 4-2 “团队教师专业发展”模式与传统教师专业发展模式比较表

传统的教师专业发展模式	“团队教师专业发展”模式
维持教师的独立，局限于教师个体	关注教师群体，强调校内外合作关系
强化对教师的技能训练，以教师教学独特性和娴熟技巧的培养为目标	注重提供给教师不断学习的机会，鼓励基于共同目标的教师成长
服从权威、强制统一，即遵从由少数人决策制定的原则	共同负责、共同探讨，即遵循研究与广泛合作的共同决策原则
强调“途径”而不是“结果”	以学生发展为中心
强调他人的责任	强调教师自身的问责权
缺乏对教师的监控与连续支持	给予持续的监督，随时激发教师的发展动力
革新计划过多，关注大量琐碎、无关的事情	改进计划强调影响学生学业成就的关键目标
管理者是领导，教师是执行者	管理者是变革的带领者，教师是变革的领导

资料来源：Zeichner K. & Daneil L. Alternative Paradigms of Teacher Education. *Journal of Teacher Education*, Vol.34, No.3, 2001.

美国“团队教师专业发展”模式从理念到实施是一个具体复杂的过程，其有效实施遵循四条基本原则：以共同愿景的达成为基础；以有效发展的理念为支撑；以团队协作发展为重心；以学校组织的变革为根本。

（五）美国选择性教师培养途径①

美国选择性教师培养途径开始于 20 世纪 80 年代，早期是为了取代临时教师

① 姚艳杰：《美国选择性教师培养途径述评》，《基础教育参考》2007 年第 4 期。

资格证而出现的，现在逐渐发展成为一种专门招聘、培养已获得学士学位的非教育专业人才或未毕业的教育学院学生从教的综合性教师培养途径。它的出现在一定程度上改善了美国教师数量不足的状况，同时解决了一些特别科目的教师短缺问题，如数学、科学、特殊教育、双语教育等。

美国每个州选择性教师培养计划所针对的人群各有不同，没有完全一致的适用范围，但主要是针对那些非教育专业毕业的人才、在校生和其他职业人员，计划种类繁多，有专门为非师范类学士学位获得者欲在中小学教书而设计的后学士学位培养计划，也有为持临时教师资格证或豁免教师资格证的教师获得全职教师资格的培养计划以及为流动人员设置的培养计划，同时也有为吸引一些特殊人群在中小学教书设计的教师培养计划。

全美实施选择性教师资格培养计划的机构类型多种多样，主要实施机构为各种学院、大学、地方学区和社区学院。据2005年统计数据显示，美国业已存在的选择性教师培养计划的50%是由学院和大学来实施，21%由地方学区实施，2%由社区学院实施，6%由地区性服务中心实施，5%由各州教育署实施，另外4%和12%分布在社团和私人实体、协作社等机构。

选择性教师培养课程主要在大学或学院进行，也有一部分是通过远程教学或现场教学来完成的。例如，得克萨斯州参加选择性教师培养计划的学员在参加课程学习时就有两种选择：在校园里或通过远程教育方式。据美国2005年的全国统计数字显示，大部分课程（占58%）是在大学或学院校内实施的，一部分课程是通过远程教学（占11%）和现场教学（占18%）来完成的，有19%的课程是由学区来完成的。

参加选择性教师培养课程学习的学员中有90%在学习期间从事带薪的教学实践。他们只要完成了课程学习，通过了学校负责人、督导教师、学院或大学导师、州人事部门等方面的专业评价，就能获得一份全职教师工作。评价方式一般采用教学观察、书面测验、论文审阅、录像和档案袋等形式，考核通过后即可获得全职合格教师资格证。每个州对选择性教师培养途径培养出来的教师的评价标准与传统教师培养途径培养出来的教师评价标准相似，并且评价结果两者相当。

（六）美国教师专业发展学校

教师专业发展学校（PDS）的概念最初由美国的教育改革者于 20 世纪 80 年代提出，是指由学校和大学教育学院共同创建的一种新型学校。教师专业发展学校是通过以校为本的合作伙伴关系的建立，完善职前教师教育和在职教师教育的一场运动。大多数学者认为，专业发展学校的创建基于这样一种共识，即中小学校若要变革进步，就需要有更好的教师。大学若想培养出更好的教师，就必须将模范中小学作为实践的场所。而中小学校若想变为模范学校，就必须不断从大学接受新的思想和新的知识，若想使大学找到通向模范学校的道路，并使这些学校保持高质量，中小学校和大学教育学院就必须建立一种共生的关系，并结为平等的伙伴。合作是教师专业发展学校的核心特征，因此，教师专业发展学校也可以叫作伙伴学校①。

1. 关注中小学与大学的有效合作

中小学与大学的合作是一个长期的、积极的、发展的过程。美国教师专业发展学校的实践者与研究者对中小学与大学如何进行有效的合作活动和实施合作项目做了不懈的努力和探索。

教师专业发展学校是创建有机合作伙伴的有效途径。教师专业发展学校的倡导者和创建者在实践过程中，注重发扬大学和中小学成员的无私精神；注重双方地位的民主与平等，彼此尊重和信任，彼此开放地接受意见，互惠互利。大学与中小学合作的目的指向问题的解决，为达到目标，合作伙伴对前景的瞻望必须远大，并允许参与各方发挥各自的创造性。同时，教师专业发展学校还特别强调合作伙伴的目标与参与各方目标的一致性。其有效合作以基于知识、基于服务的领导风格为前提，从而摒弃了传统的官僚家长制式的领导。另外，这种合作是自下而上和自愿的，合作结构由合作各方共同决定，而不是将现有的结构强加于它。

2. 关注组织、管理的机构化和制度化

美国教师专业发展学校为了真正实现中小学与大学共同决策、共同发展、共

① 经柏龙：《美国教师专业发展学校 ABC》，《教育科学》2008 年 10 月第 5 期。

同承担教师教育的责任，实现中小学与大学的共同革新，一直努力寻求组织、管理的机构化，努力融入大学和中小学的组织中，努力从大学与中小学的边缘位置走到中心。在教师专业发展学校的创建和发展过程中，广泛吸纳各方参与，建立了支持教师专业发展学校的联系网，如全美教育革新网络（NNER），全美师范教育鉴定委员会（NCATE），全美教育、学校及教学重建中心（NCREST），全国教育协会（NEA），从而有助于消除彼此之间的隔阂，形成浓厚的合作、交流气氛。教师专业发展学校管理要实现的第二个目标是努力争取组织的合法地位，尤其是组织的高层决策权。教师专业发展学校管理的第三个目标是实现中小学教学与大学教师教育的同步改革，这也是教师专业发展学校最主要的目标。所有的参与者必须对此形成共识，慎重对待对方的改革，共同为双方各个层次的改革行动出谋划策。

3. **关注教师工作环境的变革**

如前所述，如果中小学教师的工作条件没有得以改善，那么教师教育就不可能在很大程度上发生变化。美国的教师专业发展学校从创建之初就注重改变教师的工作环境，其目标是要使学校不仅成为有益于学生发展的场所，更要成为教师专业成长的场所。其变革突出表现为：

首先，以反思性实践活动和合作的互惠性活动为教师专业发展学校的显著生活方式，营造教师自主成长的专业氛围。

其次，建构工作组，注重学习型团体整体功能的发挥。

再次，明确声明扩大教师的教学自主权和对学校的领导权。

最后，大学、学区与中小学密切合作，共同承担改变教师工作环境之性质的责任。

（七）美国中小学临床型教师培养①

2011年，美国全国教师教育认证委员会牵头组建的“蓝带小组”向美国政府提交报告，针对当前美国教师教育存在的供需矛盾、区域和学科比例失衡困

---

① 陶青、卢俊勇：《美国酝酿新一轮教师教育改革》，《中国教育报》2011年4月19日。

境，围绕准入与毕业、课程设置、绩效评价、机构合作、认证标准以及人员配备等，提出全国性的教师教育改革策略。这份名为《通过临床准备改革教师教育》的报告被视为美国新一轮教师教育改革宣言，提出美国将通过临床型教师教育模式，促进有效教学和学生学业成绩提高。美国联邦教育部部长邓肯专门就报告发表讲话指出，"美国教师教育需要全面的革新，而不是各自为政的家庭小作坊。蓝带小组所做的工作正在帮助美国教师教育走上正轨"。

1. 临床型教师教育模式

"蓝带小组"报告所提出的"临床为本"的教师教育并非空穴来风，而是以近年来美国各州革新教师教育所取得的先期成果为基础的。这些革新计划大多采取了临床型教师教育模式，并且取得了较好的效果。

波士顿"教师驻校计划"是波士顿公立学校系统和地方大学合作实施的项目。该项目将师范生安置在城市学校带薪学习一年。在这一年中，师范生在优秀中小学教师的指导下逐渐参与并最终全面承担课堂教学工作。课后，师范生还要参加由大学提供的研究生水平的理论课程学习。驻校结束，师范生可获得教学艺术硕士学位、初级教学证书和特殊教育或英语学习者教育证书。入职后还可获得连续3年的指导。据统计，驻校的师范生毕业3年之后留任的比例超过84%，远高于50%的平均水平，96%的校长表示愿意招聘有驻校经验的师范生。

由纽约市立大学亨特学院和地方学校合作的教师教育计划，强调教师培养与学生学业成绩挂钩。该计划通过螺旋课程和课堂录像的方式，完成对师范生的评价。该计划要求师范生在学习的第二年提供至少2个月的学生成绩提高证明，方能获得硕士学位。

明尼苏达州州立圣克劳德大学采用合作教学的方式，加强师范生的临床实践环节。具体做法是，将一名师范生和一名指导教师安排到同一个课堂上，共同开展教学工作，最终目标是促进学生学习。结果表明，在合作教学模式下，75%的特殊教育学生在州一级的评价中表现优秀，而传统模式下这一比例为53%。

"蓝带小组"认为，教学是一种实践性专业，教师教育必须培养实践专家，应该将实践置于教师培养的中心。作为一个庞大的教师教育改革计划，"蓝带小组"的报告涉及师范生选拔、课程设置、指导教师培养、新教师入职和机构资格认证等各方面内容。

2. **临床型教师教育十项原则**①

一是以促进学生学习为中心；

二是临床实践培养应融入教师教育各方面；

三是基于学生成绩对师范生及培养项目进行动态评价；

四是以造就一批学科知识和教学领域的专家、知识创造者、团队协作者和问题解决者为培养目标；

五是师范生应在合作式的专业共同体中学习；

六是临床实践指导教师队伍必须由高等教育和基础教育工作者共同组成，并经过严格的选拔、培养或调配程序；

七是指定并资助特定的临床教学实践场所；

八是利用新技术提高教师培养效率；

九是通过开展有效的研究、收集和使用系统数据，促进教师培养项目的可持续发展；

十是战略伙伴关系是构建有效临床教师培养模式的必要条件。

近几年，美国政府对中小学教师问题更加关注。奥巴马政府曾提出“优秀教师计划”。在这个计划中，关于教师招聘，给予愿意当教师且素质较好的四年制大学生或刚刚从事两年教学工作的年轻人颁发一定的奖学金，奖学金的具体分配情况则视学生的学术成就及反映其教学成功的其他潜在指标而定。关于教师培养，奥巴马政府采取以绩效为基础的教师教育模式，对准教师的评价也以绩效为基础，如评价教师备课和课堂教学、学生作业以及教学对学生学习需要的满足程度等，从而使教师有效地开展工作。生师比的下降，一定程度上减轻了教师的工作量，为教师研修提供了方便。1955 年，生师比为 26.9：1，到了 1985 年，生师比为 17.9：1，而至 2011 年，生师比降至 16：1②。于是，继续实行专业发展学校模式，该模式融职前教师培养、在职教师培训和学校改革于一体，政府提供

① 李新翠：《蓝带小组对美国教师教育改革的建议》，《中国教育报》2011 年 4 月 19 日。

② U. S. Department of Education. *The Condition of Education 2014*, p.125.

资金支持中小学与大学合作的教师教育改革。政府出台教师实习计划，每年选3万名经过扎实训练和充分准备的应聘者进入高需求地区的学校从事教学工作。

结语

美国基础教育教师队伍是一个庞大的群体，一般学历较高，学识较好，大多能够遵纪守法，爱岗敬业。美国基础教育教师岗位具有中等吸引力，在社会各行各业中，教师的待遇属于中等水平。总体而言，基础教育教师队伍并不汇集社会中最精英的人群，而水平较差的那部分人也无法进入教师队伍中来。美国的小学一般采取主任教师包班制，一定意义上的全科教师其实是存在的。中学阶段有采用包班制的，更多地采用教师分科制。维护教师权益的教师工会具有较大的影响力，地方教育当局对之比较敬畏。关于教师奖励，奥巴马政府认为应根据学生进步情况奖励教师，激励那些指导新教师的资深教师，不断提高自身教学技能的教师，在教学中持续取得进步的教师，服务于薄弱学校的教师，并给以奖励，对于不合格的教师则采取惩罚措施。关于绩效工资，大家意见不一，奥巴马政府努力寻求教师的配合，允许提出不同意见，但必须认真执教方可获得加薪。

第五章

图5-1 美国联邦教育部

如何应对择校：美国义务教育入学策略

择校作为义务教育选择性的重要表现形式存在，早已引起世界各国的广泛关注。国际上对“择校”（School Choice）的界定基本达成了一致，指义务教育阶段学生及其家长凭个人意愿对学校的选择。一般而言，如果学生居住区内的学校之间在办学条件和办学水平方面比较接近，那么择校问题就不会十分尖锐；如果在区域范围内若干学校的教学质量存在较大差异，或者只有少数学校能够满足学生的特殊需求，家长便希望子女能够进入相对满意的学校学习，于是择校现象就会较为明显。从表面来看，学校间教育质量是否存在明显差别被认为是教育选择性存在的基础。事实上，校际间客观差异的存在只是问题产生的直接原因，而从深层角度来看，在美国基础教育阶段，择校现象存在的根本原因与联邦政府及各州政府的相关政策分不开。

一、美国公立学校制度改革与有序择校

20世纪70年代，美国出现结构性经济危机，经济发展呈现滞胀和低速的特点。受此社会背景的影响，凯恩斯主张的大政府、高税收政策遭到质疑，即在经济增长面临停滞时政府可以采取多种货币政策进行带动和刺激，即向市场中注入外部动力，带动经济发展走出停滞的局面。然而，再注入流动性很容易加剧通货膨胀的程度，危害经济的持续、健康发展。自那时起，倡导自我放任、增强市场机制、减少国家干预、主张小政府、低税收成了改革的主流声音。联邦政府相继推行紧缩货币、减税以及税制改革、收缩福利等一系列减少政府作用、注重市场机制的改革政策，使美国经济再度繁荣。受到社会经济发展的影响，到20世纪80年代，美国各州“划分学区，就近入学”的一贯做法有所松动，择校逐步得到认可并在一定程度上得到合理推动。1991年共和党提出的《美国2000年教育战略》中有关教育改革的重要内容之一就是鼓励择校计划。1992年时任总统克林顿签署的《目标2000年：美国教育法案》，把家长择校计划看作是提高竞争、增加公共教育责任的一种途径，推出“特许学校计划”。2001年时任总统小布什签署的《不让一个孩子掉队法》，将择校作为一项重要的改革措施予以推行。2004年美国政府就该法案关于择校的最新解释是：如果美国公立中小学不能达到各州的教育标准，不能确实提高学生成绩，则需要提供给父母更好的选择方案。2009年，奥巴马总统也誓言增加教育的生机活力，为年轻一代提供适合的教育。从某种意义上来讲，选择权的具备为公民的基本权力表现之一，伴随着社会的发展、主观重视程度的提高，人们对教育的选择权表现出较强的追逐动力。

（一）自主择校制度的兴起与发展

美国择校运动的产生原因较为复杂，经历了曲折的发展历程。公立学校制度形成以后，各州均实行“就近入学”，学生择校仅限于公立学校、私立学校（包括教会学校）之间，除了少数富裕或有特殊宗教信仰的学生家庭选择私立学校，部分家长采取让孩子在家上学之外，多数家庭把孩子送进了公立学校学习。有资料显示，1919年美国各州基本普及了8至12年不等的义务教育。但是，美国教

育界对改进公立学校体系的探讨一直没有停止。19 世纪末 20 世纪初，以杜威为代表的实用主义教育思想推动了美国“进步主义教育运动”，给美国基础教育带来很大影响。20 世纪 50 年代到 60 年代，美国为改进公立学校教育，提高有关学科成绩，于 1958 年和 1965 年分别颁布了两部影响力较大的法律，即《国防教育法》和《初等与中等教育法》，主要保障改进美国基础教育教学质量，增加贫穷学生受教育机会。

美国择校改革运动源于 20 世纪 60 年代，是在政府的主导下展开的。政府除了主张开办各种选择性学校以外，还制定了鼓励择校的相应政策。60 年代末 70 年代初，允许跨学区就读的特色学校“磁石学校”开始出现。同时，政府开始推行如开放入学制度、私立学校减免教育税以及学费退税等加大自主择校权项目。其中，减免教育税制度免除了私立学校学生家长为公共教育承担的税费，并规定向私立学校捐款的人可以税前抵扣，也有力地促进了传统私立学校的发展。其他择校形式和思想如“学校教育券”制和“特许学校”也已开始萌芽，陆续开展了相关实验。虽然在公众心目中公共教育体制应该为不同种族、不同性别、不同经济收入家庭的学生提供平等的高质量教育，但不管是民间发起的“进步主义教育运动”，还是政府制定的教育改革政策，都没能使美国公立教育教学质量有大的改观，各种原因造成的不公平教育现象依然严重。

进入 20 世纪 80 年代以来，迫于国际竞争的需要和国内各界舆论压力，美国政府除了继续设立项目改进公立学校教学质量以外，开始转向学校制度改革，推行自主择校，促进学校竞争，美国择校制度得到进一步发展。1988 年，老布什在竞选总统时提出“教育复兴”口号，承诺要做“教育总统”。1989 年 4 月签署了《教育优秀奖励法案》，其中改革目标的第二项是“优秀磁石学校计划”。该计划每年拨款 1 亿美元，用于磁石学校的发展。1990 年，时任总统老布什在美国《2000 年教育改革法案》中呼吁教育制度改革，明确提出推动自主择校，主张将择校范围扩大到公立学校和私立学校。1993 年教育财政预算中，他又提出将 32.3 亿美元用于学校选择计划。同时，“教育券”制度开始被州一级教育部门接受，在有些州得到大力推广。“自主择校”开始成为美国教育界关注的热点。1992 年，克林顿在其总统竞选辩论中表达了对美国公共教育质量的深切忧虑，并在此后的任期中为改进公立学校教学质量，促进教育公平采取了大量措施。

1994年他签署了《2000年目标：教育美国法案》，确定8项国家教育目标，包括加大联邦政府对地方教育的支持，强调家长参与学生教育等内容。同年，克林顿政府修订了《初等与中等教育法案》，颁布了《改革学校教育法案》，在建设公立"特许学校"方面设定了目标。他对增加自主择校机会采取了与前任总统布什不尽相同的做法，主张在公立学校范围内开展学校竞争。在1995年的"国情咨文"中他又积极倡导各州以立法形式支持创立特许学校。特许学校制度是克林顿政府时期发展择校制度的主要形式。

21世纪之初，面对国际、国内新形势，美国进一步修订了《初等和中等教育法案》，颁布实施了《不让一个孩子掉队法》。在推行《不让一个孩子掉队法》的教育改革中开始触及原体制深层次问题，自主择校制度逐步形成。另外，在这段时间里教育公司办学模式得到迅速发展，以"诺贝尔学习集团"和"爱迪生学校公司"为代表的教育公司为学生择校提供了一种新选择。目前，美国基础教育有磁石学校、教育税减免制、教育券制、特许学校和教育公司私校等不同形式的择校项目和制度。至此，美国基础教育基本形成了以政府主导、以市场为导向、以竞争促公平求质量的新自主择校态势。择校制度的产生与发展导致不同类型学校就读人数发生明显变化。

美国国家教育统计中心通过对美国从幼儿园至12年级学生1993—2007年间的相关情况抽样调查，发现以下情况①：

第一，公立学校入学率由1993年的80%减少到2007年的73%。

第二，到2007年，参加特许学校的学生占2%，其中64%的学生来自城市，这个比例比公立学校的30%的比例要高。

第三，2007年5—17岁少年儿童中大约2.9%选择在家上学。

（二）美国择校制度的分类

择校现象产生的根本原因在于校际间教育质量差异的客观存在，适龄儿童和家长会因为追求更高水平的教育，而表现出一定的主观选择意向。21世纪初叶，

① National Center for Education Statistics. *Trends in the Use of School Choice 1993 to 2007*. 参见 http://nces.ed.gov/pubs2010.

纽约市每年有10%到20%的公立学校未能达到联邦政府《不让一个孩子掉队法》规定的标准，经排名后被定为“需要改进的学校”。一旦被列入这个名单，校方就必须允许家长将子女转到附近其他学校。这一措施的初衷是要给薄弱学校学生再一次选择的机会，并促进学校竞争，推动教育质量提升。择校制度能够在一定程度上对教育质量的提升起到激励、促进功能，但同时也会造成薄弱学校的进一步边缘化。各州及地方学区的做法既反映了联邦政府的择校政策，又结合了自身具体情况。截至2010年，美国有16个州要求学区允许学生在居住区以外择校，28个州允许学区自愿选择是否参加此项目。纵观美国各州和地方针对基础教育的择校政策，可按以下角度进行类别划分。

一方面，按选择学校的标准进行划分，目前美国的择校制度可分为限制性择校和非限制性择校两大类型。限制性择校主要指家长在选择学校时通常表现为以公立学校作为择校范围，进而表现为学区间开放入学和学区内开放入学两种形式。学区间开放入学主要指允许家长把孩子送到附近学校、本学区的其他公立教育机构或其他学区的公立学校；学区内的开放入学指学校选择局限在学区内的公立学校，包括小型学校、校中校在内的各种形式学校都可以成为家长择校的选择范围。早在20世纪80年代初，明尼苏达州率先通过立法保证家长的选择权，法律规定只要对方学区和学校有足够的容量而且有相关的反歧视法律，就应允许家长跨学区择校。非限制性择校就是经立法机关或州投票批准，允许家长在公立学校之外选择私立学校。威斯康星、俄亥俄、佛罗里达、缅因、科罗拉多、佛蒙特州不同程度地采用了这种办法。其中，有的州是全州范围实行择校项目，例如佛罗里达州A+计划、科罗拉多州学券项目；有的州只是部分或个别地区参与此类非限制性择校项目，例如威斯康星州密尔沃基市择校项目、俄亥俄州克利夫兰市择校项目。各项目的具体择校政策不完全一样。

另一方面，按资助的来源作为标准，可将择校政策分为政府资助式择校和私人资助式择校两种类型。政府资助式择校政策也称学券式择校政策，各州和地区因政策涉及范围和类型方面存在差异，因此可通过不同类型的教育券展现出不同程度的择校政策。

美国学校招生是就近入学和考试择校同时存在的。很多学校几乎都办有资优学生班，但家长选择学校无须交费，择校不收费，学校完全依据学生申请志愿和考试成绩来决定是否录取。美国人认为20%的人有资优潜能，10%学生应该进入资优班，开展特殊教育，实际上目前是3%—6%天才学生进入资优班，设立特殊课程学习，满足天才学生特殊学习需求。资优学生是各个学校都比较青睐和欢迎的。美国社会上有各种各样学生学习潜力的测试机构，会对孩子家庭教育状况、孩子性格禀赋、心理发展状况、学习潜力和学习能力以及学习愿望动机做出全面的评价，家长会自愿带孩子参加测试，专业机构的测试结果可以作为孩子是否是资优学生的依据之一。当然，学校也会组织考试和测试，各种测试的情况综合起来，可以作为孩子是否能成为资优生的依据。学校从学前班开始，就设有资优班，从小学一年级开始，家长就可以申请资优班。资优班是动态的，学生可以根据自己的实际情况，在任何一个年龄段通过考试进入资优班，进行特殊的课程学习。

二、美国择校制度的主要形式

进入21世纪以来，随着政府通过立法对公立教育的深层次介入，促进了教育体制的革新，在一定程度上改变着美国基础教育的体制和结构。受公立学校发展不尽人意的影响，美国基础教育阶段存在众多自主择校的制度和项目，每种存在形式各具特色。科学认识美国自主择校模式，有助于了解其基础教育阶段的选择性。

（一）磁石学校

“磁石学校”（Magnet Schools）意指有吸引力的学校，是一种特色学校。这类学校在课程设计方面独具特色，针对学生兴趣爱好开设课程。磁石学校的学生可以学习读、写、算等基本技能，也可专修特殊学科，如音乐、绘画、戏剧、计算机、法律、视觉艺术等。磁石学校没有学区和入学条件限制，学生可自愿申请。

磁石学校创办于20世纪60年代末70年代初，最早全美只有10多所这类学校。进入80年代，里根政府加强城市改造资金的投入，加速了这种学校制度的发展。80年代中后期，里根政府通过支持磁石学校发展项目《磁石学校资助方案》迅速促进了磁石学校的发展。2007年9月，在上述方案框架下，美国教育部时任部长斯佩琳斯宣布设立10亿美元，资助全美17个州41个学区发展磁石学校项目①。《磁石学校资助方案》是美国帮助消除种族歧视，发展教育多样性的联邦资助项目，促进了各类磁石学校在美国人口密集、民族多元、贫富分化较为严重的地区的快速发展。

磁石学校以其弹性的课程设置和独特的教学方法，吸引了不同地区、不同种族、有志向、有兴趣的学生前来就读，有力地推动了学校的种族融合。有调查显示，磁石学校学生在各学科如数学、自然、写作等方面明显高于其他公立学校学生。磁石学校体系以“促进教育公平，增加教育多样性，发展优质教育”为使命，为在传统公立学校教育制度下废除种族歧视、促进教育公平和教育多样性做出了一定贡献②。

（二）特许学校

美国“特许学校”（Charter Schools）是一种非宗教、公立选择性学校，分别由州或地方教育局与教育团体、机构或个人签订合同，将公立学校主办权以教学合同形式交付给后者而实行的公校私营性质的学校。

特许学校的设立必须由教师、教育专业团体及其他非营利性机构向地方学区提出申请，经学区核转教育局批准，再由申请人组成自治团体独立经营。特许学校像传统公立学校一样，必须接纳所有学生，不得有任何限制，所需经费依据学生的多少由政府从整体教育经费中支出。如有其他公立学校学生转学到特许学校学习，原学校需将经费转给新学校，如学生是从私立学校转来，则由政府拨款增加学生所需经费。

目前特许学校大致分为4种类型：

一是新建的以商业、技术为特色的学校。这类学校多由公司、企业、社会团体举办，主要向学生传授专业技术，如汽车维修、卡通制作、音乐演奏等。

二是由原来的公立学校改建而成。这类学校多数是原来条件较好的学校，师

① 参见 http://www.ed.gov/news/pressreleases/2007/09/09272007.html.

② 参见磁石教育网站（http://www.magnet.edu/index.php）。

资力量强，教学设施好，改建后更倾向于录取优秀学生。

三是特殊教育学校。因移民儿童、残障儿童及弱智儿童在普通公立学校可能受到歧视，不能接受相应的教育，家长便送子女就读此类特许学校，以获得较多关爱。

四是示范学校。地区教育当局划出几所学校作为教改基地，允许学校在聘请教师与校长、改革课程设置、更新教学内容、改善方法手段等方面进行较大调整，以期调动教师积极性，积累教学改革经验。

特许学校办学理念源于“选校制”“磁石学校”“公校择校”制等各种择校制度的改革尝试。“特许”（Charter）一词最早由新英格兰教师雷·巴德（Ray Budde）在20世纪70年代提出，在美国教师联合会（AFT）前主席阿尔伯特·珊珂（Albert Shanker）推动下得到推广。80年代后期，费城开始建立类似的学校，接着明尼苏达州从“机会均等”“自由选择”“为学业负责”等方面进一步界定了特许学校，并于1991年创建了全美第一所特许学校——圣保罗高中。同年，明尼苏达州通过了立法，支持建立特许学校，1992年加利福尼亚州紧随其后。到1995年已有19个州立法支持创建特许学校。

在克林顿政府支持下，特许学校发展更加迅速。1994年起，联邦教育部开始拨款支持州特许学校建设，1995年财政预算设立了600万美元。1997年克林顿在“国情咨文”中号召到2002年美国要建立3000所特许学校。据统计，1999—2000学年，公立特许学校学生人数30万人。

2002年，时任总统小布什号召拨款20亿美元支持特许学校发展，并在年度预算中要求额外设立10亿美元用于改进特许学校办学设施。2003年，全美已有40个州和华盛顿特区通过了立法，支持创建特许学校①。2007年9月一份资料显示，当年全美有4100多所特许学校，占全美公立学校数量的2%，在校学生120多万。

2007年11月《美国新闻与世界报道》杂志最新公布的全美最佳百所中学排名中，美国特许学校有着不俗的表现，占据4%的比例。

到2010—2012学年，特许学校的注册学生数已经达到210万人，约占学生

---

① 参见特许学校协会网站（http：//www.uscharterschools.org）。

总数的 3.6%①。

特许学校是当今美国教育改革中发展最为迅速的择校制度之一，得到了美国两党各级政府和教育机构的支持。特许学校既具备传统公立学校公平、公正、不收费等特点，又具有传统私立学校重视经营业绩和教学质量的优点，受到美国中小学生和家长的欢迎，曾一度被认为是解决传统公立学校诸多问题的新途径。

倡导教育市场化的著名经济学家、诺贝尔奖获得者弗里德曼（Milton Friedman）早在 1955 年就在其论文《政府在教育中的作用》中提出，教育“唯一的出路是走市场化的条件”。反映社会公众对教育态度的盖洛普民意测验也连续多年表明，公立学校的教育环境和教育效果开始使大多数人感到，在各种改革措施均难奏效的情况下，应该从学校体制上寻找原因。这不仅使得市场改革的鼓动者提高了声调，甚至连一些原先对市场改革持消极态度的人也改变了看法，转而支持改革。“使公立学校私有化”“允许贫困家庭利用缴税的钱让孩子进入私立学校上学”等教育市场化改革论调最近几年在美国教育界日益高涨。

（三）教育券制度

教育券制度是为了增强择校家长的“教育购买力”，由政府向学生家庭直接发放教育代金券，用以资助家长为其子女选择学校。家长不能直接将券兑换成现金，接收学校凭教育券到政府兑换相应的教育经费，以有限券和私立券的形式最为常见。有限券（Limited Vouchers）允许学生自行选择公立学校或私立学校接受教育，但对申请者或学校有关方面做了规定，符合条件者方可使用。私立券（Privately Funded Vouchers）通常由慈善家或机构筹措资金，主要提供给那些寻求更加优质教育却在现实中受到制约的学生。

1955 年，美国经济学家米尔顿·弗里德曼（Milton Friedman）最早提出教育券理论。在后来半个多世纪的时间里，围绕教育券制度的争议一直不断。20 世纪 90 年代，在老布什政府的大力推动下，教育券制度开始被州一级政府接受，逐渐付诸实践。1989 年威斯康星州议会通过“密尔沃基教育券计划”，次年正式在密尔沃基市实施教育券制度。1995 年，俄亥俄州立法通过了“克利夫兰教育

---

① U. S. Department of Education. *The condition of education 2014*, p. 48.

券项目”，从1996年起推行教育券制度。1999年佛罗里达州议会批准了全美第一个全州性的教育券实施计划“佛罗里达教育券实施计划”。

对于教育券制度的支持，共和党政府多于民主党政府，因此在后来的克林顿政府时期，联邦政府并没有大力推行教育券制度。进入21世纪以来，小布什政府曾鲜明地表示过对教育券制度的支持，教育券制度曾再度成为社会关注的热点。但总体看来，由于美国社会对此制度的种种争议与担忧，以及来自传统公共教育系统的强大阻力，布什政府并没有特意从联邦政府的角度加大推广这种择校制度的力度。

教育券主要包括3种类型：

一是通用教育券。适用于所有适龄学生，不受申请者收入状况、学校地理位置等因素限制，学生家长可将所得教育券用于任何一所公立学校或私立学校。到2009年为止，通用教育券择校一直是一个拟议中的项目。

二是有限教育券。允许学生自行选择公立学校或私立学校就读，但对教育券申请者或学校的收入状况、申请数量、地理位置、券额及用途等因素作了一些限制，只有符合条件者才可享用。佛罗里达、宾夕法尼亚、威斯康星、俄亥俄等州和地区设有有限教育券项目。

三是城镇教育券。主要适用于那些没有设立公立学校的城镇和地区，允许家长将学生送至其他地区（可以是州内或州外）的公立或私立学校就读。城镇教育券主要在佛蒙特州和缅因州所辖的200多个学区实行。

除政府资助式择校政策外，私人资金资助式择校也很常见。私人资助式也称奖学金式，主要是由私立的个人或机构（公民组织、教堂、慈善组织等）为学生选择私立学校就读提供资助。据统计，截至2007年美国至少有39个州的100多个城市设有奖学金式择校项目。其中比较有影响的儿童奖学金基金，是纽约市私人基金资助的基金会，也是全美最大的学校选择资助项目，它对50个州的3000个地方的学生提供了奖学金，为低收入家庭的孩子上私立学校提供部分学费资助。

从美国当前教育实践来看，教育券制度以市场为导向，直接影响了教育经费的流向，对传统公立教育体制产生了很大冲击，有力地促进了学校间的竞争，对改进美国传统公立教育体制，保证教育公平，发展优质教育发挥了一定的作用。

（四）营利性教育机构

营利性教育机构（For-Profit Education Institutions）多以教育公司形式出现。这种教育公司承办特许学校，创办公司私校，开发为学生提供课外辅导项目服务等，是美国教育产业化的新发展。进入20世纪90年代以来，美国联邦政府发起新一轮教育改革，2001年颁布的《不让一个孩子掉队法》更是对传统公校设定目标、提出要求，明确规定学校要及时公布学生学业成绩和学校绩效表现，为学生和家长自主择校提供方便。在美国公众心目中，传统公校教学质量差，传统私校学费贵，教会学校宗教色彩浓，相当一部分家长想让子女接受高质量教育，但又负担不起传统私校学费，且又不愿把孩子送到教会学校去。因此，有利的法规政策，活跃的市场需求，外加公司办学较少依靠政府资金、办学思路较为灵活等优势驱动了公司教育机构的产生和快速发展。当前美国基础教育界最具代表性的教育公司有两家：

1. 诺贝尔学习集团

诺贝尔学习集团（Nobel Learning Communities）是美国较早出现的由公司投资兴建学校的学习集团公司，总部在宾夕法尼亚西切斯特市。目前，开办了包括学前教育、中小学教育、夏令营项目、课余补充学习、帕拉丁帮助学习计划、休斯顿学院等，涉及从婴幼儿到高中阶段多层次全方位的学校和学习项目。诺贝尔学习集团最早于1984年以“美国木马儿童保育中心”为名成立，后来几经更名发展到今天的诺贝尔学习控股集团公司。在1984年以后的近10年里，诺贝尔学习集团度过了自己最困难的时期，于1992年在杰克·克莱格（A. J. Jack Clegg）的带领下开始复苏。1993年更名为“诺贝尔动力教育公司”，1998年更名为现在的诺贝尔学习集团公司，同年在美国纳斯达克股市成功上市，是现今美国基础教育学校领域中赢利性最好的公司。集团公司董事长杰克·克莱格曾被评为2000年全美最杰出的教育企业家。目前诺贝尔学习集团在全美有160所学校，遍布13个州，并于2001年与中国南洋教育产业集团签订了合作协议。

2. **爱迪生学校公司**

爱迪生学校公司（Edison Schools）创建于1992年，在英国开有分校。公司与地方学区、特许学校董事会、州教育厅等合作创建私立学校，开发教育项目。公司教学形式多样，有夏季班、业余班、补充教育服务班①，以及为其他学校提供成绩管理等服务。1995年创建了第一批属于自己的4所学校，近年来发展迅速，开办有爱迪生学区合作计划、爱迪生特许学校、爱迪生教育联盟、牛顿学习项目、汤斯顿学习计划等。

目前，爱迪生学校公司在美国19个州和华盛顿特区开办学校，提供教育服务。总体来看，目前美国教育公司私立学校越来越多，与传统私立学校并存且收取较少的学费，提供比传统公立学校更好的教学质量。教育公司私立学校是美国教育产业化、市场化的发展结果，为美国学生家长自主择校提供了一种新选择。

（五）在家上学

在家上学（Home Schooling）主要指学龄儿童不通过学校而在家庭中接受教育，即在“家庭学校”完成学业。在家上学最早起源于19世纪60年代的美国，是一种旨在传播宗教信仰的行为，当时这种情况零零星星，未引起外界关注。而在家上学作为一场运动，则兴起于20世纪中后期，其倡导者是雷蒙德·穆尔和约翰·霍尔特。穆尔与他的妻子多萝西认为，除了严重的残障和智力低下外，身心健全的儿童在8岁乃至10岁之前都不应该接收正规的学校教育。还认为，过度活动、近视、识字困难等问题是过早地让儿童神经机制与心理蒙受过重的课业负担（如阅读、写作）的后果。

20世纪80年代，穆尔夫妇出版了代表作《在家中长大的孩子和以家庭为中心的学校》。同时代的霍尔特也是一位教育改革家，他认为，“真正的教育”在强迫的、高压下的、竞争的学校环境中不存在，也不可能存在，最文明的方式就是让孩子完全脱离学校，在家中接受教育。他的两本著作《孩子是怎样失败的》和《教你自己的孩子》，在当时引起了很大的争议。

① 《不让一个孩子掉队法》规定，如果学校绩效考察连续3年不合格，学校要为提出要求的学生提供补充教育服务，包括请私立教育机构提供辅导等。

美国官方对在家上学的态度经历了一个由反对到认可的过程。起初，人们对在家上学的学习质量不信任，接着质疑儿童的社会化问题。20 世纪 80 年代，在家上学在美国 30 个州还处于非法地位。20 世纪 90 年代初，美国各州陆续出台相关法律，确认在家上学的合法地位，至 1993 年秋季，在家上学在 50 个州全部实现合法化。不过，全美 50 个州、各特区和属地对在家上学的政策法律不尽相同。

至 2014 年，美国至少有 24 个州要求学生参加标准化测验或测评。在弗吉尼亚州和佛蒙特州，允许有特定信仰的在家上学者不遵循强迫入学的法规。内华达、纽约和宾夕法尼亚州，在家上学者须通过中学毕业考试。有 6 个州的上级法院裁定各自州的强迫入学规定是违反宪法的，因为这些规定太模糊了。这 6 个州分别是佐治亚、威斯康星、明尼苏达、密苏里、衣阿华和宾夕法尼亚。有些州允许在家上学的学生参与学校间举办的活动（如运动、象棋俱乐部等）。目前就此事的争论在法律和政治上都缓和下来了，但并不会彻底平息，每年都会有议员提出新的法律和法案。

在 15 个州，在家上学的管理比照执行对私立学校或教会学校的规定，在家上学群体被认定为私立或教会学校的学生，接受视导而非完全放任自流。南卡罗来纳州是全美唯一免除了对在家上学这一群体强迫就学的州。俄克拉荷马州的宪法修订案规定，人们有选择“其他教育方式”的权利。新泽西州则用了“在别的地方”而非学校的说法。南达卡他州用了“其他可供选择的教学项目”的说法，要求家长每年通知政府且让孩子参加测验。家长资质方面，41 个州不要求在家上学的家长拥有教师许可证。近年来，慕课（MOOC）的普及更为在家上学提供了方便①。

在各个时期，由于总有一些家长不认同正规的学校教育系统，希望孩子在家接受教育，于是在家上学的方式方兴未艾。我国学者的研究指出，美国家长选择在家上学前 5 位的原因依次是：“不认同学校的教育理念”（54.19%）、“学校教学进度过慢”（9.50%）、“学生在学校没有得到充分尊重”（7.26%）、“学生厌倦

---

① 汤敏：《慕课革命：互联网如何变革教育》，中信出版社 2015 年，第 131 页。

学校”（6.70%）以及“宗教信仰原因”（5.59%）[①]。从高度组织化的到无组织的，从使用常规学校教学方法的到排斥常规教育的，从使用家庭自制材料和计划的到每年花费数百美元购买商业课程材料的，家庭学校类型无所不有。在家教育子女的家长未必都是老派人物，有的似乎不乏新潮意识，常常借助互联网辅助教学。

美国在家上学研究所创始人布莱恩（Brian D. Ray）在 2013 年的国际研讨会上称，近年来美国在家上学发展迅猛，年增长率达到 10%，2010 年美国已有 200 万在家上学的儿童，在私立教育中占 25%，在整个同龄学生中占 3%—4%。在美国，在家上学花的成本只有公立学校的十分之一，可是标准测验的成绩比公立学校高 15—20 个百分点。还有人说，从统计上来看，在家上学的孩子的学术成绩比一般的公立学校的孩子平均高 10%—30%多。美国大学入学考试（ACT）结果显示，在家上学的学生连续 4 年在这一考试成绩上高于国家平均分。学习能力倾向测验（SAT）的结果也显示在家上学的孩子成绩明显高于其他类型孩子。学术成绩的相对优异，得益于在家上学的一对一指导，小规模课堂，个性化、灵活性教学，最重要的是父母真诚的关心与爱护，以及其他社会资本的帮助。

30 年来，全美各地逐步建立起在家上学的支持系统，成立了很多这样那样的专业支持小组。专业支持小组负责组织家庭之间会面，组建谈话、讨论小组，邀请嘉宾发言，组织孩子们一起玩耍或一起上课，编撰时事通信与社会媒体沟通。也有特殊的社交小组，一起参加科学展览，校外参观学习。各州的在家上学组织办有自己的杂志、电子简报、交流网站，每年举办年会，有上万人参加。国家级的在家上学组织对其他州的组织及草根组织没有任何权威，彼此的工作在很多方面是平行的。

除了著名的在家上学法律保护援助、全国的联盟组织、黑人在家上学组织等各种组织，还有杂志和报纸、课程提供商、网站，提供各类信息和课程。私立学校和公立学校都向在家上学的孩子提供课程和课外活动。图书馆、博物馆和动物园有专门给在家上学者做的课程和活动及小册子和小传单。

中国驻纽约总领事馆教育组 2013 年 11 月 11 日调研发现，美国有些州对在

① 翟晋：《在家上学：未来教育新趋势》，《中国教师报》2013 年 9 月 4 日第 1 版。

家上学设定有明确规章制度。纽约州要求：（1）向学区主管申请；（2）获批后提交《家庭指导计划》，包括学生信息、授课者信息、授课大纲、课程设置、教材信息等；（3）每季度提交一次进展报告，内容包括课时完成情况、教材说明、各门课程成绩或评估结果；（4）保存课勤记录备查；（5）接受年度测评，9 年级后必须参加标准化测试。纽约州除了对家长的要求外，教育主管部门还有专项服务，让专业教师与在家上学的学生通过邮件、电话或家访等形式保持联系。也允许在家上学的学生到公立学校接受非全日制教育。实际上，20%的在家上学学生同时在公立学校非全日制上课。

三、美国择校制度的利弊分析

美国学校选择制度能够在一定程度上增进教育公平，提高教育效率，同时也会加剧教育系统状况的恶化，给教育公平带来一系列负面影响。全面认识和客观理解美国择校政策，有利于避免过分追求或过分抵制择校。

（一）美国择校制度的优势评析

1. 择校制度影响着大众的教育观念

美国择校制度由来已久，但出现在高等教育领域的历史更为久远。实际上，基础教育阶段择校制度的推广使得自由择校的理念更加深入人心，因为义务教育阶段所涉及的群体范围更加广泛。虽然并不是所有人都支持特许学校、教育券等择校制度的具体存在形式，但人们对于选择性和自由理念却是相当支持。基础教育阶段的择校制度打破了传统教育理念中人们对公立学校的无条件追逐，重新反思政府在教育中的地位以及政府对教育发挥作用的方式。美国公立教育是社会民主的基础，由于没有其他形式的学校存在，它在一段时间内成为社会民主的唯一体现形式，“教育是国家的责任，基础教育是公共产品”的观念深入人心，基础教育对于政府的依赖程度表现得尤为明显。然而择校制度的推行在很大程度上转变了人们的观念，即政府应该对基础教育负责任，应该为基础教育提供有力的支持和保障，但是，政府不应成为基础教育的唯一动力支撑。自由选择和竞争的引入为基础教育的发展注入新活力，在一定程度上影响了大众的传统教育观念。

2. 择校制度丰富了美国教育制度的存在形式

美国传统教育制度中，公立学校在基础教育阶段占垄断地位。择校制度在基础教育阶段的推广引发了公立学校的体制改革，公立学校表现出由单一类型走向多样化、由垄断走向竞争、由封闭走向开放等明显变化。传统教育制度中，为每位适龄儿童提供参加基础教育阶段学习的机会是发展目标。随着基础教育的普及性逐渐提升，教育公平的实现已经由量的积累转向质的飞跃，对于优质教育的追求逐渐成为美国教育中新的发展目标。与美国高等教育阶段择校制度体现出一定的家庭高位选择性不同，基础教育阶段择校制度的存在基础是实现基础教育的普及，因此在家庭选择方面表现出一定的低位选择特点，即通过特许学校、教育券等形式为中低收入的家庭提供更多的选择机会。目前，美国择校制度还在不断地深化、发展，磁石学校、家庭学校、教育公司私校机构等择校形式日益丰富，美国教育制度不断通过改革而变得更加丰富多彩，正在逐渐走向成熟化和多样化。

3. 择校制度促进教育公平与效率的整合

美国是世界上最早普及基础教育的国家之一，较高的普及率是教育公平的一种重要表现形式。不过，拿普及率标榜教育机会是不够的，因为它只能说明教育起点的公平。教育公平在整个教育阶段都有体现，包括教育起点的公平、教育过程的公平以及教育结果的公平。效率的提升是教育发展的又一评价标准，鉴于传统基础教育形式中公立学校的垄断式存在，效率的提升缺乏发展的动力。教育内部因为教育公平和效率的冲突和制约导致对于单一教育形式的质疑，为了实现更高水平的冲突和制约，择校制度应运而生并且发展动力持续强劲。在国家基本实现基础教育普及的阶段，作为一种能够缓解教育公平和效率矛盾冲突的手段，择校制度在很大程度上促进了教育事业的全面发展。区别于美国传统的教育体制，择校制度对于教育公平的追求表现在整个教育阶段，对于效率的关注也是基于学生发展为根本的高位追求。因此，择校制度在基础教育阶段的推进，是将教育公平和效率视为可调和的促进性因素，这种打破两者对立矛盾的发展基础本身具有高水平发展的潜质。

（二）美国择校制度的劣势评析

1. 择校制度削弱了对薄弱学校的支持力度

择校制度为学生及家长提供了更为自由的选择权利，为了追求更优质的教育质量，学生可以选择离开目前就读的薄弱学校。由于学生择校而带走了属于他们的教育经费，但薄弱学校内原本存在的一系列教育经费投入却不能表现出明显减少，这也是部分国家和地区通过规模化办学整合教育资源的重要体现。由于学生数量的减少，学校公用经费表现出无法保证学校的发展需要甚至影响正常运转，其中包括校舍的维护、校车的运行、教学设施的更新、教师待遇的提高及在职培训等方面。虽然以学生数量为标准为学校提供相应的公用经费看似具有较强的公平性，但由于择校制度的引导性和倾向性都很强，因此对于欠发达的薄弱学校来讲缺少发展的动力和保障。若薄弱学校始终无法获得外界的发展支持，则会产生两种可能发展趋势。

一是薄弱学校无力维持因学生减少而带来的小规模发展而导致消亡，虽然这表现为较强的优胜劣汰的特点，但一所学校的消亡会打破区域间学校布局状况，会直接导致一部分学生入学路途的增加，不利于教育机会获取的起点式公平。

二是薄弱学校改进缓慢，由于发展动力缺失，薄弱学校质量继续下降，以促进教育公平、缩小教育差距的择校制度反而造成学校间差异拉大，让择校制度的正能量大打折扣。

2. 择校制度减缓了为弱势学生提供优质学习环境的步伐

虽然择校制度在很大程度上考虑到每位学生的自由选择权，但择校制度对于部分弱势群体来讲却缺乏可选择性。在申请私立学校的过程中，由于宗教信仰、身体残障、学生成绩不理想等各种原因，使得处于非主流阶层的学生可能会面临准入的歧视①。通过择校较容易获得优质教育资源的学生其家庭大都处于发展阶层，而学习成绩欠佳、社会能力偏低家庭的学生通常很难实现选择性发展。社会

① L. Williams. *The Regulation of Private Schools in America：A State By State Analysis*. Washington，D. C.：Office of Nonpublic Education，U. S. Department of Education，2011，pp. 89 - 99.

对于基础教育的评价标准相对统一，这同样是为学生及家长择校提供标准化依据。由于多方面因素处于相对弱势的学生会受到择校制度的负面影响，对于优质学校的追求由于自身劣势而无法实现。无论是由于评价标准的无差异评价，还是社会各界的主观评价，薄弱学校和弱势群体获得社会的认可程度较低，其社会价值很难得以体现和认同，不利于弱势学生个体和群体获得优质学习环境，最终成为全面发展和整体性提升的重大障碍。

3. **有限教育资源无法充分满足家长的愿望**

择校制度是社会各界基于自由、竞争的教育新理念而产生的新型教育改革制度，虽然择校制度的产生主要基于教育理念的更新，但择校制度的应用与发展则离不开物质条件的基础性保障，其中值得重点强调的是大量可利用教育资源的存在，并且这些可利用教育资源在地理布局方面应具有一定的合理性。虽然美国基础教育的城乡一体化发展较为先进，但仍不能实现无差别的教育质量一致化，对于部分偏远、艰苦、贫困的乡村地区来讲，区域内平行学校的数量非常有限，甚至可能只存在一所学校。那么，对于居住在此类地区的学生来讲，虽然从社会福利的基本保障方面享有择校制度所带来的自由选择权，但由于有限的教育资源常使得学生及家长的选择范围狭窄，择校制度形同虚设，不能发挥积极的促进作用。因此，择校制度的有效开展离不开物质条件的保障，为学生及家长提供较适合的选择机会是择校制度发挥作用的前提条件。

4. **择校制度加剧了区域间教育资源的不均衡分布**

择校制度本身具有较强的引导性和倾向性，贫困学区的学生会受到制度的引导而流动到富裕学区。随着学生的择校与转学，教育资源也随之发生倾向性流动，由贫困学区流向富裕学区。事实上，这种具有引导性的择校，会造成教育资源的导向性集中，即富裕学区实现结构性、高水平发展，而贫困学区却常因为财政拮据而被迫大量裁减教师和增加班级学生人数，基本处于维持低水平存在的状态。美国卡内基基金会在研究全美各地区实施择校的情况后发现，全州性的、跨学区式的择校政策扩大了富裕地区和贫困地区在教育资源上的差距。从表面上看，择校制度试图为每名学生提供更优质的教育资源，表现出较强的教育公平倾向。但从教育资源的整体分布来讲，择校制度会在一定程度上阻碍教育资源的合理分配，从本质上更加不利于教育参与者的机会和过程公平。

对特许学校模式，美国学者存在不同意见。黛安·拉维奇（Diane Ravitch）在《美国公立学校系统的死与生》一书中指出，特许学校已成为市场化改革的主要载体①。

一是特许学校的效果并没有想象的那么好，特许学校的成绩被夸大，在全国性的测量中，特许学校的成绩并不占优势，再者特许学校通过选择招收了一些基础较好、愿意学习的学生，并不是学校自身有多么优质。

二是特许学校原本应成为关注课程和教学的实验学校，由教师和专家主导自治，但如今却在商业管理专家的鼓吹下成为追逐利润的教育工业和私有化的教育载体，特许学校问题重重、中饱私囊的现象十分突出。

三是特许学校反对教师专业化，希望能够随意聘用或开除教师，以强调考试绩效，这样难以保证教师队伍的稳定和质量。

四是特许学校进行不对等竞争，比公立学校获得更多的资源，却承担较少的责任，造成公立学校较好的学生和优质资源流失。因而，黛安·拉维奇断言，特许学校办得越多，优质教育与教育公平之间的两难问题就越严重，能否解决这个问题，成为决定公立学校命运的关键。

结语

美国义务教育阶段的择校问题是存在的。毕竟，家长希望子女接受良好教育的愿望普遍存在。不过，美国义务教育阶段的择校问题不像东方国家那么强烈。西方的文化传统并不崇尚从小饱读经书以金榜题名这样的信条。更重要的是，在美国的制度中，中小学的办学经费很大程度上来自房地产税。富人区的学校往往是办得好的。你想让子女上好学校，你得买好房子，缴更多的税。联邦的经费、州的经费主要拨付给了相对欠富裕的地方或薄弱学校，以体现教育公平。即使如

① Diane Ravitch. *The Death and Life of the Great American School System*. Basic Books, New York, 2010.

此，富人区的学校仍然是好的，其他人也提不出太多意见了。因而，在美国，并不存在真正意义上的择校热。事实上，在美国各州，均存在少数学术性学校，目的是培养未来的各界精英，在美国各州这样的学校虽属义务教育阶段，但不强调就近入学，也不只是当地学区靠纳税人的钱全额供养，州里给予稳定的经费支持，联邦也有项目支持。这样的学校，基本上集中在高中阶段，一般通过考试来选拔新生，也就是供学生“依分择校”。对多数有择校愿望的学生而言，考入这样的名校会感觉希望渺茫或负担太重，便不再追求这样的高中了，转而选择特许学校、私立学校、特色学校乃至在家上学。

图6–1 在科罗拉多一次讨论高中问题的研讨会上因人太多有的坐到了门边

第六章

如何应对“高考”：美国高中教育

进入21世纪后，美国的教育考试制度与高校招生制度发生了重大变革。随着经济全球化趋势的日益明显，国际竞争不断加剧，美国对高素质人才的需求增加。同时，对高技能工人的需求增加。高中学生群体更加多样化，不同文化背景、不同肤色的学生济济一堂，让校园更加多样化。学校的差距很大，学生的差异更大，高中教育必须加以应对，高中教育的生机活力必须增强。

一、美国高中教育历来备受关注

美国历来高度重视高中教育的发展，高中教育也往往成为全社会关注的焦点。作为教育发展系统中的重要组成阶段，美国高中教育的存在与发展同样受到社会、经济、文化等因素的影响。第二次世界大战以后，美国的高中教育因为社会背景的变化，也曾经历了一次又一次的改革，以适应不断变化的世界。这也使得美国的高中教育在学校和社会的关系问题、课程设置、学生发展以及学业评估等方面都呈现出许多鲜明的特点。这些特点形成了美国高中教育迥异于其他国家的优势和缺陷，也在一定程度上为我国高中教育的发展趋势提供了教训和经验。

（一）明确高中教育定位

高中教育作为一种承上启下的教育层次，其发展进程受到社会经济发展的直接影响，其性质与定位随着时代的变化与时俱进。

1959年，美国著名教育家、曾长期担任哈佛大学校长、教授的科南特（James B. Conant）经过认真调查研究，出版了《今日美国高中》一书。书中提出高中教育要符合3个递进的要求：

一是为所有的学生提供作为未来民主社会的公民所需要的普通教育；

二是为大多数学生提供发展有用技能的选修计划；

三是让具有天赋的学生掌握高级学术科目①。

1983年，美国著名教育专家博耶（E. Boyer）在《高中：关于美国中等教育的报告》中提出了现代美国高中教育的4大基本目标：

一是帮助全体学生发展批判性思维，借助语言进行有效交际；

二是帮助全体学生认识自我、人类遗产和他们生活于其间的世界的相互依存关系；

三是帮助全体学生准备接受终身教育和劳动就业；

---

① [美] 科南特著，陈友松译：《柯南特教育论著选》，人民教育出版社1988年版，第10页。

四是帮助全体学生履行自己应承担的社会职责和公民义务。

其中对交际能力的强调，对人与社会的相处能力和社会职责的提倡，对终身教育的关注，反映出教育面对社会变化的调整。

1988年，时任教育部长的贝内特在致里根总统的《关于美国教育改革的报告》中写道：不管我们的中学毕业生今后从事什么工作，我们都要他们成为既有知识又有技能、既有共同的道德价值观又有文明素养的人。其中综合性人才理念的渗透，仍然可以看出社会对教育的影响。而在1997年以后，美国把教育对社会变化的适应置于全纳教育和终身教育的理念下，放在使个人的幸福和社会、时代相一致上。如，1997年美国联邦教育部在《1998—2002年教育发展战略》中明确指出，中学教育的目标就是“让所有学生都达到富有一定挑战性的学业标准，为他们将来成为有责任感的公民、继续学习和富有产出性的就业做好准备。”

2001年，当时的美国总统小布什签署了《不让一个孩子掉队法》，要求每一阶段的教育都要确保不让一个孩子掉队。因此，在2001年10月美国的“高中高年级学生年”里，伍德威尔逊全国联谊基金会提出了响亮的口号：“放远我们的目光，绝不让一个高中生掉队”，并在发表的题为《高中高年级学生年——国家的使命》中说：“中学后教育在农业文明时代，对大多数美国人来说，是黄粱美梦；在工业文明时代，只是少数人的天赋特权；到了太空时代，对很多人都很平常；而在今天，对任何人都成为常识。”报告认为高中教育有以下目标。

一是培养学生善学、好学的品质，批判性思考的习惯和在问题解决过程中乐此不疲的情怀，从而在知识、能力和情感等方面为中学后教育做好充分的准备。

二是培养各方面潜力都得到充分挖掘而全面发展的人。

三是培养学生在实际生活中运用知识的能力，引导他们把今天的学习和明天的工作密切地联系起来，为今后的独立生活做准备。

四是让所有学生都拥有历史知识（包括美国的历史和全世界的历史）以及丰富的文学、艺术鉴赏能力，成为一个生活有品位的现代文明人。该报告指出，当前美国高中学校面临三大任务，即完善学校联盟、提高学业成就和提供多样选择。

（二）重视高中教育质量提高

针对高中学生学业水平偏低问题，美国政府一直在采取措施加以应对。学生学业水平不够理想一直是长期以来困扰美国高中教育的一个问题，也使得美国高中教育屡屡受到批评和指责。无论是以冷战为背景的50年代，还是以激烈国际竞争为背景的80年代，两次大的辩论都是由于学生学业水平问题引发的。尤其是80年代的著名报告《国家处在危险之中》，把美国在国际竞争中的失利归结为基础教育，认为美国中小学生的学业表现远远落后于其他工业国家。这些批评主要表现在：在各种国际学业比赛中，美国学生几乎总是最后几名，功能性文盲大量增加，不少高中毕业生缺乏起码的读写算能力，大学入学考试成绩一年不如一年，等等。

美国高中学生学业水平偏低与其“四无”现象，即无统一课程标准、无教师权威、无作业、无考试密切相关。为了扭转这一局面，美国采取了以下改革措施。

一是普遍提高了高中学生的学业标准，有了明确的硬性的学分要求。在《高中高年级学生年——国家的使命》报告中，要求每一位高中毕业生必须修满32学分，而不是过去的24学分，同时还要求学生完成过一项高质量的项目，在定点的工作单位见习过，在社区服务和大学课程准备方面完成过一项研究计划。

二是确定了核心课程，除了传统的英语、数学、自然科学、社会科学和计算机技术外，还把外国语、艺术增加为核心课程。

三是建立了全国性的课程标准和学业评估制度，并在《2000年目标：美国教育法》中加以法律化，可见美国对中小学生学业质量的关注和重视程度。

科学技术的迅猛发展，日益要求把核心技能的培养作为重建高中阶段教育体系的基础，用综合技能代替单一职业技能，这是国际高中阶段教育发展的普遍趋势，也在美国的高中教育中有了明显的反应。所谓核心技能包括硬技能和软技能，硬技能指阅读能力、计算能力、解决问题的能力和计算机应用的能力；软技能指普遍的公民道德和敬业精神、团队合作工作能力和社会交往能力，因此重视核心技能的培养应成为中国高中教育与国际高中教育接轨的重中之重。

渗透职业教育是加强普通高中教育与职业教育相互衔接与沟通的主要途径，

主要形式是课程衔接，即在普通高中开设职业教育课程。在这方面美国综合中学兼顾升学和就业的课程设置可以为我们提供有效的借鉴，但同样值得借鉴的是普通高中教育渗透职业教育的目的在于全面推进素质教育，加强核心技能培养①。

美国的高中生在工业国家学生调查及国际学生竞赛中，每每倒数排名，明显地昭示美国高中教育落于人后。政府、学术界及工商企业家早已引为忧患，就是一般大众也心知肚明。根据美国教育考试服务中心调查报告，高达67%的加州州民相信，高中教育再不改革，未来25年内美国将尽失竞争力。企业界更是辩称大量制造业工作外移最主要的原因是高中生辍学率高、劳工素质不佳，尤其是数理及逻辑思维差。2005年美国华盛顿州十年级的高中生符合该州学生学习评价标准的比例为：阅读72%，写作65%，数学只有47%，三项同时达标的只有42%。就全美来看，高中生能坚持学完并达到毕业标准的只有70%②。高中教育质量问题持续引起广泛的关注，华尔街日报曾专文《经济定时炸弹：美国孩子数学垫底》予以深度报道，认为学术必须攀高才能保住美国的霸主地位。无奈沉疴难治，到底什么是良方对策？2005年2月，美国10余州州长与企业界领袖在华盛顿举行高中教育高峰会议。与会者对高中教育的素质表示无比担忧，微软创办人比尔盖茨更直言道：美国的高中教育体制是在50年前设计的，早已过时，各州州长与教育官员应当研拟改进之道，以适应新世纪的需要，美国应该培养更好的劳动力，否则国家前途堪忧。他更沉痛地表示，如果不能设计出21世纪专属的教改方案，每年都会有上百万美国青年的人生就此枯萎，甚至葬送。这次会议提出建立美国高中文凭项目网络以推行高中教改。要遵循以下原则进行：确保为所有学生提供具有挑战性、内容充实的课程，为学生做好入大学或就业的准备；确保课程与学生的生活与目标息息相关；确保足够的咨询服务以推动学生实现目标、规划未来。至今已有多州据此采取行动，立法要求学生必须多修习数学、科学及其他重要课程，方能取得高中毕业证书，实施严格出口政策。

2005年6月，俄克拉荷马州州长签署由州议会不分党派一致通过的立法协议，规定自2006学年除非家长书面同意退选，高中生必须修读进大学的课程，

---

① 黄长虹：《当代美国高中教育的得失与启示》，《外国中小学教育》2005年第8期。

② Washington State Department of Education. *The High Schools We Need*. Improving An American Institution , May 2006.

2008学年起，凡九年级的学生须连修三年代数或更高的数学课程，高中生必须通过六门毕业考中的四项方能毕业。为了鼓励学生修读大学课程，由州支付每学期六小时的研习学费。俄勒冈州也采取类似的方案，提升高中毕业必习的语文及数学课程。密西西比州自2004年初起即开始做充实高中课程内容的努力，四月又通过计划要求九年级的学生于2008学年起，必须完成四年英文、数学、科技、社会科学、经济学及至少一年的科学实验等方能毕业。印第安纳州也规定，自2011年起学生必须修完该州州立大学入学申请要求的40门核心课程才能毕业，如要求免除，与俄克拉荷马州一样，父母须签署豁免同意书。伊利诺伊州长更以提升高中毕业标准为其施政优先事项，推出的“更好学校”（Better Schools）项目获得两院绝对多数的支持。该提案规定学生必须连修三年的代数、几何，两年科技、四年英文及两年密集写作训练方能取得毕业文凭。而南卡罗莱纳州采取不同的路线，以教育与经济发展之整合为高中教改重点，于2011年5月签署《2005年教育与经济发展法案》，整合保健、信息科技及财务管理课程，以职业生涯规划为重点。该法更要求学校增加就业辅导专才，每人辅导300学生，减低现时1对500学生的工作负担，以便向学生及其家长提供充分的咨询服务，共同发掘学生的特长并进行未来生涯规划。

多数的州都力求建立职业培育及大学深造兼顾的高中课程改革模式，以提升高中教育的质与量。衣阿华州要求教育行政机构重新设计高中核心课程，并要求高中生尽量完成这样的核心课程。特拉华州的教育部门也以兼顾职场及大学升学的高中课程规划为目的，协助地方学区进行差距研究，分析现有课程与州高中新规划课程之间的差距，并给教师提供专业发展辅导。

（三）提升高中教育的生机活力

2006年笔者以代表团成员身份，访问了美国各级教育行政管理部门、基层政府、学校，其中包括考察美国高中教育。

在美国联邦教育部，老相识、中等教育政策办公室主任阿兰·金斯博格（Alan Ginsburg）等官员接待了我们，向我们介绍了美国高中教育的最新进展及《不让一个孩子掉队法》实施情况，介绍了对高中数学和科学课程改革的打算，还介绍了美国英才教育理论和实践进展，并表示将与中国继续加强在高中教育特别是数学和科学课标研制方面的交流与合作。在首都华盛顿访问期间，根据中国驻美使馆教育处的安排，笔者接受了美国教育协会（NEA）会刊《今日 NEA》记者梯姆·沃克（Tim Walker）的采访。他特别关心中国中小学在数学和科学方面的课程标准制定和相关学科教学情况，认为这些方面美国比较弱，需要向中国学习。借此机会，我们也了解了美国教育协会的功能和所开展的工作。

在弗吉尼亚教育厅，副厅长向我们介绍了弗吉尼亚的高中改革试点学校情况。为突出学生的主体地位，这个州的各学科标准均叫“学习标准”。作为教育程度较高的州，弗吉尼亚州的标准比联邦教育部设定的标准和周围各州标准要高些，在高中教育改革方面也走在前列。弗吉尼亚州劳顿（Loudon）县离首都华盛顿特区仅50分钟车程，人口迁入较多，房价攀升迅速，县里每年都要新建学校以满足不断增长的需求。自由高中（Freedom High School）便是一所小区配套学校，2003年刚刚开办，设施崭新，2006年我们前往参观时有910名学生。创办时由学校和县教育局共同招收教师。受聘教师大多来自本县，也有外县或外州的教师，甚至其中有一名来自西班牙的女教师负责教授九年级的科学课。笔者在美访问中发现，美国各方面很重视研究高中教育。

在夏威夷州教育厅，福吉（Fujie）副厅长率有关处长和专家接待了我们，向我们介绍了在多元文化背景中教育与学生发展情况，并一直陪同我们对两所高中进行了考察。由于特殊的地理位置，夏威夷全州只设一个学区，统一负责全州特别是八个大岛的教育事务。州里设有经选举产生的州教育委员会，包括13位成员，来自社会各界，不包括教育厅长。厅长由州教育委员会委任，而不归州长任命。教育厅设厅长1名，副厅长1名，助理厅长4名。教育厅下设15个“分学区”（complex），具体联络辖区内的中小学工作，但没有人事权和财权，因而不被看作独立的学区。每年，联邦对夏威夷州的经常性教育拨款保持在2亿美元。由于军队子女集中，在校有2万人左右，联邦教育部和国防部每年另外拨款4亿元左右。富吉副厅长说，联邦对军队子女拨款数额每年会有变动，没有战事的年景就多，否则就少，因此夏威夷最不希望打仗。夏威夷罗斯福高中重视创设“小学习社区”的做法给人的印象也很深。这所高中学校目前共有1600名学生，由于学校规模相对较大，普遍认为学校现实的状况不利于因材施教。于是，在几位教师的积极参与下开展实施“小学习社区”，即几位教师协同指导自愿加入的一些学生，了解每位学生的需要、兴趣、追求，指导每位学生取得进步，给每位学生提供取得成功所需的学业上的或其他方面的支持。“小学习社区”更加关注个性化，提供富有活力和相关性的课程，建立辅导员制度，每位教师都要当辅导员，平均每位教师指导20个学生。“小学习社区”并不神秘，主要针对9年级和10年级，在英语、社会研究、科学等领域展开，具体包括：艺术和交流共同体、科学技术共同体、太平洋岛屿研究共同体、运动和健康共同体、全球复兴共同体。

在纽约州西切斯特县，县长安德鲁·斯宾诺（Andrew Spano）率5位学区长及5位高中校长与代表团进行了座谈。重点是在国际化社会中如何强化外国语教学，增长学生的国际知识，培养高中学生的国际意识，增长他们的国际交往能力。这个县拥有数十家世界百强企业，连中国的联想公司也在这里安营扎寨。

我们也访问了亚洲协会。总部位于纽约的亚洲协会专门结合中国代表团的来访，举办“美国高中教育的最佳实践”研讨会，邀请了18位资深教育专家、各界教育人士及高中校长参加。中方代表团成员在研讨会开始之际介绍了中国基础教育最新进展及学科教学情况。之后，与会人员认真讨论了在课程和教学领域如何改革以应对创新社会的需要、利用技术教授21世纪的技能、促进高中生向大学过渡的政策措施等问题。

在弗吉尼亚大学，副校长威廉·哈伟（William B. Harvey）、教育学院教授苏姗·敏茨（Susan L. Mintz）等与我们进行了较为深入的座谈。他们以学者的眼光，一分为二地对美国高中教育课改特别是课程或学习标准的制定表达了自己的观点：

一是教育专家参与研究高中教育。弗吉尼亚大学教育学院认为，美国高中生20%是世界一流的，45%是一般的，35%简直是很差劲的。不过，如果对前20%的学生用一种具有生机活力的方式加以有效培养，就可以引领科学技术的发展，保持美国经济发展获得持续的智力支持。

二是美国高校教师注重与高中教育的实践者合作。高等学校教师在指导学生实习时，注意观察高中学校的运转及学科教学，并与高中教师切磋琢磨。

三是大学招生人员关注高中教育，高中阶段的教学质量直接影响到大学阶段的生源质量，学生的整体素质在很大程度上制约着教育教学的发展方向和动力。

四是大学教授积极参与课程标准的制定或修订。有的作为课改专家应邀直接参加课表制定，有的对州里在网上征求课标意见的机会不予放过。一些诺贝尔奖获得者并不孤芳自赏，踊跃就课标建言献策。

（四）加强高中与大学的合作

高中属于基础教育阶段，而大学属于高等教育阶段，在分属于两个不同教育阶段的教育系统之间建立起互动的合作关系至关重要。在美国，高中与大学之间的关系比较密切，合作比较顺畅，共同为人才成长拓宽渠道，让学生获得充分而全面的发展。例如，长岛县高中设有学生咨询中心，内设多间学生升学咨询室，非常重视对学生的升学指导。大学到这个中学举办招生咨询日活动。2006 年 10 月 12 日，34 所大学招生人员设摊位回答问题，宣传本校辉煌成绩，吸引莘莘学子日后报名。由于摊位相距较近，有的大学过度吹捧本校，偶尔会引来邻摊大学吹胡子瞪眼。生源大战如同没有硝烟的战争。这让人联系起 2002 年普林斯顿大学招生人员秘密侵入耶鲁大学招办网站，窥探耶鲁招生条件底线，以及了解究竟能提供多少助学金，才能吸引最优秀的学生。那件事曾引起社会各界的广泛关注和耶鲁大学的强烈谴责。

升学指导非常重要，只有真正让高中生做到心中有数，才能减轻其心理恐慌和过大的压力。在对中学的招生宣传中，各大学普遍发放详尽的宣传材料。例如，纽约州立大学就发放非常详细的招生指南。为让本校高中毕业年级学生能对自己感兴趣的大学有一个真情实感，中学还组织学生集体前往大学参观。排出详细日程，派出校车提供方便。2006 年 10 月 19 日，在弗吉尼亚大学参观时，就见成群结队的高中生前来参观，路上停了多辆校车。

美国高中与大学之间在课程合作计划方面做了有益的探索，值得关注。课程合作计划在 50 年代的美国即已出现，随后产生了多种不同的操作方式，除了 AP 课程之外，其他影响高中与大学合作的课程计划还有以下具体体现。

1. 锡拉丘兹大学预修计划

该计划始于 1973 年，到 20 世纪 80 年代末，每年有近 4000 名高中生参与该计划。该计划的主要内容是向高中高年级学生提供分别为 3 个学分的大学规范课程。经过多年的运作，课程门类不断扩大，目前包括生物、微积分、化学、心理学、社会学和计算机工程等学科领域。学生如果完成课程学业并通过测试，可同时获得高中和大学阶段的学分，学生可以将学分直接转入锡拉丘兹大学而免修相关课程。如果学生选择进入其他大学，该计划的管理机构可协助办理学分转送或课程评价手续。有关研究表明，该项计划已经建立了比较好的社会声誉，得到了大学的广泛认可，76％的学生在向其他大学提交该项计划的学分转送申请时都得到认可而免修了有关的课程。另有15％的学生虽然要求学习相关课程，但其在预修阶段获取的学分仍然得到承认。

2. 佛罗里达国际大学伙伴发展计划

“伙伴发展计划”于1982年由佛罗里达国际大学设计，这是一个私立大学与公立高中进行课程合作的典型例子。到90年代初，已有14所高中参与该项计划，每年有200多名高中生得到相关的课程研修机会。与前述的计划不同的是，“伙伴发展计划”是利用连续的两个暑假组织高中生到大学执行有关学业研修任务。在第一个暑期作业中，主要由高中教师教授严格设计的特殊课程，课程内容包括大学生必备的学习技能以及学术性向测试（SAT）的准备。顺利完成首次暑期学业的学生被批准参加接下来的第2次暑期培训。根据在学业资质测试中得到的分数，学生在第2个暑期中可选修1—2门课程，每门课程一般计3个学分。也就是说，在该计划中，优秀的高中学生在进入大学以前便可积累6个学位课程学分。

3. 明尼苏达高等教育注册选择计划

该计划作为明尼苏达州议会通过的“各类学校辅助法案”的一部分而得以确定。在该法案颁布的当年，即1985年就有1800余名高中生参与了此项计划。第二年规模又急剧扩大，十一、十二年级学生总数的3.7％加入了该计划。该计划的核心是允许普通高中的高年级学生免费选修大学的学位课程，如果成绩合格，便同时取得高中和大学的学分。在后来的实践过程中，该项计划内容又不断调整与完善。其要点主要有：

一是对学生获取大学学分的数量做了限制，即上限为两个学分的一般学分；

二是学生选修一门不能同时获得高中与大学学分的课，学生选课时必须申明自己在二者间的选择；

三是调整了学费缴纳办法，如果学生选课是为了获取大学学分就需向大学交相应的学费；

四是学生在一所大学选修课程取得高中学分，且毕业后进入同一所大学就读，则有关课程的学分应予以承认。

比较而言，该计划的特点在于以立法的形式规范了计划内容及操作方式，强调了州一级立法机构或教育管理部门的协调作用，计划本身的覆盖面也较广。

4. 佛罗里达双重注册模式

“双重注册模式”是佛罗里达州一项教育法案设计的专项教育计划。该计划规定州政府拨款资助的所有社区学院都必须与所在学区协同制订出一项计划，允许高中生选修大学课程。学生在此计划中获取的学分储存在社区学院，待其进入大学时产生效用。此项计划实施以后发展很快，其影响面日益扩大，不少教育管理者预言这项计划有极大的可能取代“提前定位计划”，逐渐在课程合作计划中起主导作用。

5. 夏威夷“起跑之星”计划

该计划是在2006年由夏威夷教育厅与夏威夷大学合作提供的教育项目，高中三年级和四年级的学生，年龄不超过21岁均可提出申请。不同于其他英才项目，起跑项目面向广大高中学生，出面合作的主要是夏威夷大学火奴鲁鲁社区学院，拿出17门课程供高中生选修。学生在学习高中课程的同时，可以到夏威夷大学攻读学分。攻读大学学分可以申请资助或学费优惠，但大学不承诺免收学费。参加该计划的高中生说，能和成年大学生一起学习、谈论、交往，可以加深自己的理解，感到自己像大人那样受到重视，并知道了将来自己真正上大学后的样子。夏威夷教育厅的起跑项目允许公立学校初、高中的学生修大学的课程，并且可以同时获得大学和中学的学分。学生参加这个项目，可以有机会检测自己是否适合大学学习以及适合大学哪一个水平的学习。参加这一项目学习的学生可利用白天或者晚间的时间在社区大学学习，所获学分可以被夏威夷任何一所大学的学位授予机构认可。学生可以根据个人的情况与大学联系，咨询适合自己的起跑项目课程和学分。设置的课程有：天文测量学、人体生物学、说明文写作、美国文学、世界文学1600、地质学入门、世界文明Ⅰ、世界文明Ⅱ、基础日语、数学测量学、微积分初步、微积分、海洋学、逻辑学入门、心理测量学、普通社会学测量、基础西班牙语。

美国高中与大学课程合作计划有一个基本的共同特征，即核心内容都是为普通高中在校学生设置大学阶段的学位课程，以此为结合点打破高中与大学之间绝对分离的状况，促进高中与大学间的互动合作，帮助学生在不同的两个教育阶段之间实现更顺畅的过渡。“美国高等教育协会”所做的大量追踪调查研究表明：高中与大学课程合作计划受到了学生、家长、教师及教育管理人员的普遍欢迎，取得了很好的实践效益。从教学角度说，这种效益主要表现为能有效地发掘学生的学习潜力，帮助他们更快适应大学环境以顺利实现学习阶段的转换；能更充分地利用师资、图书信息及教学实验设施等教育资源；为高中和大学的教师开辟了新的教学业务领域，进而有效地促进了师资队伍素质的提高。

此外，高中与大学的合作计划也产生了巨大的经济效益，白兰卡德博士所做的专项研究显示：20世纪70年代初期，美国一般社区学院头两年的课程有约1/3只不过是对高中课程内容的重复，这种重复现象覆盖了英语、数学、自然科学和社会科学四方面的学科领域。从纯经济的角度测算，根据60年代后期相关教学费用的支出水平，白兰卡德博士估计全美每年约有4.2亿美元消耗于这种教学重复，按80年代末的相关费用支出水平算，这种教学重复消耗掉的费用全美一年约为15亿美元。所以说，高中与大学课程合作计划所取得的经济效益也十分明显，因为这种计划的实施在很大程度上解决了教学内容重复问题。据报道，我国教育主管部门近年已开始着手组织办学单位进行这方面的实践性探索，尝试在高中与大学之间建立某种形式的教学联系，美国在这方面的探索值得我们研究。

广泛开展的分层教学，既体现了因材施教原则，又为创新人才培养奠定了坚实基础。美国现当代的高中教育明显受到进步主义教育思潮的影响。进步主义对传统教育的教师中心、教室中心、教材中心、脱离社会生活实际和儿童身心发展需要的弊端进行了深刻批判。提出“全儿童”的概念，反对唯智主义。可以说，强调尊重学生、尊重学生的兴趣和需要、鼓励学生个性发展和自我表现、注重造就学生健康的人格以及多方面的发展是美国高中教育的又一特点。这一特点体现在教师对待学生的态度、学校生活的组织、教学的方式以及对学生的评价等许多方面。美国学校较少教师权威，课堂教学多采用讨论式，学生可以自由发言，课堂气氛很宽松，除了课堂设置上考虑了学生的多方面需要外，美国中小学在教学的组织和方式上也很重视学生的个性差异，不搞一刀切，提倡个性化教育，比如按程度编班，实行个别化教学和分层次教学，力图让每个学生都能学有所得。与世界上许多国家的中小学生相比，美国学生的课业负担轻得多，不仅上课日程短，而且每天在校时间短，因此可以有充分的时间做自己想做的事。

二、“美国新型高中”考察

（一）“美国新型高中”概况

1996 年，美国联邦教育部分析了当时国际、国内知识经济不断发展，科技进步日新月异的新形势，针对美国高中阶段教育中普遍存在的教学标准低、学生素质差的老问题，面向 21 世纪，启动了“美国新型高中项目”（New American High School Initiative），旨在探讨新时期高中阶段的培养目标、普职融合的方式、提高教学质量的措施及其他改革和发展的新路子。

对于“美国新型高中项目”，各地高中心向神往，跃跃欲试，既将之当作一种荣誉，更视为学习、提高和确定本校发展方向的好机会。为了成为项目校，高中须写出申请报告交州教育厅，陈述本校近十年来的指导思想、改革措施、已获进展、改进思路等。州教育厅组织考评、把关后报教育部。教育部职业和成人教育司具体负责，组织专家进行讨论和投票，初选出一批学校，然后对这些学校进行实地考察打分，最后确定出项目学校，签订项目协议书。1996 年，美教育部经严格遴选，确定了 12 所不同地域、不同特色的高中为项目校；1998 年，从当年的 120 所“蓝带优质奖学校”中挑选了 7 所项目校，2000 年又选定了 30 所项目校，2002 年最后选定 6 所项目校，使项目校总数达到了 55 所。

在选择项目校过程中，联邦教育部采取专家打分、择优选用的办法。打分按百分制，主要依据 4 个方面。

第一，符合“美国新型高中”的 12 项指标（满分为 60 分）：学校所有核心活动都围绕着学生学习成绩的提高；全体学生掌握生机勃勃的学术材料，并取得好成绩；教师发展和学校计划强调学生的学习与成绩；课程具有挑战性、相关性，内容要有深度；学校使用新的评价规范；学生可从成人那里得到额外支持；学生通过实际经验，了解职业情况和升学机会；学校创设小的、安全的和高度个性化的学习环境；课堂教学广泛采取技术手段，以提供高质量的教学，并让学生有机会获得计算机和其他技术技能；课时变长并灵活；与初中、大学的联系和衔接加强；学校与家长、业主、社会成员、政策制定者建立积极的协作关系，促进学生学习，保障学习结果的信度。

第二，学校能够得到社区的支持，有切实措施将全体师生吸引到项目中来（满分为 15 分）。

第三，具备搜集资料和科学评价的能力（满分为 15 分）。

第四，具有综合信息、传播成果的愿望和能力（满分 10 分）。

联邦教育部希望，在项目学校里，“所有的学生既达到具挑战性的学术标准，又获得交流和解决问题的能力、计算机和技术技能，以便既能升学，又能就业，成为 21 世纪信息化、全球化社会中负责任的成员”。为此，教育部对项目学校进行跟踪研究和评价，提供信息、专家指导和经费支持，力求积累经验，推动更多的高中进行改革。教育部不向项目校平均拨款，而是罗列出带经费的课题，如综合高中的课程设置问题、高中最佳规模问题、课时长度与学生注意分配等，供项目校申请。教育部每两年召集一次由全体项目高中校长参加的工作会，并每年三次举办部分项目校参加的诸如课程、评价等方面的专题研讨会。教育部还委托布朗大学作为项目校的技术支持单位，以帮助解决项目校在评价标准一致性、数据搜集与处理过程中的一些难题。项目校之间也常来常往，取长补短，不断提高。

（二）美国新型高中措施

1. 明确学术标准，提高素质要求

“美国新型高中项目”校有个共识：就美国的现状而言，对学生期望高一点，学生的进步就会大一点。提高期望，包括为全体学生创设肯定的、支持性的学习环境，创设具有挑战性的学业成绩标准，消除普职分轨，强调培养解决问题的能力和创造性思维的品质。“美国新型高中”的标准比同学区内的其他学校高，并用有效措施促使学生提高学术水平。纽约市经济高中、特拉华州的萨塞克斯技术高中、密苏里州的盖特卫高中采取的措施有：消除低水平课程和大的分轨；提高必修课的深度和广度；在学分、年级平均成绩方面提高毕业要求；提高有特殊需要学生的标准。项目校认为，提高学术标准与提高课堂要求不同，如果标准不提高，只是在课堂教学中给学生加码，则往往适得其反。

2. 适当控制班额，方便师生协作

研究表明，在较小的学习环境中，师生容易相互熟悉，教师可花较多时间与一个个学生在一起，启发答疑，切磋琢磨。在这种家庭般的氛围中，学生易形成解决问题的技能，把各学科知识联系起来，使教室行为与外界工作结合起来。波士顿的分威高中、加州的恩辛那高中在所有“美国新型高中”中特别提倡小环境教学。

一是建立“校中校”，即在大校中按学科或职业分成若干学部，各学部享有一定的自主权；

二是控制班额，每班在25人左右；

三是增进学生之间、学生与教师之间、学生与指导顾问之间的接触，建立亲切、熟悉的关系。

据反映，这种氛围确实便于教师因材施教，学生增强学习责任感，社会上更愿出资赞助这样的试验。

3. 设计新颖课程，促进普职融合

人人承认普通教育和职业训练对受教育者来说缺一不可，但对孰重孰轻、是分是合、如何实施则已争论100多年。“美国新型高中”高高举起普职结合综合高中的旗帜，断言这是未来高中的基本模式。项目校通常的做法有：

一是以特定的职业领域或较宽广的行业为课程发展的有机主题，并与农业、保健服务、金融服务或住房建设、自然资源、通信技术等联系起来进行课程设计；

二是以职业为重点进行跨学科课程重组，创设着重职业的课程（Career-Focused Curriculum），并超越技术和学术科目，实现课堂教学与工作实践的结合，使教学成为一个相互融合的、综合性的过程；

三是对学生，有时也对教师，以职业大类或行业分组，因其有共同兴趣，便于相互启发。

笔者曾访问纽约州扬基学区的桑德斯贸易和技术高中。该校校长凯瑟琳·迈尔斯介绍了学校的课程设置。该校把课程分为4类，即技术类、专业类、职业类和学术类，共12个领域：化工科技、汽车机械、自动供热和制冷、美容美发、时装设计、木工科技、印刷科技、建筑技术、环境科技、计算机工业设计、电子与计算机电路、餐饮服务与管理等。学生从高二起须选修一个领域，每天两节专业课，直到高中毕业为止。这所高中的所有课程都围绕各领域开设。当然，专业课只是一条主线，文化课、专业基础课仍占主要分量。学生于高中毕业前参加资格考试，通过者可获专业资格证书。

4. 提高教师质量，改善学生成绩

“美国新型高中”认识到，教师教什么、怎么教、如何明了学生的需要，对综合改革的成功至关重要。特别是在项目改革之前及改革过程中，教师要亲自参与项目，获得专业发展。教师的进修提高不只是出去开几次会，参加几个研讨班，最重要的是结合自身和本校实际，利用业余时间进行在职进修，不断学习和自我提高。项目校认为，教师的提高计划宜由教师们参与制订，以发挥教师的主动性。实践课教师需要到第一线“充电”。教师年度考评结果可让全体教师查看，使得每位教师都有上进心和紧迫感。

5. 既重课堂教学，又重实践锻炼

传统上，高中学生尤其家庭经济条件差的高中学生，于放学后和周末，为赚钱到零售店、快餐点打工，与长远的职业兴趣并无太大关联。如今，为求社会实践实效，“美国新型高中”特别注意选择合适的地方让学生锻炼，视工作为学习的方式，培养学生的兴趣，使学术科目与学生需要更为相关。笔者曾到位于新泽西州桑迪胡克（Sandy Hook）半岛的新泽西海洋技术高中进行过调研，该校结

合课程，常把学生安置在海上或船厂进行实习作业，培养动手能力。到访的那天，学校特意安排笔者与师生一同乘校船下大西洋感受其教学过程。纽约桑德斯贸易和技术高中定期安排修习自动化供热和制冷专业的学生到现场实习，将之当作课堂教学的延伸。学生偶尔可获得报酬，初尝了劳动的甘甜。

6. 提供升学指导，形成职业意识

“美国新型高中”重视咨询辅导，咨询员深入到“校中校”、学部、教室，增加了解学生的机会。不仅如此，项目校还增强全体教师的辅导功能，使他们既做教师，又当咨询员；充分利用技术手段，方便对学生技能和兴趣的测定，促使学生形成职业意识或升学意识；通过见习、企业参观、职业见面会、请企业代表到学校等形式，让学生接触职业和工作；联系课业与职业意识活动；将职业意识的培养贯穿于小学、初中和高中。事实上，项目校的多数毕业生并不直接就业，而是选择升学。但咨询员让学生们感到，所掌握的职业技术即使对将接受高等教育的学生也是十分有益的，它们激发了学生的学习兴趣，锻炼了动手能力，深化了对理论的理解，对增强未来竞争力和实现完美人生有益，也成为学生日后挣钱交学费的手段。

7. 探索学期划分，整合课时长度

有些“美国新型高中”认为，传统的每节45—50分钟的课时太短，应予改变。它们认为，每节课可增至70分钟，甚至120分钟。或者，学生每天上4节90分钟的正课，要比通常的6—7节课效果好。还有的项目校尝试将学年分成3个12星期的学期，改变传统的两学期制①。试验者认为，课时变长，便于教师深入探讨和演绎一些学科问题，更好地设计和实施以项目或工作为基础的学习机会，特别是与同事一起实施一些跨学科的项目，并可与学生建立亲密的关系，对激发学生学习动机有益；课时变长，可让学生运用所学知识做深入的试验；课数减少，纪律问题下降，教师可不必花更多的时间用于课堂管理，而是将更多的时

① U. S. Department of Education. *Aiming High: Strategies to Promote High Standards in High Schools*, 1999.

间真正用于课堂教学；课量减少、课时变长，有利于学生集中学习，探究一些学科知识，避免浅尝辄止。

8. **评价客观全面，重视动手能力**

标准化测试有其弊端，有的学生书面考试成绩不佳，但动手能力强。“美国新型高中”将学生的动手能力、实践能力作为评价标准和衡量能否毕业的标准。波士顿的分威高中设立由两名本校教师、一名校外专家、一名管理者、一名家长和一名学生组成的毕业评价委员会，集体对学生进行评价，避免一人打分可能出现的偏差。他们采用“标题性评价体系”（Rubric System of Evaluation），充分考虑学生的动手能力，确定其是否超过、达到或未达到标准要求。

9. **联络高教机构，构筑近水楼台**

“美国新型高中”不反对学生升学，认为不让学生升学的高中教育是没有吸引力的。它们支持1990年《职业教育和应用技术法》，将学术知识和职业技能糅合在一起，引导学生掌握；重视增强职业和中学后教育的联系，帮助学生做出选择；高中课程中加入升学预备内容；着重为中学后各类高等职业技术教育做准备，而不只是看重普通的四年制院校。“美国新型高中”普遍开设了大学承认学分的AP课程，在高中和大学课程之间建立了联系渠道。据桑德斯贸易和技术高中校长凯瑟琳·迈尔斯博士介绍，她的学校与曼哈顿学院、纽约州立大学、圣约翰大学、纽约理工学院、维切斯特社区学院等校建立了协作关系，定期请这些院校的教师来校指导教学，或为学校工作提出参考意见，彼此相当熟悉。各高中则尽量利用大学的资源来扩展学生的学习领域，例如，芝加哥农业高中每年派高年级学生到大学，在教授指导下从事六个星期的研究。

10. **建立支持联盟，营造发展环境**

把社会教育资源引入学校，比简单地将学生推向社会更有效，这是“美国新型高中”的普遍观点。现在，校外学习机构、图书馆、博物馆都由教育部门统筹管理，有利于教育资源的整合。校友会献计献策，捐钱捐物，在项目进展中也发挥了积极的促进作用。家长踊跃参加家长会和学校活动，对学校的改革给予理解和支持，如不认为学校开设职业科目是耽误学生时间，反而鼓励学生修习，协同学校实施良好的恰如其分的教育。

（三）美国新型高中的启示

1. 提高质量是核心

在美国，作为义务教育重要组成部分的高中教育已经普及，因此，提高质量势在必行。事实上，从《国家处在危险之中》到《2000 年目标：美国教育法》，再到《2007—2012 战略规划》，这些年来，联邦政府无时不在为基础教育质量过低痛心疾首，为提高质量建章立制。“美国新型高中”不愿与低质量的学校为伍，而欲独辟蹊径，在提高质量方面捷足先登。所以，在项目校中，提高课程标准也好，强调职业技能也罢，其核心都是提高教育质量。就上面的情况看，不少州也提高了高中教育标准。马萨诸塞州从 1998 年起对高中生的英语、数学、科学、历史四科按新标准实行全州统考，并从 2001 年起将英语和数学成绩与是否准予毕业联系起来。可见，高中教育改革的基本目标是追求质量提高。

2. 走向综合是趋势

从“美国新型高中”到其他高中，走向综合是基本趋势。

第一，培养目标是综合的。没有人再声称自己的学校单搞升学预备教育，抑或是就业预备教育，而强调培养具有良好品德和综合素质的、高质量的高中毕业生。

第二，教育结构是综合的。消灭初中阶段的职业学校，将之彻底进行普通化改造；淡化高中教育阶段普高和职高界限，提倡综合高中。据美教育部 2003 年统计，当前综合高中约占高中阶段学校总数的五分之四。

第三，课程内容是综合的。有些高中对课程进行改造和重组，不再是单科的物理、化学、生物、历史、地理等，而变成自然、科学、社会等综合课程。

第四，培养人的途径是综合的。不再只靠课堂教学，而提倡通过动手试验、社会实践、边工边读、与大学联合等多种途径，开展教育教学活动。

第五，考试和升学标准是综合的。美国大学招生过程中，不仅 SAT 或 ACT 考试侧重学生综合知识和能力的考查，而且录取时还综合权衡学生在中学阶段的表现、体艺特长、动手能力、取得的成绩等。

3. 项目推进是抓手

“美国新型高中”项目是美教育部以项目为“抓手”，推动全美高中教育改革和发展的重要举措。据该项目负责人施瓦茨（Gail Schwartz）介绍，在这样一个教育由地方负责的国度里，光靠行政命令或法律规定来推动工作是很不够的，而设计一个个项目，吸引和指导基层学校参与则是行之有效的策略。如 1985 年启动的“2061 计划”项目，2001 年启动的“准备美国未来”项目，以及为“不让一个孩子掉队”而制定的美国教育《2002—2007 年战略计划》中提出的项目，都是教育部从不同角度调动地方积极性、引导教育改革的举措。“美国新型高中”项目已取得一定成果，使接触它的人颇感耳目一新。对这一项目，美教育部决定从 2002 年后不再扩大，而是切实进行试验研究，总结经验教训，推进整个高中阶段教育的改革和发展。

三、美国纽约三所优质高中考察

美国高中虽处义务教育阶段，但由于历史传统、教育哲学、经费来源不同，各地各校的硬件条件、师资水平、办学质量相差悬殊。且不说一些非常有影响的私立寄宿制高中，专司学术性的大学预备教育，成为远近有名的重点高中，即使公立教育范畴之内，在弗吉尼亚、纽约等州也长期存在“重点高中”。例如，弗吉尼亚州杰弗逊科学技术高中，就一直跨学区选拔招收在数学、物理、生物或计算机方面有天赋的学生。美国各地还有一些社区或者大学办的“磁石学校”，课程具有挑战性，教师也是精心挑选而来，学业要求较高，目的也是满足学生的兴趣和学习需求，为他们提供更多发展机会。联邦教育部专设“磁石学校”基金，用于奖励学术水平高、课程改革有成效、做出贡献的磁石学校。与此类似，纽约市三所优质高中采用考试选拔新生，实施学术性教育，努力为拔尖人才培养奠定基础。

在许多人心目中，美国的基础教育管理比较松弛，学生的知识相对零散，办学水平偏低，这是事实。可是，纽约市也有一些优质高中，通过严格考试选拔学生，进行系统科学文化知识传授，努力为造就拔尖人才奠定基础，反映出美国基础教育的另一面。

纽约市实行 12 年义务教育，公立中小学都实行按家庭所在学区就近入学的原则。但是，经纽约州教育法令的特别授权，有六所学术性高中面向全市初中公开招考，择优录取。因这些优质高中具有择优特权，因而被称为特殊高中，实际上它们就是学术水平较高的优质高中或重点高中。其中，有三所是 2002－2003 学年纽约市新增的面向全市初中通过考试选拔新生的高中。它们皆为高校附中，即：城市学院数理工高中、莱曼学院美国研究高中、约克学院皇后科学高中。由于属新划定的优质高中，这些学校影响并不大。

纽约最著名的优质高中是三所老牌名校，它们是：史蒂文森高中、布朗克斯科学高中、布鲁克林技术高中。这三所高中都有 60 年以上的历史，名字虽然不同，但它们实际上都实施四年制普通高中教育。这三所优质高中曾受《国防教育法》专款资助 4 年，奠定了较好的硬件基础，并且聚集了一批全市一流的教师，形成了追求拔尖、不断创新的校风。三校的毕业生有许多成为科学家和名人。例如，布朗克斯科学高中的毕业生中就有五名诺贝尔奖获得者。这三所优质高中在纽约名气很大，众多家长希望子女进入其中接受优质的教育。本节讲述的就是纽约这三所名牌优质高中。

（一）优质高中的录取标准

纽约市每年约有 19 余万名八年级（初中最后一年）学生。其中，多数人选择附近的高中，15％左右的人选择私立高中，还有约三万名学生经个人申请、学校推荐，参加这三所优质高中每年 11 月联合举办的选拔考试。考试共 1 场，内容主要涵盖数学、英语两科，试题力图测试学生的知识面以及分析问题和解决问题的能力。考试采用标准化形式，邻座考生试卷内容不同，考时共 150 分钟，满分为 800 分。史蒂文森高中录取线通常在 560 分以上，布朗克斯科学高中录取线在 530 分以上，布鲁克林技术高中录取线在 500 分以上，每年有所浮动。三校每年录取学生共 2700 多人，不足考生的十分之一。如果有学生因考试成绩欠佳而名落孙山，但自感仍有潜力，则可申请于九年级时再考一次。三校录取新生最主要的依据是选拔考试的分数，它们认为参照因素过多会招致不必要的干扰，影响录取的公正性。所以，被录取的都是英语和数学成绩优秀的学生。当然，初中进行推荐时除看学生学业成绩外，还要看学生的全面表现。对来美不满四年、英文尚欠缺但学有潜力的学生，学校可适当降分录取，并为其补习一段时间的英语。三所高中奉行种族平等原则，学生的种族背景呈现多样化。例如，2003 年史蒂文森高中学生中，白人占 44.2%，非裔占 4.0%，拉美裔占 4.5%，亚裔占 47.3%。10 年后的 2013 年，白人占 21%，非裔占 1%，拉美裔占 2%，而亚裔占到 72%①。对此，有人反映亚裔学生在史蒂文森高中比例过半，呼吁自 2015 年起，考虑改革考试录取办法，加试相关内容，综合考察考生表现。

（二）优质高中的人才培养

史蒂文森高中提出，要培养善于观察、富有想象、思维敏捷的人，不断进取、敢为人先、勇于创新的人，能说能做、乐于实践、身心健康的人，实现自我、愿意协作、贡献社会的人。

布朗克斯科学高中明确提出培养“全面发展的人”。它称学校是激发动机、丰富大脑和净化心灵之地，是帮助学生实现提高自我、服务社会目标的大家庭。学校要为学生发展在自然科学和人文科学方面的兴趣和天才提供无与伦比的机会。

布鲁克林技术高中“旨在激励有潜力的学生最大限度地发挥才能，贡献社会”。学校确定了 4 项目标：（1）提供一种发展环境，让具有优越学术潜能的学生充分发展智力禀赋，着眼于从长远上能解决世界性的问题；（2）在数学、科学、工程、计算机和艺术领域，用创新的和跨学科的方法开展教学研究；（3）吸引优秀教师来指导学生获得最大限度的优异成绩；（4）为学生在大学阶段和未来社会中发挥领导者或专家作用做准备，明确他们对社会的责任。

可见，纽约市的三所优质高中都在努力为造就未来科技和社会的拔尖人才奠定基础。它们未专设思想政治课，但都很重视道德教育和法制教育，将之体现在各科教学和各项活动中，要求学生与人为善、勤奋向上、遵纪守法、尊老爱幼，学习做一个好公民。

---

① 刘航：《史蒂文森的支点》，《新校长》2014 年第 4 期。

（三）优质高中的课程内容

1. 设计新颖课程

三所优质高中在设计课程时，确定了学生为本原则、及时反映科技新发展原则、适应周围社会环境变化原则和多元文化原则，采取必修课与选修课相结合的办法。必修课要求学生掌握必要的基础知识和合理的学科结构。选修课涉及面广，并不断推陈出新，供学生在教师指导下选择，以满足学生兴趣爱好，开阔视野，发展个性特长。

必修课程主要有英语（语言基础写作、文学、诗歌、戏剧、修辞逻辑、新闻等）、数学（代数、几何、三角、微积分、统计、计算机等）、自然科学（物理、化学、生物、天文、地球科学等）、社会科学（美国历史、世界历史、经济、时事、地理、心理学、社会学等）、艺术（绘画、音乐、舞蹈、表演等）、卫生安全（卫生、医药、营养、安全等）、体育（运动、健身、游泳等）等门类。这些科目有的贯穿高中四年，有的则只在低年级或高年级开设。

选修课涉及工、农、林、商各业，经济、法律、文秘、家政、环境、通信、驾驶、制造、建筑、财会、时装、食品、维修各科，以及非裔美国人历史、美国对外政策、程控音乐、灾害研究、人类基因、海洋生态、女子文学等许多领域。布鲁克林技术高中设计出一些专业领域，如空间工程、建筑工程、生物医学、化学、民用工程、计算机科学、计算机工程、环境科学、医学入门、工业设计、机械工程、媒体通信技术、社会科学研究等，指导学生围绕这些专业领域进行选择，以免学生面对众多选修课程而无所适从。三所高中开设的非英语语言有法文、德文、西班牙文、中文、意大利文、日文、拉丁文、俄文、现代希腊文等。学生必须至少选择其中一门。每种选修课程依据其深度分为基础、一般、高级三档，供不同年级或不同程度的学生选择。基础水平课程是进一步选修的台阶；一般水平课程为基本要求，修满规定学分即可达到毕业水平；高水平课程与大学衔接，学分被大学承认。

2. 选择系统教材

三所高中的每门文化课都有教材，由各校各学科教研部（Department）从纽约市教育局审定的多套教材版本中选定。三校选择教材的标准大致是：内容叙述详尽，知识系统；对定理、定律或生化现象，从推导步骤、发现过程、实验验证、现象解释、相关科学家介绍、趣闻逸事等多方面、多层次展开叙述；有大量的插图、照片，生动形象，诱人一读。例如，史蒂文森高中选用的一学年一本的《基础物理》1 050 页，《化学》1 200 页，《微积分》900 页。再如，《美国历史发展》一书是必修教材，大 32 开本，920 多页，内容系统，图文并茂。由于教科书知识内容丰富，要求一般学生掌握基本知识即可；有某一专长和志向的学生，则可利用教科书内容丰富的优势，通过自学向纵深发展。

3. **教师做学生的导师和朋友**

三所高中均不专设教学班级或班主任。每位教师兼做数十名学生的咨询员或导师。学生遇到的学习、生活、心理、生理等方面的问题，均可找导师求得解决。学校特别尊重学生人格，让他们充满自信，发展自己。学校对教师的素质要求较高。在史蒂文森，160 名教师中有 20 位具有博士学位，其余几乎都有硕士学位，而且还要利用业余时间进修提高。史蒂文森重视学生良好心理素质的养成，设心理咨询室，配三名专职咨询员；设同伴聊天室，由三名教师兼职负责。在这样的优质高中，学生的心理压力较大，教师注意观察学生的变化，及时化解各种矛盾，成为学生的朋友。

史蒂文森高中首位华人校长张洁 2013 年在回答中国学者关于理想的高中有哪些关键词时讲道：第一是兴趣，人生的选择一定要遵照自己的兴趣。第二是开放，学校应为学生的成长提供尽可能开放的空间。第三是自我认识，人一定要了解自己的长处与短处，以扬长补短。第四是现实，听取师长有益建议，立足现实获得最好发展。总之，张洁校长认为，高中教育必须为学生提供充足的、高质量的课程，不仅传授相关学科知识，而且要培养学生的思维方式和生活技能，同时必须坚持发展学生良好的价值观，这是他们发挥潜能，成为好学生、好公民的必要条件①。张洁出生于北京，四岁到上海生活，1978 年考入同济大学电气自动化专业，1985 年来到纽约州立大学石溪校区应用数学系学习。之后，在纽约皇后区森林小丘高中担任数学教师、副校长，2003 年担任第三学区专员，2006 年任

① 滕珺：《公平、开放与创新》，《中国教育报》2013 年 12 月 21 日。

约克学院皇后区科学高中校长。2012 年，史蒂文森因出现学校集体作弊事件校长被免，张洁被任命为校长。从普通校重用到史蒂文森这样纽约首屈一指的重点校，她没有思想准备，颇感突然。但当局者迷，旁观者清，如果大胆推测一下，纽约市教育局这一安排是在情理之中的。这应该与美国学校这些年强调数学教育有关，与史蒂文森亚裔学生比例高有关，与其育子有方，儿子考入哈佛大学攻读机器人领域博士学位有关，甚至与美国近年来重视借鉴中国基础教育的做法有关。

4. **优化教育过程，加大信息传递**

三所高中每天安排 10 节课，每节 40 分钟（布鲁克林技术高中每节 41 分钟），课间只有 4—5 分钟。实行分层次教学，没有固定的教室，没有固定的同班同学，比如数学在 A 教室上，物理可能到 B 教室上，每学期都有调整，处在动态之中。他们认为，教育过程包含不同层次，可概括如下：

第一，教什么（What）。三校均注意加大信息的传递。活知识存在于今天社会中的各行各业之中。学习活的知识必须和学生的兴趣和特长相结合才能产生最佳的效果。学生对不同的科目可能兴趣不同，即使同一门课，选择的研究方向也可能不同。这种学习的多元性和多样性给教学带来了新的挑战。这时候，学习的主人是学生，教学的中心也从教师移向学生。教师的职能更多的是组织和辅导、协助和鼓励，是培养学生的学习兴趣，帮助学生发现兴趣，发掘特长等。

第二，为什么（Why）。教学方法多为讨论式，师生相互提问，共同探讨，气氛活跃，对科学原理，让学生不仅知其然，还要知其所以然。寻找搜集资料是一种重要的研究技能。在研究性学习中，老师让每个学生任选一种观点，和观点相同的同学编成一组。各小组分头准备材料，准备参加大班辩论。放学以后，学生就跑学校图书馆和公共图书馆，或者通过互联网，阅读当年的报纸和文件记录，寻找第一手资料。老师协助学生调查，给学生介绍有关专家，安排采访等。这些相关的知识以多种形式出现，有的是文字，有的是采访录音录像。三所高中鼓励学生敢于演讲，阐述自己的主张；自选题目写小论文，在校刊上发表自己的见解；到公司、企业见习，当义工，理论联系实际。

第三，谁来学（Who）。学习的主体是谁？是学生。让学生进行自我分析，了解自己的性向。三校每天布置大量家庭作业，学生通常每天晚上 7—11 点要做作业。另外，在辩论准备中，学生必须充分利用文献和资料，提炼出有用的部分作为论据，摆事实，讲道理，论证自己的论点，这样才有说服力。另外，还要了解和分析对方的观点，知己知彼，才能在辩论中取胜。学生既需要学会使用工具，运用科学的方法观察计算，同时也需要运用文字记录和写作知识。在现实世界中，各种知识就是这样互相交叉，融会贯通的，并不像在学校里那样明确分科划界的。所以，这种培养学生综合学习能力的教学方法能够使学生感到学习不是纸上谈兵，而是和现实生活紧密联系在一起的。

第四，从哪学（Where）。教师讲任何一门课，都不可能面面俱到把这方面的知识都讲完。教科书也不可能涵盖这方面所有的内容。学生也不可能将这科知识全部学到手。用一本书教一门课已经落伍，一本教科书外加几本参考书的办法也不能满足学生不同兴趣和不同的研究方向。从课堂、书本中虽然可得到大量的间接经验，而在实践、生活中则可获得丰富的直接经验。史蒂文森高中上“股票证券”课时，教师要求学生先阅读报纸杂志，学习有关知识，了解股票行情，选择可靠的公司，每人拿一万元“钱”，自己做出判断，决定买进卖出，一个星期以后按照真实的股市涨跌结算。

第五，怎么用（How）。由于学习的目的不是重复前人已经知道的旧知识，而是在已有知识的基础上创新和发展，所以“研究性”教学方法成了今天教改的方向。既然学习知识的目的是学以致用，那么就要将学习落实到具体的研究项目。研究的项目不需要大，也不需要很难，但必须是一个别人没有做过的新题目，或者在别人研究的基础上有新的发现。学科考核是多方位的。如语文，课堂考试可以拿到学分，参加演讲比赛、演话剧、朗诵等也可以拿到学分。体育课学分也可通过参加运动会、参加球类比赛、参加代表队拿到。考试计分采用百分制，考试成绩不公开，更不以学业成绩给学生排名次。

5. 注重培养学生的创新精神和实践能力

纽约的这三所优质高中重视发展学生的创新思维，鼓励发表不同意见，让学生敢于提出问题，解决问题，探索未知领域，因而学生具备较强的科研意识、创新精神和创新能力。三校注意指导一些学生参加体现创新精神的英特尔竞赛，几乎每次都会捧回奖杯。

三校重视开设让学生动手的技术类课程，并鼓励学生开展丰富多彩的课外校外活动，反对死读书。学生刊物、学生“政府”、演讲队、辩论队、兴趣小组、俱乐部非常活跃。这些课外活动一般于每天下午 3 点正课结束后，由学生自行举办，教师有时参加并提出指导意见。史蒂文森高中有 100 个俱乐部、30 种刊物、26 个体育运动队，成百上千的学生积极参加各种活动。布朗克斯高中课外校外俱乐部也有 60 多个，学校的礼堂常被忙于彩排的学生所占用。三所高中一致倡导学生接触社会。例如，鼓励对建筑感兴趣的学生去建筑设计公司参观、做义工。有的学生给科学家当助手，有的甚至跑到国外研究机构去见习。还有的学生定点到教堂帮助收容无家可归者，有的帮助社区图书馆整理书籍，有的到医院为孤独的老年病人读报。学校要求学生参加社会活动的时间每年不得少于 50 小时。这些活动增强了学生的动手能力、组织能力，促进了团结合作、乐于助人的精神的养成。

6. 重视开展信息技术教育

所有学生都要学习计算机软件和硬件的基础知识，接触计算机语言。一部分学生在教师的指导下较深入地学习编程。三校每个教室都有联网插孔，以便于广泛利用计算机和网络辅助教学。学校图书馆的计算机供学生随时使用，所有学生都有自己的上网密码和电子邮件地址，60％的学生设计了自己的主页。史蒂文森高中除继续使用原有计算机房开展信息技术教育外，还购置了三部“移动计算机车”，即把 32 台便携式计算机置于一个专门设计的多层推车上，哪个班需要，就推至该班使用。学生可以将事先充了电的便携式计算机置于各自的书桌上，借助安装于各教室或教学楼某部位的调制解调器，方便地接入互联网。计算机与调制解调器之间采取无线连接。“移动计算机车”比建立专门的计算机房节约成本，教学环境又比较自然，受到师生欢迎。

7. 对学生实行严格管理

学生管理分教学管理与校纪管理两大部分。教学管理通过学分选课制实施，学分和学业进展情况由学校教务部门统管。每个年级规定学分要求，完成当年学分者准予升级。修满 44 个学分的学生可获普通高中毕业证书。拿到更多学分，且操行表现良好、课外活动积极或有其他突出成绩的学生，学校为其颁发优秀毕业生证书。校纪管理则以校规为准。学生在校行为及一切活动，从选课注册、考勤请假、课堂学习、课后作业、课外活动、成绩评定，到公物使用、语言举止、餐厅制度乃至厕所使用，都有明确规定。对团伙、暴力、吸毒、酗酒、性骚扰等问题，校规中更是严令禁止。纽约的这三所重点高中均无住宿设施，来自全市各区的学生只得早出晚归，很多学生每天早晨 6 点就得离家乘地铁或公交车上学，比较辛苦，学习起来也蛮拼的。

8. **密切与大学的联系**

三所高中与哥伦比亚大学、纽约大学等本地大学都有联系，让高中生前往参观图书馆、实验室，或参加大学的一些活动。某些学科优异的学生，在 12 年级就可以选读大学 1—2 门相关学科，学分大部分可获得大学的承认。大学招生人员每年来高中开展咨询辅导，从 11 年级起与高中教师共同辅导学生选择合适的大学。每年约 150 所大学的代表参加布鲁克林技术高中的春季大学节，开展咨询服务，物色中意学生。三所高中并不要求学生只盯住名牌大学，而是鼓励学生根据兴趣、特长、家庭经济状况等做出选择，但仍然有三分之一以上的毕业生被名牌大学录取。

（四）与优质高中相关的若干问题

1. **优质高中在美国为什么能存在**

纽约的这三所名牌优质高中采用考试选拔新生，实施学术性教育，无疑就是重点高中。这种高中之所以能存在和发展，有其适宜的土壤。纽约很多人认为，办重点高中乃是理所当然的事。

第一，它们已存在多年，办出了成绩，得到了社会认可，不应该半途而废；

第二，未来社会不光需要高素质的劳动者，还必须有科技精英和社区领袖，这些人在高中阶段就应奠定良好基础；

第三，人的天赋、兴趣、爱好等确有差别，不必施予千篇一律的教育；

第四，除三所重点高中外，学生们还可选择私立或其他公立高中。所有公立高中的软硬件配备也都达到了市教育当局规定的标准，并非薄弱校。学生上这样的学校离家近，可避免激烈竞争的压力，学习进步时容易受到老师的鼓励，因而很多家长和学生放弃追求重点，选择就近入学。一些学业成绩一般，但在音乐、绘画等方面有特长的初中毕业生，可不受学区限制，报考市属拉瓜地艺术高中。

弗吉尼亚大学教育学教授迈克尔·麦肯纳 2006 年 10 月在该校对笔者坦言，美国高中生 20%属一流，45%还可以，35%是很差的。将前 20%的学生用一种具有生机活力的方式培养成才，就可以引领科技进步，使美国经济发展获得持续的智力支持。当然，对上述理由，并非所有美国人都认可，因而主张基础教育均衡发展、取消实际存在着的重点学校的声音也不绝于耳。出人意料的是，近年来，有 23 个州由州财政投入支持寄宿制高中，面向全州招收拔尖学生。这样的寄宿制学校，在伊利诺伊州和北卡罗来纳州已存在 20 多年，但其余各州是 2002 年后新设，其中肯塔基州 2007 年开工建设。除了北卡罗来纳州有 2 所这样的寄宿制高中外，其余 22 州均只有 1 所。这些高中主要依据考试分数、学术成就、个人文章、教师推荐等面向全州招录新生，选拔性很强，申请者中只有 10%左右被录取。

此外，还有一些非常有影响的私立学校，实际上是大学预备性学校。位于北弗吉尼亚的州立杰弗逊科学技术高中，就是从若干学区选拔招收在生物、物理、数学和计算机科学领域方面有天赋和兴趣的学生。选拔的依据是考试分数、学术成就、个人文章、教师推荐及兴趣和参加活动的情况，申请这所学校的学生约有 10%被录取，多数学生在 9 年级入学。另外，还有许多社区或者大学办的磁石学校，目的是为学生提供更多学校课程之外的机会满足他们的兴趣和学习需求，这类学校的招生不是以测试作为唯一的依据，还会参考推荐信。学生的综合素质水平很高，学校的教师也是国家级水准的，百里挑一，学术水平很高，一些专家和学者在磁石学校任课。磁石学校的课程极具挑战性，有很多 AP 课程，可以说磁石学校集中了美国的英才。在华盛顿哥伦比亚特区联邦教育部专设美国磁石学校的执行总裁，并设有磁石学校奖励基金，用于奖励学术水平高、课程改革有成效、优秀的或有杰出贡献的磁石学校。

2. 优质高中为什么不“片追”

虽说是优质高中，对学业成绩要求高，但纽约的这三所优质高中都提供全面发展的教育。学生必须参加各种课外、校外活动，注重体育锻炼。究其原因，美国高等教育已处于大众化阶段，上大学已不成问题，高考不是“独木桥”。

美国研究型大学的录取方式对高中课程改革发挥了较好的导向作用。2015年美国的4599所高校中，大多数沿袭着一贯的采取宽口径录取政策，但也有200所左右研究型大学通过全面衡量申请人的素质决定录取与否。

一看标准考分，学术性向测试（SAT）成绩应在全体考生中比较靠前。

二看高中成绩，首先要考虑学生在高中的选课质量，特别是英语、社会研究、数学、科学和外语成绩；其次要了解高中阶段的平均分数（GPA）；再次是学生在班级中的排名情况。

三看论文写作，论文不仅要文字优美，还要风格鲜明、内容独到，努力体现出热情、智力、创造性和写作水平。

四看推荐信函，教师或辅导员的推荐信需对学生的态度、能力做出准确评价，对其在团体中的主要角色进行定位，写出其与众不同之处。

五看面试情况，或由招生人员亲自面谈，或委托外地校友代为面试，了解学生的综合分析能力、语言表达能力、临场应变能力。

六看体艺特长，在许多申请者都符合基本条件的情况下，非基本因素显得非常重要，许多院校偏爱有体育、音乐或戏剧专长的学生。

七看社会实践，是否参加过社会实践活动，参加了什么样的实践，参加了多少小时，从中可判断学生是否具有责任心和同情心，是否具有领导才能。

八看大学先修课程（Advanced Placement，即AP课程），学习了几门大学先修课程，考试结果如何。正是因为美国大学录取新生时衡量标准比较全面，才有力地引导着高中促进学生全面发展，努力办出以人为本的高中教育。

3. 有趣的学生比例

在纽约市高中，亚裔学生平均占12%，而在这三所优质高中，亚裔学生占40%以上。2013年史蒂文森高中亚裔学生比例达到72%①。

其中，华人、华侨子女约占亚裔的三分之二。亚裔家长望子成龙心切，普遍

① 刘航：《史蒂文森的支点》，《新校长》2014年第4期。

强烈支持子女上优质高中，在初中阶段就送他们上补习班，以加强数学、英语训练。亚裔学生一般学习刻苦勤奋，重视考试，善于应试，因而考上优质高中比例较高。看来，教育中“应试”倾向有其一定的文化根源。重视子女教育更是中国文化的特点。英特尔科学奖，原叫西屋科学奖，一向被誉为美国高中生的诺贝尔奖。在历届比赛中，华人子弟均有很好的表现。例如，2002 年，入围半决赛的 300 人中，61 人为华人子弟。以 2009 年的纽约州为例，有 75.3%的白人学生和 73.4%亚裔学生取得高级毕业证书（Regents diploma），而非裔和西裔只有 40.1%①。

四、美国高中教育的重塑与提升

高中教育作为基础教育高级阶段，对青少年健康成长和终生发展具有无可替代的重要作用。对各自的高中教育，中美两国有首肯、有异议，希望它尽快适应知识经济发展大势，恰当定位，扬长避短，获得重塑与提升。

（一）关注对方，中美两国对高中教育展开系列研讨

美国作为世界头号超级大国，面对高中教育质量欠佳等问题，非常想从中国找到破解“秘诀”。而中国作为发展中的人口大国，教育发展中遇到不少困惑，也希望从美国取一点“真经”。于是，两国教育部一拍即合，从 2003 年起发起组织中美基础教育论坛，对基础教育特别是高中教育，展开了一系列较为深入的研讨。

2005 年 7 月 11 日至 12 日，第三次中美基础教育论坛——“中美高中数学与科学教育高层会议”在美国科罗拉多州丹佛市举行。中国教育部时任副部长陈小娅率领的中国数学与科学教育代表团一行 17 人和以美国教育部时任副部长苏姗·斯克拉法尼为首的美国官方及民间机构的 18 位专家、官员、诺贝尔奖获得者代表出席了此次论坛。中美代表对两国数学与科学教育领域的重要问题，特别是高中教育的现实改革，展开热烈讨论。论坛上，两国介绍了各自基础教育改革

① 参见 http：//www.chinanews.com/hr/2010/11-05/2637419.

和发展的成就与问题，达成了通过加强双方交流与合作共同推进中美数学与科学教育的共识。

2005年7月17日，美国州长协会在衣阿华州德梅因市举行年会，不商政治，不谈经济，而以“重塑美国高中”为主题。会议特邀中国教育部代表出席并就基础教育发展发表演讲。各州州长专就高中教育改革发展和质量提高进行了热烈讨论，并决定针对美国实际、借鉴中国经验采取改进措施。

2005年9月29日，由中美两国教育部发起的第四次中美基础教育论坛——“中美科技和信息技术教育研讨会”在上海华东师范大学召开。来自教育部、部分省市的教育官员、有关专家、中学校长共30人，与美国教育部、亚洲协会、州教育厅的厅长、专家共22人参加了论坛，华东师大逾百名研究生列席。论坛由教育部基础教育司时任副司长杨进和美国纽约州教育厅时任厅长理查德·密尔斯（Richard Mills）共同主持，中国教育部时任副部长吴启迪出席了论坛并做了主旨发言。中美专家倾向于洞悉对方教育长处，查找自身不足。

参加了上海中美基础教育第四次论坛回国后，美国代表团撰写了书面报告，对中国基础教育大加赞赏。一是中国教育有长远规划、目的明确、措施得当、重点突出。二是中国中学教育成绩卓著，特别是数学、科学和外语水平相当惊人。三是中国的科学分为物理、化学、生物，有专业教师教授，教学质量高；而美国的科学不分科，难以找到三方面都有专长的教师，影响了教学质量和学习效果。中国不少女生选修科学，而美国女生对科学缺乏兴趣。四是中国基础教育注重教育国际化，从英语课程的设计和学习英语的学生数，到大学科技园区、蒙台梭利学校、英国督学模式，再到论坛上中方代表表现出的英语和专业知识水平，都证明中国教育界注意博采众长，教育领导者具有广泛的国际视野。五是中国正在进行课程改革，以应对21世纪的新挑战。六是中国师资培养、培训、职称晋升体系比较完善，能够吸引和培养造就教师。他们断言，美国若想在当今世界中保持全球领导地位，应把了解和认识中国及其他国家和地区当作头等要务。商业界领导应与立法者、教育工作者及学生家长密切合作，共同确定新世纪学生所需掌握的新技能；教育界应采取积极措施，让美国学生了解世界历史、地理和国际经济趋势，提升学生外语能力。

2015年1月29至30日，中美知名高中校长论坛在联合国总部举行。围绕着“面对时代挑战的高中教育改革”这一主题，国家教育咨询委员会委员、国家总督学顾问陶西平，国家教育咨询委员会委员、中国教育学会高中教育专业委员会名誉理事长王本中，美国教育部前副部长斯洛克法尼，教育部中学校长培训中心主任、华东师范大学教授代蕊华、北京第三十五中校长朱建民、纽约史蒂文森高中校长张洁，以及来自中美双方的知名校长共 40 人参加了论坛。

本次论坛着重讨论了面对时代挑战的高中教育改革，强调当前高中发展的普及化、多样化、国际化的新动向，特别关注信息技术在学校中的新应用；阐述了 21 世纪对人的素质的新要求，强调通过创新来促进教育改革的重要性，特别阐述了 21 世纪人才应具备的技能和教育应面对的挑战，及据此创造 21 世纪的学校。论坛尤其强调要在认清来自社会的更深层次的根本性挑战的基础上，让学生具有更多的人文情怀，让学生全面了解世界，学会在多元文化中包容与生存；让学生更深入地了解自己的国家，懂得自己的责任；让学生在信息化时代学会生存，学会研究创造。论坛呼吁提倡道德和人文价值、培养学生爱心的主张，对人才培养模式进行创新与有效探索，关注学生的心理健康教育。

（二）审时度势，促进知识经济背景下高中教育变革

知识经济时代已经来临。知识经济是 21 世纪一种全新类型的、富有生命力的经济。没有知识，就没有经济；没有知识，就没有发展。学习、理解、掌握和运用知识，创造知识，传播知识，已成为世界各国的紧迫任务。高中教育在知识经济时代应勇于变革，特别要通过加强高中的数学和科学教育提高年轻一代的科技素质，迎接知识经济的挑战。高中生正处于价值观念形成和思维发展的关键时期，思想活跃，接受能力强，可塑空间大，是培养科学精神的大好时机。只有抓好这个时机，才能促进学生全面提高，日后迎接知识经济时代的各种挑战。

科技知识在激增，知识老化在加快，而基础知识既相对稳定又不断更新，同时社会科学、自然科学既日益合流，又日益分化。在此背景下，高中教育要奠定学生扎实宽广的科学文化知识基础，促进学生综合素质的提高，高中不宜分文理科；要激发学生对科学的兴趣，培养学生的科学精神，鼓励学生求异思维，增强学生的创新意识和创造能力。

在知识经济的大背景下，世界经济、科技和文化正呈现全球化的趋势。人类

的不同文明创造了人类的共同繁荣，任何文明都是人类集体智慧的结晶。面对不同文明，人类社会只能秉持理性，相互包容，相互学习，求同存异，方可和睦共处。

在第三次中美基础教育论坛上，美国教育部斯克拉法尼女士说，美国《不让一个孩子掉队法》就是针对知识经济时代的特殊情况制定的，加大数学、科学教学属于该法实施的步骤。她指出，知识经济发展对人的素质要求不断提高，但美国三分之一 1、2 年级学生的数学能力连起码的基础水平都达不到，与世界其他国家尤其是东亚国家相比，美国高中生所接受的科学教育很不够，科学平均成绩甚差。斯克拉法尼说，全美高中生毕业率仅为 70%，其中，白人毕业率为 72%，西班牙裔 52%，非洲裔为 51%。她希望美国同行在数学与科学的教学、评价等方面做深入探索，通过更加经常性的测验和教学绩效的核定，创立一个更加注重结果的体制。她强调，美国应定义数学和科学的核心概念，并通过有效的学科知识准备和专业发展提高教师质量。

美国联邦政府和州政府高度重视基础教育在国家竞争力中的地位，具有强烈的危机意识。从斯克拉法尼的演讲和美国专家的发言中，可以清楚地看到，美国正在认真反思并努力改进高中的数学和科学教育，力图通过教育法律提升基础教育质量，增强全民素质，进一步提升综合国力。

（三）恰当定位，重塑新时期高中教育轮廓

美国政府官员和教育专家普遍认为，在世界科技迅猛发展和经济全球化的条件下，必须认真思考高中教育的定位和特点，重塑新时期高中教育，以此带动整个基础教育提高质量，提升学生全面素质。立足现在，面向未来，高中教育要继承并超越传统模式，形成新的面貌。

1. 创新性的高中教育

美国高中教育没有一成不变的模式，总是勇于摆脱制约高中教育发展的各种桎梏，鼓励各种创新的做法。各州积极创新办学思维，创新办学实践，大胆尝试，创造经验。在课程改革和教学过程的各个环节中，重视对学生创新精神和创造能力的培养，启发学生勇于思考，勤于探索。在全面提高高中教育质量的同

时，鼓励一些长期存在的重点高中及私立高中要在为创新型拔尖人才培养奠定基础方面做出贡献。

2. 综合性的高中教育

在培养目标上，重视培养学生综合素质，以造就适应性强的复合型人才。在教育结构上，提倡普通教育与职业教育的融合和渗透，提倡办综合性高中，不人为确定普高、职高的比例。根据美国联邦教育部提供的数字，2006 年美国只有5%的高中系职业高中，其余均为综合高中，兼有双重功能。在教育内容上，重视课程整合，支持课程融通实验，增设综合性课程，帮助学生具备广阔的视野。

3. 国际性的高中教育

美国的高中正普遍加大国际交流，开展学生互派、教师互访，增聘外教，加强外语教学。其中特别关注中国高中的数学和科学课程改革，重视与中国同行的交流。美国高中通过课堂教学和校内外各项活动，丰富学生的国际知识，培养他们的国际意识，帮助他们做好准备应对经济全球化带来的挑战。

4. 以人为本的高中教育

美国高中教育工作者认为，教育的对象是人。高中教育要关心人，尊重人，理解人，树立师生主体意识，促进学生健康成长。在实际教育教学活动中，应顾及学生差异，注意培养学生良好品德、豁达性格、坚强意志等非智力因素。

5. 可持续发展的高中教育

面对世界科技迅猛发展和学习化社会日渐形成的新形势，一次性学校教育对人的一生发展远远不够，终身教育、终身学习、终身发展成了国家进步和个人成长的必由之路。高中课程改革要适应新的形势，更新学科内容，精选基础知识，重视培养学生的学习热情、自学能力、探究本领，以便在将来工作和生活中不断获得新的知识和技能。

（四）采取措施，提升高中教育整体质量

1. 联邦政府层面

美国《不让一个孩子掉队法》旨在提高全体国民的基本素质，增进教育公平，让所有学生都能接受高质量的基础教育。美国联邦教育部根据此法制定了《2002—2007年美国教育战略规划》，提出了具体战略目标和措施，体现了国家层面对高中教育的有关目标要求。

第一，增加高中教育生机活力。联邦教育经费与教育成果挂钩；增加教育灵活性及地方机构权力；为学生家长提供更多的信息及更多选择；鼓励广泛应用科技手段，更新教育方法。

第二，提高高中阶段学习成绩。千方百计提高所有高中生的学习成绩，特别是数学和科学成绩。美国教育部致力于增进高中教材的严谨性，新设一些综合性的选修课程。提供条件，提高教师和校长的质量，满足重塑高中教育的需要。

第三，加大高中教育科研力度。教育部增拨科研经费，资助各高中开展教育科研，促进教育科研成果的运用，满足教育部门和社会各界需要。

第四，加大高中教育支持力度。加强对高中教育的管理与服务，完善财务管理制度以及内部控制机制，利用信息技术手段提高对高中教育的服务质量。

2. 州政府层面

2005年美国州长协会提出了重塑高中教育的十条措施，体现了各州政府对高中教育质量的要求。

第一，开展顶层设计。成立由州长任主席、教育厅等公共部门及企业部门主要负责人参加的协调性的圆桌会议或委员会，共商高中教育发展大计，加大对高中教育的支持力度。

第二，深化课程改革。使高中课程对升学和就业均具备生机活力。对积极开展课程改革、努力提高教育质量的高中，授予“州长优质高中”称号，动员团体、企业、基金会给予资助。为适应经济全球化的需求，美国应该通过在核心课程中加强世界历史、地理及国际经济的教学和外语学习，在高中毕业考试和高年级科目中增加国际化内容，与世界各国建立广泛的校际间师生交流与合作，提升

美国高中国际化程度。

第三，提供信息服务。呼吁企业、教育、家长、社区和有关团体，通过诸如“高校咨询星期日”“大学入学网络”等渠道扩大宣传，帮助高中生了解升学的经济资助来源。

第四，测定学生程度。对高中生开展有针对性的测试，尽可能弄清他们有哪些知识或能力欠缺，日后升入大学或参加工作后会有什么不适应，从而及早弥补。

第五，设置先修科目。以州为单位，制订大学认可的高中生修习的学分协议，以便既能让学有余力的高中生提早学习大学课程，同时防止滥竽充数。

第六，筹措扶困资金。帮助家庭经济相对贫困的优秀高中生提早学习部分大学课程，提前进入成才轨道。

第七，倾斜弱势群体。通过提供奖学金、开放虚拟高中课程、允许职业项目的学生升学等方式，对处于不利地位的学生给予倾斜和照顾，扩大少数民族、残疾青少年、英语非母语学生提前学习大学课程及升入大学的机会。

第八，帮助差生进步。重塑基础英语和数学计划，帮助差生在各自基础上获得发展，至少要真正在读写算方面脱盲。

第九，提高毕业比率。帮助所有学生完成高中学业，通过毕业考试。如今20个州明确了高中毕业标准，另有5个州宣布对成绩不合格的毕业生停发毕业文凭。今后要通过网上辅导、集中强化、暑期办班、提供多次考试机会等形式，提高毕业率。

第十，统一职业证书。开发全州范围通用的职业证书，促进高中阶段的职业教育发展，开展高中后各种形式的职业培训，为年轻一代就业谋生、贡献社会创造条件。

结语

美国高中学生对系统知识掌握不够，但学校比较注重因材施教，高中的有些课程还与大学相通，使得一部分高中生捷足先登，脱颖而出。大量选修课的开设，研究性学习的普及，给学生发展各自兴趣和才能提供了广阔空间。美国重视数学和科学的应用，其课程设计和教学实践注重书本内容与现实生活的联系，重视激发学生学习兴趣，重视培养学生的数学和科学思维能力及动手解决问题的能力，因此美国学生学习科学的自信心比较强，动手能力、解决实际问题的能力比较强。美国大学和社会对学生的评价标准比较全面，高中没有出现严重的片追问题。不过，一些美国学生避难就易，不愿刻苦学习数学和科学，其教育制度也没有特别强化学生学习数学和科学的动机。美国政府一向呼吁数学与科学教育对国家安全的重要性，但受教育行政分权体制所限，对科学教育只能是通过法律、项目、拨款等手段慢慢实施，联邦教育政策难以雷厉风行地得以落实，推进数学与科学教育的努力更多地来自学术界和公众舆论，大量学术团体、基金会、企业乃至个人致力于推进数学与科学教育改革。美国基础教育课程改革计划集中了杰出科学家、学科教学论专家和一线教师等多方面的智慧，其中科学界的不少杰出人士对高中教育充满热情和责任心，积极投身于数学与科学教育改革。

图7-1 美国中小学课程实施采用课堂教学与课题研究相结合的形式

第七章

改革永远在路上：美国基础教育课程

教学是学校的核心任务，课程是教学的关键载体。课程是学校为实现培养目标而选择的教育内容、学科系列及其进程与安排，包括学校教师所教授的各门学科和有目的、有计划的教育活动。课程包括文化课程、科学课程、活动课程、实践课程、隐性课程。长期以来，美国基础教育课程注重以人为本、联系实际、改革创新，对国家的进步、国民素质的发展，发挥着独特的作用，对世界许多国家也产生影响。

一、当代美国基础教育课程发展历程

19世纪前，美国中小学课程延续着一贯的传统。小学课程以读、写、算和宗教内容为核心，而与生活相关、全面发展儿童心智的课程，如初级科学、自然、图画、音乐、教育、游戏、缝纫、手工等，虽已出现在学校的课程中，但所占比重甚微。中学课程以文科类课程为核心。尽管以埃利奥特（C. Eliot）等人组成的中等教育“十人教育委员会”提出了以削减古典人文课程、增加现代人文科学和自然科学为特征的新的中等教育课程体系，但该课程体系确立的出发点却定位在智力发展以及为学生升大学做准备上，因而该课程体系的学术性有余，而职业性、生活性、实践性不足。

直到19世纪末，进步主义教育思潮引发进步主义教育运动，为美国基础教育的改革做了理论铺垫。在杜威“教育即生长”“教育即生活”“教育即经验的不断改造”以及“从做中学”理论的影响下，美国中小学课程在20世纪初发生了深刻变革。小学课程中传统的3R（读、写、算）课程在课程结构中所占的比重由1856年的70.1%降至1926年的51.7%，而图画、音乐、体育、活动、手工等经验性课程占比由14.2%升至36.5%。中学课程改革以1918年“中等教育改组委员会”发表《中等教育基本原则》报告为标志开始启动。该报告首先确立了新的中等教育的目标及原则：保持身心健康，掌握基本知识技能，履行公民职责，成为家庭有效成员，养成职业素养，善于利用闲暇时间；其次，倡导为具有不同需要的学生开设多样化课程；再次，倡导将教育心理学、教育测量、教育评价、教学等领域的新理论应用于课程和教学实践中。在此报告的倡议下以及在进步教育协会主持进行的“八年研究”的影响下，20世纪20—30年代美国中学的课程从传统的学术性中挣脱出来，增加了诸如消费、家政、保健、体育、性格养成等生活性和实用性的课程，增加了当代文学、演讲、新闻、辩论、戏剧、广播、电视等反映现时代人文发展新成果的课程。20世纪初叶，美国中小学课程结构的改革是美国基础教育由传统走向现代的重要标志。一方面，新的课程结构的确立，使基础教育从此走上了一条多样性和实用性发展的道路；另一方面，进步主义教育理论在中小学课程发展中的渗透，使基础教育从此逐渐形成了进步主义的传统。战后美国中小学课程呈现出三次改革并各具特点。

（一）第一次课程改革：以“生活”为主导

第二次世界大战时期的课程改革，以杜威进步主义教育思想为指导，批判传统教育的课堂中心、教师中心，提出活动中心、儿童中心的主张。小学课程主要有：社会研究，包括历史、地理、公民的综合；语文，包括阅读、写作、听说；健康教育，包括体育、保健；艺术，包括音乐、美术；数学和科学。“生活适应教育”是战后初期美国中等教育改革的主题。杜威主张“教育即生活”“学校即社会”。他提出“从做中学”的教学原则，并从这个原则出发，认为课程教材要与儿童生活经验相联系。在课程结构上，它要求中学课程不应仅具有学术性，而应具有社会性、职业性；不应仅局限于抽象的概念、原理，而应涵盖包括从事家庭生活、职业活动和公民活动在内的各种实用知识和技能。

杜威不愧为美国头号教育家，他著作等身，理论自成体系。他的教育思想对美国教育的影响是持续、深刻和全面的。此次课程改革虽然有助于学生养成丰富的个性并使其积极有效地参与家庭、社会生活和职业活动，却淡化了学生学术能力的培养，最终导致美国科技人才的短缺，科学事业大幅度下降。这种弊端的长期累积，最终引发了以苏联 1957 年人造卫星上天为导火索的一场广泛、深刻的课程改革。

（二）第二次课程改革：以结构主义为主导

当学校教育注重儿童个性发展以及为学生个人生活服务的理念和实践走向极端时，它将不得不背负起国家高科技人才减少、科技水平下降的罪责。1958 年，由艾森豪威尔总统亲自签署的《国防教育法》及其以后的修正案将数学、自然科学和现代外语定为所有学校必设的核心课程，即所谓的“新三艺”，以培养学术人才；同时，对历史、地理、公民和英语等课程进行修订，以真正确立国民的国防意识。受要素主义、结构主义等教育思潮的影响，美国小学课程发生了变化：加强 3R 的教学；加强数学和理科的教学；提高课程标准，增加课程的理论性；开设现代外国语的学校增多。相对于小学课程改革来说，中学课程改革的幅度和力度更大一些。教育家科南特（B. Conant）在对美国中等教育进行广泛调查的基础上提出了一套中等教育改革方案。其中，在课程结构方面，主张中学课程应以必修课和选修课两种形式进行组织。必修课分为英语（4 年）、社会研究（3—4 年，包括 2 年历史）、数学（1 年以上）和自然科学（至少 1 年）；选修课分为职业类（打字、速记、文书、供销、商业、农业、工艺等）、学术类（必修课内容的加深）和补习课（为学习困难的学生开设）。无论学生如何制订选修课的计划，它都必须占学生的一半以上学习时间。科南特关于中等教育课程改革的方案尽管并未体现为官方政策，却成为 20 世纪 60 年代美国中等教育课程改革的主要参照标准。经过这一阶段关于课程的讨论与改革，美国中等教育逐渐形成了以必修课和学术课程为主、必修课与选修课相结合、为学生升学和就业服务的基础教育课程结构。但这次课程改革存在着过分强调学术性和学生的智力发展，而压抑学生个性发展的不足。

面对“非人性化教育”的众责，美国发起了“回归基础”运动。这场运动要求严格加强中学的升级考试制度，注重道德教育。在课程结构上要求取消“社会性服务”等非学术性内容，减少选修课，增加必修课，限制职业课程，将学校主要科目界定为数学、科学、外语和历史等，各科目注重加强基本事实、概念和原理等内容的传授。

“回归基础”的结构主义课改有以下几个特点：

一是课程改革的指导思想是“精英主义”。美国一些科学家认为，美国科学对第二次世界大战胜利的重大贡献在很大程度上依赖于在欧洲接受教育而后移居美国的科学家，所以美国教育如不能培养数量足够的高质量的科学家，在未来世界中美国的优势就没有保证。

二是课程改革的理论基础是结构主义。布鲁纳结构主义的课程观风靡一时，强调基础知识和学科的基本结构，认为一般的知识变动太快，不必过多教授。

三是新课程在内容和结构上与传统课程迥然不同。新课程要求学生尽可能地感到像一名科学家那样，不仅要使用工具，还要以他的眼光看问题；不仅仅体验他的劳动成果，还要体验从事智力活动的欢乐。因此要把“探究”“问题解决”“发现教学”等科学方法作为教学的主要目标。在新的课程中，教师不再是所有知识的源泉，而是学生学习的指导者。学生是学习的主体。

四是此次课程改革由一流科学家推动。课程的编制也是由专家进行的。例如，当时的新数学、新物理、新化学、新生物课本都是由大学或专门委员会编写的。这样做，实现了教育教学内容的现代化。20世纪上半叶的科学成就被吸收到课程和教学中，删除了陈旧的内容，如物理不再强调热学、声学、静电学。但是，由于没有教学专家参与课程编制，科学未有效地转化为学科，重视了学科的逻辑顺序而忽视了儿童的心理顺序，从而给教学工作带来了一定的困难。

（三）第三次课程改革：推动“高质量教育”

至20世纪80年代，美国再次掀起“高质量教育”运动。运动产生的原因较为复杂，从教育外部看，科学技术迅猛发展带来了生产的深刻变化和社会的不断变革，国际局势趋于缓和，但经济竞争日益激烈。从教育内部看，一方面，中等教育普及和终身教育思潮兴起，另一方面，中小学教育质量下降。1983年，美国高质量教育委员会发表的《国家处在危险之中：教育改革势在必行》报告发挥了导向作用，它提出了一套新的中学课程方案：加强学术教育，开发“新基础课程”，提高中学毕业学术标准，规定高中4年内必须学习现代核心课程，即英语（4年）、数学（3年）、科学（3年）、社会研究（3年）、计算机（半年）。在“高质量教育”运动的影响下，美国基础教育阶段尤其是中等教育阶段的课程结构再次发生了重大变化，即恢复和确立了学术性学科在课程结构中的主体地位，加强了全国范围内课程结构的统一性，减少了差异性。1990年，拟定了2000年美国教育的六大目标，老布什总统发表了《美国2000年教育战略》，提出了“新的世界标准”。1994年克林顿政府的《2000年目标：美国教育法》继续确认1991年的6项全国教育目标，并在科学和历史学科之外增加了外语和艺术两门学科，这样共有7门核心课程。小布什总统期间颁布的《不让一个孩子掉队法》，更加强调对阅读和数学的评价。年度的统计数据是衡量学校是否不断改善的重要工具。此外，“国家教育进展评估项目”对4年级和8年级学生进行阅读和数学测验，对各州抽样学生进行年度评估。奥巴马政府认为美国的中小学教材太简单，要提高课程标准，延长课时。规定各州要提高课程标准，要求美国8年级学生的课程标准应该比其他发达国家领先两年。并将此视为应对经济下滑的一剂良药。

美国为了摆脱教育危机，为了培养高质量的人才，从而在日益激烈的国际竞争中取胜，提出并颁布了一系列教育计划、方案和法案。从总体上看，此次课程改革主要表现为以下几个特点：

一是课程改革的指导思想是“大众教育”，与20世纪60年代的课程改革有很大不同。这次改革强调“科学为人人”（Science for All），要求培养学生的科学素养。

二是课程改革的理论基础是建构主义。心理学家皮亚杰把主客体的相互作用看作是一切经验和知识的源泉。他既反对知识纯粹来自感官经验的经验主义，也反对知识纯粹来自理性的理性主义，他认为“知识基本上就是建构”。传统的认识论视客观存在为认识的对象，建构主义则把认识限定在人类经验领域内，承认客观存在，但人的心理无法直接接触它。传统认识论视知识为客观真理，建构主义认为应抛弃真理的概念，代之以“可行性”，它只是一种解释，一种假设。

三是科学教育的目标强调科学素养培养。对科学素养的理解包括三个方面：理解科学哲学，即科学的本质、科学的价值等；了解科学发展历史；理解科学与社会的关系，注重“科学与社会”“科学与人文”“科学与技术”等范畴，强调培养学生“解决问题”的能力。这种重新界定了的科学教育目标对于美国基础教育课程改革起到深远的影响作用。

二、美国中小学课程改革现状

美国中小学课程在改革中产生并发展，经历了三次大规模的改革，如今美国中小学课程表现出哪些特点？我们如何看待三次改革带来的影响？哪些政策、法令的出台影响着美国中小学课程？由于美国中小学课程纷繁多样，笔者试图以对上述问题的回答粗略展现美国中小学课程现状。

（一）美国中小学课程改革具有渐进性

渐进性是美国中小学课程的发展特点。经历了三次大规模的改革，如今的美国中小学课程并未停止调整。与以往大规模的课程改革形式不同，20世纪90年代以后的课程改革不再是彻底否定前期成果的彻底改革，而是以真正认识到本国学生培养质量低下这一基本现实开展的微调和革新。为此，从20世纪末期起美国基础教育课程结构的调整仍然在逐步推行加强课程的学术性、加强课程的统一性、培养学生的学术能力等关注提升教育质量的政策。此后，美国颁布了一系列法律法规，强调中小学的核心课程，包括1990年的《全美教育目标》、1991年的《美国2000年教育战略》、1993年的《2000年目标：美国教育法》、2001年的《布什谈教育蓝图》、2002年的《不让一个孩子掉队法》、2002年的《2002—2007年战略规划》和2010年的《改革蓝图》。美国中小学试图通过强化英语、数学、自然科学、历史、地理、外语、艺术等核心课程的方式，提升学生的学业水平。由此可见，美国中小学课程发展结束了颠覆式发展的阶段，而是逐渐步入相对稳定的推进时代。

综观美国课程结构变革的整个历程，20世纪以来中小学课程一直处于基础学术教育与生活适应教育、统一要求与灵活多样、提高教育质量与实现教育平等这三对矛盾的反复较量与协调之中。由于这三对矛盾的冲突，直接导致课程结构的不稳定，具体表现为学术性科目与非学术性科目、共同必修的核心课程与选修课程在比例上此消彼长的持续摇摆之中。事实上，这种不稳定课程结构的存在是社会本位主义教育价值观与个人本位主义教育价值观斗争的结果。两者基于发展目标的不同，而产生各持一端、相互对立的结果，是一种价值观试图修正另一种价值观的表现。两种不同教育价值观而导致课程结构的反复颠覆，实际上证明任何一种教育价值观在实践中走向极端之时，都不利于系统、稳定的课程体系的生成，同时不利于促进教育质量的提升。在经历过若干次改革后，人们逐渐意识到选择任何一种教育价值观作为教育实践的指导思想都失之偏颇，需要二者的“中和”。在发展过程中，无论是成功带来的胜利成果，还是失败带来的经验教训，每一种尝试都具有其历史意义。在90年代后期的中小学课程改革中，两种价值观的“中和”促进了美国中小学课程的稳定发展。

（二）美国中小学课程改革具有多层性

美国中小学课程改革实行分级管理、各司其职，体现出分层推进的特点。与美国联邦制的特点有关，包括国家、州、学区和学校在内的多级管理部门对中小学课程的设置和改革起着不同作用。具体表现为国家建议、州定标准、学区决策、学校实施的基本特点。

1. **国家建议**

受国家政治制度结构的影响，美国联邦教育部门只对中小学课程设置提出建议，因此美国不设统一的国家课程。除联邦教育部门的建议外，一些全国范围内的非营利组织或研究部门也会通过课程改革计划的方式，对中小学课程的发展提出指导性建议。如美国促进科学协会提出的《2061 计划》，此计划是关于科学教育课程改革的前瞻性研究计划，是一项面向 21 世纪、致力于科学知识普及的中小学课程改革工程，它代表着美国基础教育课程和教学改革的趋势。此外还有许多学科性的研究组织对学科课程进行研究，提出不断更新课程体系或教材的建议。这些组织和研究部门所提供的建议，可以作为联邦教育部门建议的有益补充，为州级教育部门制定课程标准提供基础条件。

2. **州定标准**

在联邦教育部门、非营利机构和研究部门提供建议的基础上，各州教育部门会根据本州的实际情况制定自己的课程标准。各州课程标准的制定，一方面能够作为学区和学校制定课程的主要依据，另一方面也可作为对学校课程实施情况进行检查的重要标准。一般来说，州课程标准比较具体、详尽，有很强的可操作性。以纽约州小学 1—4 年级为例，通过必修课程和必备考评对课程标准进行简单介绍。

关于必修课程。小学 1—4 年级学生需要接受特定的教育，以达到州小学阶段各科学习标准。(1) 数学，包括算术、科学和科技。(2) 英语，包括以获得信息和理解为目的的读、写、听、说；书面表达、评论分析和评价、对社会互动的理解；词汇拼写和理解、语法和标点的使用。(3) 社会研究，包括地理和美国历史。(4) 外语。(5) 生涯发展和职业研究。(6) 根据学生需要，开设双语教育或英语作为第二语言。(7) 健康教育、体育和家庭、消费者科学。

关于必备考评。从 1999 年 1 月起，4 年级学生必须参加下列考试，包括英语艺术初级考评和数学初级考评。从 2005—2006 年起，3 年级和 4 年级学生都要参加英语艺术初级考评和数学初级考评。从 2000 年 1 月起，4 年级学生需要参加科学初级考评。

此外，在家接受教育的学生可不参加考评，公立学校学生必须参加州考评。

根据个人化的教育项目，残疾学生参加可选择的学业成绩标准考评，州按照可选择评价标准对其成绩进行衡量。

3. **学区决策**

无论是国家建议还是州级标准，美国基础教育阶段教材的使用权和选择权主要集中在地方的学区。美国学区作为一级教育行政机构，具有较大的自主权，包括选举权和财政独立权。美国学区有权组织民众选举教育委员会，该委员会对学区内的所有教育事务进行管理。委员会的执行机构是本地教育局，其负责人是教育局长或学区总监。由于该委员会的产生是以民选结果为基础，因此教育委员会能够在一定程度上反映出学区内普遍民众对教育的期望和要求。除选举权外，90%的美国学区都具有较强的财政独立性。学区有权通过征收学区内居民财产税的方式，以提高整体的办学条件，为学校硬件和软件条件的提升做基本的经费保障。在民主意愿的基础上，依托于专业的指导，教育委员会可根据课程标准的要求选择不同版本的教材。由于教材的类型选择能够在一定程度上体现出对课程标准的理解程度和执行力度，因此学区在教材选择过程中具有一定的价值倾向性。事实上，在课程管理过程中，学区呈现出承上启下的衔接作用，既要在最大程度上反映民众对课程的追求，也要尽量遵循州制定的课程标准，兼顾州和民众的双重要求。

4. **学校实施**

相对于国家、州、学区层面的课程要求来讲，学校是课程实施的最基层组织，各级课程管理部门的诉求需要在此级执行计划中得以呈现。学校在执行课程计划时通常需要遵循两个基本原则：一是课程实施和检测要达到州课程标准；二是必须采用学区所规定的教材。上述原则实际上表现为基础性的框架条件，即规定了学校课程执行过程中所需遵循的大纲和所使用的教材都是已经确定的，这是最低标准的过程性干预。学校在执行课程过程中虽然在一定程度上表现为约束影响，但在课程实施过程中仍具有较大的自主性。学校可根据学生特点和兴趣采取不同的教学方法或开设具备特色的课程，这是学校特色建设中的重要手段之一，校际间差异也伴随着课程的深入开展而逐渐形成。

（三）美国中小学课程改革具有多元性

美国教育以多样化著称，在中小学课程方面也具有明显的多元性特征，各州在课程开设方面虽不尽一致，但 K—12 课程通常会包括下列常规课程作为主体，即国际化教育、语言艺术、阅读、数学、科学、大学先修课程（Advanced Placement，即 AP 课程）、公民教育、经济、环境教育、外语或世界语、地理、历史或社会研究、多元文化教育、体育、性教育等。下面通过几门课程的介绍，对目前美国中小学课程的设置变化和具体要求进行详细展现。

1. 阅读

阅读是通往成功的核心要素，研究表明如果 3 年级学生仍存在阅读困难，那么将直接影响到其他课程的学习并且可能会导致无法毕业。《美国教育进展评测（2009）》中阅读测试显示，8 年级学生的阅读水平已经从 1992 年起得到提升，而 4 年级学生的阅读成绩几乎保持不变。1992—2003 年，4 年级和 8 年级大多数学生群体间的差距几乎没有发生变化，2007—2009 年，8 年级学生在种族差距、性别差距、学校类型差距等方面均未出现明显改变。相比 1992 年，只有 4 年级黑人学生和 8 年级女生的差距缩小。国家健康研究所在研究儿童如何学习使用纯语音、纯语言和混合形式后建议，教师应该通过阅读的方式使学生接触到书面语言，利用兴趣书籍开展全语教学法。研究者和教育者期望政策制定者避免强力执行某种固定的阅读教学方式，允许教师选择最适合的阅读教学方式。尽管存在语音和全语的争论，但在初级阶段学生仍应具备一系列基本的阅读技巧，包括：语音意识（语言中对词语的理解与书面中的字母相对应）；单词中发音与拼写之间的关系；解码策略（通过对单词的分解和重组开展）；词汇发展和建构；理解策略（理解阅读材料的意义）。

研究和实践经验得出结论，为了增加学生参与阅读的机会，应从以下几方面做准备开展阅读能力培养：

一是尽早提供诊断和干预服务；

二是使用多样的阅读策略和阅读材料满足每名学生扩大词汇、增强理解能力的需求；

三是对学生尤其是处于危机中的学生提供高质量的准备服务和专业发展，使得教师有充足的知识和实践技能向每位学生教授阅读，在课堂中整合最适合的教育教学实践策略；

四是通过改革教职员工的方式，尽可能保持规模较小的团队或班级，例如运用其他证书构建教职工队伍、教师救助和导师制度等；

五是将阅读成绩作为首要优先重点，在较早年级段运用尽可能多的时间进行阅读教学；

六是家长参与到儿童的阅读意愿、阅读能力的培养中，使儿童成为较好的阅读者。

尽管对于教授阅读的最适合方式存在不同看法，但是一些研究仍然关注学生如何学习阅读。如果针对此问题已经有了较为清楚的了解，为什么并未出现越来越多的学生能够更好阅读的转变？其中原因包括针对阅读出现的问题缺乏适当的阻止、诊断和干预，教师不适当的准备和专业发展，缺乏阅读标准和问责。政策制定者能够在促进学生阅读方面产生积极影响，很多州响应政策而指向儿童的意愿、干预、教师质量和责任。其中最有效的策略是涉及政策所有领域、与儿童发展轨迹相近的综合性倡议，运用这些信息对阅读教学进行适当调整，使得所有学生能够在阅读方面取得更好的成绩。

2. 公民教育

公民教育在于培养学生成为未来起作用的、有道德原则的公民。公民教育包括历史和政体的教学、民主主义国家内公民所应具备的权利和责任的公民课程、讨论时事问题、服务学习、模拟法庭审判和选举、个性教育和其他方式。公民教育能够通过学生管理、课外课程、合作课程等活动开展，包括学生在学校、学区和社区中参与决策制定。

尽管大多数美国人赞成为年轻人作为民主公民参与社会事务做准备的重要性，但是与数十年前相比，公民教育在学校中受到的关注越来越少。现在，学校首要关注的是为学生升学和工作做准备，于是在初级教育阶段加强了对于数学、阅读和写作的关注。专家认为与 1972 年相比，如今满 18 岁的年轻选举者在逐渐减少，这与公民教育的影响力降低有直接关系。

针对公民教育影响力的下降，一些州在20世纪90年代和21世纪早期颁布公民和政府的发展标准和内容，以确保学生能够对政府的工作有基于美国民主基本价值的文件的基本理解。一些州有了在核心学习原则方面促进公民教育的努力，大多数州还没有建立州层面的基于公民标准的评价系统。目前，一些州成立合法委员会或形成任务执行小组推动公民教育的实践，为立法部门、州教育机构和公立学校推荐和介绍公民教育。

3. 大学先修课程

从1955年起，大学先修课程作为一项培养具有天赋的学生的项目，允许学生在高中阶段完成大学级别的课程。对学生来讲，学习AP课程，可提前体验大学阶段的学习，挑战自我，开阔视野，进入一个崭新的学习领域。到2014年，美国高中已经能够提供10多个学科近40门AP课程的服务，开设AP课程的高中达到14 000所①。通过AP课程的测试和每个大学的要求，学生可以换取大学学分、提前毕业或者两者兼顾。然而小规模、农村和低收入学校在提供AP课程方面面临特殊挑战。另外，没有获得AP课程服务的学生和家长不能理解AP课程的好处。事实上，一些因素和指标决定着AP课程是否能够顺利开展，其中包括州政府经费资助远距离学习AP课程的机会、准AP课程和教师专业发展的支持、为学生能够始终参加AP课程而提供的政策支持、鼓励少数群体和低收入学生参加AP课程和考试的政策、鼓励根据州地理的多元性提供AP经费的项目和政策、为高中学生提供暑期AP项目。学生必须通过AP考试获取学分。

AP考试采取5分制，3分及格，为多数大学所接受，名牌大学则要求4分乃至5分才能折抵大学学分。例如，哈佛大学自2003年做出规定，只有5分的AP成绩才能折抵学分。学生若有几门AP课程高分通过全国统考，便可在申请大学时占得先机。把成绩带入大学折抵学分，可节省学费，并有更多的时间从事自己喜欢的研究，谋划下一步的专业发展。对高中来讲，通过设置AP课程，丰富了办学层次和教学领域，给学生提供更广阔的发展空间，让天资聪颖和学有余力的学生捷足先登，增强了学校的影响力。

---

① 熊万曦：《美国高中国际文凭课程发展研究》，《比较教育研究》2015年第3期。

4. 国际文凭课程

IB课程，全称为国际预科证书课程，是国际文凭组织为高中生设计的为期两年的课程。至2014年，全球146个国家的3741所学校开设IB课程，117.1万名学生正在接受IB课程教育①。国际文凭组织的总部设在瑞士，在美国却得到最好的发展。2014年，美国有1506所国际文凭组织认证的学校，其中开设大学预科的美国公立或私立高中共有810所。美国的这些高中希望通过IB课程提高教育质量。的确，IB课程对学生的训练比较严格，考试评价亦由国际文凭组织设在威尔士的评价中心统一掌控，而不是由高中自行出题，因而IB课程成为公认的学术性课程，能够为学生今后的发展奠定良好的基础。

美国联邦各级政府对引入国际课程比较认可，还为低收入家庭的学生提供考试费用减免，美国是全球6个政府层面资助国际文凭组织课程的国家之一。美国700多所大学招生时，把在高中阶段学习了IB课程作为加分因素。国际文凭组织所授予的文凭已经被世界上120个国家的大学所承认。

5. 国际理解教育

“9·11事件”以后，很多州领导关注学生如何更好地理解国际事件以及本国与其他文化之间的相互关系。这里的“国际教育”主要指通过历史、地理、文化和外语的教授，向K-12学生提供的课程、标准和其他政策。“国际教育”同样指分析、评价美国与其他国家和人民相互作用的技能。较系统的国际教育应从以下几方面开展。

一是通过地理和社会科学帮助学生理解世界历史和文化，认识美国文化和其他文化的相互作用，欣赏国际文化的多元化。

二是通过外语教学标准鼓励有效的语言学习，鼓励学校在9年级之前开展外语教学。

三是鼓励学生参加AP课程，对欧洲历史、外语、政府和政治比较、人文地理和世界历史进行探究。

四是高中毕业时需要对全体学生开展诸如世界历史/地理和外语课程，促使

---

① 熊万曦：《美国高中国际文凭课程发展研究》，《比较教育研究》2015年第3期。

学生获得高水平的知识并更好地了解国际文化。

五是在放学后和暑期时间开设外语项目，深化学生在地理、世界历史、外语和文化方面的知识；无论是哪个年级、哪个专业学科的教师，在职前教育阶段需要学习外语、地理和世界历史；不同于普通的社会研究，小学、初中、高中阶段的社会研究任课教师都应开设地理学科的学习，在小学和初中阶段，应开设外语学科的学习。

六是加大与国外的交流互动。交换项目的开展可以为师生提供较好的学习机会，包括将个人派到国外同时也可邀请他人来美国。其作用在于提供国际教育的信息，研究国际教育对学生带来的影响，了解国际教育中研究、报告和其他网络资源之间的联系。

三、美国基础教育课程未来发展

（一）聚焦基础学科课程

基础学科是中小学课程的重要组成部分，基础教育阶段的主要任务之一是为学生提供系统、扎实的基础知识和基本技能，如在小学阶段强调学生的读、写、算等方面基本能力的培养。为学生教授符合社会需求、学生发展需要的基础知识和技能是美国基础课程改革的重中之重。与当今世界许多国家相比，美国基础教育阶段表现出较强的生活化与理解性的特点，而对记忆性知识呈现弱化处理，于是导致美国在 PISA 测试中成绩不佳，基础教育质量普遍偏低。在我国基础教育倡导减负时，美国却试图通过增加学生在校时间的方式促进课程改革。基础知识的积累和基础能力的培养能够为学生提供适应未来社会发展的前提条件，是终身教育、全民教育开展的基础。因此，通过学生对基础知识和基础技能的掌握来实施美国基础教育课程改革是可行途径。

（二）发展自然科学课程

科学教育开展的主要任务是向学生传授科学知识的同时，培养学生学习科学知识的方法和能力。在科学课程中，需要注重学生的科学探究能力，关注学生科学探究精神与科学世界观、价值观的形成。除提高对科学课程的重视程度外，运用专题的方式实现学科重组，能够帮助学生更加清楚地认识科学自身的逻辑以及实质性的相互关系。例如，在能量怎样流通于生物系统的学习中，学生可以感性地认识营养物质在一些容易养育的生物体中的流动，如家养植物、草履虫、面粉甲虫、小白鼠等。以后，他们就可以运用这些知识考察能量在生态系统中通过食物链或食物网的流通。用能量专题联结这两个活动能促进概念的联系效应，而不是孤立地对待这两个活动。专题不会造成知识的片面化，相反更强调事物之间的联系，强调多角度分析问题。

（三）注重课程的整体性

美国课程发展虽然注重每个学科的发展状况，同时又不拘泥于学科发展，使课程实现整体性发展。事实上，学生的身心发展本身是一个整体，对需要发展的方面按学科进行分解不利于学生的理解和掌握。

一方面，注重对不同内容的课程进行联系性整合，如自然科学学科和人文社会学科的有机结合。自然科学通常指研究无机自然界和包括人的生物属性在内的有机自然界的各门科学的总称。通过对自然科学的认识，揭示自然界发生的现象以及自然现象发生过程的实质，进而把握这些现象和过程的规律性，以便解读它们，并预见新的现象和过程，为在社会实践中合理而有目的地利用自然界的规律开辟各种可能的途径。而人文社会学科主要研究与人类利益和社会现象极其相关的问题，其直接面对的是有意义关系的事物，既要研究共同性和普遍性，又要研究特殊性。它不但无法排除而且要研究偶然性的意义和价值，同时，它的研究主体与客体之间也并非像自然科学那样是人与物之间不能沟通只能说明的单向度关系，而是人与人之间可以沟通理解的双向互动关系。不同内容的两类学科所面临的研究对象、运用的研究方法等都不尽相同，但注重两类课程的整体性能够促进学习者思维的整体性发展，而非由对事物的片面认识而产生的非理性认识。

另一方面，注重显性课程和隐性课程的结合。美国在学校教育中有计划、有组织地实施的课程谓之显性课程，它显现在教学计划中，师生显然都知道要教、要学的内容。而学校通过教育环境有意或无意地传递给学生的非公开性教育经验即为隐性课程。它注意学生在班级或学校的社会关系中所产生的非正式学习，重视学校及教室结构特征对学生社会化的意义，强调学生身心特质的社会意义及其与情意学习的关系。所以，重视隐性课程无疑开拓了新的领域，扩展了课程系统的视野。美国学校显性课程与隐性课程并重，其含义是多方面的：显性课程与隐性课程并非主从关系，而是相互对应和相互独立的，各有自己独特的内容、设计模式等，是两种独立的课程形态；两者是互相促进的，在相互依赖中共同发展；显性课程与隐性课程的关系不是静态的，而是一种互动辩证的关系，二者的分界是不断调整的，是可以相互转换的。隐性课程虽然具有潜在与难以控制的特点，但它却有独特的结构。与显性课程相比，隐性课程常常带有无意识性和随机性的特点，体现出非规范性的特征；在内容方面，隐性课程重视知、情、意的整体性学习；在来源方面，除了教材、教科书之外，也重视学校组织特性、学校文化、教师人格和行为、同辈团体、能力分组、学生身心特质等因素对学习者的影响。

（四）制定课程参照标准

包括课程管理在内的美国管理体制都表现为分权制的特点，在国家宏观调控的基础上，地方有权对具体事务进行规定。美国虽然有国家层面的宏观引导，但各地的课程却表现出千差万别。这种差异的存在主要表现为考虑到各地的实际情况而因地制宜开展的各类课程。在差异较大的课程设置中，各州的教育质量却不能得到有效的保障。于是，美国也试图通过设置一系列基础课程的课程标准供各学校参考。2010 年，美国颁布《各州共同核心标准》（Common Core State Standards）及与其相对应的公共评价要求。至 2015 年，已有 46 个州、华盛顿特区、4 个领地接纳了该标准①。美国课程标准的制定不可能避免历史遗留和现实管理体制的影响，促使美国共同的参考性课程标准向着科学性和可操作性发展，是未来美国课程发展的一个重要趋势。

（五）促进课程的现代化

课程内容的设置、课程手段的选择等都不应是一成不变的，而是随着社会发

① 杨川林：《美国国家课程标准的来临——〈各州共同核心标准〉探究》，《世界教育信息》2015 年第 4 期。

展及现代化和全球化的趋势而改变。人类社会的知识出现了总量迅速增加，老化日益加快，物化期渐趋缩短等前所未有的状况。课程若不能根据现代科学技术发展的要求，及时更新不适宜的内容，就将出现不适应甚至严重危机。更主要的是，课程内容现代化由社会自身发展要求所决定。当今世界，竞争激烈，为求生存、求发展，就必须及时更新技术和设备，开发新产品。课程内容不改革、不革新就不能适应未来社会的生产和生活。

（六）强调价值观教育和道德教育

物质条件的富足是社会进步的重要标志，但不能以价值观念的失落和道德的沦丧作为代价而追求物质条件。校园恶性事件的频发，使得美国加强对价值观教育和道德教育的重视。学校教育应该反映有利于达到促进机会均等、形成健康和公正民主的生产经济关系和可持续发展的基本目的的价值，包括自身、家庭及相互关系，学生所属的更广泛的群体、社会的多样性及生存的环境，并对积极的信念美德给予肯定。在未来的课程发展中，美国将更加重视对学生个性品质、价值观方面的教育，培养诚实、公正、礼貌、责任、尊严、忠诚、宽容等品德，使学生形成良好的品德和树立正确的价值观，以提高公民素质。目前，新一轮道德教育课程改革正在美国许多学校中积极开展。

结语

全球化社会的发展要求人们具有开放性思维与创新精神，需要与世界各地的人们进行交流。因此，美国课程改革强调创造性与开放性思维的培养，认为教育应该培养出能够站在全球化视野考察问题并创造性地解决问题的公民。课程内容的全球化意味着将全球观念渗透到课程内容中，学习有关跨国间的种种问题；学习能满足全球迫切需要的内容，特别是保护环境、维护和平、热爱民主、促进国际经济和道德新秩序的内容；学习有关制度、生态、文化、经济、政治和科技之间的交叉联系；学习通过他人的眼光、心理、心态来看待事物；树立多元化观念，了解并尊重世界范围内人类社会中存在的多样的思想观念和行为方式，形成对国际事务的关心。课程改革是教育改革的本质内容。美国中小学课改的历程启示我们，要坚定信心，努力推动课程改革。精选学生终身学习所需的基础知识和技能，注重学生良好品德的养成，促进学生德智体美全面发展。通过培训教师，有效利用高中课程的“选修模块”，加大课程对学生的适应性，给学生发展兴趣和潜能提供广阔空间。开展分层教学，开好选修课程，注重因材施教。普及研究性学习，促进高中部分课程与大学的联通，使所有高中学生获得发展，并使一部分高中生在宽松适宜的环境中脱颖而出，为创新型拔尖人才的培养奠定基础。

图8-1 俄亥俄州议会（该州重视州级考试）

第八章

让人欢喜让人忧：美国基础教育考试评价

进入21世纪以来，美国基础教育考试评价得以加强。在功能方面，强调评价促进教和学；在形式方面，强调评价方法的多样化；在标准方面，强调在真实的情景中评价学生的学习，对传统的标准化测验的效果进行反思；在内容方面，增加网络学习条件下学生发展的评价等；在改革方面，强调评价思想、方法、技术本身变革的重要性，倡导开发新的评价技术以衡量新的时代所需要的各种知识和技能。

一、美国基础教育国家考试评价

美国教育进展评价（NAEP）是美国唯一的全国性的、有代表性和持续性的评价学生学业成就的项目，经美国国会授权，受教育部所属的全国教育统计资料中心管理，由教育考试服务中心（ETS）实施。美国教育进展评价涵盖多学科，如数学、阅读、科学、写作、艺术、公民教育、经济、地理、美国历史，2014年增加技术工程素养。其中，4、8年级学生的数学、阅读、科学和写作成绩以州为单位进行公布。在国家评价中，无论是公立学校还是私立学校都需要被测评。但在各州评价中，通常只需公立学校参加。

根据《不让一个孩子掉队法》，美国在全国范围内使用统一测试题目，为全部州和被选的城镇提供了统一的衡量标准。评价本质上保持基本不变，只是在文本方面有少量变动，评价的持续性有利于为学生提供更为清晰的学术进程图景。随着美国教育进展评价发展至基于计算机的评价，评价管理与实施保持不变，其衡量性仍然是最核心的部分。美国教育进展评价为各类学生提供结果性评价，如学科成绩、学习经历和学校氛围，学生包括所有的4年级学生、女学生、西班牙裔等特殊群体类型学生。尽管国家教育进展评价能够对地区进行整体评价，但不能为学生或学校个体提供分数。美国教育进展评价通常以4年级、8年级、12年级的学生作为主要样本，或选择9岁、13岁、17岁学生作为长期跟踪的评价对象。上述年级段和年龄段的选择，主要是考虑到这些时期是学生学业成绩关键性的转折点。

（一）美国基础教育考试评价的背景

随着20世纪50年代末苏联卫星上天对美国社会和教育带来的巨大影响，对美国教育进行国家层面评价的想法随之产生，首次国家评价于1969年实施。各州以自愿为基础的评价于1990年开始，并且规定将评价常态化，每两年开展一次。2002年被选城市试验地区参与到评价中，进而形成了城市试验区评价。2009年，美国教育进展评价中的科学评价开始转向基于计算机的评价，此时部分学生能够完成人机互动的计算机任务。2011年，美国教育进展评价中对于8、

12 年级学生的写作评价已经完全由计算机执行，于 2014 年完全通过计算机增加科学技术能力的评价。美国教育进展评价项目的成功发展是很多参与者共同努力的结果，如研究者、教育部门官员、执行者、政策制定者、学生和教师。

（二）美国基础教育考试评价的领域

1. 艺术

2008 年，美国教育进展评价项目（艺术类）通过学生对音乐艺术和视觉艺术的观察、描绘、分析、评价以及对视觉艺术的创造来评估学生在艺术方面的知识和技能。在 2008 年的艺术评价过程中，由于经费的缺乏，参加评估的学生只涉及 8 年级。大约有 4000 名学生参加音乐艺术方面的测试，而其他 3900 名学生参加视觉艺术方面的测试。参评样本来自全国 260 所公立和私立学校。

2. 公民教育

美国教育进展评价项目（公民教育类）是对学生作为国家公民对政府本质知识和技能的考查。2010 年公民教育类评估是在全国 4 年级、8 年级、12 年级的学生中开展的。大约有来自 540 所学校的 7100 名 4 年级学生、来自 470 所学校的 9600 名 8 年级学生和来自 460 所学校的 9900 名 12 年级学生参加评估。美国教育进展评价项目不是对学生个体的行为进行评估，而是对以样本为代表的群体状况进行评估。

3. 数学

美国教育进展评价项目（数学类）是对学生所掌握的数学知识进行评价。其中，评价的主要内容包括数字特征和数字运算、测量、几何、数据分析和概率、代数五个方面。2011 年的数学评价中，学生来自 4 年级和 8 年级。大约有 20.9 万 4 年级学生和 17.5 万 8 年级学生参加评估，学生来源于美国 50 个州和华盛顿哥伦比亚特区，2011 年的数学测试并未包括 12 年级学生。

4. 阅读

美国教育进展评价项目（阅读类）是对美国学生的阅读能力进行的评估，对于学生来讲，阅读能力的掌握能够促使其在整个生活过程中得到发展。评价内容包括：文学作品，包括小说、非小说类文学作品、诗歌；报告类文本，可根据不同年级段改变，包括记叙文、议论文、说明文、程序文本和文件。在2011年实施的阅读评价中，全国共有21.3万4年级学生、16.2万8年级学生参加此次评价。自从1998年起，残疾学生也被允许参加阅读评价。

5. 科学

美国教育进展评价项目（科学类）是对美国学生科学方面的理解和实践的考查。2011年，针对8年级学生开展科学和数学的联合评价，同时在州、区域和国际范围内进行了结果比较。科学评价主要从以下方面开展，即物理科学、生命科学、地球和宇宙科学。除科学内容外，规定通过以下方式衡量学生运用科学知识的能力，包括掌握科学原则、运用科学原则和要求、运用技术设计。大约有来自7290所学校的12.2万8年级学生参加2011年的科学评估。

6. 写作

美国教育进展评价项目（写作类）是对美国学生写作能力进行的评估，对于学生来讲，写作能力的掌握能够促使其在整个生活过程中得到发展。反思当前实践和认清交流技术的影响，2011年美国教育进展评价项目（写作类）首次借助于计算机开展。学生从22个可选择的写作任务中任选2项，按第一初稿统计成绩，而非修改稿。评估成绩分为六个等级，由“令人印象深刻”到“几乎没有技巧”。2011年美国教育进展评价项目（写作类）由来自950所学校的2.4万8年级学生和来自1220所学校的2.8万4年级学生共同参与。

（三）长期趋势评价

长期趋势评价（Long-Term Trend Assessment）是从20世纪70年代开始对学生数学和阅读成绩进行研究，每4年公布一次评价结果。长期趋势评价在9岁、13岁和17岁学生范围内开展是从2007—2008学年开始的，此后又在2011—2012学年开展。长期趋势评价始于1969年，美国教育进展评价对国家教育进展状况的测量起重要作用，评价是通过对学生样本的多学科领域开展的。长期趋势评价和美国教育进展主体评价使得两项重要目标的实现变得可能。目标一是测量一段时间学生进展状况；目标二是教育优先转变，开发能够反映当前教育内容和评价方法的新型评价工具。由于长期趋势评价是运用相同的评价方式进行长时间评价，因此从 1971 年的阅读和 1973 年的数学方面的跟踪研究能够满足目标一。探索长期趋势评价如何发展，并与美国教育进展主体评价进行对比能够促进目标二的实现。

长期趋势评价对不同学科的评价有着不同的内容和标准。数学方面的评价需要与学生年龄相符，评价内容包括基本数学知识、运用笔纸实施运算的能力、基本法则知识、日常生活中运用数学的能力。与美国教育进展主体评价不同，长期趋势评价不允许学生在测试中使用计算器。阅读方面的评价需要学生基于与年龄相适应的材料来回答问题，阅读材料包括故事、诗歌、报告、广告等。评价内容包括定位提供文本的特殊信息、基于文本 2 个或 2 个以上部分的信息进行推论、确认文本的大意。每名学生只能参加评估的一部分，由 3 个 15 分钟的部分组成。学生阅读 8—15 个段落，并回答每段的 1—5 个问题，问题呈现形式以选择和简答为主。长期趋势评价针对 9 岁、13 岁、17 岁学生，学生来源于全国公立和非公立的中小学。

二、美国基础教育州级考试

除国家层面的考试评价外，美国联邦教育部要求各州必须开展州层面的考试评价，并以考试成绩来衡量学校的教育质量。2002 年《不让一个孩子掉队法》对此要求进行了详细说明，规定从 2005—2006 学年起 3—8 年级学生必须参加各州组织的英语、数学统一考试。连续两年不达标的地方或学校，必须采取措施提高考试成绩，否则，联邦教育部扣减其联邦教育拨款。

（一）州考法规和机制

美国各州对州级考试办法有较强的自行决定权，即测评年级、测评科目、测评工具等都由各州自主确定，如，部分州在数学和阅读的基础上，增加历史（或称社会常识）和科学的测评，还有部分州在高年级有更具体科目的考试，又如，将科学再分为物理、化学、生物及地球科学。

1. 州政府承担评价经费

伴随着评价自主权的转移，各州政府也需要承担因考试而产生的一系列经费。下面，以俄亥俄州为例进行介绍①。在俄亥俄州，2004 年测考办公室的预算是 2000 多万美元。该州只统考 3、6、9 年级。有些州进行统考的年级更多些，费用自然更高。费用高的原因之一是自 20 世纪 80 年代后期开始，由于单一的选择题受到猛烈批评，于是，问答题和作文被引入标准化考试中，需由人来阅卷评分，考试费用也随之攀升。原因之二是有些考试允许学生在一年内重复考，直到最后通过。在俄亥俄州，通过 9 年级的考试是高中毕业的要求之一。学生可从 8 年级就参加考试，每年 3 次机会。如果到 12 年级还没通过，在离校后还可以回来考。竟有人考了 10 多次。学校和学生不必缴费，但多考一次，州政府就要多付一次的钱。

2. 考试程序自主性强

对于考试评价时间，州政府一般只大致规定范围，如考试日期不得早于复活节，或不得迟于学期结束前 30 天。但具体考试评价日期则由州教育当局来定，大部分州的考试安排在 3—5 月之间。各州所规定的考试日期往往是一段时期，一般在 2 个星期左右。宾州统考期长达 3 个星期。因考卷具体内容不雷同，所以，在此时间段内各学区或学校可自行确定何日迎考。

3. 考试公司参与考试

州政府对于考试评价起指导引领作用，而一些具体的实施则由当地的考试公司承担。如考试报名方面，通常由学区或学校直接统一向考试公司提供学生资料，由考试公司将学生资料制作成条形码，与考卷一起寄送学校。学校将条形码贴在考卷上，然后具体施考。在此过程中，学生资料得到严格保密，杜绝信息泄

① 笔者的朋友徐登科博士是俄亥俄州教育厅考试评价处负责人和高级项目专家，有关素材得益于他的支持。

露现象的发生。在考试报名方面，要求每个学校都有一个考试协调人，确保考试按规则进行，同时也负责考题的保密工作。考卷的进出都要在清单上做记录。每一个接触考卷的学校工作人员都得签字为考题保密。一般学校对遵守考试规则和保密工作都做得很认真。对个别违规者，一经查出，给予严厉处罚，直至开除公职。考试完毕，协调人负责将所有考试材料收齐，将答卷按年级班别分类装箱，特快寄往指定的阅卷中心。其他考试材料不管是否用过，一律寄回考试公司。

（二）州考测评工具

1. 州考试测评工具的来源

美国中小学考试测评工具的开发是一项系统工程，需要一支强大的专业队伍来完成。对于各州教育部门来讲，长期配备这么一大批高级专业技术人员从事考试测评工具的开发与研究比较困难，所以没有一个州是由教育厅自己单独制作考卷的。

一般来讲，目前考卷的来源可分 3 类：

一是直接向考试公司购买现成全国通用考卷。好处是经济实惠。大批量生产的产品，价格当然就会比较低，加之是通用考卷，考试结果可与全国平均水平作比较。但由于各州之间没有统一的课程标准，也没有通用的教材，各州、各校甚至各班的教学内容和进度不尽相同，通用考卷不能照顾到各州的实际需要。

二是在现有通用考卷基础上，考试公司为某州进行改制。价格比较适中。

三是考试公司从头到尾根据某州的要求特别制作。从头开始都是根据州的具体要求来制作，不管内容还是形式都能根据本州的需要来确定，可反映本州的课程标准和实际教学水平，但是造价太高。

目前，有能力提供整州考试服务的公司屈指可数。有四大公司占据全国州级考试服务市场的 95%以上，分别是：哈科特教育测量公司、麦格劳-希尔公司、河边出版公司和皮尔森公司。国际知名的教育考试服务中心（ETS）并不在四大公司之列，它重点提供的是大家所熟悉的 TOEFL、GRE、SAT 等高等教育入学考试。但由于各州中小学考试业务增多，ETS 也忍不住插了一手，2001 年第一次赢得总额达 5 000 万美元的合同，为加利福尼亚州提供三年高中毕业考试服务。在所列的四大公司中，前三大公司都有自己成套的知名品牌的考试。名声在考试行业是极为重要的。没有好名声的考试，其结果就难以得到认可。在目前所使用的通用考题中，哈科特的 SAT9（斯坦福成绩考试第 9 版）和 CTB 的 TERA NOVA 考试各占市场的四成左右。河边出版公司的衣阿华州基本技能测验（ITBS）约占市场的两成左右。SAT9 与 SAT 是两种根本不同的考试。皮尔森公司没有自己通用的考题，它以扫描机阅卷技术为核心，提供评分服务。

不管各州购买什么类型的考试服务，其合同多是以公开招标形式签订。在加州，只要投标者保证提供符合标准的产品和服务，谁的报价最低谁中标。俄亥俄州则以价格性能比来评分，然后州教育厅与得分最高的投标者讨价还价并达成协议。2002 年俄州与两家考试公司分别签订了六年的合同。一家公司不知底细，在讨价还价过程中，合同总金额从一亿四千多万降到了八千多万美元成交。而另一家公司与俄州有过交手经验，一分没降便签下了合同。

2. 州考试测评工具的开发步骤

一是确定考试大纲。州级考试测评的内容和形式要由本州的教育工作者、课程和考试专家、家长及其他社会人士所组成的考试委员会来讨论决定。确定考试内容的依据是本州的有关法律和课程标准，这是制定考卷的基础条件和原则。

二是建立题库。考试公司根据委员会确定的考试内容和形式来组织力量出考题。有些州规定本州教师不能参加出考题，而有些州则正好相反，鼓励考试公司利用本州教师资源贡献选题。还有人以专为考试公司写考题为职业，好像自由撰稿人。考试公司将考题编号、分类并指明每题考试意图和课程标准的直接关系，然后州考试委员会分组审阅每一个题目，将不合格题目删除。

三是举办试考。试考旨在检验试卷的适用性。试考分小范围试验（Pilot Test）和大规模抽样试考（Field Text）。前者是试探摸底性质，往往是几个题目，而不是完整的考卷。后者是实战演习，力求接近正式考试。

四是量化分析。试题的量化分析是一项高度专业化的工作。从事这项工作的人几乎都有教育测量或心理测量专业的博士学位，这些专业人才是考试公司里的核心资产。量化分析在两个基本考试理论指导下进行，一个叫经典考试理论、另一个叫作试题反映理论。在经典考试理论的指导下，对一些常规数据进行分析，这些分析结果与考生的水平和考题的难易有直接的关系。而在试题反映理论指导下的量化分析，其结果是独立于考生的水平和考题的难易之外的，反映理论被称为潜力理论或试题特征曲线理论。试题特征曲线不是直接用考试数据就能描绘出来的，而是从数学分析模型中产生。对考题进行数学模型分析，目的有两个：一是确定每一个题目的难度系数，通常是用拉氏值来表示；二是确保考题不偏向某个团体或某些具有特定文化背景的人。

五是考虑敏感性和偏向审查。考试公司将考题的技术参数和考题一对一编排，交给试题敏感性和偏向审查委员会审查。这个委员会由州政府邀请社会各界人士组成。成员大多数既不是考试专业人员，也不是教育专家。他们代表社会各界，包括少数民族、宗教界及工商界人士。他们的贡献不是专业知识，而是从不同角度来看题目是否有偏向，或是否冒犯某一社会群体的成员。为了体现美国的多元文化，考题中往往有意加入一些非主流文化的题材，如考阅读时，选一些少数民族作家的作品，人物采用各民族人名。

六是确定评分标准和结果。选择题的评分比较好办，全由机器完成。问答题的评分就比较复杂，每一个问答题都有明确的评分标准，需提供不同类型和得分水平的答案。所有阅卷人都要经过培训，并在测试合格后才能雇用。很多州现在都明文规定，所有阅卷人必须拥有大学本科文凭。有报道说，几年前有的考试公司雇用卡车司机和高中未毕业的人来判高中毕业试卷，为此考试公司和州政府都受到了社会的批评。

几乎所有美国的考试都不是直接算点计分，而是将原始分换算成标准分或叫量表分。量表的制定复杂多样，但有两个基本目的是相同的：一是标准分有利于比较；二是标准分有明确的定义，使人看到分数就能明白这数字所代表的意义。州级统考的量表分往往与学业水平的等级连在一起。如俄亥俄州 4 年级考试，标准分 250 分为优，200 分为良。这种分数的确定是课程专家、教师和测量分析人员合作的结果。由课程专家和教师来确定什么水平是优或良，再由测量分析人员根据每题的难度系数来确定标准分。

（三）州考的影响

由于美国基础教育在国际评价中长期处于不利地位，因此基础教育质量的提升成为全民众关注的焦点。据调查，一部分美国人认为美国总体教育水平很糟糕，但自己的孩子和本学区的水平并不差，是别人的孩子和别的学区太差了。为了将事实更客观地展现出来，随着危机意识的增加和基础教育质量提升的动力，越来越多的教育工作者支持州级统考并努力促成其实施。

第一，客观呈现教学质量，因材施教。用考试结果所提供的信息来改进教学质量。教师们希望根据学生的考试成绩来了解每个学生的水平和优缺点，以便对症下药，还希望用考试结果来总结自身教学的经验教训，发扬成绩，改进不足。

第二，考试成绩与升级或毕业相结合，作为重要衡量标准。与全国统考不同，州考试的内容和形式更能反映出州教育的特色，因此更具有针对性。目前，近半数州的高中生须通过州级的考试才能拿到毕业证书。

第三，作为衡量教师和学校教学质量的辅助条件。几乎每州都在搞学区和学校的成绩报告单。这种报告单以州考的成绩为主，再加上出勤率、升学率、毕业率、人均教育经费等。报告单不仅发给学生的家长，而且发给社会大众。房地产经纪人就利用这些成绩报告单来推销成绩好的学区的房地产。同时迫使一些落后学校和学区改进教学方式、方法，提升教育质量。

第四，引起并加大社会对教育的关注。教育被认为是社会进步和发展的重要基础，基础教育中属于公益性较强的部分更需获得较多关注。只有社会各界加强对教育的全方位关注，才能最大限度地体现出教育的价值，促进教育质量的全面提升，保障人才的培养。

同时，人们也存在一些担忧。

一是可能会导致“应试教育”的发展趋向。受州考试评价制度的影响，无论是教师、学校还是学区都比较关注自身的排名，而这在很大程度上取决于学生考试成绩。因此，在部分学校出现考什么就教什么的现象，课程标准缩小成考试大纲，而对学生的能力培养、品德教育可能会有所放松。这也是州考试评价反对者最担心的事情。

二是用独立的考试成绩对教育质量进行衡量失之偏颇。虽然美国中小学考试都会附有详尽技术参数，并且这些参数的来源具有相对科学性，但考试标准误差的存在是不可避免的。于是，仅仅依靠考试成绩作为教育质量的评价标准难免有失公正，从一定程度上讲，不利于具有特殊才能学生的发展。

三是考试评价方式无法实现完美。无论是标准化考试还是简答论述题，均存在各自的缺陷。选择题容易流于肤浅，不能很好地反映学生的理解深度和抽象思维能力。在标准化考试中，教师的作用降到了最低，教师把考卷发给学生，然后就无奈地等待考试分数。其实，统考并不能代替教师自制的小测验，更不能代替不考试时教师对学生的评价和鼓励。问答题和论述题均需要由专门训练过的人来阅卷评分，费用较高。同时，为了保证考试结果的可靠性，试题量较大，需要更长的回答时间，增加了学生的负担。

以上情况是实施2011年美国国会通过、2002年小布什总统签署的《不让一个孩子掉队法》的结果。为了扬长避短，2015年12月，奥巴马总统签署了《每一个孩子成功法》。该法对于如何考试、何时考试等，赋权各州决定。效果如何，尚须拭目以待。

三、美国学校的内部评价

无论是国家层面还是州层面的考试评价，鉴于其根本原则是针对群体的整体性评价，因此两者都以结果性评价为主。事实上，这与参加考试群体涉及范围比较广有直接联系。而在美国中小学的学校评价中，主要针对学生个体的发展状况，于是表现为较强的过程性评价，具有互动性特点。

（一）课堂评价

课堂是实现教育教学活动的主要场所，学生学业成绩的获取也主要通过课堂来完成，因此在中小学课堂内会存在一定的考试评价。课堂中教师是考试评价的直接实施者，课堂评价形式与教师个体特点存在必然联系，表现为多样性。

1. 以鼓励为主的正向评价导向

与结果性评价不同，过程性评价具有较强的互动性。课堂评价的目的并非对学生的学习状况进行定位，而是通过测评促进学生的学习能力和学习水平的提高。因此，在中小学课堂上教师常使用鼓励式的评价方式。

2. 评价主体多元化

美国中小学课堂具有较强的互动性，教师不是课堂中的唯一评判者，因此评价主体表现为多元化。一是学生对自身的评价很重要，在中小学课堂里学生是重要的受教育者，其在教育教学过程中的表现也能从侧面对教师的教育教学活动有所反映。学生对自身进行评价，能够促进学生对自身行为的反思，促进教育质量的提升。二是学生之间的评价也不容忽视，美国中小学课堂中集体参与的活动相对较多，在这样的活动中能充分发挥学生的团队意识和集体精神，学生间的充分接触也成为学生之间进行评价的前提。虽然学生之间的评价不能保证完全公平和科学，但以学生视角对同伴进行引领同样具有发展意义。三是教师的评价，课堂教学本身就是教师的教和学生的学的互动过程，一般来讲，教表现为一种过程，而学则是一种结果。为了提升学习水平，教师通常会对学生进行评价，在客观分析其优势和劣势的同时，对其进行正确方向的引领，这具有现实意义。

3. 评价内容以知识能力培养为主

课堂教学是学校教育的重要组成部分，是学生知识能力获取的重要途径，这是毋庸置疑的事实。但作为学生的成长来讲，知识的积累与掌握只是发展的重要部分，其思维的培养、能力的养成、道德的建立等方面都应成为重点关注的方面。这就要求教师需更加重视学生个体的全面发展，进一步促进评价内容的多元化和特色化。

（二）课外评价

与课堂相比，课外所涉及的范围更加广泛，不仅包括课堂以外的与学校相关的其他范围，如学校的图书馆、博物馆、劳动场地等，而且还包括学校以外的相关范围，如教堂、敬老院、博物馆等。

1. 精神鼓励为主的评价方式

虽然美国中小学不评三好学生，不设班干部，但设“本月优秀学生”，并及时颁发奖状。奖状虽然没有学校大印，却有校长签名。学生能拿到这样的奖状，会感到无上光荣。因为每月仅有 5%的学生能拿到这个证书。这种每月进行评价的方式会促使学生的阶段努力，而不是对学生进行定位认识，一旦学生被限制于某一特定位置后，其发展动力则会受到严重影响，不利于其个体的全面发展。

2. 评价内容得到扩展

由于评价场域的扩展，评价内容也不仅仅局限于知识和能力方面，随之也向品德、劳动技术、创新意识等其他方面扩展。美国中小学尤其注重课外活动，这是培养、选拔特殊人才的重要途径，同时也为培养学生在社会中的生活能力奠定基础。

四、美国学校的第三方评价

（一）专业机构评价

在美国有一种自愿性的、地区性的、民间性的协会组织，如新英格兰学校与大学协会，有一个下设委员会专门负责 14－18 周岁的高中生的评估。该委员会有 650 个成员单位，由所有的成员单位一起来制定相关评估标准，每个成员单位都根据这个标准自觉地进行评估。评估的程序如下。

首先，由学校根据标准自查并写出自查报告。

其次，组成专门的 15 人评估团，从 7 个方面对学校工作进行全面评估，肯定学校的成绩和经验，指出学校的问题和不足，并在此基础上拟定一个改进学校工作的规划。

最后，以 10 年为一个周期，每 2 年对学校进行一次专题考核，每 5 年写出专门的评估报告。虽然这种评估不是强制性的，但大学招生、家长选择学校等都想知道学校是否经过了评估，因此每所高中学校都会去参加这样的组织，并且在这方面花去较多的时间和精力。

评估的内容主要包括以下方面。

一是目标，主要包括学生应达成什么样的期望，应采取哪些措施达成这些期望；国家、公民对学校有些什么样的期望；社区、教师对学校有些什么样的期望。

二是课程，学校必须设计一个与目标紧密相关的课程计划，每个学科教研室还要制订具体的实施方案。

三是教学，其核心问题是教师怎么教学，用什么样的方法执行课程计划，学校怎么帮助教师建立教学策略。

四是评估，学校必须就规划、课程、教法、考试、统考、项目等写出专题报告。

五是资源，主要包括教学设施、技术装备、特殊教育条件及其辅助设施等。

六是管理，学校怎样进行管理、决策、教师有无发言权、教师有无进修机会等。

七是条件，包括学校的经费、办学条件及图书、教材、计算机装备等。

评估的结论有合格、警告、不合格等几种。地方政府再根据这个结论决定是否对这所学校实行整改甚至是否关闭这所学校。这种自觉的系统的评估，有效地促进了美国公立中小学校的均衡发展。

（二）指向升学的评价

在基础教育和高等教育的衔接评价方面，美国联邦和各州政府、社会中介组织、高等院校采取诸多措施，力求实现公平。对于评价公平问题的关注，贯穿于美国教育理论界和法学界，而且是一项需要长期关注的任务。

1. 学术性向测验Ⅰ系推理考试

学术性向测验I，即SAT I，也就是人们通常所指的SAT。该考试由教育考试机构（ETS）组织实施，每年全美2.2万所高中的近200万名学生参加这一考试。长期以来，测验内容只有英语和数学两门，每门满分为800分，两门合计1 600分，考试时间共3小时。

此种考试1994年发生一些变化，英文部分取消反义词测试，增加了类比题和逻辑阅读分量，数学部分增加了独立运算的难度，试图反映学生潜能。但加州大学系统仍抱怨无法真正测出学生的实力，扬言不再采用。在这种压力下，大学理事会于2002年表决通过再次改革SAT的决议。2005年开始的SAT出现了以下几个改变。

第一，新增写作能力测验部分，包括25分钟的论说文，另有5分钟仿照现行SAT写作测验的多选题，以测验语法。作文由两名阅卷人员评分后发至网络中，供日后大学招生录取人员参阅。

第二，语文部分改称重点阅读，并删除单字类比问题，增加更多的短文，内容涵盖科学、历史和文学等科目，以测验学生的阅读能力。

第三，数学测验在未来几年提高难度，逐渐增加高中第三年的数学题目，尤其是高等代数。新测验时间延长了半个小时，变成3.5小时，总分从1 600分调至2 400分。美国专家指出，2005年改革后的SAT考试引导学生重视阅读能力和数学程度的提高，使考试反映学生的潜能。

从2016年起，SAT按新的方案运行。新SAT力图“去技巧化”，以反映考生真正的能力。词汇部分去除一些晦涩生硬的词，将重点放在大学和今后工作中运用比较广泛的词汇。不再考填空题，不再对选择题倒扣分。作文部分让考生自选写或不写。SAT总分回归至1 600分。

2. 学术性向测验Ⅱ系学科考试

学术性向测验Ⅱ（即SAT Ⅱ）也由ETS举办，原叫学业成绩测验，之所以改为现名，意在强调考生运用知识的能力。SAT Ⅱ开考的科目包括写作、文学、美国历史与社会研究、欧洲历史与社会研究、数学（Ⅰ）、数学（Ⅱ）、物理、化学、生物、法语、德语、西班牙语、拉丁语、希伯来语、俄语和汉语。学生可以根据自己的情况任选其中3门。

3. 美国高等学校测验

美国高等学校测验（即ACT）由美国高校考试处组织实施，主要考查学生的英语、数学、自然科学和社会研究等四个部分的知识和潜能。ACT与SAT Ⅰ相似，由考生视报考院校的要求选定。

评价程序上的改进如下。

一是信息路径畅通，咨询服务多样。不仅各高中设专门机构开展升学辅导，而且许多社会中介组织、咨询机构向考生提供大量的大学招生的书面或网络信息，帮助学生了解不同大学的办学特色和招生要求。

二是评价次数多，学生灵活选择。总部设在纽约的大学委员会（College Board）及所辖各考试中心不断改进大学招生考试运作，允许学生多次考试，选最好成绩作为升学依据，避免“一次考试定终身”。

三是淡化学生评价和学校评价的联系。学生在报考时可以个人身份到考点报名，学生到设立在各地的教育考试中心免费索取各种考试简章、报名材料，然后可直接在该中心或附近考点报名。个人的报考行为能够进一步淡化学生考试与考生所在中学的联系，减少了中学的升学压力，有利于避免大学只盯“重点高中”而带来的不公平。

四是弱势群体学生得到适当关照。残疾学生可单独报名，降低招生门槛，照顾残疾人入学。此外，一些特殊群体也同样在其他方面得到照顾，如纽约州对“9·11事件”中遇难者的子女，在高等教育中实行学费的减免制度。总之，一些弱势群体学生在评价方面会受到不同程度的照顾。

五是通过法律保障程序公平。美国宪法倡导“人人生而平等”，自第二次世界大战以来美国颁布的《高等教育法》等一系列法律，也要求积极发展高等教育，为人们提供更多均等地接受高等教育的机会。联邦教育部负责执行联邦法令，确保接受联邦经费者不因种族、肤色、性别、残疾或年龄而受到歧视。其方式主要是提供政策指导、员工训练及技术协助等。20世纪60年代，美国平权运动风起云涌，《反歧视行动》（Affirmative Action）遂应运而生，要求各级教育中对黑人、少数民族及其他受歧视的社会人群不仅提供均等的机会，而且大学在招生时应把种族因素考虑进去，给予照顾。于是，几十年来，黑人和其他处于不利地位的人群受益颇多。如在公立院校加州大学，4%—6%的新生是考虑了上述因素才被录取的。哈佛大学虽为私立，也是《反歧视行动》的有力支持者。它力排众议，在招生时明确给少数族裔的学生以适当照顾，认为这对丰富校园文化，培养未来社会的领导人有益。

结语

这些年，评价主体通常都为学生的学业成绩制定了较高标准。在对学生进行的测量中很多评价方法是与这些标准相违背的，基于标准的改革对考试评价起到了积极作用，如：学校系统、学校、教师、学生都期望达到的交流目标；为教和学提供目标；为教育者和学生养成行为。美国传统的评价方式是以多重选择题和判断题等客观性测验为主，随着社会对人才创造力、实践能力的要求越来越高，传统的评价模式已经不能满足需求，因此一系列关注学生实际生活、注重学生解决问题能力的评价方式应运而生，例如，简答、表现评定、设计、扩展的书面反应、档案袋、学生作业、展示，成了从不同侧面评价学生的新型评价方式。美国中小学评价标准也同样呈现多样化，但大体可归为两种类型。一种类型是常模参照测试，是对每名学生的行为进行比较，具体表现为按分数进行次序排名，为学生个体在群体中的定位进行客观展示。另一种类型是基于标准评价，对学生进行评价的标准不再是其他学生个体，而是已经制定好的测量标准。这种评价方式是将学生群体进行类型划分，即合格和不合格。事实表明，一项好的评价需要兼具效度和信度。效度指评价结果可使用和可解释的程度，评价标准的效度直接影响评价的成败。信度指运用成绩衡量误差的程度，其中对于所要考查知识、能力重要性的正确评估直接影响到赋分，即成绩差值是否能真实反映学生知识和能力的差距。根据不同的要求，不同评价主体会采取不尽相同的评价形式、评价内容，事实上这也能进一步反映出评价主体的指导方向和价值取向。

图9-1 衣阿华州议会（该州对学校创新教育积极支持）

第九章

不拘一格育人才：美国学校创新教育

美国以创新和发明著称，较少保守思想，不断开拓进取，科技发展世界领先。以诺贝尔奖获得者为例，每年50%左右的诺贝尔奖获得者为美籍科学家，一直遥居各国榜首。美国基础教育重视培养学生的创新精神和创新能力，着重为造就创造型的拔尖人才奠定基础。

一、美国学校创新教育的基本特征

创新教育是一种教育取向，旨在激发人的创新意识、培养人的创新精神、开发人的创新能力。创新教育是相对于传统教育而提出的。创新教育是对传统教育的超越和扬弃，是教育理论与实践面向现代经济社会变革和科学技术革命的结果。

传统教育强调教学内容的稳定性，重视知识的记忆和再现，教师重在讲授知识，学生重在记忆知识。学生掌握知识的量和准确度成了教师最关心的事。一般来说，传统教育形式不太关注学生创新精神和创新能力的发展。

创新教育为迎接知识经济时代的挑战，着重研究与解决如何培养学生的创新意识、创新精神和创新能力的问题，最终目的是培养适应知识经济时代的创新型人才。通过对学生施以教育和影响，使其作为一个独立的个体，具有求新的意识，善于发现和认识有意义的新知识、新思想、新事物、新方法，掌握其中蕴含的基本规律，并具备从崭新角度处理问题的能力，为将来成为创新型人才奠定全面的素质基础。

美国是当今世界的超级大国，在经济、军事等众多方面都处于世界领先地位。这些成绩的取得与基础教育阶段创新教育的开展有关。在美国基础教育阶段，创新教育主要表现出以下几方面的特点。

（一）超越性

与传统教育过于注重继承性特点不同，创新教育摒弃程序化、模式化的教学，重构和内化前人积累的成果。传统教学常常按照一个模子“复制人”，而不是培养有创新意识、创造能力的“新人”。创新教育注重学生的主动思考能力，在学生获取知识的同时，鼓励学生敢于质疑、善于提问；不拘泥于现实知识的传递，而给学生创设一种宽松、民主的学习氛围。教师采取启发、引导方法，让学生积极参与，指导学生开动脑筋，寻找问题的可能性答案，帮助学生独立地思考和探索，养成对未知领域的好奇心和求知欲，以及对各种问题主动思考的态度和批判精神。美国学校注意保护学生的好奇心，鼓励、提倡学生大胆质疑和善于发现问题，培养他们敢于标新立异，敢于想象猜测，不束缚学生的创造性思维和创造品格。

（二）独立性

创新教育强调对学生独立学习、思考、行动意识的培养，而学生独立性的产生与培养需要适当的环境条件。一方面，开放的实践场所是创新教育开展的空间条件。美国校内外高度开放的图书馆、阅览室、科技馆、实验室等，使学生的创新思维和创造发明活动有资料、有器材、有设施，有条件的学校还可开设创造活动课，让学生自己创办报纸、电视台、广播站，使学生独立地、创造性地开展工作，发挥自己的才能。另一方面，教育教学理念的转变是创新教育开展的实践条件。在教育教学过程中，要提高课堂效率和质量，避免让学生陷入沉重的课业负担、烦琐的死记硬背，使学生有时间、有条件接触自然，参加社会实践，锻炼学生发现问题、提出问题、分析问题和解决问题的能力。

（三）整体性

创新教育针对的是能够全面发展的学生个体，传统教育模式限制了学生个性的多样发展，而创新教育则追求人格发展的和谐性与特异性相统一。创新教育注重培养学生矢志不移的人生信念、坚忍不拔的奋斗意志，强调培养学生从事未来创造性工作所具备的独特精神品质，主要包括坚持探索不随波逐流的独立人格，标新立异、破除框框的批判精神，不拘陈见、富于变通的灵活态度，博采众长、吸纳百川的广阔胸怀等。

二、美国学校创新教育的推动因素

创新教育是创新能力培养的重要途径，对于基础教育阶段的中小学来讲，创新教育能够为学生提供更加自由的氛围，是创新人才成长最可靠的发展依据。学生个体的创新能力不仅表现在外在对知识的摄取、改组和运用以及对新技术的发明和掌握，更是学生内在的个体特质的具体体现，如发现问题、积极探求的心理取向，把握机会的敏锐性，积极改变自己并改变环境的应变能力，追求创新的潜在意识等。美国中小学创新教育之所以得到高度重视，并且实现了高水平发展，主要得益于以下因素的共同影响。

（一）创新文化的辐射

美国根植于新大陆。这与欧洲社会不同。滕大春先生在为《民主主义与教育》中译本作序时写道，美国需要拓殖边疆，需要冒险开辟，需要超新求生，需要在非固定、非永恒、非一成不变的环境中，面对新事物，提出新见解，从而建造新世界。客观形势迫使人们勇于探索而不守成规，革故鼎新、大胆尝试、勇于试验、不怕失败，由来已久①。这种传统延续至今。

美国中小学创新教育的开展，离不开作为美国立国精神的平等、自由、民主理念这一文化基础。学术平等表现为藐视权威、挑战未知、质疑既定结论，“于不疑处有疑，方是进矣”的学风，这是去中心化的重要体现。美国中小学教育强调开放、自由的思维空间，不拘泥于前人和书本知识的系统传承，试图通过已知结论的推导求证，培养学生对未知领域的探究勇气和发问精神。美国作为一个移民国家，是多族裔、多种文化的大熔炉，利于多种理念的碰撞和交汇，这种环境为创新教育的开展提供了广阔的社会土壤和发展空间。学校通过国际学生俱乐部、各种学生团体等组织，活跃校园生活，开阔学生视野，潜移默化地对学生进行创新熏陶。

（二）社会进步的呼唤

创新是推动社会进步的动力，是国家发展战略的核心，是提高综合国力的关键。人类的进步、社会的发展，都依赖于人们不断创新。随着创新周期的缩短，创新成果得到广泛运用。创新教育培养出各种具有创新思维、创新能力的人才。美国在诸多领域开拓创新，最终使这个年轻的国家发生巨大的变化。创新人才的培养是创新的基础，作为基础的中小学教育则在很大程度上承担着创新教育的培养重任，对中小学生进行创新意识的培养具有较强的现实必要性和发展可能性。

---

① ［美］约翰·杜威著：《民主主义与教育》，人民教育出版社 1990 年版，第 7 页。

（三）科技进步的诉求

当今世界，科学技术发展日新月异。计算机和移动互联技术发展给人们的生产、生活、生存带来了巨大改变。现代科学技术愈来愈同发展经济的需要相结合，愈来愈同改善社会物质生活条件的需要相结合，愈来愈同提高社会的精神生活和精神文明建设的需要相结合，愈来愈同保护和改善自然生态环境的需要相结合，愈来愈同寻求解决全人类面临的共同性重大问题的需要相结合。美国同行认为，人类已经跨入知识经济时代，应通过实施大规模知识战略，建立完善的知识基础设施，构建大数据、云计算，这样才能在获取知识、运用知识方面始终处于优势地位。近年来，3D 打印风行，航天科技的迈进，生物工程的普及，对基础教育培养人的内容、规格、方式都提出新的要求。知识陈旧率的加快，更要求学生具备自学能力、独立思考能力、创新精神和实践能力。就学生的创新能力的培养而言，要切实以培养学生的高素质为目标推动各项改革。要由过去主要注重学科知识，转向使学生不仅掌握扎实的学科知识，而且要掌握宽厚的基础知识和丰富的人文知识。要由过去主要注重传授和学习已经形成的知识转向不仅要注重传授和学习知识经济与教育创新已经形成的知识，而且要注重培养学生进行知识创新、技术创新的能力。要由过去主要根据知识的掌握多少来衡量质量转向不仅要根据知识的掌握多少来衡量质量，而且特别注重从能力和素质的角度衡量质量。要培养学生的团队精神，提高其心理素质，使他们学会与人共处，经得起失败的考验。

（四）学生发展的需要

美国基础教育特别注重社会对学生的要求，这就要求学生全面发展。但作为个体，由于其先天禀赋、后天的成长经历和接受的影响不同，每人都有其自身特征并逐步形成相互区别的发展倾向和特长。学生个性是普遍的、绝对的，尤其是学生个性中的独立性、积极性、创造性和竞争性应当受到特别关照和培养。鼓励学生发表质疑观点或批评意见，鼓励学生公开地讨论和争辩，都是培养学生个性发展之关键环节。多数美国中小学教师不用是否听话或单纯的考试成绩来划分学生优劣，因为单一层面的评价标准容易造成方向性引导失误，最终不利于学生的全面发展。

三、美国学校创新教育的基本依据

对中小学生开展创新教育不仅是外界推动的结果，对于教育本身来讲，创新教育以较强的科学指导作为发展依据，如脑科学、建构主义学习理论、多元智能理论等都为创新教育的开展提供支撑性理论，使其具有科学存在的内在可能性。

（一）脑科学基础

人脑的潜能是巨大的，而迄今开发利用的只是其一小部分。学生的发展应是自由、全面、充分的发展，开发大脑潜能，提高认知能力能促进这种发展。随着人类对大脑功能的细致化认识，人脑的左半球和右半球所具有的不同功能逐渐被明晰化认识。在对左脑功能偏重于阅读、书写、数学运算和理性思维等认识基础上，教育工作者对右脑能直接产生的能力有了科学的认识，如具体思维能力、空间的认识能力、复杂关系的理解能力、情绪表达和识别能力等。充分开发和运用右脑，能够在最大程度上实现人的创新潜能的开发，而创新教育则是可利用的有效途径之一。美国中小学教师在充分认识脑科学的基础上，坚信每个学生都有一定的创新潜能，并通过专业手段对学生的创新潜能进行激发，为学生创新特征由隐性潜能向显性能力的转变提供外部动力。美国中小学教师鼓励学生质疑问难，善于发现创新的火花。质疑意味着思考，批判意味着重新审视已有的知识及其他条件，并创造性地加以运用及解决问题。对右脑机能的了解和掌握，有利于教师运用更为科学的方法指导学生开动脑筋，寻找问题的可能性答案，培养学生独立思考的态度和批判精神。更好地保护学生的好奇心和求知欲，鼓励、提倡学生大胆质疑、善于发现问题，培养他们敢于标新立异、敢于想象猜测、不束缚自己的创造性思维的创造品格，促进创新教育成果的实现。

（二）建构主义学习理论

以皮亚杰为代表的建构主义学习理论指出，学习的本质是建构，即强调学习的发生不是被动接受，而是主动建构的过程。建构有两个基本含义：第一，建构既是一种发现又是一种发明，建构有创造性的意思；第二，建构必然是一个发生、发展的过程，发生的起点与发展的基础是主客体之间的相互作用，即动作或行为。建构是一种主动建构，并不是外界给予任何刺激主体都会发生建构，而是只有学习者了解了刺激对自身的意义或发现了刺激与已有经验间有某种关系时才会去建构。学习不是刺激与反应间的机械联结，而是一个有意义的心理过程，包含了价值、情绪的色彩，涉及的是整个人而不是单纯认知成分的参与，而且这种学习以个体的积极参与和投入为特征，是一种自发、自觉的学习，是从自我实现的倾向中产生的一种学习，学习者可以自由地去实现自己的潜能，求得自由与充分的发展。

创新教育不仅与教学中各种因素有关，也受来自课堂外的各种因素的影响。在教学内容上应根据学生背景知识，把学科、社会和个人三者要求有机结合。教学目标应重视学生获取知识的过程，用动态、发展的眼光来看待学生。教学评价应把智力因素与非智力因素相结合，把是否利于学生发展作为合理教学评价的标准。在管理上应树立正确的教师和学生观，学生不仅仅是知识的容器，教师也不仅仅是教书匠。教学应是师生间一种创造性的活动，应让学生有一定的自由度、想象空间和施展余地。在教学中必须确立学生的主体地位，让学生学会在生活中做出自我选择，使之具有创新能力，在社会中实现自己的价值。

（三）多元智能理论

1983年，美国哈佛大学心理学家霍华德·加德纳（Howard Gardner）出版了《智能的结构：多元智能理论》一书，提出了一种全新的有关人类智能的理论，即多元智能理论。加德纳认为，智力是在某种社会价值标准和文化环境下，个体解决自己遇到的真正难题或生产及创造有效产品所需要的能力。判断一个人的智力水平，要看这个人解决问题的能力，及其在自然合理环境下的创造力。他还强调，智力并非像我们以往认为的那样，是以语言能力和数学逻辑能力为核心、以整合方式存在的一种智力，而是彼此相互独立，以多元方式存在的一组智力。加德纳在大量科学研究的基础上指出，人的智能结构大致上是由八种智能要素组成，即语言文字智能、数学逻辑智能、视觉空间智能、身体运动智能、音乐旋律智能、人际关系智能、自我认知智能和自然观察智能。多元智能理论的提出，对创新教育教学也产生了巨大的影响。它使人们开始认识到，学校教育应是开发智能的教育，其宗旨是开发学生的多种智能，并帮助学生发现其智能的特点和业余爱好，促进其发展。教育要真正面向全体学生，促进学生全面发展，必须以创新为核心，以提高学生的基本素质为根本目的。而要提高学生的基本素质，又必须从多元角度去思考，切实培养和开发学生的多元智能，从多元角度培养创新人才。传统教育侧重语言智能和数理逻辑智能的训练、开发和评价，使相当多学生的潜能被忽视、被压抑甚至被摧残，而多元智能理论超越了以语言和数学逻辑为依据的传统智能理论框架，它拓宽了人们对智能的认识，为挖掘学生身上尚未被开发和发现的潜能，帮助学生树立自信、选择适合自身智能的兴趣目标，开辟了广阔道路，提供了现代理论与实验研究的基础。

四、美国学校创新教育的开展

（一）鼓励并引导学生独立思考

与传授式的教育教学方式不同，美国中小学教育强调启发式教学，尊重学生的主体地位，突出了教学的发展性。例如，美国长岛县高中一节化学课上，教师在讲授气体的占空间、可压缩、易扩散性质时，都通过演示实验帮助学生理解，并指导学生自己归纳出结论。学校努力保护学生的好奇心和求知欲，提倡和鼓励学生大胆质疑，独立思考，勇于冲破现成的思维定式。敢于质疑问难、善于发现，是创新的火花。美国中小学给学生创设一种宽松、民主的氛围，尊重学生的主体地位，采取教师启发、引导和学生积极参与的方法，指导学生开动脑筋，寻找问题的可能性答案，鼓励学生独立思考的态度和批判精神。在普通的教育教学中，美国中小学生独立思考的能力得到了发展性支持，这同样是学生创新能力发挥作用的条件性基础。

（二）分层教学满足每名学生的创新发展需求

在美国中小学校，面向全体学生的普及教育和面向少数学生的英才教育是同时存在的。2006 年美国教育部开展了 700 万美元的中小学英才教育项目，约翰·霍普金斯大学也宣布继续其由来已久的青少年英才教育计划（Talent Search）。无论大学还是高中，在选拔英才苗子时并无固定的模式，往往先看学生数学或科学潜力，再看其全面素质。一般能力出众者（gifted），可能被发现并得以重点培养，某种能力出众者（talented），也可能受到专门指导。“英才”在美国并不神秘，比例较高，大约20%的学生被视为英才。在针对所有学生进行班级施教的同时，注重适应每位学生的需要开展个别教学，这为能力出众者群体提供了创新发展的机会和空间。

美国基础教育极为重视培养学生独立思考的能力，对于这一能力的培养，主要通过演讲或辩论课程来实现，有的学校从小学就开设演讲或辩论课程。在得克萨斯州，几乎所有高中都开设了辩论课程，鼓励学生在辩论过程中，用正确逻辑方法形成自己独立观点的思想认识，在这个过程中培养学生独立思考问题的能力，进而达到创新能力的培养。

分层教学的分类形式多种多样。例如，外部分组，即按能力分组或按兴趣分组，这种分组方式打破学生传统的分类标准，如年龄、性别等，而是将所关注的潜在可发展能力作为分类标准，为具有共同兴趣爱好的学生提供共同学习的环境。内部分组，即在保持传统的按年龄编班的班级教学条件下，根据学生的学习能力，学习速度和学习兴趣等因素将他们编入暂时性的小组里学习。在创新型国家建设的总体战略中，美国各州勇于摆脱制约高中教育发展的桎梏，开阔办学思维，创新教学实践。在课程改革和教学过程的各个环节中，重视对学生创新精神和创造能力的培养，因材施教，让所有学生在各自基础上获得充分发展。

纽约州博览富高中物理课程的模块设置就反映了分层教学的特点。

概念物理（10—11年级）。介绍物质相互作用和能量的特性和本质，以及力学、热学、电磁学、波动学、光学和原子核等基本的物理学原理。“概念物理”是为那些今后从事非物理或非科学研究的学生准备的，传授作为现代科技社会的合格公民所必需的科学知识，注重科学与生活、社会的联系及应用，弘扬和渗透科学意识和科学精神。

物理（11—12年级）。课程运用较多的数学知识，对代数和三角函数、实验技能包括图线分析方法有较高的要求，涵盖力、热、电磁、波、光学、狭义相对论和原子的结构。此课程是大学物理的预备课程，旨在为今后学习科学包括工程的学生做准备，传授从事任何一门科学或者工程专业的研究所必备的知识和方法。

物理C（11—12年级）。这是进度快、相当于大学水平的物理，重点是力学。学生选学这门课程需要一定的微积分知识，学完后可以参加AP考试以获得大学的学分。物理C是为在物理学方面有天赋并立志从事物理专业研究的学生准备的。

独立科学研究（12年级）。这是一门选修课，为那些对科学、工程、数学、计算机有极大兴趣的学生做继续深造的准备。重点在于帮助学生开展科学探究，充分发挥潜能。选学这门课程的学生应该具备较强的科学背景，在本课程所做的课题备受关注并全程得到指导。

为了体现自主性和选择性，发挥学生的主体意识，弗吉尼亚州把课程标准称作“学习标准”，并在各门学习标准前言中明确指出，学习标准并非涵盖全部具体教学内容或方法，而是鼓励教师参考这些标准选择适合学生的教学策略和评价方式。学生修完这些课程须参加考试，根据通过考试的情况，获得不同的高中文凭。例如，就科学课程而言，要获得“标准文凭”，需最少完成两个不同领域的3门科学课程；要获得“高级学习文凭”，则需最少完成3个不同领域的4门科学课程。

（三）注重知识的发生过程而非灌输

在教材使用方面，美国高中学校完全采用“资源性教材”的使用思路。美国学生没有固定教科书，教科书有点像科普读物，是典型的资源性教材，师生依据教科书，却不拘泥教科书，更不会拘泥一套教科书，教材只是为学生提供学习资源。教科书内容极为关注知识的关联性、综合性和系统性，一般包括知识领域背景、知识的主要内容、基本规律原理、在社会生活中的应用、知识领域未来发展方向等。几乎每一个原理和知识点在教科书中出现的时候，都遵从这样一个呈现规律，这样学生所学到的知识或原理，就不是一个又一个零散的学科知识点，而是一个极为综合的学科知识网络。在这个网络中知识发展历史、与其他学科之间的关联，以及与生活的联系，都被清晰呈现出来。这样学生看到的是一个庞大的知识系统，而非零散的知识，是一个知识网而非知识点。

笔者在弗吉尼亚州自由高中的一节物理课上看到，教师讲解物体平抛运动这节课的大部分时间，都是让学生在实验台上操作，验证物体在水平方向匀速运动和竖直方向自由落体运动的等时性、测量物体的初速度、描绘其运动轨迹、分析测量数据得出物体的轨迹方程；注重知识发生的过程，实验数据的采集是实时的，数据的分析处理更强调方法。学生在学习过程中注重探索式学习，教师为学生创设了较为宽松的探究氛围，教师启发和引导学生积极主动参与实验，让学生亲自体验知识发生的全过程，经过认真思考和分析实验数据自己得出正确的结论。虽然过程式教学在一定程度上表现出教学效率较低，但将学生的发展作为首要目标，却是值得称道的。过程性学习在培养学生创新意识和能力的同时，会进一步深化学生对知识的理解性记忆。

美国的中小学普遍给学生提供课题研究的机会。以博览富高中为例，学生课题分为初级、高级，一个教师带若干名学生做课题，还要定期去大学或者请大学教授指导。如2005—2006年度，突触开发的指导教师来自爱因斯坦医学院；城区气喘病流行问题，指导者来自当地医院；质子疗法问题，指导者来自国家实验室；多样能源及其使用，指导者来自一家著名工程公司。参加课题研究的学生，一般能够认真研究，大胆思考，克服困难，取得进步。有不少课题，直接涉及现实重要的理论或实践问题。

2006年5月3日，纽约长岛县高中学生科博会隆重召开。参展者所推出的课题非常广泛。例如：校园内使用手机对学生学业和社会行为的影响？个性类型与吸毒、酗酒、抽烟有关么？年龄是否影响学习能力？宠物对我们的生活有正面影响么？4、5岁的幼儿能区分糖与药之别么？在长岛县高中女生比男生聪明吗？房间的气味会影响人的注意力吗？虫子对不同土壤的反应？我们如何用太阳能替代电能？水母是否有助于净化纽约的东河？在纽约市怎样才能使用菜油替代汽油？体毛的功能？活力饮料的真相？健康饮食的发现？这些问题让人深思，催人探究。

（四）让学生初步掌握创新的基本方法

美国中小学校重视帮助学生了解创造发明过程，掌握创造发明的基本方法或规律，逐步具备初步的创造能力。创造能力的培养除了要具备创造意识，还要学会创造的方法，了解创造的规律。要让学生了解创造发明过程，掌握创造发明的基本方法，积极鼓励学生进行小创造、小发明等，逐步提高创造能力。2003 年，从小随母从广州来美的俄勒冈州波特兰市主教高中的李天惠在英特尔科学奖决赛中获第 2 名。她提交的论文是利用惯性静电效应控制核裂变，以减少开支，提高效率，显示出较强的创造才能。

“学生为主体”，是从另一侧面强调学生独立学习、学会学习，强调学生学习的主动性和建立自己的知识与能力结构的自主性，同时，强调学生在学习方面的责任感。所谓尊重学生的主体地位，就是要充分认识到教师是为学生服务的。所谓发挥学生的主体作用，就是要调动学生主动学习的积极性，把学习的主动权还给学生，同时加强学生对自己学习的责任感；不仅强调课内学习，也强调课外多渠道学习，强调学生之间的相互促进和交流。这种学会独立生活、独立学习，追求独立研究能力的学生，无疑是 21 世纪所需要的人才。

马丁·妮普（G. Martin Kniep）博士是纽约州教育顾问。她在她的《创新教育八法》中，提出教师开展创新教育应该注意 8 个方面。

第一，提出基本问题。在教授某一内容时，提出贯穿这一内容的问题，即进行恰如其分的设问，促进课堂讨论和思考，增强课程设计的内在联系，帮助学生认识到学无止境。

第二，进行课程综合。保持课程内容的一致性。要教的东西太多，教科书越来越厚，要求也越来越苛刻，这是选择教学内容所要应对的挑战。因而，教师精选有代表性的基础知识，发挥提纲挈领的作用，不能过多依赖于教科书和孤立地组织活动或讲课。

第三，分析课程标准。进行标准化课程开发与评估，帮助教师针对学生实际，确立教学优先考虑事项。

第四，鼓励学生实践。创设更多机会，让学生接触自然，了解社会，获得真切的体验。

第五，实施合理评价。不搞百分制评价。百分制评价区分度太高，造成过度竞争，让人分分计较。制定科学、合理、具有引导性的评价标准，实行等级评价。评价过程中，要多看学生发展情况，多看学生全面表现，多看学生综合素质，把学生的知识掌握情况、能力发展情况、技能形成情况以及品德和情感的变化情况均纳入进来。

第六，利用档案袋。档案袋就是学生作业的汇集。用来展示学生在一个或几个方面付出的努力、获得的进步和成绩。这种作业的汇集具有目的性与系统性，是直抵学生思想和心灵深处的窗口。

第七，让学生自我了解。教师不能让自己的做法剥夺了学生了解自己的机会。要引导他们深入了解自我的长处与特点。教师不要总告诉学生自己看到了什么、什么是有价值的，而要让学生去发现他们看到了什么、什么才是有价值的。只有这样，学生才能避免仅用以往的经验来臆想今后的事情。

第八，培养学生兴趣。启发诱导，积极鼓励，耐心帮助，让学生乐于思维，懂得思维。

（五）教育领域纵向延至大学

创新人才的培养伴随着儿童成长的整个过程，是连续的发展过程。由于美国中小学教育的主要特征表现为普及性，因此其筛选功能相对较弱。于是高等院校也加入到基础教育的创新教育中，开展多种竞赛和筛选项目，在帮助学生创新能力开发、提升的同时，筛选具有发展潜质的中小学生进行跟踪式培养。如加利福尼亚大学圣塔巴巴拉校区的创新研究学院针对当地具有发展潜能的中小学生，就艺术、生物、化学、文学、数学、音乐、物理等领域设立“年轻学者项目”，提供创新辅导。麻省理工学院在乐莫尔森—MIT 项目中设有“高中发明学徒奖”以及“乐莫尔森—MIT 学生奖”，前者奖励来自各地的中学生及大学生在医学、机械、计算机、环境等领域的创造发明，后者则针对具有特殊创造发明潜力的高中生，提供暑期专门领域的专业课程训练。约翰·霍普金斯大学的“天才青年中心”以及“罗宾森年轻学者中心”坚持实施“提前进入项目”，旨在鼓励中小学生的创造精神和创新能力，并为品学兼优的学生提供提前升入大学的机会。

（六）教育环境横向延至社会

美国的创新教育是一项浩大的系统工程，它包括教育体制的创新、评价和考试制度的创新、教材创新、教育投资模式创新、师资培训以及课堂教学模式的创新等。创新教育系统工程的实施首先必须实现教育观念的创新，如现已引起人们普遍关注的终身教育、全民教育、通识教育、个性化教育、创造力教育等问题，都面临着知识经济时代的新挑战。

美国政府的政策支持教育创新方案的出台，如技术创新挑战资助项目、杰维茨天赋学生教育项目等；设立教育创新奖，如蓝带学校项目重视中学的教育创新、教师提高和学生学习成效的改善；国家“重点学校管理者委员会”每年定期评选并颁发国家年度教师奖，鼓励致力于创新和优质教育的成绩突出者。除政府的政策支持外，众多民间团体积极参与创新教育，为创新和合作理念的实现奠定基础。如弗吉尼亚未来问题解决组织，专门为高中毕业生举办工作坊及解决未来问题的竞赛。得克萨斯创新问题解决组织的服务对象，从幼儿园到大学，开展“想象未来”项目，训练学生从团队合作中发展创意和想象力。

美国学校很注意让学生从社会中、从大自然中获取知识，学生们经常出去旅行。学到哪一部分内容，就到实地参观、考察相关内容，工厂、农场，哪儿都去。如果有学生因家庭困难没钱出去，学校可以建议他用勤工俭学来解决经济困难。如果家长出国或到外地去旅行，要带上孩子也行，学校也会积极支持，并不认为会耽误学习，反而认为这是最生动的学习，可以开阔眼界。有孩子的家长要去欧洲旅行，学校积极支持孩子一同前往，并且各科教师也抓住时机根据这个孩子的特点，布置一些相应的旅游作业。历史教师要求他参观一下欧洲的博物馆和一些历史古迹，返校后让他做一个参观报告。他的法语教师让他在旅游期间，写一封法语信给他和全班同学，尽量用学到的法语单词、句型传达所见所闻。

美国各个社区都设有图书馆、艺术馆、航空馆、体育馆等公共设施，这些场馆都对中小学生免费开放，可供学生参观、玩耍，还可供上课。比如芝加哥的一个水族馆，这是一个名副其实的水底世界，也是孩子们的乐园，在这里他们能增长不少见识，沟通课内外的知识。位于硅谷的现代技术革新博物馆，馆中的计算机可用于设计自行车、机器人、电子软件、人体科学、自然科学、计算机实验室，绝大部分是参与式设计，还专门设计了竞赛项目。博物馆每年接受大批参观的学生，这些高质量的博物馆为启发学生的创造性思维和学习提供了很多便利的条件。

美国的各类博物馆、科技馆、艺术馆以轻松、娱乐的方式，向学生提供接触科学或艺术以及文化创意产物的学习空间。美国有些地方针对教学创新、教材及创意课程，举办教育工作者及家长创新课程研究中心，如美国创新教育协会、创新学习中心、国家教学中心、国家思维中心等。“美国创新教学学会”鼓励合作发展创意教学和教材，进行研究分享。美国中小学创新教育的开展不局限于学校范围内，而是充分发挥校外力量。事实上，扩大教育环境的做法符合学生身心发展特点，有利于学生创新能力的培养。

（七）教育疆域向虚延至网络①

根据各州和学区所提供的网络课程资源，学校也致力于改变学生的学习模式和教师的教学模式，主要的创新表现在 3 个方面。

一是允许学生在校学习的同时注册网络课程。学校通过上述做法积累了传统课程、网络课程并用，相互交叉、相互补充的经验。如佐治亚州的多数学区允许学生跨学区选修网络课程，大大拓展了原有“磁石学校”由于物理距离或班额容量带来的限制。甚至不少学区已经开始考虑通过他们的创新网络课程招收外学区的学生。

二是课程教学不再受到“教师中心”和“学生中心”的限制，实现以有效资源为背景的“以学习为中心”的转变。使基于互联互动网络的个体学习、小组学习、班级学习突破时空的限制，延伸了教学组织形式的范围。

三是课程教学得到高效整合。呈现方式的变化，使原有教学演绎教材的模式转变为镶嵌、融合的模式。教学模式改变了课程的统一性、普遍性、模式化，转而形成了个别化、差异化、动态性等特征。多媒体手段也不再限于对教室或学校外世界的真实再现，更在于对逻辑和概念进行形象化或形式化的处理，促进对复杂事实知识和程序性知识的理解。

结语

综上所述，美国中小学创新教育的形式多样，内容丰富，追求共同的发展目标，即学生创新能力的发现、甄别和保护。同时，包括学校、家庭、社会在内的

① 刘翠航：《美国中小学数字化发展述评》，《课程·教材·教法》2014 年第 9 期。

相关方面都在最大程度上为创新教育的开展提供时间和空间保障，事实上，这是对相关主体在评价方式、教学方式方面提出了与时俱进的新要求。所以，各国都改革高考科目的内容，增加考查学生思维能力的分量。改革录取依据，不能只是看一次考试的成绩。要将综合素质考查和学生的成长记录做好、做实、做真，加强高中与大学的联系与沟通，探索科学的多样化的选拔人才的体制和机制，从而为中小学创新教育开展创设较为宽松的环境，引导广大学生全面发展，也便于大学选拔富有潜力的新生。开展创新教育，培养青少年的创新精神，开发青少年的创造力，已成为美国和世界教育的一个潮流。创新是知识经济的核心，创新教育必将成为教育改革的一个重点。美国联邦教育部对创新教育项目非常重视，2013年投入 1.5 亿美元支持创新教育试点。美国学者认为，只有牢牢抓好创新教育，才能造就适应 21 世纪知识经济要求的开拓型人才。

图10–1 纽约博览富高中的师生在商量做义工事宜

第十章

和风细雨求实效：美国学校品格教育

学校教育是有目的有意识地培养人的活动。美国中小学校对学生品格教育十分重视，通过多种渠道引导人，熏陶人，感染人，规范人，尽量贴近学生认知水平和年龄特点，潜移默化地形成学生的人生观、价值观。学校不在真空里，要追求品格教育的效果，政府、社会、家庭都必须各司其职，协调配合。

一、美国学校品格教育回眸

20 世纪早期，美国著名的哲学家和教育学家约翰·杜威在教育中侧重品格教育，认为它是学校教育的中心任务。然而，随着科学技术的迅速发展及其在物质领域取得的巨大成功，美国转而强调科学教育在现代学校教育中的核心地位。而当社会出现道德滑坡现象时，又有许多人士呼吁加强对学生的品格教育。

（一）20 世纪的做法

“冷战”时期军备竞赛背后的科学技术较量，使得教育的天平发生严重倾斜。1957 年苏联第一颗人造地球卫星的发射对美国产生了强烈刺激。在这种强烈的国家安全需要的影响下，学校的品格教育逐渐让位于科技教育。从 20 世纪 60 年代开始，受越战失败和许多社会运动的影响，美国传统价值观和政府权威受到挑战，学校的品格教育也受到质疑。年轻一代对自己的社会责任并不看重，反而回避传统的、具体的规范和价值约束。教育作为价值传播者、引导者的作用被忽视。而对品格教育的忽视，很快就让人们尝到了苦果。1964 年纽约街头发生 38 人目睹一歹徒追杀一妇人却无人搭救或主动报警的悲剧，这件事引起了美国社会的震动。1973 年斯皮尔斯通过测量研究对公立学校的教育目标进行排序，结果显示，良好品格和自尊的发展被摆在教育目标的末位。

20 世纪 80 年代后，美国社会问题频发，一度出现经济衰退、就业率下降、犯罪率上升等现象。据统计，1960—1992 年，青少年暴力犯罪增长了 6 倍，校园枪击事件时有发生。1979 年到 1998 年，美国青少年仅死于枪杀的就有 6 万人，这个数字超过了美军在越南、海湾、海地、索马里和波西尼亚战争中阵亡的总人数①。从此，人们对良好品质关心起来，美国遂重新关注品格教育，以期发挥品格教育的工具性价值，改变青少年道德滑坡的被动局面，回应诊治社会病理的强烈要求。

1987 年，美国校长协会向美国教育部提出名为“在公立学校中发展品质”

---

① 参见 https://www.charactercounts.org/background.html.

的计划，以在学校内促进学生的品质发展。当时，超过 1.5 万所学校参与该计划。整个计划有 2 个目标：一是增强对在地方公立学校实施品格发展计划重要性的认识，以保持美国社会的稳定和进步；二是鼓励在公立中小学建立和推进品格发展计划。

1989 年美国总统召开了历史上首次教育高峰会议以讨论品格教育。此后，品格教育在美国受到社会的日益关注，其发展势头日趋强劲。1990 年新品格教育运动出现，全国性的品格教育组织不断涌现。随后在 1996 年的第二次教育高峰会议和 1997 年的总统《国情咨文》中，将品格教育作为教育改革的新方向在更大范围内推广。虽然，教育改革的中心任务是提高教育质量，注重“智育”问题，但随着教育改革的进一步深化，品格教育的问题越来越引起教育工作者的关注。

（二）进入 21 世纪以来的做法

1. 应对校园暴力事件

进入 21 世纪以来，美国中小学生的道德品质状况仍喜忧参半。一方面，品德良好的年轻人比比皆是，另一方面，青少年吸毒、暴力、早孕、偷窃等现象屡见不鲜，影响着青少年的身心发展，同样成为影响社会安定的消极因素。以校园枪击案为例。2002 年，马里兰州少年狙击手与其继父一道滥杀无辜，引起一片惊惶；2003 年，中部数州均发生了中学生射杀老师又饮弹自尽的悲剧；2005 年，美国明尼苏达州和田纳西州先后发生血腥校园枪击事件；2006 年，美国佛蒙特州、科罗拉多州、宾夕法尼亚州均发生骇人听闻的校园枪击事件，造成社会恐慌；2007 年，美国西北部华盛顿州一所高中发生枪击事件，一名学生在学校的走廊上用枪朝另一名学生射击，致使对方当场死亡；2012 年，美国康涅狄格小学发生校园枪击惨案，造成 28 人死亡，其中包括 20 名儿童；2014 年，华盛顿州又发生校园枪击案，震惊全美。

面对屡禁不止的校园暴力事件，社会公众和教育工作者又一次将目光投向品格教育。一系列全国性和地方性的教育组织应运而生，如“品格教育同盟会”“品格教育联合会”。二者都在互联网上建立了大规模的资料库和情报交换中心。在它们的网页上，辟有许多讨论小组，网友可以选择自己有兴趣的论题参与讨论或提出新的论题。类似专门针对品格教育的组织，正在不断地建立和成长。联邦教育部近年来不断发布专项拨款，在经费上资助各类品格教育组织。除相关组织的建立外，地方学区和中小学也都纷纷行动起来，试图将越来越多的品格教育纳入日常教学中，促进品格教育的开展，如纽约市教育局实施的“勇气周”“诚实周”“友爱周”等活动效果显著①。有统计表明，12 至 18 岁学生的犯罪率有所下降。1992 年每千名学生中 181 人有犯罪行为，2012 年下降到每千名学生中 52 人有犯罪行为②。

2. 改善品格教育内容

自 20 世纪 80 年代末，美国校长协会号召加强青少年“品格教育”，改正公立学校小学生不良行为与习惯，培养学生吃苦耐劳精神，提高青少年的“道德品质”。美国品格教育的内容从整体上看是围绕公民教育进行的，要求教师和服务于学生的教学管理人员帮助学生成为合格的美国公民③。虽然众多研究机构对品格教育的内涵进行各式各样的分析，但基本思路是一致的，认为美国品格教育的内容是建立在“信赖、尊重、责任、公平、关怀和公德”的六大支柱上，并且这种基本分类和内容界定已经得到美国国会和几十个州政府的广泛认可。具体来讲有以下方面。

一是信赖。包括诚实，不欺骗，不偷窃，说到做到，勇于坚持真理，建立声誉，忠于家庭、朋友和国家。

二是尊重。包括尊重别人，包容差别，举止礼貌，语言文明，照顾别人的感受，不威胁、伤害别人，用和平方式处理争执、愤怒和污辱。

三是责任。包括做自己应该做的事，坚持不懈，尽最大的努力，自控，自律，谨慎，可靠。

四是公平。包括照章办事，轮流分享，不存偏见，倾听别人意见，不利用他人，不推诿过失。

---

① 鲍承模：《美国的品质教育与中国的素质教育》，《教育发展研究》1999 年第 9 期。

② U. S. Department of Education. *The Condition of Education 2014*.

③ 屠克、贾磊：《美国的品德教育及其启示》，《漯河职业技术学院学报（综合版）》2003 年第 4 期。

五是关怀。包括善良，热情，感恩，宽恕，助人。

六是公德。包括对学校和社区尽到自己的本分，遵纪守法，尊重上级，保护环境。

3. **加强校风校纪管理**

据中国驻纽约总领事馆教育组观察，2014 年 1 月 8 日，美国教育部与美国司法部联合发布中小学纪律管理指南，以帮助各州、学区及学校在与法律条款相一致的前提下加强校风校纪管理。该指南主要包括 4 个部分。

第一，民权规范，告知学校在对学生进行纪律管理时如何与法律精神保持一致，特别是避免触犯种族平等原则；

第二，指导方针，通过理论成果和实际案例阐述净化校园风气，严肃校园纪律的原则与最佳行动方式；

第三，资源库，提供联邦政府相关技术支持和其他资源的索引；

第四，法律目录，包括联邦和地方关于学校纪律管理的法规。

二、 美国学校品格教育的特征

（一）品格教育坚持核心价值观

价值观是全民公共品格和最大公约数，是一种持久的信念、态度和情感，是在社会交往中规范人们行为与活动的理论体系和行动指南。人们对事物的价值判断，决定着人们的行为准则和原则。价值观的形成通常是在外部动力的影响下，持续发展的过程。对于青少年价值观的形成过程来讲，中小学阶段的学生，价值观处于一种观察、模仿、形成的状态。随着知识的增长和生活经验的积累，个体的价值观逐渐清晰地确立，在此阶段进行适当的干预和影响，有利于形成比较稳定的、适合的价值观。个体价值观的形成表现为逐渐社会化的过程，家庭、学校等群体对个体价值观念的形成起着关键的作用，其他社会环境也有重要的影响。在学校里注重品格教育的引领，有助于个体形成稳定的、主导的价值观。

美国学校开展的品格教育以广受美国人认可的核心价值观为基础。这些核心价值观在各州、各学区虽表述不统一，但总括起来大致有 8 点，即：慎思、勇敢、自律、公正、关心、尊重、负责、诚实。前 4 点是西方传统的核心价值，而后 4 点是针对当今社会青少年道德状况提出来的①。美国学者认为，以上核心价值观有利于个人的发展和利益，同时有利于公众利益，有利于在一个民主的社会里对人们的权利和义务做出解释。学校的品格教育就是要公开倡导和坚持这些价值观念，向学校所在社区的全体人员传播这些价值观念，培养全体人员遵循、实践这些价值观念，把这些价值观念作为在校人际关系的基础。学校要向学生说明，这些基本的人类价值观念超越了宗教和文化的差异，表达了人们共同的心愿。

（二）品格教育培养学生积极态度

品格教育力图对学生未来在个人和社会生存方面有帮助，包括了社会学和情感学的双向评价指标。有效的品格教育要求采取一种积极、有意识的态度，从而对学校生活的各个阶段的核心价值观产生促进作用。“有意识的”态度是指在品格教育中通过一系列方法的有意识设计，来培养学生的积极品质，而不是简单地等待机会。品格教育中“积极”态度强调学生品格的发展目标。对于个体来讲，“积极”态度是主观能动机会和程度的表现，是学生优良品质的重要方向性指标。

一方面，“积极”是一种人生态度，本身具有正向的社会价值。由于社会环境的复杂多样和个体处理问题时意识的矛盾性，积极的态度将作为重要的发展动力和持续力发挥作用。在顺境中，个体的积极态度会表现出积极进取的态势，这是其激励作用发挥的重要体现。而在逆境中，个体的积极态度会表现出较强的坚持力，不会轻易地被挫折击败，这是其持续力作用发挥的重要体现。因此，无论在顺境还是逆境中，积极态度会呈现出一种稳定性，利于“胜不骄、败不馁”状态的保持。

另一方面，“积极”是一种处事风格，是个体与环境间相互作用的结果。个体的存在不仅具备自然特性，而且具有社会属性，这便要求个体人同时具备自然属性和社会属性。随着个体社会化程度的增加，其社会属性的特点也逐渐明显，

① 郑富兴：《论美国新品格教育的“社群化”特征》，《比较教育研究》2004 年第 11 期。

并在社会行为中起到决定性的指导作用。人与自然、与社会之间的互动是个体社会行为的重要表现。经过长时间的历练，个体品质就会在互动中形成并有明显体现，这是个体社会化的重要历程。积极的处事风格不仅表现出个体对问题的重视程度，还是其智慧和勇气的集中体现。

（三）品格教育蕴藏于学校课程

品格教育的关注点在于个体人生观、世界观、价值观的形成与培养，这与学校对人才培养的目标相一致。在具体课程的教育过程中，虽然知识的传递与积累是显著的外在目标，但在具体课程中同样蕴藏着优秀品格培养的目标。有效的品格教育实际是一门有趣、具有挑战性的学术课程，这门课程将所有学生作为受益对象，在尊重全体学生的基础上，运用积极手段帮助其成功。在一所充满关心的学校里，学生如能感受到被老师和其他同学喜爱和尊重，他们会更加勤奋学习，并取得成功。相应地，如果学生在校取得了成就，他们会感受到别人的关心和做人的价值。品格教育者认为人类的某些品质，可以通过正式课程与隐性课程的方式，让学生在学习美德知识的同时，通过持续训练内化为第二天性。目前，美国中小学课程教学中进行品格教育的方式主要包括以下 3 种类型：

一是正式课程。正式课程是为特定学科学习进程所安排的，它的内容编写以及用途都经过审核，教与学的内容都代表了社会的期望，如以培养尊重、关爱等品质为特点的正规课堂教学或活动。

二是隐性课程。隐性课程在很大程度上是学校教育的潜意识结果，其涉及的范围从每个学生在学校的声望、地位到学生与其他人竞争或合作的态度，学校、班级的规范有时也是隐性课程考虑的部分，学生从在学校的举止中学会怎样在社会上与他人打交道。

三是零课程（又称空无课程）。零课程是指正式课程中没有的知识和技能领域，毕竟学校时间有限、教学内容众多，世界上大多数知识只有留在零课程中。但零课程的范围也会发生改变，如原属零课程的性教育、驾驶教育、毒品教育的内容逐渐成为学校有意识、直接教授的部分。

（四）品格教育体现在规则执行

美国学校有严格管理中小学生的手册，《家长/学生手册》由州政府负责制定。手册对学生的行为规范有严格的要求，从学生入学注册到对学生提供的健康服务，从校园安全规程到学生家长权利，从学生成绩评定到言行举止。其中对学生在校内的违反规定的行为给出了严厉惩罚。学校把违纪行为划分为：一级违纪，即不守纪律的行为；二级违纪，即扰乱性的不良行为；三级违纪，即严重扰乱或危险的行为；四级违纪，即危险或暴力行为；五级违纪，即严重危险或暴力行为。上述五级规定的具体违纪行为计 124 条。其核心是纪律措施部分，分别提出了针对 124 条违纪行为学校可以采取的措施，以及在适当情况下，在纪律措施以外可以采用的指导干预范围若干条。手册详细具体，措施规定明确，不是一份只就纪律说纪律的常规管理规则，而是一份以行为及其所承担的责任为主的法规性规定。

学校对“手册”的执行也是非常严格的。有通报家长的，有单独反省的，还有违反校规罚款的。对违反纪律学生，另设饭桌以示警告。如果学生具有严重的纪律问题，就得去私立学校或学区里的特殊学校，接受专门教育。这样的学生大致占 3%。美国公立学校不允许少数学生由于违纪违规的问题，扰乱正常教学秩序，而影响到其他学生的发展。此外，有的学校还配有佩戴枪的警察，对内对外，都是一种震慑。

各个学校都制定有非常完善的学生行为规范，所有规范全部印制成册，学生人手一册。刚入学的学生和家长都会收到一本学校根据州或者独立学区规定编印的学生守则，每个家长和学生都须在学生守则上签名。学生犯了什么错，应该受到什么样的惩罚，守则上都做了明确的规定。守则上的规则严谨，说明很细，程序公开，可让学生明确哪一类违规会被交到教师办公室，哪一类违规会被校长找去谈话，哪些违规会被安排单独反省。每一件事情的处理都要留有“痕迹”，这样当学生受到更为严重的处理时学校都会有充分的证据，表明这个学生被老师找到办公室几次，被校长找去几次，禁闭几次，这样即便是最严厉的处分——强制开除，家长也必须接受。程序的严谨公开，意味着办事要公平公正，公开是公平、公正的基础和前提，这样做有利于接受大众的监督，在执行过程中减少暗箱操作的可能。

可见，美国学校校规校纪是非常严格的，违反校规校纪的惩罚也是非常严厉的，坚持违规者必须为行为后果负责任的管理机制，为学生自觉遵守学校规则和服从学校管理提供了制度保障。学生品德养成教育也就在执行和坚守规则中完成了。

（五）品格教育兼顾外在行为和内在动机

从教育对象来讲，教育作用于整体人，关注个体的全面发展，而品格教育则是针对个体的核心品格发挥作用的过程。虽然品格教育的表现形式呈现出较强的隐性特点，即品格教育的效果通常是内化于个体思想，对其进行直接性评判具有大的难度。而事实上，个体内在动机往往会直接指导其行为方式，因此通过个体的社会行为也同样能够展现出其内在品质，虽然两者间是否存在无差异反映仍有待商榷，但作为重要反映途径，通过外在行为对学生品格教育进行关注仍具有可行性。例如，为了培养学生的责任心和正义感，品格教育可通过课堂中面对的各种挑战、合作学习小组中的分工、操场斗殴现象的减少等方面进行外在行为引导，让学生在实践中深化对公平、合作以及尊重等核心价值观的理解。

在个体的发展过程中，优良品格的养成是逐步的发展过程。当个体的内在动机积累到一定程度时，会产生一种强烈的愿望去通过实践行为验证动机的正确与否。有时即使在同一内在动机下，也会表现出截然不同的社会行为，这与个体在实践中的方式选择、个体能力等方面的因素有直接关联。作为教育工作者和与学生直接相关的人员，在对学生的品格教育进行关注和评判时，应同时关注其外在行为和内在动机，努力坚持核心价值观的基本要求，对于违反规定的学生，以正向引导为主，避免采用粗暴的惩罚手段，这才能够对学生的稳定发展提供坚实的发展动力。

（六）品格教育注重学校、家长、社区全面参与

学生优良品格的养成具有持续性和全面性，因此将学生品格教育的任务仅仅局限于学校是不完整的。针对学生的品格教育应在最大范围内动员可用力量，如整合各方相关因素，遵循统一的教育目标，在避免碎片化影响的基础上，努力实

现整体性合力，追求对学生的一贯性、整体化影响。整合多场域中主导因素的引导作用。学生品格教育的实施过程不能局限于某一特定场域中，而在不同场域中学生品德教育的引导主体不尽相同，在整合多元引导主体的基础上，充分发挥多方作用能够有效提升品格教育的效率。

学校场域的教师主导，虽然学校中的品格教育以多种形式出现，如活动、讨论、表演等，但多以普适性优良品格的传授为主。事实上，学校的品格教育具有基础性特点，是最基本品质由模糊向清晰的理性发展过程。

家庭场域的家长主导，是在普适性品格教育的基础上形成的具有个性化特点的教育形式。受家庭氛围、家长意识等多方面因素的影响，家庭场域的品格教育常局限于以家庭成员间为主的品格教育措施，如对长辈的尊敬等。

社区场域的社会主导，是在学校和家庭场域的基础上，进一步扩展参与范围，是对普适性品格进一步细化实践的过程。在对象人群更加复杂时，学生的社会行为不仅是其内在品质的表现，同时也是在理性思考基础上产生的综合反映。

学校是当前品格教育的主要开展场所，家庭、社区虽然也对学生的品德塑造付出努力，但由于各方所进行的努力未经过科学的统筹和规划，因此形成不了合力，甚至存在负向作用。学校开展的品格教育缺少了家庭教育和社会教育的帮助就会表现出不完整的特点。家长示范作用的体现，对孩子品德养成起终身影响，孩子在日常生活中会下意识地模仿家长的行为。家长本身的学历、社会地位及修养决定了其对孩子的影响，同时家长也可以通过后天的学习来改善自身的欠缺，提高自身的修养，从而改进自身对孩子的影响。同时，品格教育的开展可在最大限度内争取社会力量的支持，也可以利用社会资源来进行教育。品格教育的开展可以联合专门的社会机构，如养老院、福利院以及社会帮助机构建立合作机制让学生参与服务工作，在工作中培养学生的品性。同时还可以带领学生在参观博物馆、科技馆和历史馆等具有教育价值的公共场馆时对其进行渗透教育和陶冶。

三、美国学校品格教育的措施

（一）通过立法拨款活动，促进品格教育实施

1. 颁布一系列法律法规

《安全及无毒品学校与社区法》的颁布是对暴力、吸毒问题基本应对策略的保障；《学校安全法》责成联邦教育部为各地防止暴力计划提供经费支持，包括冲突化解、咨询、教师训练，以及购买金属探测器或聘请安全人员；《无枪械学校法》是禁止学生带枪上学的主要要求，是校园安全的重要保障。一系列法律法规的颁布，为青少年品格教育的开展提供基础性前提。

2. 拨付必要的专项经费

为推动青少年品格教育，自1996年起联邦政府每年拨款近万美元，资助几十所中小学进行青少年品格教育。1998年进行品格教育试点的学校与团体得到2.7亿美元资助。美国联邦教育部还专门对每年在青少年品格教育中做出杰出贡献的组织和学校予以表彰。进入21世纪后，各州政府纷纷设立专项资金，培训政府官员、教育工作者和家长，协助推进青少年品格教育。

3. 开展一系列教育活动

20世纪90年代，美国国会曾以法律形式通过决定，在全国12个州进行品格教育试点工作。更多的州立法要求所在地的中小学试行品格教育课程。目前，有多个州明确规定在基础教育阶段推行青少年品格教育课程。纽约等州设立以品格教育为主题的活动周，如“勇气周”“诚实周”“友爱周”等。华盛顿州建立青少年“荣誉墙”，定期将该州获荣誉称号的青少年的姓名写在墙上，以示表彰。

（二）开展品格教育研究，建立有关实验基地

为了积极推行品格教育活动，自20世纪90年代初以来，美国各地纷纷建立青少年品格教育研究机构和实验基地。研究机构和实验基地的建立，是在为品格

教育提供实践条件的基础上，对品格教育课程进行理论探索，为品格教育的发展提供基本保障和发展动力。

1. **成立品格同盟会**

品格同盟会（Character Counts!）建于1993年，总部设在加州，会员包括全国教育机构、青少年组织、卫生及警察组织等，主要功能是促进品格教育开展，评选美国青少年品格奖，该机构定期举办各类研讨会，建立资料库，出版书刊和教材。2013年10月，该机构在美国首都华盛顿特区举行研讨会，品格同盟会的创建者兼主席迈克尔·约瑟夫森（Michael Josephson）发言，讨论主题是帮助青年人形成道德观的重要性以及实施的最有效方式，包括以下议题①。

一是营造积极学校氛围：教学品格的艺术策略；

二是促进学校参与：证书、地区教学中心、示范学校；

三是整合品格课程：教学策略；

四是整合品格教育策略有效性的数据资源；

五是衣阿华州倡导的品格教育：学前阶段的社区参与；

六是完成学术、社会、情感、品质发展项目的测评标准。

2. **创建品格教育联合会**

品格教育联合会（The Character Education Partnership）创建于1993年，总部设在首都华盛顿，是一个无党派、非营利的民间服务机构。该机构负责联络各地的品格教育组织，提供咨询服务，推广各地在品格教育方面好的做法和经验，为国会和政府政策的制定提供咨询服务。品格教育联合会重视通过关键主题的研讨对品格教育进行深入探讨。其中关键研讨主题包括以下几方面内容②。

关于品格教育的定义。品格教育涉及积极的学校环境中的很多艰难问题，它在任何学校中都被重视，如国家学校品格教育说明。教育者从学校的多维角度对品格教育进行认识，包括转换学校文化、让所有学习者增加学术成就、发展全球

① 参见 https://charactercounts.org/chron/2013/07/11.

② 参见 http://www.character.org/key-topics.

公民、改进工作满意度、提高教师留任率。

关于品格教育的学术成就。当学生感觉安全、能够参与、被尊重时，同时关注他们的学术目标。有效的品格教育确保满足这些需要，品格教育为学生实现学术成就提供基础。品格教育不仅教孩子成为好孩子，而且还要教他们成为最好的公民。

关于品格教育的学术诚实。在美国学校中，作弊逐渐蔓延。研究显示，作弊有两方面的显著特征，一是大多数高中学生会在每学年表现出作弊行为；二是在减少学生作弊方面，教师起到非常重要的作用。

关于威吓阻碍。威吓常被滥用，通过实际或暗示的力量故意地、重复地伤害学生，不利于品格教育的开展。

关于学校环境。创造积极的学校环境是促进学校发展的重要方面，学校环境的改善能够促进教师和学生的共同参与和合作。

关于服务学习。学生从事服务学习能够回答这样的问题：在真实世界中我们何时使用这些品格？当学生在现实生活中使用相关的技巧和知识时，学习则从教室延伸至社区中。

（三）组织网上咨询服务，提供及时技术支持①

充分利用网络资源，进行有关道德品格教育的咨询、评估和讨论，这不仅是品格教育的要求，而且是信息化社会发展的趋势。以上面提及的品质同盟会和品格教育联合会两大机构为例，他们均设立了自己的网站、创办了青少年品格教育资料库和情报交换中心，利用先进的网络技术，开辟许多专题讨论小组。网站中包括的主要内容有：

一是公布各州对青少年品格教育的政策及研究报告，报道各地实验项目的成功经验与教训；

二是在网上设立十多个青少年品格教育咨询项目，组织专家分类指导，解答疑难；

三是组织专家对各校试行的品格教育实验项目进行有效评估，协助整改；

① 王定功著：《青少年道德教育国际观察》，上海交通大学出版社 2012 年版，第 1—54 页。

四是设立“纵横谈”栏目，让公众对青少年品格教育实验项目提出自己独到的见解。

由于上述网站的信息量大，服务有效，深受社会欢迎，为品格教育的开展拓展了实施途径和辅助渠道。鉴于其社会影响，上述网站也得到了不少大公司的赞助。

美国品格教育运用价值澄清理论作为支撑基础，运用学科课程的整合、非正规课程的开发、积极的班级文化和学校文化的创建、道德纪律的应用、积极的榜样示范、道德反思的运用、道德实践的提倡等方式开展品格教育，并且这些方法也并非固定不变的，而是在科学依据的基础上，对各种具体的实施方法进行筛选，抛弃一些不适合的方法，同时对现有方法进行科学化更新。运用多样、科学的方法既能够满足学生多样化的发展需求，又能够符合社会对学生多样化品质的综合要求。而且善于广泛利用现代科学技术手段。随着社会化发展和信息化趋势，运用网络技术开展教育的需求加剧。信息时代带来了新的机遇和挑战，也有一些地方在品格教育工作中运用网络手段开展工作并逐渐取得有益经验。事实上，在品格教育工作中，网络信息手段可以担负起宣传、组织、交换信息和监督评估等多项职能，有效利用网络资源成为促进品格教育发展的现实途径。

（四）引导处理人际关系，树立双赢价值观念

品格教育重点在于人生观、世界观、价值观的养成，重点表现为内在的核心品质。在内在品质的养成基础上，个体在社会化过程中也需要一些能力和技巧的培养，其中人际关系的良好处理是衡量综合能力的重要表现形式，其中体现出组织能力、协商能力、人际关系和分析能力等多种社交技能和技巧。事实上，这些社交技能和技巧的培养同样可以通过学校、家庭、社会的综合努力，实现水平的提升。在培养组织能力方面，老师可以引导学生在学校里建立和谐互信的人际资源网，这样在学习的过程中容易得到同学和老师的合作和协助，出色完成课题和项目；遇到困难的时候，容易得到大家的援助关心，避免陷入孤军奋战、得不到谅解的困境。在培养协商能力方面，教师可以引导学生使用和平的方式，用谈判和妥协来解决矛盾和冲突，从“非赢即输”的旧观念中解脱出来，寻找“双赢”的途径。但是，妥协不等于无原则地迁就别人，不能变成人云亦云没有主见的墙头草或变色龙。重要的是学会如何在社交技巧与真实情感之间保持平衡，做到既

忠于自我，坚持内心认定的价值观，又能婉转措辞不让人难堪，这是个体品质得到体现的重要渠道，同时也是个体社会化成熟的重要表现。

（五）利用多元文化资源，丰富校园文化生活

美国是个多民族多种族的国家，虽然目前欧洲文化仍处于统治地位，但国内各族裔间和族裔内部的矛盾和冲突频发不止，是造成社会不稳定的重要影响因素。为了更好地缓解文化冲突，克服文化偏见，在中小学品格教育中也更加突出多元文化教育的作用，避免区域内的歧视和独裁。

一方面，通过多元文化课程，了解并学习各民族语言、历史、文化、社会发展现状。事实上，对事物的误解或曲解常常源于对事物的片面或不正确的理解。随着多元文化融入程度的加剧，大多数教师和家长都认为，增加适当的跨文化课程能够有利于人际交往的开展和和谐社会的建立与发展。从以下各州做法，可以管窥美国中小学多元文化课程开展情况（见表 10-1）。

表 10-1　美国各州设置的多元文化课程

州名	实施阶段	立法时间	设置课程
科罗拉多	学前至 12 年级	2012	本地语言教学
密歇根	学前至 12 年级	2008	非洲历史课程
俄克拉荷马	学前至 12 年级	2005	种族和少数民族教育
纽约	学前至 12 年级	2005	非洲裔美国人的历史
伊利诺伊	学前至 12 年级	2005	非洲裔美国人的历史
新墨西哥	学前至 12 年级	2005	美国印第安学校课程
北达科他	学前至 12 年级	2004	教育者专业证书
新墨西哥	学前至 12 年级	2003	教学资料
加利福尼亚	学前至 12 年级	2002	宗族研究示范
新泽西	学前至 12 年级	2002	非洲裔美国人的历史
新墨西哥	学前至 12 年级	2002	印第安教育法案
新泽西	学前至 12 年级	2001	意大利文化遗产和教育委员会
加利福尼亚	学前至 12 年级	2000	印第安人历史文化
阿拉斯加	学前至 12 年级	2000	本地语言教育

资料来源：http://www.ecs.org/ecs/ecscat.nsf/

另一方面，通过默化环境的影响，培养学生的多元文化意识。除显性的课程设置外，隐性的环境影响同样是多元文化教育的重要途径。在学校、社区环境中举办多族裔学生共同参加的活动，在实践活动中，创造互相了解的途径和条件，这种互相浸入式的环境是实现多元文化理解的基础。如纽约市霍勒斯·曼学校（Horace Mann School）是一所犹太人创办的传统教会学校，以往学校只招收纯白种人孩子，教室里看不到一个有色人种的学生。近几年，为了推行校园文化多元化，该校专设了少数民族奖学金项目，提供给纽约地区少数民族的优秀学生，尤其愿意招收成绩优异的亚裔学生，促进白人孩子与其他有色儿童的交往，学习宽容、互敬、合作等优秀品质，提高自我道德修养。

（六）利用课堂教学阵地，发挥各科育人功能

人文、社会和自然等学科中蕴藏着理性和道德因素，是品德教育的基础。以课堂教学的形式，在教学中通过普通课程和专业课程的学习，发挥各学科的互动作用，是学校进行品德教育的重要途径。以中小学课堂的多学科为依托开展品格教育，有利于学生以优秀品格为核心的全面素质提升。

1. 公民课程

公民课程是进行公民和国家观念教育的主渠道，这门课程的教学目标主要包括：介绍美国的政府及其组织结构；让学生成为对政治生活有选择、判断和要求的人；学会投票的技巧等。公民课程是对学生进行美国政治制度和经济制度的教育，利于学生对自身所在国家、社会的情况有更深入的了解，这是培养公民意识的重要途径。美国社会科学协会发表的《社会科学课程标准》中明确规定，社会科课程的根本目的，是培养学生在一个多元文化的、民主的、相互依存的世界中的公民素质，促使他们为了公众利益做出有见地而理智的决定。教学内容在各年级分配的重点范围大致是：幼儿园，我和我周围的环境；1 年级，家庭和学校；2 年级，邻居；3 年级，社区；4 年级，本州的历史与地理；5 年级，美国概况；6 年级，世界文化和东西半球；7 年级，世界地理和历史；8 年级，美国的历史及其发展；9 年级，公民和世界文化；10 年级，世界文明史；11 年级，美国史；

12年级，美国政府或者其他社会、人文知识和问题①。

2. 技能课程

美国青少年技能课程的开设重点在于培养青少年良好的健康行为和社会生活技能。根据青少年的身心发展特点，采用参与互动式的教学方法，解决青少年面临的身心问题，促进青少年的健康发展，是品格教育的重要实现途径。

3. 性教育课程

部分美国中小学开设性教育课程，了解性教育的基本知识和核心价值观。虽然目前美国各界对青少年性教育课程内容和程度的选择仍具有较大的争议，但通过开展性教育课程促进个体品质的提升仍被认为是可行之举。

4. 社会学习课程

社会学习课程是包括历史、地理、文学等方面知识在内的综合性课程，服务主旨是对学生进行品格教育。

（七）科学开展心理咨询，帮助学生认识自我

学校在帮助学生树立正确的世界观、人生观、价值观的同时，科学开展心理咨询服务，为学生提升自我认识能力提供指导。由于中小学生在思想和情感方面仍处在尚未成熟的发展阶段，在适当的阶段进行适当辅导，有利于学生发展方向的确定和发展动力的生成。通常来讲，中小学生的心理咨询以面对面的个人咨询方式为主，这就要求从事心理咨询的人员有较高的技能水平和思想品格，他们在与学生的交谈中，不对学生的思想表露出直接的评断，而是设身处地地体会分析学生的精神烦恼，帮助学生建立充分的自信。心理咨询的适当开展，不仅能够帮助学生解决短期的现实问题，而且还能够帮助他们确定长期的发展方向，是品格教育的重要实现途径。

① 闫虹：《美国中小学公民教育》，《基础教育参考》2007年第7期。

（八）加强爱国主义教育，增进国家认同意识

加强爱国主义教育是“9·11事件”后美国朝野的现实选择。“9·11事件”肇事的恐怖分子，多数人是持留学签证赴美的外国人。这一事实让美国人认识到，美国的科技发展很大程度上依赖于外国人和留学生，面向未来，美国必须培养素质良好的效忠美利坚合众国的一代新人。事实上，作为美国基础教育的重要内容，美国在爱国主义教育方面早已形成了一系列行之有效的做法。

1. 通过历史教育培养爱国精神①

美国在短短两百多年的发展过程中，取得了举世瞩目的成就，这是美国人引以为豪的资本。所以，美国人格外珍视自己的历史，并通过历史教育来培养年轻一代对自己国家的深厚感情。2006年10月，弗吉尼亚教育厅助理厅长琳达(Linda Wallinger)在里士满向笔者介绍道，为加强爱国主义教育，让学生了解公民的权利和义务，增进对本州的认同，该州教育厅在课程计划中，要求中学生必修特定的历史事件或文献，如美国独立战争和独立宣言、美国宪法基本原则、弗吉尼亚州宗教自由法则、弗吉尼亚权力宣言、美国国旗演变及弗吉尼亚州旗的寓意。除了学校课程，美国还特别重视利用博物馆、名人故居等社会资源进行历史教育来培养爱国主义精神。

2. 通过公民教育培育爱国责任

美国《公民与政治课程标准》的目标是：“培养认同美国宪法民主制度基本价值观和基本原理的合格公民，并使他们有见识、负责任地参与到政治生活中”；“公民有效、负责的参与，必须要具有一系列知识、智力技能和参与技能，同时个体某些个性特质的发展也能够保证有效和负责的参与，这些个性特质会增强个体参与政治，并为政治体系的健康运行和社会的发展做出贡献。”为了达到以上目标，《公民与政治课程标准》进一步规定：“开设‘公民与政治’课程的正式教育机构，应该为学生提供关于公民生活、政治学和政治体制的基本知识；还应该

---

① 李定文：《美国爱国主义教育考察》，《思想政治工作研究》2009年第7期。

帮助学生理解自己国家和其他国家的政治体制，以及美国政治活动、政体与世界事务之间的关系。”通过公民教育传授了公民知识，培养了公民技能，形成了公民意识。在美国，公民教育是分阶段进行的。如在小学阶段，主要教育孩子们认识代表美国的各种标识，让孩子们学习有关美国政府和美国历史的基本知识，并通过让孩子们参加选举班干部、投票决定班级和学校的重大事情等方式培养他们对民主的感性认识。在这一阶段，公民教育的目标是将学生培养成“责任公民”，即具有爱国主义精神、能对国家尽到责任与义务的公民。在初中和高中，主要对学生进行关于美国宪法、政治制度、公民的各项权利和义务、民主的基本原则、民主存在的问题等方面内容的教育，从而培养学生形成教育者所期望的政治态度。面向未来，美国的公民教育除了普及基本的政治知识之外，还着力培养学生的批判精神以及参与政治的能力；不仅立足于本国，而且着眼于全球化和多元主义，使学生们了解不同国家和民族的文化及价值观，培养他们的协作精神，通过比较、鉴别，增强青少年学生对美国精神的认同以及对国家的热爱，并准备着向其他国家宣扬和传播美国的价值观。

3. 通过仪式或文化产品升华爱国情感

美国人善于利用各种仪式开展爱国主义教育，培养爱国情感。在美国的中小学校里，国旗、国歌、总统画像这些美国国家的象征物，到处可见可闻。美国的中小学几乎经常有这样或那样的宣誓仪式，宣誓的内容，有的是全国通用口号，也有的是自己所在州的誓言。这些誓言代表全美或某个地方的政治理想和追求。比如，内华达州的誓言是“一切为了国家”。而适用于全国各中小学的宣誓誓言，构思上更是匠心独具：我宣誓忠诚于美利坚合众国国旗，忠实于她所代表的合众国——苍天之下，一个不可分割的国家！在这里，人人享有自由和正义！我决心认真学习，学会关心，懂得分享，珍惜时光，过好每一天。

利用各种节日庆典进行爱国主义教育是美国一贯的做法。在美国，每逢一年一度的爱国节日庆典如美国独立纪念日、阵亡将士纪念日都是激发爱国主义热情的好时机。特别值得一提的是，每次总统就职典礼都是开展爱国主义教育的重大时机。美国历任总统的就职演说，虽然其社会背景、经济形势、对外关系、治国政策各不相同，但每篇演说辞都有唤起美国人爱国主义精神的警句。罗斯福总统在其就职演说中说“我们唯一惧怕的就是惧怕本身”，这一振奋人心的绝句，给予美国人无比的勇气；肯尼迪总统“不要问国家为你做了什么，而要问你为国家做了什么”的经典名言，曾经点燃了一代美国人的爱国热情；卡特总统在就职演说中指出“我们必须再次对我们的国家、对彼此充满着信心，我相信美国能够更进步，我们能够比过去更强大”；里根总统在他的演说辞中发出要重新建立“伟大及其具有信心的美国”的号召。

充分发挥文化产品在爱国主义教育中的作用，是美国爱国主义教育的一大优势。比如，美国好莱坞影片的影响力巨大，其中很多大片都在向世界宣扬“美国精神”的“主旋律”。梳理 80 年来奥斯卡的历史简直就是梳理“美国精神史”。《巴顿将军》《兵临城下》《珍珠港》《拯救大兵瑞恩》，等等，都生动地展现了美国精神，对青少年产生很大影响。

“9・11 事件”后的一段时间里，新泽西州的中小学每天上课前都要以班为单位背诵一段《独立宣言》；纽约市中小学生每天要右手抚胸，毕恭毕敬地向星条旗宣誓效忠美国；俄亥俄州的中小学生每人写命题作文《给纽约消防队员的一封信》《献给逝去的生命》等；俄克拉荷马州和加利福尼亚州的小学生向纽约市的小学生赠送了文具和玩具，寄去亲切感人的慰问信，表示长大后为国出力。

结语

品格教育是一项塑造人灵魂的崇高而艰巨的事业，它关系着一个国家、一个民族的前途命运，社会每个领域、每个组织、每个人都有义务参与这项事业，并在其中发挥积极作用。美国人认为，开展品格教育，固然要发挥学校作用，不过单靠学校的努力尚不能够为青少年品格发展构建完整保障系统，只有在政府和社会各界的共同参与下，对青少年开展的品格教育才会有明显成效。随着社会的发展和时代的变化，品格教育需要与时俱进。中小学的品格教育主要面对未成年的学生，由于他们处于身心发展的不同阶段，品格教育的基本内容、典型案例、评价标准也要适时调整，以便始终具有针对性。对学生的品格教育，没有固定的模式可循，所以，要不断开展理论总结和实践探索。此外，社会环境净化、成人榜样作用，都是增强品格教育有效性所必需的。

图11-1 纽约市曼哈顿（该市在“9·11事件”后更重视学校心理辅导）

第十一章

阳光总在风雨后：美国学校心理辅导

基础教育阶段是人发展的黄金时期，是生长发育与人格形成的重要时期。在这个时期，学生的生理和心理逐渐走向成熟，智力水平不断提高，情感体验日益丰富，知识经验越来越多。在成长过程中，学生常常产生这样那样的烦恼或心理问题。在生活中，一些学生受外部事件影响而产生负面情绪。对此，面对全体学生的心理辅导和针对单个学生的心理咨询，在美国中小学校得到普及。

一、美国学校心理辅导回眸

（一）美国学校心理辅导应运而生

美国学校心理辅导的起源可追溯到20世纪初期，随着工业革命的进程，各地移民大量涌入，社会问题与日俱增，在这种社会大背景下，以职业指导运动为出发点的心理辅导应运而生。1907年，戴维斯（J. B. Davis）任美国密歇根大瑞城中学校长，提出初中一年级的学生要提交关于职业兴趣的报告，教师要给学生上心理辅导课，以帮助学生塑造个性，防止问题发生，促进职业与品德发展。1908年，帕森斯（Frank Parsons）在波士顿创办了“就业指导局”，针对青少年开展职业指导活动，并在次年出版的名著《选择职业》中，首次使用了“职业辅导”一词。他所创立的“帕森斯模式”在当时的美国社会引起很大的反响。因此人们把1908年帕森斯创立的职业指导局作为心理辅导诞生的标志，从此学校心理辅导渐渐发展起来。

1938年，美国明尼苏达大学的帕特森与威廉森等人合作出版了《学生指导技术》一书，对职业指导做出了更加系统的总结。帕特森等人认为，职业指导的关键是搜集和传递职业信息，帮助来访者做出理性的职业选择。心理辅导的另外源流发端于20世纪初的心理测验运动和心理卫生运动，前者为心理辅导提供了工具和手段，后者扩大了心理辅导的服务范围。20世纪30、40年代，随着世界政治经济形势的急剧变化，人们产生很多心理适应上的问题，不少人渴望得到心理上的辅导与帮助。于是心理辅导的领域不再限于职业指导，而是将重点转向生活适应特别是心理障碍的干预上来。

（二）美国学校心理辅导成为专业

二战后，美国心理辅导逐渐成为一门学术性的学科，心理测验和辅导技巧也日益受到重视。此时学校的心理辅导内容不仅限于职业和适应问题，而且对个人的全面发展问题给予更多的关注。所以在后来逐渐产生的各种辅导模式中，注重个性和人的整体发展的辅导模式，以情感交流为基础的新的辅导方法越来越受到重视。人本主义心理学家卡尔·罗杰斯创立了“以人为本”的心理咨询与辅导模式，提出“非指导性咨询”的概念，强调辅导关系在辅导过程中至关重要，给美国学校心理辅导带来了最深刻转变，奠定了现代心理咨询与辅导的框架。

自20世纪50年代以来，艾里克森等人提出了毕生发展观，以“帮助学生实现最佳发展，努力排除正常发展障碍”为目标的发展性心理辅导应运而生。发展性心理辅导的代表人物之一布洛克尔（D. Blocker）。他的《发展性辅导》一书，指出发展性辅导关心的是正常个体在不同发展阶段的任务和应对策略，促进了学校心理辅导由适应障碍性辅导向发展辅导的转化与发展。1954年，美国心理学会（APA）召开会议，确定了学校心理工作者的作用、资格和标准。这一会议是世界学校心理学发展的一块里程碑，它使学校心理教师第一次有了关于自身专业作用与培训方式的统一文件，极大地提高了学校心理教师的专业地位。1957年，苏联人造卫星的成功发射震动美国，美国联邦政府有针对性地颁布《国防教育法》，指定学校要推行心理辅导及评估计划，这一法案极大地刺激了学校心理辅导工作的开展。

到了1964年，心理辅导在美国中小学进一步扩展，1965年美国学校心理辅导工作者已达3万人。这一年，第一个利用电脑设计的心理辅导课程开发了出来，推动了心理学教育与生涯教育。与此同时，“美国中小学指导人员协会”于60年代还开发了专业辅导人员的培养标准。

进入20世纪70年代，心理咨询行业进一步分化。一方面，学校环境以外的领域对心理咨询和辅导的需求迅猛增加。大量社区心理健康咨询中心的建立和发展，使社区心理辅导员成为一个热门职业。为此许多学校的心理辅导员培训计划都做了修改，增加了不少新的内容。另一方面，作为一种行业组织，全美人事和辅导协会（APGA）发挥着越来越重要的作用。首先，这一组织得到了扩展，它先后于1973年和1976年吸收了“跨文化心理咨询和发展协会”和“全美心理健康咨询者协会”。其次，APGA分别于1973年和1977年制定了统一的心理咨询硕士学位和博士学位标准的大纲。在这10年期间，该协会的成员已增加到4万人，使之成为和美国心理学协会（APA）咨询心理学分会并立的全美最大的集合着心理咨询辅导队伍的营地。1970年，得克萨斯州的达拉斯率先在学校设立学校心理健康中心，为全校学生、员工及家长提供心理健康服务。1976 年，弗吉尼亚州第一个通过立法，实行心理咨询执照制度，美国的学校心理辅导逐步走上专业化道路。

（三）美国学校心理辅导蓬勃发展

基于学校心理健康计划的成功，1980 年美国社会掀起了一股“学校心理健康运动”的热潮，越来越多的学校心理健康中心为学生提供综合的有利于学生心理健康发展的服务，给学生创造一个完整、协调、健康的学习环境。1985 年，美国学校心理学家协会（NASP）对学校心理学家的作用进行了描述：学校心理学家是受过专业培训的职业工作者，他们运用心理学和教育学专业知识和技能，与教育者、家长及其他心理健康人员协调行动，共同为学生创造安全、健康、有利于身心发展的环境。

20 世纪 90 年代开始，学校心理健康教育中心与各种社区服务机构和社会专业机构加强了合作，获得了更多的资源和专业支持，加快了学校心理辅导的发展。1990 年，全美 32 个州的中小学只有 178 个学校心理健康中心，1993 年发展到约 500 个。1995 年，联邦政府出资在加州和马里兰州成立了校本心理健康援助中心，并且提供资金帮助、教师培训、技术指导，有效地促进了校本心理辅导的发展。在政府的支持下，校本心理健康中心快速发展，1998 年已经超过了 1 150 个，到 2000 年，全美 45 个州有 1 400 个学校心理健康中心。目前校本心理健康教育仍在不断地发展，追求整合的学校心理辅导仍是美国中小学今后努力的方向。

（四）美国学校心理辅导提倡积极心理

进入 21 世纪以来，积极心理学方兴未艾。积极心理学倡导积极教育。积极教育是对传统教育的反思，强调教育并不只是对学生纠正错误、指出问题、克服缺点，不是过多约束、控制、批评和说教学生，而是要发掘学生的各种积极品质，让学生的主动性、思考力、热情、勇气、坚强等品质充分发挥，培养学生对自己的想法、玩法、做法负责任，并在实践中扩展和培育这些积极品质。积极教育的内容和目标就是要关心学生的优秀品质和美好心灵，关注学生积极的认知加工、积极的情绪体验和积极的社会行为，培养积极健康的人。因此，学校教育既要关注学生的负面情绪，更要激励学生的积极情绪、积极人格品质，并力争建立积极的社会支持系统。既要发现心理问题，更要以积极的心态、积极的方法面对问题，解决问题，形成以正面教育为主的策略与模式。

在美国，大多数家长和教育者认为，引导和教授学生幸福生活和培养学生性格发展是学校教育的重要任务。美国积极心理学主要目的是帮助学生认识自己标志性的积极品质（如友善、勇敢、智慧、毅力、积极的人际关系和情感），增加学生对这些积极品质在日常生活中的应用。

积极心理学强调培养学生的主动性和创造性，通过挖掘处于困境中的人自身的力量更能有效预防心理问题的产生。当学生出现抑郁等问题时，要用发展的眼光看待学生，相信学生可以通过自身积极潜能解决问题。研究表明，积极情绪能产生更集中的注意和更多创造性思维。通过引导学生的认知行为，增强学生更加客观、灵活地处理日常压力和常见问题的能力，提高学生抵抗抑郁与焦虑的韧性，教授学生应对困难与应付消极情感的技巧与策略，包括提高自信、协商、做决定、解决问题和放松，激发学生乐观精神，进而帮助学生获得更优秀的学习成绩。

二、美国中小学心理辅导的形式

（一）通过团体组织开展心理辅导

美国中小学心理辅导的传统方式是以一对一的面谈为主，从 20 世纪 70 年代开始，借助于团体组织的发展方式对中小学进行心理辅导成为主要的发展趋势之一。事实上，促使团体辅导在学校迅速发展主要有两方面考虑：

一是可充分利用有限的力量。由于辅导员和学生的比例悬殊，采用个别辅导方法无法满足众多的需要，在这种情况下，借助团体辅导不失为一种好的策略。

二是团体方式能够提供较大的效益。团体提供给学生一个现实生活的缩影，使其能在团体中获得较多的学习和生活经验，并在安全、信任的气氛中尝试去学习或改变行为。

为提升团体辅导活动的有效性，注重团体组织心理活动开展的辅导目的、内容、团体成员组成等方面具有现实意义。学校团体辅导的目的主要是促进自我指导的学习，为个别咨询铺路，提供了解、接纳的氛围，促进成员之间的思想交流。如何确定目标，要从学生原有的心理水平出发，考虑他们的可接受性。而团体辅导的内容，必须是多数人感兴趣和关心的，或具有普遍性的问题，如学习成绩不佳、与同辈或长辈沟通有困难、升学就业的选择、消极情绪的消除等，都是团体辅导的很好主题。至于组织团体成员，传统做法是把同类问题的学生安排在一组，以便集中精力解决某个问题。但在实践过程中发现，把具有相同问题的学生安排在一组，往往因为问题相似而彼此接纳，不易因外部的压力而改变原先的不良行为，所以现在倾向于以同一年龄的孩子组成团体。为了达到相互作用的目的，要求团体内有一定的性别比例和个性结构的差异，团体组成成员不宜过多或过少，通常是以 6—12 人的规模为宜。随着团队辅导的进一步深化，团队辅导的针对对象已经不仅仅局限于中小学生本身，而是进一步向教师和家长延伸，其依据的主要理论是“改变学生周围人物的行为，必能导致学生本身行为的改变”。如美国儿童行为顾问（child behavior consultant）辅导法，就强调教师通过对儿童行为的咨询辅导，形成对学生的积极影响。虽然在现实生活中，社会各界对这种间接式的辅导形式存在较多的争议，但不少成功案例的客观存在不能因为争议的出现而完全无视其积极作用。

团体辅导在教育上虽有较大的价值，但在涉及情绪方面或社会方面，其局限性就会表现出来，此外在安排统一的辅导时间和制定共同的目标方面也不易落实。由此可见，团体辅导虽然作为一种新型心理辅导形式出现，但将它作为唯一的辅导方式完全取代个别辅导仍存在较大难度。不过，从社会发展的趋势来看，选择团体辅导会越来越重要。社会发展造成激烈的竞争，日益加深人们之间的疏离，由此而产生的各种心理疾病往往可通过团体的支持和温暖得到较好的消除。由此专家们预见，在未来辅导发展中，团体方式会使用得更为普遍。

（二）通过行为矫正开展心理辅导

新行为主义学习理论的创始人斯金纳（B. F. Skinner）在华生等人的基础上向前迈进了一大步，提出了有别于巴甫洛夫的条件反射的另一种条件反射行为，并将二者做了区分，在此基础上提出了自己的行为主义理论，即操作性条件反射理论。此后，由于行为矫正法明确的概念、清晰的过程、具体的目标以及可操作性强等优点而备受关注。随之，在中小学的心理辅导工作中，行为矫正理论也被广泛地运用。

行为矫正法的主要工作目标是通过使用增强、削弱、奖励、惩罚的技术，试图消除个人已形成的不良行为，其中情境中的感染示范是重要行为。行为矫正的技术种类很多，在中小学心理辅导教育中，普遍运用的方法有：果断训练法、模仿学习法、塑造法、系统脱敏法、消退法。对具有多动症、紧张焦虑、胆怯、恐惧、退缩等不良行为的学生，使用上述方法有较好的成效。运用这些方法一般分为 5 个步骤：

第一，明确需要矫正个人的什么行为和养成什么行为，这是价值观选择和形成过程，指导心理辅导最终目标的基本走向；

第二，观察、记录不良行为发生的程度和时间，这一步骤对当事者当前具备的情况进行理性判断和定位，从而利于心理辅导者科学制订有针对性的辅导实施方案；

第三，设计有利的情境，浸入式环境是行为矫正法的重要因素，心理辅导参与者的行为表现是环境形成的重要表现；

第四，选择适当的强化物，通过外在强化形式对心理进行方向性引导；

第五，反复训练逐步养成行为，个体行为习惯的养成需要一定的时间周期，同时需要外界的反复刺激。

行为矫正法得到社会各界的普遍认可，但同时也遭到部分坚持人本主义思想的辅导专家的反对，质疑的焦点主要集中在方法只注重外部行为的治疗，而对行为的内部成因不予探究。反对者认为行为矫正法只是规范人的行为而对激发人的自主精神、发挥人的潜能无所裨益。事实上，任何一种技术方法都必然是有所能而有所不能。无论如何，在当今社会问题儿童增多的情况下，学校普遍地使用行为矫正法已成为不可避免的趋向。

（三）通过持续发展实施心理辅导

受发展性心理辅导的特点影响，社会各界认为发展性心理辅导适合学校的环境和学校的要求。因此，发展性心理辅导成为当今美国中小学校心理辅导的主要存在模式，并且其作用正在渗透到学校教育的各个方面，成为学校教育的重要组成部分。其中有3种模式表现得最为突出，即邀请模式、心理辅导综合模式和顾问教师计划。

1. 邀请模式

邀请模式由美国北卡来罗那大学威廉姆·颇凯（William Purkey）于1987年提出。其基本理念表现为：每一个人在各方面的价值和潜能都要在教育过程中得到尊重，充分调动学校所有人员、物质条件、规章制度、教育政策、各种教育计划和活动等方面的资源，把学校变成最具吸引力的地方。学校鼓励学生实现自己的潜能，尊重自己和他人的独特价值，学生接受的心理辅导不再是强制、被动或生硬的，而是为学生所乐于接受并主动寻求的一种教育活动。邀请模式包括4个假设。

一是尊重。即人是有能力、有价值、有责任感的，因而应该受到相应的对待和尊敬。

二是信任。强调教育是各方面共同协作和合作的活动，教育管理者应该信任教师、家长和学生并尊重他们在教育活动中的意见和态度。

三是乐观。指对待学生应持积极和乐观的态度，充分认识学生具备的各种潜能。

四是有意性。要实现人的潜能必须有意识地对教育环境、教育政策以及教育活动的实施过程进行专门的设计，使教育具有亲和力，成为教育者、受教育者、学生和家长都乐于参与的活动。基于理念和假设的认同，邀请模式要求教育者要创造具有吸引力的学校，就必须在学校环境中找出那些对学生的自我概念产生积极影响的因素，使学校环境的每一个部分，都有利于促进学生对其价值和独特潜能所持有信念的发展。

2. 综合模式

心理辅导综合模式（简称综合模式）由美国密苏里大学的诺曼·盖思博斯

(Norman C. Gysbers）及其同事于1988年提出①。随着心理辅导在学校教育中的作用日益重要，教育者和心理学工作者逐渐认识到强化心理辅导在学校教育中的作用和地位，综合模式便是在这样的背景下提出的。综合模式的核心思想是突出辅导教师在学校教育中的地位和作用，并明确规定心理辅导教师的工作职责和内容。心理辅导综合模式是以个人的整个生涯活动为心理辅导的基础环境，主要包括以下3方面内容。

第一，关于自我知识和人际交往的技能，主要目的是帮助学生理解和接受自己和他人，了解自身的特点如兴趣、爱好和能力。通过学习自我和环境之间的互动关系，学生知道如何建立和保持良好的人际关系，形成个人的标准和生活的目的感。

第二，关于生活角色、环境和事件，将教育活动渗透到学生在生活中扮演的各种生活角色（学习者、社会公民、消费者），学生所处的各种社会环境（家庭、学校、工作单位和社区）及各种社会事件（寻找工作、组建家庭和退休）中，帮助学生了解不同角色的交互作用和有机结合，鼓励学生克服认知定势，纠正社会认知偏见。

第三，关于生活生涯规划，帮助学生理解决策和规划是日常生活的重要任务。学生了解到多种职业和行业的特点，发展学生从相关资料中收集信息并运用所得信息做出合理的决定的技能，鼓励学生在计划将来和做决定时评价个人的价值。

3. 顾问教师计划

顾问教师计划由美国佛罗里达大学的罗伯特·马利克（Robert D. Myrick）于1987年首次提出②。该计划的出发点是在师生之间以及学生之间建立一种有利于学生学习和心理发展的支持性人际关系，在学校范围内建立一种支持性环境。在顾问教师计划中，全体教师参与心理辅导是学校成功实施发展性辅导的关

① Gysbers，N. C. & Others. *Developing and Managing Your School Guidance Program*. American Association for Counseling and Development，1994.

② Myrick，R. D. & Myrick，L. S.. *The Teacher Advisor Program*. ERIC Counseling & Personal Services Clearinghouse，1990.

键。学校中的普通任课教师应该而且能够成为学生信赖的指导者，可以在学校心理辅导工作中扮演更重要的角色。

顾问教师计划课程通常由13个相对独立的单元构成，每个单元又分为5—6个主题。这13个辅导单元包括：熟悉环境/入学指导、学习技能和习惯、自我评价、沟通技能、决策和问题解决、同伴关系、动机、冲突解决、个人卫生和健康、职业意识和职业发展、教育计划、社区参与和药物滥用预防。辅导单元按照校历和学年的教育计划进行编排，如入学指导和学习技能单元安排在学年之初，使学生及时了解学校的教育计划和学习活动的基本技能，尽快进入学习状态。一个完整的顾问教师计划约需1学年的时间，在辅导过程中教师可根据学生出现的问题对辅导单元的编排进行调整，使辅导活动更具针对性。

（四）通过整合多种力量开展心理辅导

美国中小学的心理辅导越来越重视整体性、系统化合作的重要性，要求充分发挥校内校外各方力量，为学生、家长、教师以及学校系统提供心理服务。这种系统合作主要表现为两种形式，其一是在校内组成专业辅导组织，其二是学校与社会资源的合作。为应对中小学生犯罪、精神疾病、行为不端、离家出走、厌学逃学等问题的加剧，美国联邦教育部拨专款资助关于中小学心理辅导的科研项目，全美90%以上中小学校开展了对学生的心理辅导工作，或设立专门机构、专业人员担当此任，或雇佣受过职业训练的心理专家对学生进行评估、诊断或干预。如纽约市几乎每所学校都有一个由学校心理学者、学校社会工作者、教育评估专家、学生辅导员和语言矫正师组成的“以学校为基地的辅助组”，为普通学生和特殊教育学生进行日常心理服务。辅导组受其学区“特殊教育委员会”的直接领导，“特殊教育委员会”具体是由包括行政人员、资深学校心理学家、教育评估专家、社会工作者、教师代表和家长等成员共同组成的。

为了最大限度地减少学生学习过程中的干扰因素，促进学生的心理健康发展，美国中小学心理辅导除了充分调动校内力量之外，还非常重视并合理利用各方社会资源的整合。在他们看来，清除学生学习中的障碍，促进学生健康心理的发展，并非仅仅是心理专家的工作，有关的医疗专家（包括艺术、身体、语言和娱乐治疗专家等）、健康专家（包括护士、外科医生等）、教育专家（包括学科教师、特殊教育人员、资源人员等）等社会服务人员或社会工作者，以及家庭成员等都应参与其中。学校和社会各方的合作，能增加学生求助的机会，能在家庭、社会和学生中激发起强大的支持力量。这种合作不但能谋到更为长远的利益，也能节约成本。美国新泽西州的“学校青少年计划”、加利福尼亚州的“健康始于主动性”、纽约州的“灯塔学校”以及国家范围的合作活动，如“学校中的社会和新未来行动”等便是如此①。

（五）通过多元文化开展心理辅导

美国社会是多元文化大熔炉，中小学心理辅导工作需要借助多元文化的公共参与。参与式特定文化咨询要求学校心理学工作者像研究者和实践者一样提升他们的专业技术。该模型建立在人种学和行为研究方法的基础上，强调人与人之间的参与过程。在参与方式上，顾问、来访者、咨询者、组织的代表在形成特定文化的过程中以搭档的身份参与。在这个过程中，来访者和咨询者以搭档的身份参与到特定问题解决的过程中，这种过程以一致同意为基础，通过对分歧观点的协商而产生干预观点。参与特定文化咨询的目的取向是促进可持续的和制度化的文化的变化，例如促进学校或班级文化变化。这些变化支持个体变化或所在文化背景中成员间的发展，例如促进学生的社会技能的发展。参与特定文化咨询目标是特定文化，而不是特定的道德规范、种族或语言。咨询效果主要依赖于咨询者学习和理解个体与组织者文化的能力，以及获得完全理解文化的专用的方法论的能力。其中，“文化”被定义为文化中各成员共享的语言、观念、信仰、价值观和行为标准。因此，所定义的特定的文化反映了文化群体的真实经验以及那些经验的个性解释。相应地，特定文化意味着反映共享和特定真实经验的能力。参与特定文化咨询受20世纪末期所谓后现代社会所带来的文化多元主义思潮的影响，该思潮是继精神分析、行为主义、人本主义之后影响心理学的又一重要思潮，使得心理咨询从传统的以问题或疾病为中心的模式转向以文化为中心，也使得发展性学校心理辅导如虎添翼。

① 马云、王建平：《美国家长参与学校教育研究动态综述》，《外国教育研究》2004年第1期。

为了使师生之间沟通更有效，首先要明确沟通的主题。例如谈论日常生活、学校、家庭生活，以及谈论师生共同关心的话题，要有充分的准备。第二要善于倾听。教师要全神贯注，使学生感受到你的专注和热忱，切忌身体摇晃或背对学生，或表现出心不在焉的样子。第三，语调和表情要恰到好处，说话用词要准确，有幽默感，脸部要有自然的微笑；以友善、开放的表情面对学生，使学生感觉到你的亲和力。第四，眼神和手势是重要而又直接的沟通方式，当说话有必要强化重点以加深印象时，可以适当加点手势。

（六）通过新科技手段开展心理辅导

受传统心理辅导模式中面对面的影响，心理辅导参与者的能力培养被认为是最重要的衡量工具，具有较强的主观能动性。随着计算机等高科技手段的兴起，将其运用在中小学心理辅导中被认为具有较强的现实可能性和发展必然性。由于中小学心理辅导教师数量相对较少，每名辅导教师需要面对很多学生，而且辅导过程要根据学生需要进行多次个体和团体辅导，因此在心理辅导过程中也会利用高科技手段辅助活动的开展。为了能够使心理辅导教师节省时间和精力，高科技手段的使用能够帮助其尽快处理众多资料和信息，从而为更多学生提供更优质的、更适合的心理辅导服务。20 世纪 70 年代以来，美国中小学逐渐运用计算机开展职业指导，发展到目前阶段，中小学更加注重利用计算机等高科技手段作为管理诊断资料和选择治疗方式的基本工具，这打破了传统心理辅导过程中辅导教师仅凭主观能动判断开展心理辅导的现状。借助于计算机等高科技手段，心理辅导教师可将有关学生的成绩、测验分数、与专家面谈的记录等资料输入电脑，就可获得一份印好的治疗方式。虽然计算机等高科技手段不可能完成心理辅导的所有项目服务，但经过科学研究和辅导实践发现，借助计算机手段来处理以下这些方面的问题优势较为明显，包括肯定性训练、沮丧与冲突的解决、沟通、儿童与父母离婚辅导、求职技巧、生活习惯的养成、学习技巧、职业辅导等。

计算机等高科技手段在中小学心理辅导中的应用，在一些方面表现出较强的优越性，但同时也给部分心理辅导专家带来忧虑，他们担心计算机固定化的程式会抹杀学生的个性，因为计算机程序只能对学生的表现进行数量化的处理和资料的记录，而无法对学生的意念、情感、品质等内在问题进行科学处理。如果心理辅导教师在心理辅导过程中过分依赖计算机等高科技手段的作用，则会使心理辅导这种复杂细致的工作简化为一种机械的分析工作。事实上，计算机等高科技设备的应用只是作为一种计算工具存在，心理辅导教师的专业能力、态度等方面才是最重要的决定性因素，因此只有在心理辅导教师的专业使用下，计算机等设备才能真正发挥其作用。

三、美国学校心理辅导的特点

（一）心理辅导尊重个性化

美国中小学心理辅导遵循的最基本的原则是符合人的全面发展、社会发展的需要，强调以人为本，充分尊重教育对象和咨询对象的个体差异与发展阶段差异，以咨询对象为主体，尊重所有人的权利，既公正平等又有针对性地开展心理教育与咨询工作。美国中小学心理辅导实施对学生的差别化服务，力求符合每位学生个体的身心发展特点和需求。教育行政部门规定中小学要针对不同的学生安排不同的咨询计划表，针对不同年龄和年级水平学生的心理问题，提供相应的咨询与帮助。中小学心理辅导为所有学生提供享受心理咨询服务的机会。学校尊重所有学生的权利，平等对待所有的在心理上、学业上、成长方面需要帮助的学生。中小学为了有效地服务全体学生，实行全方位的咨询活动，除了开展多种形式的个别咨询、团体小组咨询以外，还有计划地在班级开设辅导课程，为学生提供心理教育的相关信息、知识与技巧，开展案例管理，对学生的成长进行记录、监控，提供顾问服务，对学生家长、在校教师提供相应咨询，向他们提供必要的心理教育的知识与技能，保障在个性化心理辅导的指导下促进学生的个性化发展。

（二）心理辅导趋于规范化

美国中小学心理辅导是在大量社会实践和理论研究的基础上日趋完善的，传统中小学心理辅导的开展主要是以咨询者的实践经验和主观判断为基础，随着中小学心理咨询的逐步完善，一系列标准办法和各种量表的不断修订和完善，使得心理辅导更趋于规范化和科学化。教育成就序列测验是由美国考试有限公司于1965年编制出版的，用于评估课堂教学的效果和学生灵活运用知识的能力。韦氏成人智力量表于1955年出版，是世界影响最大、应用最广的智力测验量表。卡特尔16科人格因素问卷是目前世界上影响最大的人格测验之一。此外，美国也从国家层面颁布了与心理方面极其相关的法律与条例，用于指导规范美国的心理咨询工作。包括1946年公布的《国民心理卫生法》，1997年美国学校咨询标准协会颁布的《国家学校咨询标准》，2000年美国学校心理咨询协会颁布的《孩子是我们的未来：2000年学校心理咨询》等。美国中小学心理辅导在具体咨询过程中均有规范化的要求和步骤，具体包括以下四个步骤。

第一，耐心接诊。主要包括七个方面，掌握材料、表述主要及次要问题、来访者现阶段生活状况、家庭历史、个人历史、访谈中对来访者的描述、概述并提出建议。此步骤是咨询服务的基础，是对咨询者的情况形成基本认识。

第二，确立目标。主目标、子目标及达成子目标的各项任务；长期、中期以及近期目标；实现目标的渐进过程。此步骤是对咨询过程进行程序部署和规划，对问题的解决策略进行系统定位。

第三，澄清问题。包括问题的内容；起作用的事件特征；问题持续的时间；对来访者的应对技巧、意志力、智谋。此步骤是针对咨询者所面临的问题进行深入了解和掌握，并基于此提供更具针对性的个性化服务。

第四，选择对策。即确定治疗方法，包括生物疗法、情感疗法、认知疗法、想象疗法、行为疗法等。由于心理咨询需要直接面对的是中小学生的心理状况，心理咨询治疗方法的选择也需要根据学生需求进行综合整合，对存在问题进行系统归类的基础上，采用最适合的治疗方法促进心理辅导效果的产生。

（三）心理辅导更加专业化

在美国，咨询心理学已发展成心理学、医学测量学等众多学科知识为一体的结合性学科，也是一个攻读人数众多的热门专业，美国中小学心理咨询逐渐走向专业化道路，而不仅仅是依附于相关学科的零散问题研究。美国相关法律、法规要求，中小学需要都设有心理卫生中心或相应机构，并配备具有上岗资格的专业咨询人员。为此，美国人事指导协会还专门制定了学校心理教育辅导专业人员培养标准的计划。美国的专业人员培训在课程设置上，有教育学、心理学、社会学、精神卫生等基础理论课程，还有心理及行为的测验、辅导等专业方法与专业技能的学习与训练。在培养内容上，涉及学校组织、学校心理健康意识的培养，学习行为与动机的激发，以及心理教育评估、评价和干预的方式与方法等，同时还包括对培养对象一年的实习训练，从而保证了心理咨询从业人员的专业素质与水平。

（四）心理辅导体现多元化

美国中小学生心理辅导首先面临的是学生个体的全面发展，而学生个体的各项素质、能力具有系统性，因此心理辅导不可能是单一的教育活动，而是一项系统工程。美国中小学生的心理辅导作为学校教育的主要组成部分，注重与其他学科知识、思想的融合。充分发挥心理辅导在帮助学生实现青春期发展目标和任务上的作用，帮助学生完成下列目标和任务：和同龄人建立友好的关系；扮演合适的社会角色；接受并积极投入团体；实现情感上的独立；为尽社会责任做好准备；为职业生涯做准备；获取系统的伦理与价值理论。所以，美国中小学心理辅导具有多元化的特点。

首先，心理辅导的理论基础多元化。美国学校心理咨询有着扎实的理论基础，根据美国心理学家协会和美国心理学会规定，学校心理咨询专业的核心课程包括心理学基础课程、教育学基础课程、心理诊断与干预、心理学统计与研究方法、职业心理课程等系列基础课程。

其次，咨询人员队伍结构多元化。在美国学校心理辅导中心一般由多领域的专家组成，其中有学校心理学家、社会工作者、教育评估专家、心理辅导员，甚至还包括语言矫正师等特殊方面的专家。各类专家各司其职，对心理咨询者提供既有针对性又具有综合特点的服务。

最后，咨询对象的多元化。美国关注与学生成长相关的多种因素，不只是关注中小学生本人。目前开展的心理教育与心理辅导，同时关注家长和教师的心理发展状况，适时对其进行心理辅导和心理梳理。

四、美国学校心理辅导者的培养

（一）心理辅导者队伍的扩充

心理辅导是一项专业性较强的工作，一名合格的心理辅导者需要经过科学的培训和长期的实践经验。20 世纪 50 年代以前，美国中小学心理辅导教师数量较少，这与能够提供此项培训和训练的机构较少有关，其中以高等院校的心理学专业作为重要组成部分。截至 1954 年，全美当时只有 28 所大学设有学校心理学专业，其中只有 10 所大学有资格授予博士学位。同年，美国学校心理学家协会召开塞耶大会，这是一次对学校心理学专业训练规范化最有影响的大会。此后，学校心理学专业大量增加，到 20 世纪 80 年代，全美从事学校心理的辅导者多达 2.3 万人，美国心理学会年经费超出 6 000 万美元。到 1999 年，全美国已有 218 所研究生院设有学校心理学专业，其中五分之一的学校心理学专业能授予博士学位，其余的能授予硕士学位和学校心理学专家资格证书。学校心理学博士专业把培养学生的专业技术和学术研究能力作为重点，而非博士专业则侧重培养学生的专业技术。各大学学校心理学专业的质量由美国学校心理学家协会和美国心理学会负责鉴定。许多学生希望进入被美国学校心理学家协会或美国心理学会认可的学校心理学专业学习。随着心理辅导培训的机会增多、水平提升，美国中小学心理辅导者队伍得到了数量和质量的整体提升。

（二）心理辅导者课程的完善

传统心理辅导者培训课程相对零散，缺乏系统性，随着科学研究的进一步完善，心理辅导培训机构和高等院校须按美国学校心理学家协会和美国心理学会的基本要求设置课程。一般来讲，学校心理学专业的核心课程主要包括以下五个方面。

第一，心理学基础课程。包括人类学习理论、行为的生物学因素、行为的社会及文化因素、发展心理学、认知心理学、社会心理学、生理心理学等。

第二，教育学基础课程。包括特殊学生的教育、学习辅导技术、学校的管理与运作等。

第三，心理诊断与干预。包括心理教育测量、行为矫正技术、心理咨询与心理治疗、青少年性格测量、咨询会诊、神经心理测量等。

第四，心理学统计与研究方法。包括研究方法、统计学、心理测量学、项目评估等。

第五，职业心理课程。包括心理学史、学校心理学家的任务和职责、职业道德与服务标准等。

（三）心理辅导者的培养程序

心理辅导工作专业性较强，通过高等院校对心理辅导者进行培训需要系统、科学的过程。通常来讲，硕士生需要近 3 年的时间完成所有的核心课程和选修课程，而博士生则要花另外 4 年的时间。博士生要通过博士生资格考试，专业知识的口试和博士论文答辩，方可取得学位。除了完成核心课程和选修课程外，学生还必须完成两年在校短期实习（每周 3 天）和 1 年离校正式实习。实习期间，至少有一半时间必须在中小学，其余时间可在医院或诊所。学生在取得学校心理学硕士、心理学专家或博士学位后，可获得所在州的学校心理学家证书。持有博士学位的学校心理学家有资格参加各州的心理学家执照考试，一旦通过，他们的服务范围可以不受所学专业的限制，并能设立私人诊所。

在美国当学校心理辅导员并不是件容易的事，需要多方面的综合准备。

首先，必须在心理学和教育方面接受特殊训练，准备各方面的知识，这涉及心理健康、儿童发育、学校组织方式，等等，这是开展心理辅导工作的理论基础，也是储备基础知识的重要途径。

其次，要参加心理辅导的实习。在系统化培养的基础上，心理辅导者需要经过至少 1 年的实习，这符合心理辅导工作的实践性特点，基于知识储备的实践经验能够更好地指导心理辅导工作实践，并且有利于心理辅导理论的系统性深化与提升。

最后，通过认证方能获取资格证书。学校心理辅导员，必须获得所在州的认证，有些地方还要求心理辅导员获得另外的执照。部分学校的心理辅导员还得到美国国家学校心理辅导员认证委员会（NSPCB）的国家级认证，美国国家学校心理辅导员协会目前有 2.1 万名成员，这是从业资格的基本保障。总之，美国中小学校心理辅导者需要严格的培养和培训，因为他们的工作对象是中小学生的心理问题，直接影响到国家发展的未来和动力。

结语

如果一个国家正处于重要战略机遇期，那么就会同时处于矛盾多发期。社会结构变动，贫富差别凸现，生活节奏加快，给教育工作带来了前所未有的冲击。社会思潮激荡，价值观念多元，网络信息海量，给青少年带来五彩斑斓的世界，也让他们遭遇诸多新情况、新问题，容易产生心理困惑或成长中的烦恼。在个别地方甚至出现这样的现象：生活富裕了，心灵枯竭了；物欲满足了，精神空虚了；课本背得多了，兴趣却变得淡了。我们要借鉴美国学校有效做法，加强心理健康教育，培养学生积极、乐观、向上、抗挫的心理品质，促进学生人格的健全发展。必须告别“粗放式经营”，告别“大机器生产”，告别“填鸭式教学”，告别“见物不见人”，努力营造学生快乐成长的精神家园。学生不仅是学习知识的认知体，更是有血有肉的生命体。要把时间还给学生，把空间还给学生，把幸福还给学生，这是一项神圣的使命。

图12-1 美国第三大城市芝加哥面貌（该市实现了优质数字资源全覆盖）

第十二章

一种教育新常态：美国学校信息技术教育

人类历史上经历过两次知识大普及的革命：第一次是印刷术的发明，第二次是电视的普及。印刷术让知识不再被少数一两个人垄断，而是逐渐普及到更广泛的人中；电视则让知识的载体从单纯的文字变为文字与画面的结合。如今，移动互联网时代引发的慕课革命与个人电脑引发的教育变革一脉相承，正对人类知识的普及产生又一次革命性影响。进入 21 世纪以来，美国各州学校信息技术教育发展很快，但受到复杂因素的综合影响，发展也不平衡。在本章，笔者从美国学校信息技术教育的发展历程、美国推进学校信息技术教育的主要工作、美国学校慕课及其特点、美国翻转课堂及其特点四大方面简要阐述美国学校信息技术教育发展的概况，以期为我国学校信息化硬软件环境建设、教师专业发展、教学转型、课程设置、评价标准制定等提供有益的借鉴。

一、美国学校信息技术教育的发展历程

美国是世界上信息技术教育起步最早的国家，从20世纪60年代中期开始麻省理工学院就以幼儿为实验对象，进行LOGO语言的教学实验。进入20世纪90年代美国对中小学的计算机教育给予了更多的重视和关注。目前，美国是世界上信息技术教育和学校网络建设最为发达的国家。

计算机多媒体与幻灯、投影等技术手段在美国中小学校得到广泛应用，计算机辅助教学软件的大量出版，几乎囊括了基础教育的所有内容。教材不再仅是书本，还有集文字、声音和图画为一体的电子材料，从而调动学生多种感官，激发兴趣，增进理解。特别是互联网的运用，更使知识领域扩大，学习内容增加，教育效率提高。据美国国家教育统计中心2008年统计，每所公立学校拥有的教学用计算机数由2000年的110台增长到2008年的189台；2000年77％的计算机能够与互联网连接，2008年增长到98％；2008年美国中小学生平均每3人拥有1台计算机并能与互联网连接，与2000年平均每7人拥有1台计算机并能与互联网连接相比有明显改善①。有的中小学采用移动计算机车，即将32台左右的便携式计算机置于一个专门设计的多层推车上，哪个班需要，就推至这个班的教室以供使用。在有的学校，学生可以将事先充了电的便携式计算机置于各自的书桌上，借助安装于各教室或教学楼某部位的路由器，很方便地接入互联网。计算机与路由器之间采取无线连接。一所中等规模的学校有几部这样的车，便可以解决问题，比建立专门计算机房节约得多，教学环境又比较自然，较受师生欢迎。美国中小学校在为到校学生提供教学的同时，还通过计算机网络手段提供远程教育服务。除通过信息技术手段为在校学生提供教育教学活动外，美国公立中小学也通过远程技术实现对教育资源的传递（见表12-1）。

① U. S. Department of Education. *Digest of Education Statistics 2011*，p. 4。

表 12-1　公立中小学校提供远程教育的比例（%）

	2004—2005 年				2009—2010 年			
	城市	郊区	城镇	农村	城市	郊区	城镇	农村
运用同步计算机教学	8	14	13	13	14	10	13	15
运用异步计算机教学	76	62	47	28	76	77	70	54
两种方式交互运用的视频教学	13	22	38	52	3	3	10	26

资料来源：U. S. Department of Education. *The Condition of Education 2012*, p. 177.

作为最早研制出计算机的国家，美国在全世界率先进行了计算机辅助教学。上世纪 80 年代中期之后，随着微型计算机的进一步普及，更多的计算机进入了美国中小学校。1996 年可以说是美国信息技术教育发展史上一个具有标志性的年份，时任总统克林顿提出了 2000 年国家要实现的信息技术教育方面的具体目标，为回应 90 年代信息技术的快速发展对教育提出的挑战和赋予的机会，美国联邦教育部发表了美国历史上第一份有关信息技术教育的正式报告——《让美国学生为 21 世纪做好准备：面向技术素养的挑战》。此后一系列关于中小学信息技术教育的政策应运而生，不断地推动着美国信息技术教育的开展。

在当今美国社会，信息技术无所不在，对教育的影响也是全方位的。美国向来非常重视信息技术在教育领域中的应用。1995 年 4 月，美国设立了直接向总统科学顾问委员会负责的教育技术专家小组。随后又于 1996 年、2000 年、2004 年、2010 年分别制订并发布了四次国家教育技术计划，为不同时期美国教育技术的发展指明了重点、方向及策略。美国教育部明确指出基于技术的教育改革是美国在全球经济竞争保持领先最为根本的措施。美国政府以及社会各界之所以不断地投资于教育技术领域，是因为认识到技术在教育教学和经济竞争中的重要作用。他们认为人们日益提高的科技素养会改进政策的确定、增强公民的参与性、提供高水平劳动力、加强社会稳定、减小数字鸿沟，等等。

为了借助技术的优势来实现奥巴马政府极具挑战性的目标，美国教育部教育技术办公室（Office of Educational Technology）于 2010 年 3 月发布了《国家教育技术规划》（National Educational Technology Plan），又名《变革美国教育：以技术推动学习》。号召对美国教育实施革命性的转变，呼吁美国民众与机构一起合作来设计高效且灵活的教育结构和教学过程，并提出了一种技术推动学习的21世纪模式来变革美国教育（如图12-2所示）①。2011年，美国教育部发布了题为《技术运用于教育的国家经验》的报告，聚焦21个国家和地区中小学信息技术教育。

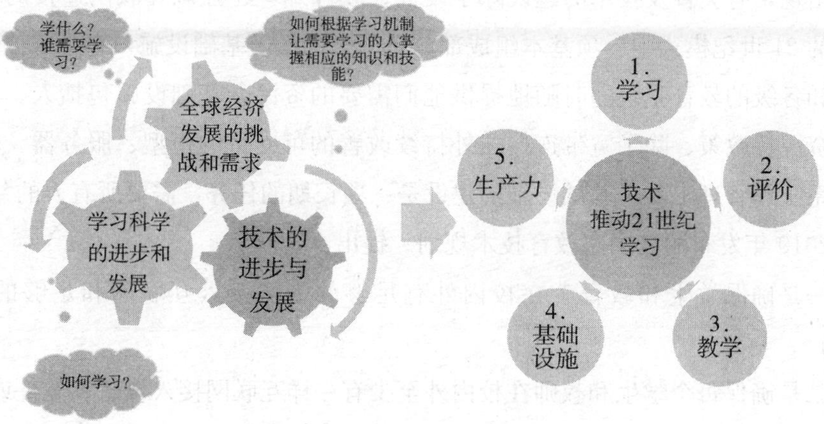

图12-2 技术推动学习的21世纪模式

（一）美国中小学信息技术政策报告提出的发展建议

新世纪以来颁布的若干美国中小学信息技术教育政策报告，从不同角度对美国中小学信息技术教育进行了阐述，从出现的频率和涉及程度来看，建议主要集中在以下几个方面。

1. 硬件基础设施从数量补充到注重使用品质

与上世纪用于中小学校信息技术的硬件设施数量不足相比，新世纪对硬件基础设施的关注已经由数量关注转向质量关注。早期研究报告普遍认为，在学校中注入足够的技术是广泛而有效地使用教育技术的第一步。可是，在近期的报告中，特别是1997年之后，研究者和决策者开始意识到物理性地普及硬件和与互联网连接只是真正获得技术的一个方面。20世纪末的系列报告显示，研究者和

① 余胜泉、陶丹：《技术推动的学习模式——美国国家教育技术规划（2010）及其启示》，《现代远距离教育》2011年第3期。

决策者开始意识到普及硬件、促进联网是不够的，还必须考虑“易用性”。这不仅仅指硬件的易用，还涉及相关和适当的教育内容、足够的支持和培训、使用工具创设吸取信息和思想的能力。

此后，一些报告又提出了关于普及技术及其相关费用的具体建议。随着互联网的出现，有关普及技术的建议除了硬件、软件外，还强调互联网连接的需要。学习的21世纪模式中一项基本组成部分是综合的学习基础设施，它为每位学生、教师和各级的教育系统随时随地提供他们需要的资源。基础设施包括人、过程、学习资源、政策、除了宽带连接之外持续改善的可支持的模型、服务器、软件、管理系统和管理工具。基础设施的建设是一项长期的任务，需要所有人的共同努力。2010年发布的《国家教育技术规划》提出：

一是确保学生和教育者在校内外有足够的带宽接入互联网和足够的无线连接；

二是确保每个学生和教师在校内外至少有一样互联网接入设备、软件或资源用于研究、沟通、多媒体内容创作和合作；

三是借助开放教育资源的机制来为所有的学习者提供创新性和创造性的机会，加速基于新的开放技术的工具和课程的开发和应用；

四是让各州政府和地方教育管理机构形成建立促进学习的基础设施的能力；

五是通过设立相关界定、目标和制度来支持各州和地方教育机构中教育和信息技术的“有意义”①。

高水平的信息技术设施配备能够保障美国中小学信息技术教育的有序开展，E-rate项目中明确说明，在建立内部或外部的某些功能时，学校面临许多附加性的费用，如电子产品的升级和防火墙的改变。为了创设富含技术的教与学的环境，需要完成的工作是：提供价格更加低廉、方便可靠、可持续并易用的技术，以及丰富的相关内容资源和培训，从专门的步骤到整体的构建都是如此。

2. 开发更多更高质量的学习资源和软件

进入21世纪以来，随着信息化程度的提升，人们对高水平信息技术的需求

① 余胜泉、陶丹：《技术推动的学习模式——美国国家教育技术规划（2010）及其启示》，载《现代远距离教育》2011年第3期。

已经不再仅仅局限于对物理硬件以及网络联接技术的获取，而且逐渐关注相关的、经过精心设计的数字化内容的获得。这是对教育技术的更高要求，教育技术要不断开发出高质量的、符合时代要求的、具有教学合理性的、与内容相关的、易施行的、可以整合到现有课程中的软件包。越来越多的人逐渐认识到有效的软件以及网络学习资源必须是课程的一部分，教育软件市场得到扩张并保持多样化，因此许多报告强调在软件内容和网络资源的质量上保持持续的关注与相应改进。为满足部分学习者在虚拟学习环境中有效学习，应加强数字化内容和网络资源的课程整合，建立统一标准和基本框架，以便使开发者更好地开发合理的资源。与此同时，公共机构和个人有必要进行协作以开发高质量的数字化内容。

3. 支持信息技术教育领域教师的专业发展

再先进的技术如不唤起教师共鸣，则终难落到实处。这便要求中小学教师不仅应具有基本的信息技术运用知识和能力，还应具备自觉培养学生信息技术技能的意识。虽然美国各级部门为教师开展各种类型的培训项目，但美国中小学教师掌握信息技术的能力和意识仍不乐观。一方面，教师培训不力。目前许多地方在对教师进行信息技术培训时，常存在讲课空泛乏味、信息技术应用与学科教学实际两张皮等问题，受训者抱怨收获不大，从实践层面打消了中小学信息技术学习的积极性。另一方面，日益更新的信息技术令人应接不暇。进入 21 世纪以来，信息技术作为社会发展的重要动力而被社会认可，其发展、更新速度也迅速提升。在对中小学教师进行的培训中，常常呈现出信息技术落后，不能及时反映信息技术最新进展等状况。由此，作为受训者的中小学教师，在接受信息技术教育时表现出较强的消极态度，一定程度上影响中小学教师信息技术和技能的成长与意识养成。

教师专业发展一直是永恒的话题，并且经常在这些报告中被视为信息技术教育应用中最重要的一环。一些报告明确指出，需要吸引更多有能力的人从事教师这个职业并创建出一套新的教师培训方法，教师专业化发展主要包括在职和职前教师教育。还有观点认为，在职教师的专业发展较之职前教育更有深度、更注重细节。

一方面，教师在教学工作中对于信息技术手段的运用是显性行为。系列相关报告强调通过加强和扩展专业化发展的机会来加强教师在课堂中对技术的使用。随着时代的发展，这种需求越来越迫切。

另一方面，教师在教育教学活动中对学生信息技术意识和能力的培养是隐性行为。通过信息技术方面的专业化发展，教师才能合理使用技术，促进学生的学习。更广泛地说，教师需要发挥新作用，需要实地进入到技术改革前沿，以努力推动教学专业化发展。

例如，2000 年发布的美国第 2 个国家教育技术计划《数字化学习：让所有的孩子随时随地都能得到世界一流的教育》中有以下 3 条建议：

一是做好培训新教师准备，包括如何使用技术进行有效教学方面的知识；

二是增加以技术为中心的活动，提高活动质量，促进教师的专业化发展；

三是增加课堂教学的技术支持，让教师能够顺利地使用技术。

再如，2010 年颁布的国家教育技术规划，也要求使用技术来帮助教师通过群体协同教学来强化他们的教学技能。在这种模式中，联合的教育团体取代单独的教育者；同时，课堂充分地互连起来，为教育者提供相关数据和分析工具，以及帮助他们根据这些数据和工具采取行动的资源。NETP2010 建议采取如下行动：

一是设计、开发和应用技术化的内容、资源和网络学习共同体，让教育者进行合作而使教学更有效，激发和吸引更多的新人投入教育这一职业中，鼓励最好的教师继续从事这一职业；

二是为职前教师和在职教师提供良好的准备和使用技术的专业化学习体验，消除学生和教育者之间使用技术熟练程度上的差异，使他们可以借助技术来改善学习、评价和教学实践；

三是为教师创设连接校内外、职前准备和在职教育培训机构及专业组织的学习网络；

四是借助技术来提供最有效的教学和学习资源，尤其是那些无法通过常规手段接触到的资源，为各级学习者提供更多的选择；

五是培养一支擅长利用网络开展教学的教师①。

4. **信息技术教育经费来源多元化**

学校引入技术及进行教师培训都需要增加经费投入，但是直到20世纪中期，政府和学校还没有正规的财政预算。总统科学技术顾问委员会的教育技术报告曾建议，所有公立中小学总预算经费的5%应该用于教育技术，同时需要进行成本效益分析以获得评价技术在学校的影响力的重要数据。另外，麦肯锡公司在1995年的报告中建议，教育技术的资金需求可以通过“减小开支、调用现存的教育资金以及从新的来源获取资金”得以解决。

由于信息技术在中小学校的运用发展较晚，因此在相当长一段时间里表现出经费的无序特点，即经费来源和数量都无法得到保障。直到进入21世纪以来，人们试图通过增加教育经费的方式促进信息技术教育的发展，如通过压缩常规开支、设置专项资金、另辟筹款途径等方法，以解决经费不足的问题。随着信息技术教育经费问题的凸显，经费来源单一性增加了数量保障的风险性，因此基于网络的教育委员会在2000年《互联网用于学习的力量》报告中建议资金可以来自公共机构或者私营部门的投资、政府长期的投资，以及鼓励税收用于教育技术基础建设。

5. **关注利益相关人的角色**

在投入与支撑教育技术基础设施方面，来自于公共或私营部门的各种类型的利益相关人扮演着十分重要的角色。自1988年以来，政策报告强调了政策支持的重要性，特别是联邦一级，也包括州和地方一级。国会技术评价办公室在1989年最早的报告中建议以联邦政府为主，形成发展技术基础设施所需的长期和稳定的投入。由于教育技术所需经费的特点，更多的资金压力不可避免地出现在州和地方上。但是，也有许多报告明确建议，如果建立足够的技术基础设施是必不可少的花费，各级政府就都应该积极思考建立长期而广泛的措施，以满足学

① 余胜泉、陶丹：《技术推动的学习模式——美国国家教育技术规划（2010）及其启示》，《现代远距离教育》2011年第3期。

校基础设施和技术的需要。一些报告也提出不仅需要政府投资，也需要公共或私营的合作者、当地社区和专业组织的投入、领导与资金支持。

州和地方政府的角色也被持续地讨论，涉及到一些与上面内容相关的问题。对州和地方政府的建议是：持续投资技术基础设施、为教师提供发展性的支持、技术投资应得到社区支持、确保所有学生获得同等接触技术的机会。同时也阐述了私营部门应发挥的作用，特别是在基于网络的教育委员会的报告和CEO论坛的系列报告中提出的任务：支持高质量的学习材料、内容的开发和教师专业发展，增加对高技能劳动力的需求。这些报告同时强调了父母和家庭的作用，认为他们也是利益相关人，鼓励他们去督促学校将技术整合于教育教学领域，并为学校能够将技术整合于课程提供资金支持。

6. 加强信息技术教育的研究与评估

几乎各个时期的报告都提及了要对教育技术在学校、教学和学生发展等方面所产生的影响进行研究和评价。随着信息技术教育的发展，中小学信息技术教育的存在价值得到了现实肯定，对信息技术进行系统性的理论分析已经成为促进其发展的坚实动力，根据具体标准对教育教学行为进行评估同样具有现实意义。

2000年，联邦教育部的《数字化学习》建议：鼓励州、地方建立评价技术项目，并支持其结果的宣传和使用，通过研究与评价促进下一代技术在教育中的应用。建议指出，必须明确研究日程，重点是人们如何使用技术进行学习。报告更进一步地断定，需要在教育学研究的基础上理解学生如何学习，和基于技术如何支持和评价学习。

2002年，国家研究委员会国家工程院在《技术之声：为什么所有的美国人都需要知道更多的技术》的报告中支持投资于研究“人们怎样学习技术”，和长期追踪“学生和公众”的技术水平随时间增长而变化的情况。

2007年，《面向学生的美国国家教育技术标准》表明，建议应对课堂中使用某些特定技术的内容、投入的资金与时间范围进行反思与研究，具体包括：对与教学、学习、技术三者相关的基础工作的研究，对符合时代发展要求的教育软件、教育内容和技术的研究，对于在教学实践中使用哪种技术以及如何使用技术的研究。

2010 年，美国国家教育技术计划《变革美国教育：以技术推动学习》提出以下建议。

第一，各州、各学区应设计、开发，并采用评估方法，使学生、教师和其他利益相关者能及时得到有关学生学习的意见和可操作的反馈，以提高学业成绩和改进教学实践。

第二，利用技术开发教育工作者和教育机构的资质，以改进形成性和总结性这两种使用情况的评估材料和评估过程。

第三，进行研究和开发，以探讨在评估复杂技能的情况下如何将可用于吸引和激励学习者的各种学习方式，如模拟、协作环境、虚拟世界、游戏、认知指导等，嵌入到评估技术中。

第四，进行研究和开发，探讨学习的通用设计如何能使所有学生有最佳的学习环境，以保证我们正在测评的内容确实是我们打算测量的、而不是学生为了对测评做出反应所显示出的其他能力。并提出了与评估有关的以下方面：应该评估什么；用技术支持综合能力的评价；用技术评估改进学习的方式；如何用技术更好地支持评估与促进学习。

7. 对现代教育技术法规的审视与修改

随着信息化程度的提高，一些新问题出现并逐渐引起社会的关注，于是出现了强调教育需要关于技术的新法规和政策的建议。例如，新世纪以来，计算机安全和个人隐私问题已经被广泛关注。2000 年的政策文件指出，伴随着互联网和虚拟学习环境增加而产生的问题需要新法规来解释。出现这方面建议的报告有：基于网络的教育委员会的报告、国家州教育董事会协会关于数字化学习的报告、CEO 论坛关于数字化学习内容的报告和联邦商务部《2020 愿景》的报告。这些报告认识到需要保护在线学习者的隐私和安全。报告的作者们认识到随着虚拟学习环境的出现和信息在网上的传播，需要重新思考版权的问题。其中一份报告督促将版权的界限扩展到数字内容和网络应用，极力提到需要保护丰富的数字资源。其他报告号召重新考虑无围墙学校建立的要求，以及认证法规、资源准备和内部质量检测。

综上所述，美国政府把对现代教育技术应用的持久投入视为推动美国教育不断改善的战略选择。从时间上来看，美国长期投入教育技术的理由是基于三个判断，即技术是迎接教与学之挑战的工具，技术是促进教育变革的手段和技术是经济竞争的核心动力。由于对教育技术应用的前景和潜力的认识不断深入和发展，教育技术领域运用了3种不同的观点考虑并投资技术：

一是投资技术以支持教育者特定并长期的需求；

二是通过技术变革教育；

三是使技术与公众改善教育的优先需求相一致。

在以上三种代表性观点的共同引领、相互影响下，美国正在实现现代教育技术的高质量应用。

（二）美国教育技术政策的社会价值

教育信息化是迈向信息社会的一个意义重大的社会发展进程，在信息化深入发展和经济全球化的今天，虽然世界各国的社会制度、社会经济发展水平以及文化传统模式各有不同，但在人类共同迈进信息社会的历史阶段，在各国推进基础教育信息化的过程中，必然遭遇一些共性问题或障碍，所呈现出的深层次、结构性的矛盾也会有一定的相似之处。

1. 为教育发展和改革提供有效服务

教育信息化是革新教育的战略选择，必须融入主流业务，必须为培养21世纪建设人才，促进教育公平和优质均衡发展等教育改革和发展的重大任务服务。教育信息化是人的信息化而不像其他行业是物的信息化，即使是其他行业物化了的信息化，也是由于把握好了为人提供了有效服务，才得以顺利地发展。教育信息化应以提高学习质量和综合素质为特征，目标是服务21世纪新型学习者的多样化需求，变被动学习为主动学习。《变革美国教育：技术推动的学习》中已经明确提出了21世纪的学习模型，用技术支持的新型学习模型即是该政策的核心内容，具有较强的借鉴价值和意义。

2. 为教育的深层变革提供科技支撑

美国信息技术教育的相关政策中重点涉及：培养学生的技术素养和技能、普及计算机和网络覆盖率、参与学业成绩评价、培训教师的软硬件应用的知识技能、打造新型的数字化学习平台。随着信息化社会的进展，信息技术教育的作用被提升到变革美国教育的高度。美国教育信息化探索解决当代美国学校教育问题的出路，也是解决教育信息化“生产力悖论”的一次创新举措，是典型的用科技手段支撑教育深层变革的革命性实践。借助技术实现生产力的改善，需要从根本上进行学校教育的流程再造。学校、教师和学生，以及技术本身扮演的角色必须进行变革，这样才能适应数字时代引领全球的趋势。流程再造是回应教育信息化的时代呼唤，也只有教育信息化才能突破传统的壁垒打造适合 21 世纪需要的全新学校教育。

3. 为进一步提升领导力提供决策支持

从信息技术教育的领导力和管理评价来看，教育信息化在美国得到了政府、教育行政部门以及社会各界的高度重视。其中，美国总统奥巴马在 2012 年财年预算方案中提出学习美国国防部高级研究计划局的模式，建立教育部高级研究计划局，以推动教育技术的创新。教育是一个复杂系统，教育的信息化更是一个快速变革的复杂系统。信息技术在快速变化，信息技术在教育中有效应用受众多传统理念和快速变化中的现实因素的制约。各种关键因素的不断变化，相互联系，相互制约，相互影响，使得现代教育技术的有效应用需要多方人士的不断探索、研究和实践。美国联邦教育部任命教育部长办公室直接管理教育技术办公室，目的就是提高对教育信息化的重视程度，加强教育信息化的领导力，让技术最大程度地服务于教育变革。

美国联邦教育部教育技术办公室通过发挥现代最佳技术的杠杆作用支持以下领域的工作，为落实教育部的使命、总统和部长的优先考虑事项提供服务。其具体任务如下：

一是研制升入大学、就业准备的标准；

二是开展评估改进教学；

三是让教师和数据库、工具、资源、专家和同行建立更紧密的联系，确保所有学生能够获得高效教学；

四是转变低效率的学校；

五是以增强数据库系统提高学生学习效果、教师绩效、大学办学水平和职业准备性。

4. 为教育管理与决策提供精准支持

传统管理系统的典型特征是以领导为核心、事务性活动居多，系统中的每个个体都是被动应付上级主管部门派遣的任务，技术的敏感性不强，单个部门之间各管其事，各自为阵，整个组织处于一种封闭的状态中。信息技术的介入为分布式学习组织的形成提供了强大的原动力。在这种原动力的驱动下，管理对象已经从传统的管理每个成员本身转变为管理成员的知识，并促进知识进行增值；管理的结果已经从单一的集中制转变为便于操作与执行的矩阵式管理结构，并形成了一系列管理的标准与规则；组织中的每一个成员都有责任贡献自己的智慧和力量形成开放和流通的管理环境；组织中的每一个成员都有技术敏感性，通过技术的熟练掌握来对当前的教育系统进行移植、转化和运营，形成一种在特定教育情景中迁移活用技术的智力氛围。

更为重要的是，在信息化社会中，随着大数据技术和数据挖掘技术、计算机网络技术的发展，学校的管理将实现全员参与，线上管理与线下管理相结合随着信息技术的不断使用，教育教学管理从过去的以经验判断为主，转变为可视化管理，利用大数据分析技术提供的可视化数据，提升自动化管理水平，降低管理负担。并通过大数据技术自动存储、统计分析，为教育的科学决策提供客观、科学可视化的数据，为教育改革和发展提供精准服务与决策支持。

5. 关于信息技术教育的相关安排

美国各州自行开展信息技术教育，联邦政府对于中小学信息技术教育的发展并无行政性规划，缺乏对全国整体情况的判断和部署。一直以来，美国教育界对于信息技术的问题存在不同意见，如学校装备多少台计算机合适？是建计算机房，或是将计算机分散于各教室，还是以“移动计算机车”为主？应该让学生掌握什么样的知识和技能？要不要培养学生编写计算机程序的能力？联邦教育部很难对诸如此类的问题进行系统回答，加之美国基础教育的实际管理权重在州和学区，因此就目前情况来看全美很难切实推出针对中小学信息技术教育的发展方针。

二、美国推进学校信息技术教育的主要做法

（一）加强统筹，明确工作目标

美国联邦教育部成立“教育技术办公室”，专门负责制定信息技术教育的政策和实施项目管理。凡属中小学信息技术教育项目，该办公室与中小学教育办公室密切配合，共同监管和实施。主要包括如下工作内容：确保为每位学习者在他们学习和生活的地方提供宽带上网服务，支持信息技术教育者和生态系统改革者发展、引导学生对新型学习方式进行分析和掌握。2007 年，美国国际教育技术协会正式对外发布了《面向学生的美国国家教育技术标准》（第二版）。具体内容包括：创新与变革；交流与协作；熟练运用信息开展研究；批判性思维、解决问题与决策；数字化时代公民的意识与素养；技术操作与概念；学生能够表现出对技术的概念、系统和操作的充分理解①。相对于 1996 年的第一版标准，新版本更加突出对学生创新能力和学习能力的培养，将学生交流与协作能力、利用信息开展研究的能力、批判性思维和解决问题的能力等作为重要的工作重点和目标。

2000 年 12 月，美国教育部确定了国家教育技术规划 5 大目标②。

第一，所有的师生在教室、学校、社区、家中都有可接触、使用信息技术的机会。为此，要提高教育技术应用的可行性、可靠性、易用性，能够有效地为学习者提供学习机会。确保学校建筑及设施的现代化，尽快消除数字鸿沟。

第二，所有教师都能够有效地应用技术来帮助学生达到更高的学术标准。

第三，所有学生都具备技术和信息素养技能。能够定义任务，确定信息采集策略，定位、获取信息，使用信息，分析信息，评价信息。

第四，开展有关研究和评估工作，以进一步完善下一代技术在教学中的应用。

---

① International Society for Technology in Education. *National Educational Technology Standards for Students: The Next Generation*, 2007, p. 6.

② 颜辉著：《当代美国教育技术》，中山大学出版社 2003 年版，第 54 页。

第五，利用数字化教学内容，通过网络应用变革教和学。

为保证所有革新者都可以参与教育改革实践，各州建立了信息技术教育执行组，制定州技术计划，明确了州级技术标准，加强了信息基础建设，构建了保障体系，加大了经费支持。

2010年1月，美国教育部确定的国家教育技术规划强调，教育是美国的经济增长和繁荣的关键，也是我们全球经济竞争能力的关键；是美国人获得好工作和高收入的必由之路；它促进跨国界、跨文化的合作；它需要解决我们这个时代最具挑战性的问题。在奥巴马政府领导下，教育已成为由两个明确目标驱动的紧迫任务。这两大目标是：

到2020年，提高大学毕业生在总人口中的比例，使具有2年或者4年学历的大学毕业生由现在只占41％提高到60％；

到2020年，缩小学业成绩差距，使所有学生高中毕业后都能够为成功进入大学或职场做好准备。

为了在2020年之前达到上述两项目标，2010年发布的《国家教育技术规划》呼吁要对整个美国的教育系统进行革命性的变革，而不是进化性的修修补补。提出了一种用技术支持的新型学习模型，该模型涉及“学习、评估、教学、基础设施和生产力”等五个关键领域，并提出了各个关键领域应达到的目标和应采取行动的具体建议。

在学习方面提出的奋斗目标是：“所有的学习者将在课堂内外获得有趣味性且深刻的学习体验，成为全球网络社会中自主、有创造性、有知识和有道德的一员。”

在评价方面提出的奋斗目标是：“我们的各级教育系统将借助技术来测量那些相关的内容，并使用测量获得的数据来持续改进各级教育。”

教学方面提出的奋斗目标是：“职业教育者将通过技术获得个人或集体的支持，包括能促成或激发对于所有的学习者来说更有效的教学数据、内容、资源、专业知识和学习体验。”

基础设施方面提出的奋斗目标是：“让所有的学生和教育者随时随地在有需要的时候都能获取永远在线的学习资源以及相关的学习支持服务。”

生产力方面提出的奋斗目标是：“我们的各级教育系统将借助技术来重新设

计其过程和结构，从而在高效利用时间、资金和人力的同时改善学习效果。”

（二）政府投入，启动有关项目

在中央和地方财政中设立专项资金，通过拨款、奖励、补助、贷款等形式向中小学增加投入。据美国国家教育统计中心 2000 年统计，在推进信息技术教育过程中，90%的学校接收到学区的补助，72%的学校接收到联邦或州政府补助。其中，低收入家庭儿童聚集的学校可获得更多的照顾。仅“教育资费减免项目”(E-Rate Discount Program)，联邦政府就投入 25 亿美元；“准备明日教师使用技术项目”，联邦政府又投入 1.25 亿美元。各地对信息技术教育的投入力度也很大，如纽约州每年投入中小学信息技术教育的资金就达 20 亿美元，其中州财政拨款为 2.5 亿美元。此外，还可通过制定企业向学校资助经费可抵税收的政策，鼓励企业向学校提供资助和各种设施；通过教育附加、勤工俭学等多种形式，多渠道筹措经费，同时通过奖励、补助等形式鼓励中小学继续自筹经费，投入信息技术的应用；制定教育部门购置教育资源的价格优惠政策等方式增加信息技术教育经费支持。

（三）软硬并重，实现双重发展

就硬件建设来看，美国的中小学并不刻意追求计算机的高档化，而是添置够用、适用的普及型电脑；同时考虑学生的年龄特征，配置一些彩色外壳的或透明的计算机，给学生耳目一新的感觉，也让少年儿童消除对高科技产品的神秘感和畏惧心理。在硬件的管理上，更强调发挥计算机的效用，让学生有机会摸，有机会碰，甚至有机会拆开探究。就软件开发而言，开发丰富的适应中小学教学的高质量软件，已成为中小学信息技术教育的重点之一。美国开发教育软件时注意国际合作，以便节约资源，提高效率，博采众长。计算机网络教育和远程教学正大大地改变着美国中小学教育观念和教学方式。一些学校或因地处偏僻，或因规模过小，或因师资缺乏，不能全部开设所需课程，但可通过学生网上学习得以弥补。学生对某些科目、领域产生兴趣，可从网上找到大量信息进行钻研。有些理论、原理难以用文字讲解清楚，网上声形并茂的三维演示大大加深了学生理解。极少数学生甚至干脆不去学校，而在网上注册，在家学习，“家庭学校”在美国是合法存在的。

（四）适应时代，为教师提供信息化教学应用培训

教师在信息技术教育中充当很重要的角色，从一定程度上说，美国中小学教师对信息技术掌握的好坏决定了其信息技术教育的质量。研究发现，教师对信息技术的掌握与他们接触信息技术的机会有关，机会越多，掌握越好；与接受培训的方式有关，由专人结合课堂教学进行实际培训的效果较好，而空洞地讲电脑知识效果较差；与学校条件有关，经济发达学区的教师比经济不发达的学区和少数民族聚集的学区的教师对信息技术的掌握要好些。因此美国社会从多方面做出努力来加强教师培训以保证信息技术教育的质量。由总统科技顾问委员会组织的教育技术专家组提倡把 30% 的教育技术投资用于信息技术课程的教师培训。21 世纪初，美国对教师职前培养和在职继续教育均提出了信息技术方面的明确要求，重视广大教师对硬件的掌握和软件的运用。如纽约州长岛半空山（Half Hollow Hills）中心学区在设计教师培训计划时请教师代表参与，以增加培训的针对性和实效性，对于专门从事计算机学科教学的教师，还进行相对专、精的培训，并提供各种各样的进修机会。

在信息时代，技术变成了一个必然、动态的教学要素。实践证明即使教师熟练掌握了某种技术工具和软件操作，也不一定能够将它有效整合到自己的教学过程中，那么如何将技术整合到教师的教学中呢？教师又该具备怎样的专门知识呢？2006 年，米什拉（Mishra）与凯勒（Koehler）发表了《技术教学内容知识：教师知识的一种全新框架》，提出了一个教师信息化教学素养模型（见图 9-2）①。这个模型认为教师不仅需要掌握具体学科的知识、思想、方法、教学法知识，还需要掌握如何用技术表征学科知识，支持学科教和学，因此教师要深刻理解内容知识（CK）、教学知识（PK）、技术知识（TK）以及它们之间的张力和动态平衡，并且在变化中保持平衡。

如图 12-3 所示，TPACK 是一个功能强大的框架，TPACK 框架的提出在教

① Mishra P., Koehler M. Technological Pedagogical Content Knowledge. *The Teachers College Record*, Vol. 108, No. 6, 2006.

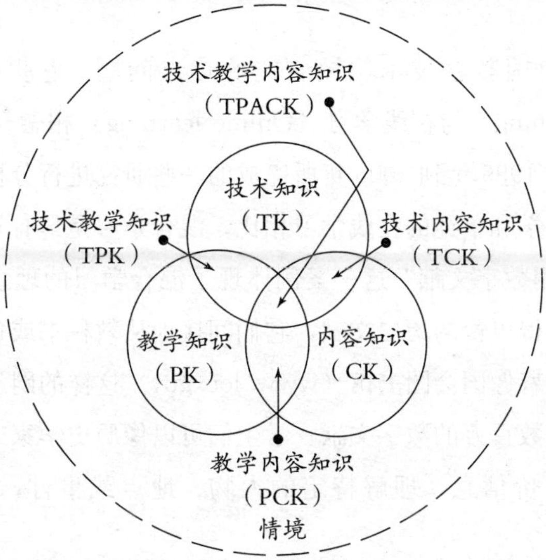

图 12-3 TPACK 框架

师技术整合的知识框架、教师教育课程设置的审视框架、教师发展项目的评估框架及教育软件的开发框架等方面带来很多的启发。它已被用来设计教师教育课程，设计教师专业发展活动，解析和评价技术整合课堂，设计课堂中整合信息技术，并作为技术或者教育技术等骨干文献的分析框架等，在教育技术理论和实践研究中发挥了巨大的潜力。

（五）变革教学，突破传统学校围墙

互联网和信息技术正改变着学习方式，实现从工业模式到信息模式，再到知识模式的转化。此时，以教师讲授为主的灌输式教育范式已不能满足日益增长的社会需要，在新的时代背景下，教育范式必须发生转变：从"老师教什么"转变成"学生学什么"为主的观念；从注重资源设计，重视讲解转变成重视活动设计，重视引导学生进行自主、探究、合作学习；从机械评价学习结果转变成适应性评价学习结果；从以观察学习行为为主转变成学习活动干预；学生也由被动接受知识转为以主动、积极的态度来进行自主性的学习；未来的教学将从面向内容设计转变为面向教学过程的设计，实现从知识传递范式到认知建构范式的转型。下面简要介绍混合学习、基于项目的学习、翻转课堂教学等几种模式及其应用案例。

1. **混合学习**

混合学习是美国教育技术领域研究的热点问题，它提倡将面对面教学（Face-to-face Learning）与在线学习（Online learning）相融合，使二者优势互补。美国教育部对 1996 年到 2008 年所完成的一些研究进行分析，结果发现：与单纯的课堂面授教学和单纯的在线学习相比，混合学习是最有效的学习。

“在课堂上使用数字文献”这一案例体现了混合学习的理念。过去，学生学习历史必须依赖少得可怜的历史文献，它们间接地从教科书或百科全书上复制而来。但是最近，随着像国会图书馆（www. loc. gov）这样的网站的出现，学生们在课堂上可以获取数百万的数字文献。学生们可以像历史学家或学者那样使用这些文献，分析和评价信息，理解特定的人物、地点或事件，综合自己的研究发现。

在课堂上使用数字文献能够激发学生的批判性思维并提高其获取信息的技能。一本教科书对一个事件也许会提到好几种说法，但是一次典型的基于文献的调查就可以让学生主动地学习。以一堂关于美国西部的历史课为例。老师可以打印出网络上对某一事件完全不同的看法，把它们编撰成信息包。成组的学生查看图片并阅读以第一人称描写自述，从而直接地了解历史问题。他们会看到偏见和不真实的资源，明白每一个文献只反映了完整史实和多种观点的一部分。每一小组最后要完成一部作品，例如第一人称自述、讨论会或海报，以展现对信息包中文献的分析和理解。

在学生查阅原始文献并使用分析工具进行学习的过程中，他们会自信地以自己的方式看待问题、独立寻求解决方案，还会因个人疏忽犯错误。模拟的文献分析使得学生在既定框架中大胆冒险，他们提出自己的假设，并发现没有唯一的正确答案。例如，在图片分析的基础上，学生可能会假设移民劳动力在美国西部的历史中发挥了重要作用。无论假设是否正确，在研究逼真的文献并协作创造价值的过程中，学生对社会学习形成了更加积极的学习态度。

2. **基于项目的学习**

“项目学习自行车”模式，是按照满足 21 世纪学习者的需要而设计的学习模式。这种学习模式的核心是项目本身。“项目学习自行车”模式有 4 个项目阶段。

一是定义。必须用疑问、难题、关注点或挑战对项目进行定义，使项目学习得到清晰简明的表述。

二是筹划。教师要准备所有设备，制定学校团队应遵循的工作程序，准备好工作表和实验技巧指南。学生需要对个体和团体的工作进行计划，安排好实验需要采取的步骤。

三是实施。项目的实施过程需要教师和学生共同努力，其中，教师扮演导演或教练的角色，而学生则是项目中的团队成员或工作者。

四是评审。教师和学生都要观看以陈述、展览等形式的成果展示。

定义、筹划、实施和评审，都是项目学习和教学周期中的必经阶段，是“项目”的车轮。教师和学生在项目各阶段所投入的时间有所不同。教师通常在前期筹划过程中投入时间较多，而学生则在项目活动实施阶段投入更多时间。自行车框架相当于学生和教师必须协调好项目周期工作，共同管理整个学习项目。如关于“探索太阳的奥秘”这个项目，在整个太阳能科学单元中，让学生通过烹饪来学习一项新的知识。课程通过介绍地球围绕着太阳旋转是怎样产生阴影的这一话题开始。要求学生使用指南针和温度计来测量、观察和研究几个关于地球位置和阴影的问题。他们研究使用矿物燃料的难题和运用太阳能可以怎样解决这个问题。学生们承担工程师的工作，他们的任务是建造一个太阳能炊具并能成功地煮熟鸡蛋。如果这个炊具成功了，他们就需要根据这个实验来探索使用太阳能，把它作为矿物燃料以外的另一种选择。学生们通过使用多种媒体展示或书面表达展示他们所学的知识。

3. 翻转课堂教学

源自美国并风靡全球的新型教学模式——翻转课堂教学（Flipped Classroom），该模式较好地突破了学校教学的围墙，是技术变革教学、构建新型教学模式的典范。

2007 年前后，美国科罗拉多州落基山林地公园高中的两位化学教师，乔纳森·伯尔曼（Jonathan Bergmann）和亚伦·萨姆斯（Aaron Sams），针对当地实际情况，尝试用录屏软件将 PPT 讲稿和教师实时讲解音频录下来，然后将带有实时讲解的视频上传到网络上，供学生下载或播放，帮助缺席的学生补课。后来就演变为学生在家看视频、听讲解，而在课堂上完成试验或者作业，帮助学习有困难的学生解决问题。将传统的教学方式发生了“颠倒”或“翻转”，即变成了学生课前通过查看教师的视频讲解进行自学，课堂上在教师的指导下完成作业的方式。自此，出现了“翻转课堂”或“颠倒的课堂”。并在落基山地区乃至整个科罗拉多州产生了愈来愈大的影响。笔者在此处简单介绍了翻转课堂教学的由来，关于翻转课堂教学应用及其特点参见本章的第四部分内容。

以上简单介绍了三种教学模式，从这些模式中可以看出：在信息化社会中，任何学习者都可以凭借网络获得丰富的信息资源和广泛的人际互动交流机会。这一事实促使我们对于教育者自身所承担的角色进行新的思考。教师的职责现在已经从传递知识为主转变为激励思考；除了他的正式职能以外，他越来越成为一位顾问，一位交换意见的参与者，一位帮助发现矛盾论点而不是拿出现成真理的人。他必须集中更多时间和精力去从事那些有结果的更有创造性的活动；与学习者互相影响、讨论、激励、了解、鼓舞。

所以，在信息化社会中，教师的角色需要从知识传授者转变为依学生个人特质做知识提供及辅助者的角色，教师要成为学生主动建构意义的帮助者、促进者，课堂教学的组织者、帮助者，而不是知识灌输者。

（六）课程多元，注重因材施教

美国中小学开设的信息技术教育课程因校而异，具体内容无统一的硬性标准。信息技术教育的开展并不强调学科系统的知识传授，而是重在激发学生的兴趣。总体来讲，美国中小学开设的信息技术教育虽不尽相同，但可表现出三个方面的特征。

1. 课程设置层次多样

美国中小学信息技术教育根据学生兴趣和能力差异，在课程设置上具有较大的灵活性，拥有不同形式和方式。如在课程开设形式方面，有的学校开设完整课程，相对系统地培养学生信息技术能力，而有的学校不设完整的信息技术课程，仅在数学或物理等课程中介绍一些计算机和信息技术知识。在课程开设阶段方面，每所学校也尚未有统一的开设阶段，有的学校只有高中才开设信息技术课，某些学校则初中和高中均开设信息技术课，而有的学校从小学就开始开设该课程。

2. **课程内容涵盖范围较广**

美国中小学信息技术课程内容主要包括五大类，分别是计算机基础、程序设计、计算机网络和网页制作以及软件应用。小学的信息技术课程会充分尊重家长的意见，让家长与孩子一起学习，这样增强教学的趣味性。初中阶段的信息技术教育旨在培养学生对计算机等信息技术、资源，以及其与人类社会的关系等有一个大致了解。高中则注意培养学生使用信息技术的技能与意识，所教知识比较广泛，除基础知识外，还包括资料处理与应用、信息技术系统概论、人工智能概论等。教师针对学生特长和兴趣因材施教，在要求所有学生掌握基本原理和操作的前提下，对部分学生重点培养，指导其在信息技术方面开展更多的学习与钻研。

3. **教学目标保持一致**

美国教育管理体系主要施行地方分权制，各州在制定相应的标准后，课程设置和执行主要集中在学区和学校。因此，不同学校的信息技术教育课程名称也不尽相同，如技术课程、教育技术课等。虽然课程名称存在差异，但其实质都是信息技术课，其发展目标也是一致的，即将电脑等信息设备作为一种学习工具，对它的学习和掌握可以使学生获取和分析利用信息的能力得以提升。

（七）关注安全，构筑绿色网络空间

美国人认为，在互联网时代，少年儿童至少面临以下几类危险：一是联系性危险，指通过网络聊天和电子邮件等交互方式，某些人可以联系到儿童，从而引诱或伤害儿童；二是内容性危险，指儿童接触到不适宜的内容，涉及色情、种族歧视和种族仇恨、暴力等文字、图片和影像资料；三是商业性危险，指儿童隐私受到市场商业行为的侵犯。为了保护少年儿童的安全，美国制定了一系列法案和指导性文件①。

① 颜辉著：《当代美国教育技术》，中山大学出版社 2003 年版，第 74 页。

1. **儿童在线保护法**

该法于 1998 年通过，禁止网站有意识地向未成年人提供有害的内容。对有害内容的认定是比较宽的，泛指一切淫秽的图片、文字、影像，以及那些空穴来风和无稽之谈。该法规定，如果提供有害内容的商业网站采取了措施阻止或告诫未成年人不得接触这些内容，则可以免于起诉。该法很谨慎、也很明确地分清儿童和成年人在网络上的利益，试图在他们之间寻找平衡点，既保护儿童网络安全，又不损害成年人的自由和利益。

2. **儿童在线隐私保护法**

该法于 1998 年 10 月通过，实际上它是一个行政规范，由联邦贸易委员会负责牵头实施，各利益相关方应该执行。一方面该法对网站收集儿童个人信息行为进行约束，网站应该告知家长所收集的儿童信息的内容、用途，以及是否转给广告商或其他第三方组织，还要公布网站的联系方式。同时，家长如果不赞成网站收集他们孩子的信息，可以随时要求终止。另一方面，该法明确了家长在维护儿童隐私信息方面的决定性权力。作为监护人，家长要具备防止孩子私人信息不被滥用的意识。

3. **儿童互联网保护法**

该法于 2000 年 12 月通过，规定了那些申请教育网络优惠政策的主体，或者根据图书馆服务技术法案、中小学教育法规定申请国家资助的图书馆和学校应该制定网络安全措施，切实保护儿童在网络上的安全，阻止儿童在网上的不当行为。该法把技术保护手段作为硬指标，要求上网的计算机必须安装可以过滤或者阻止不利儿童健康的淫秽内容软件。

4. **指导性文件**

指导性文件是一些政府机构针对家长、儿童和学校的需要提出的实践性强、可操作性强的建议。其中，影响比较大的有美国联邦教育部编制的互联网家长指南，联邦调查局编制的互联网安全家长指南、儿童上网安全贴士，司法部编制的互联网的可为和不可为。指导性文件虽不具备强制性，却也在传播儿童网络保护意识和办法方面发挥了较大作用，成为学校、社会团体、家长的重要参考和行为指南，有利于发挥网络的正能量。

5. **技术措施**

毕竟法律文件不是万能的，而通过技术手段让未成年人远离不良信息在一定程度上可以发挥釜底抽薪作用。为此，美国开展过滤阻止服务，标签分级系统，年龄认证制度，危险内容顶级域名制度，绿色空间措施，网络管理和时间局限技术。美国家庭通常不在未成年孩子房间放置上网计算机，而是安装在父母房间或公共区域中，便于监督。

（八）开放办学，广泛吸纳社会资源

美国中小学信息技术教育的开展不局限于学校，而是学校、家庭、社区、企业等多元主体的协同参与，这种办学方式能为学生创造全方位的信息技术环境，更有利于学生信息技术意识和能力的培养。

家庭补充。在信息技术教育中，家庭是重要的使用环境，是学生信息技术实践的重要场所。很多美国学校都已是名副其实的数字化学校。校园内计算机和网络无所不在，学生可以在任何一台电脑上进行学习或是完成家庭作业。学校的数字化环境同样对家庭网络设备提出了要求，即要求学生能够在家庭中运用计算机培养意识、获得信息、处理事务。

企业支持。美国中小学校信息技术教育中重视企业参与，发展教育产业。政府制定了相应的措施鼓励企业捐资助学，对于表现良好的企业给予免税的政策，而企业也对此表现得很积极，这样做不仅能够获得利润，而且能够赢得良好的声誉。据统计，约三分之一学校接受了家长所在公司的支持，三分之一学校接受了工商企业赞助和非营利组织的支持①。1999 年，笔者到位于硅谷的英特尔公司访问时得知，该公司当年在教育项目上的投入近 7000 万美元，其中在基础教育领域投入 1500 多万美元。该公司表示，今后拟加大对中小学教师培训的投入，

① 霍益萍、张人红：《发达国家的中小学信息技术教育》，《教育发展研究》2000 年第 9 期。

使其成为推动科学教育的世界前 5 家公司之一。企业对中小学进行捐赠或优惠，可树立形象，增进认同，稳住用户，有利于自身长远发展。

三、 慕课及其特点

（一）慕课异军突起

“慕课”（MOOC）是指大规模开放在线网上课程（Massive Open Online Course）。尽管在慕课背后的理念有着一个不短的历史，但是其实际的主张和成型的结构却是相当新近的。如今，MOOC 对美国和各国教育产生重大影响。2007 年，美国犹他州立大学的大卫·威利（David Wiley）教授基于维基网发起了一门开放课程——《开放教育导论》。世界各地的用户都可以分享课程资源，参与课程创新。这初步体现了慕课的雏形，但当时还没有出现 MOOC 这一词汇。

最早提出慕课这一概念是在 2008 年，提出者是加拿大爱德华王子岛大学的戴夫·科米尔以及国家通信教育技术应用研究院的布莱恩·亚历山大。他们认为，MOOC 是一种参与者和课程资源都分散在网络上的课程，只有在课程是开放的、参与者达到一定规模的情况下，这种学习形式才会更有效①。加拿大曼尼托罗大学的乔治·西蒙斯和加拿大国家研究理事会的斯蒂芬·道恩斯在曼尼托罗大学联合开设了“连通主义与连通性知识”课程，当时共有 2 200 多人在线学习该课程，这也是第一个应用此概念开设的慕课。

虽然慕课在 2008 年就开始崭露头角，但之后并未如大家所预想的马上进入到一个繁荣发展的时期。在 2011 年秋季，慕课才真正得以被大众知晓并开始广泛传播。而且值得注意的是，慕课这一概念的提出及运用这一概念开设的第一个课程均在加拿大，但慕课真正得到繁荣发展是在美国。

2011 年秋，斯坦福大学的巴斯蒂安·图轮（Sebastian Thrun）和彼得·诺

① 陈肖庚、王顶明：《MOOC 的发展历程与主要特征分析》，《现代教育技术》2013 年第 11 期。

维格（Peter Norvig）联合开设了人工智能课程，受到世界各地学生的欢迎。在此基础上，巴斯蒂安·图轮和大卫·史蒂文斯（David Stavens）、迈克·索科尔斯基（Mike Sokolsky）联合创办了以盈利为目的的在线课程提供平台“在线大学”（Udacity）。随后，斯坦福大学也创立了大规模在线课程平台“课程时代”（Coursera）。同年底，麻省理工学院也启动实施了非营利的在线开放学习项目MITx。之后哈佛大学也加入了MITx，并于2012年5月与麻省理工学院联合创办了另一大规模在线网络课程平台（edX）。

2012年被《纽约时报》称为慕课元年。慕课的理想是任何人、任何时间、在任何地方能学到任何知识。所谓任何人，可以是在校学生，也可以是社会在职人员，可以是为了获取证书，也可以仅仅是开阔视野；所谓任何时间，可以是白天，也可以是晚上，可以实时听讲，也可以得空观看；所谓任何地方，可以是在美国，也可以是在遥远的国度，可以在家里，也可以是在地铁里、候机厅里。

（二）慕课的特点①

1. 大规模

“大规模”意味着对同时参与学习的学习者数量不做限制，与传统课程只有几十个或几百个学生不同，一门慕课课程动辄上万人参与学习。肯·马斯特斯（Ken Masters）对慕课概念的解释如下：大规模主要是指大量的学习者参与课程，也可以指大规模的课程活动范围。那么，多大规模才是“大规模”呢？现实表明：慕课的学习者远超常规，可轻易达到几千名。而在未来，随着该模式的普及及其影响力扩大，参与者还会更多。一个慕课参与者众多，你能不能在其中滥竽充数、浑水摸鱼？回答是否定的。人人的计算机早就把你盯着了。你在什么时候上了多少分钟的课，强项在哪些，答错几道题，大数据记得清清楚楚。

2. 开放性

开放性是说慕课的学习者可能来自全球各地，信息来源、评价过程、学习者

---

① 陈玉琨：《中小学慕课与翻转课堂教学模式研究》，《课程·教材·教法》2014年第10期。

使用的学习环境都是开放的。在美国，慕课是以兴趣为导向的，凡是想学习的，都可以进来学，不分国籍，只需注册一个账号，就可参与学习。为此，人们强调，只有当课程是开放的时候，它才可以称之为慕课，只有这些课程是大型的或者叫大规模的，它才是典型的慕课。因而，慕课学习是一种将分布于世界各地的授课者和学习者通过某一个共同的话题或主题自愿联系起来的方法。

3. **自主性**

自主性在不同的学者那里有着不同的理解。在关联主义的慕课推崇者看来，"自主性"意味着慕课没有明确的学习预期，学习者可以自设学习目标。虽然有特定的学习主题供参考，但在什么时间、地点学习，阅读多少资料，投入多少精力，进行何种形式和程度的交互等都由学习者自己决定。一般不搞正式的课程考核。需获取学分的在校学生除外，学习者根据自己的学习预期对自己的学习收获进行评判。因此，慕课依赖于学习者的自我调控。学生对自己的学习担负责任，根据教师提供的教学目标，学生可以自定学习的方式、步骤、时间，自主地讨论与研究，主动且积极地学习。慕课对教师的学科素养和教育素养都提出了更高的要求。

4. **普惠性**①

慕课实行免费，供全世界的人们选学，有利于知识的传播。作为一种崭新的教育和学习形式，慕课正打破学校之间的隔墙，让更多的人分享优质教育资源，是实现教育公平的有效形式。在此以前，美国一直存在所谓"数字鸿沟"(Digital Divide) 问题。不同的学区之间，由于经济条件不同，学生接触和使用计算机等信息技术产品的机会悬殊，所接受信息技术教育的程度各异。经济欠发达学区不但在资金、设施等硬件条件方面表现出弱势，师资水平、管理能力也同样与经济发达学区存在明显差距，同时还受经济、文化、社会等因素的综合影响。这种"数字鸿沟"带来的不公平不仅表现在教师身上，在来自不同族裔、肤色、家庭经济状况的学生中也表现得尤为明显。而今，从一定意义上说，有了慕

① 汤敏著：《慕课革命：互联网如何变革教育》，中信出版社 2015 年版，第 129 页。

课，只需一根网线，每个学生都能踏上通往名校之路，实现接受名师教育的梦想。慕课是帮助人们树立终身学习理念、构建学习型社会的重要手段。世界在飞速变化，新情况、新问题、新发明层出不穷，知识更新速度加快。人们要适应不断发展变化的客观世界，就必须把学习从单一的求知转变为一种生活方式，而慕课适应了这样的需要。

虽然慕课在技术上没有跨时代的创新，但为什么从各级领导、大学校长、产业精英到普通百姓都在关注它呢，因为它的出现使人们能够根据自己的兴趣、爱好、价值观、文化传统等进行适合自己个性发展的学习，开创了新的教育供给方式，破除了教育垄断，增加了教育的选择性，推动了教育的民主化，是一种教育组织模式的变革。

四、翻转课堂及其特点

（一）翻转课堂应运而生

“翻转课堂”，是相对于传统的课堂教学模式下学生在课堂上听讲知识、课后完成作业的学习形态而言的。在翻转的模式下，学生课前先自学基于教学目标和内容制作的教学微视频，完成进阶作业，课堂上，师生一起共同完成作业，解决疑难，创造探究的学习形式。翻转课堂的教学是一种先学后教的模式，是自主性、互动式、个性化的教学模式，有利于提升教学质量和学习质量。

“翻转课堂”的模式在 2000 年左右已经成型，但是，并没有被迅速传播开来，一个主要障碍是学生课下可以利用的“视频资源”较少。幸运的是，这一问题被孟加拉裔美国人萨尔曼·可汗（Salman Khan）在一偶然的情况下解决。因此，谈起翻转课堂很多人会联想到“可汗学院”。2004 年，萨尔曼·可汗对侄女进行数学辅导，制作了教学视频同时希望让其他人也能看到。2007 年，可汗将教学视频与互动教学软件整合，并创立了非营利的教学网站，实现了用教学视频讲解各学科教学内容，提供在线练习、自我评估、学习进度自动跟踪等学习工具。2009 年可汗全身心投入对教育网站的运行与维护，并将其起名为“可汗学院”。2010 年，可汗学院引起比尔·盖茨的关注，于是相继收到数百万美元资助，可汗学院有了更大范围的影响。

2007年前后，美国科罗拉多州落基山林地公园高中尝试用录屏软件将PPT讲稿和教师实时讲解音频录下来，然后将带有实时讲解的视频上传到网络上，供学生下载或播放，帮助缺席的学生补课。自此，出现了“翻转课堂”或“颠倒的课堂”。并在落基山地区乃至整个科罗拉多州产生了愈来愈大的影响。

2011年末，《环球邮报》和《纽约时报》都登载了关于翻转课堂的文章，并提出翻转课堂是课堂教学模式的重大变革。

2012年1月30日，在林地公园高中举办了翻转课堂“开放日”（Open Day），让更多的教育工作者来观看翻转课堂的运作情况和学生的学习状态。这些都说明翻转课堂在一定程度上得到了国外学校的认可。

2012年，萨姆斯和伯格曼开发了开源的翻转学习网①。2014年3月份他们宣布了对翻转学习的定义，即翻转学习是一种教学方法，这种教学方法将直接教学的行为从小组空间转移到了私人学习空间，而小组讨论空间变成了一个动态的、互动的学习场所，在这个场所，学员们将概念应用于实践，更加积极主动地参与课堂主题，而教师的角色是指导者。

同时，他们提出了翻转学习的四大支柱，即F-L-I-P：灵活的教学环境（Flexible Environment）、学习文化（Learning Culture）、精心编辑的课程内容（Intentional Content）、专业的教师（Professional Educator）。对翻转学习的定义及四大支柱的理念，主要是为了帮助管理者及教学者对翻转学习真正的含义有更好的理解。经调查发现，在2012年有74%的教师知道，“翻转学习”这一名词到2014年上升到了96%的教师，在这些对翻转学习有所认识的教师中，表示他们在学校实施翻转课堂的数量由2012年的48%上升为2014年的78%，同时有96%的教师表示他会将其介绍给自己的同事。

“翻转课堂”的出现，改变了传统课堂的传播模式，一定程度上弥补了传统课堂传播模式的不足，主要表现为以下几个方面。

第一，学生主体地位得以凸显，课堂外学生主动查找资源进行学习，是知识的主动建构者。课堂上学生积极向教师及学习同伴提出疑问，是师生会话的发

① 参见http://www.flippedlearning.org.

起者。

第二，由学生自己掌控学习进度，学生观看视频的节奏快慢全在自己掌握，懂了的快进跳过，没懂的倒退反复观看，也可停下来仔细思考或笔记。

第三，通过在线的及时诊断，教师的即时帮助，学生的学业基础可以得到最大程度的夯实。

第四，促进师生的良性互动，课堂上学生活动、师生互动以及生生互动的时间增加了，教师和学生可以有充足的时间进行内化知识的课堂活动。

（二）翻转课堂的特点

1. 先学后教的教学模式

在翻转的模式下，学生需要在课前学习教师录制或者网上下载的教学微视频，对视频讲解做出笔记，完成进阶作业。回到课堂上，就学生没有学懂的知识点，作业完成时遇到的困惑，师生共同探究和解决。因而，它是一种典型的先学后教的教学模式。

先学后教，被认为是一种比较成功的教学范式。微视频主导和网络学习条件下的先学后教，和以往导学案或讲学稿主导下的先学后教的模式有所不同，主要体现在 3 个方面。

一是讲解生动。视频上，优秀教师生动形象地讲解，显然比起一张纸的导学案来，学生更加喜欢。

二是反馈及时。无论是课前学习后的作业反馈，还是课堂学习过程中的学习反馈，在网络背景下，都要比纸质的导学案，要来得及时、迅速。并且节省了老师大量的机械批改作业的时间。

三是易保存检索。电子资料比起导学案来，更加易于学生的保存、检索和复习。

2. “满十进一” 的进阶方式

为确保学生学习了、学会了微视频中讲解的知识点，在现代信息技术的支持下，微视频制作可以让学生在学习了一段微视频后，完成通关式的作业。只有在作业做对的情况下，学生才可以进入下一阶段的视频学习。如果作业没有做对，学生需要继续看原来的视频，或者再给学生提供答案的提示步骤，直到掌握了这个知识点，完成了进阶作业，学生才可以进入下个知识点的学习。在完成了一个单元的知识点学习之后，学生需进行相应的单元测试，只有单元测试达到了掌握的程度，学生才可以进入下个单元的学习。

在这样的“满十进一”的进阶教学程序保障下，只要时间允许，再加上有效的针对性的辅导，就能够确保学生掌握每个知识点，掌握每个知识单元，最终实现让班级内大多数学生达到熟练掌握的程度。

3. 微课呈现的讲授方式①

根据教学目标和教学内容，教师制作教学微视频，设计进阶作业。这些微视频形象生动，界面友好，讲解清楚。并且一个微视频讲解一个知识点，目标清楚，知识点清楚，时间在5—8分钟，便于学生集中注意力，在学生感到疲倦之前，就完成了知识的听讲。还有，微视频讲解和以往的网络课堂所不同的是，微视频以知识点的讲解和分析为主，以学生学习为本，视频里不出现教师形象，不是课堂场景的再现，将这些可能分散学生注意力的因素都排除在外。

而且，教师在录制微视频时，假定的教学对象是一个学生，是教师在为一个学生做讲解、做分析。这就要求教师从以往的“讲师”转变成学生的“教练”，从“讲台上的圣人”转变为学生“身边的辅导者”。在慕课学习和翻转的课堂上，“教师的表现虽然不那么凸显了，但是教师的作用却更加重要了”。用萨尔曼·可汗自己的话语来说：“这种方式，它似乎并不像我站在讲台上为你讲课，它让人感到贴心，就像我们同坐在一张桌子面前，一起学习，并把内容写在一张纸上。”

4. 积极学习的实现形式

从事翻转课堂的教师认为，该模式可以让学生提前学习学科知识，学习过程比较自主，也可以和其他同学交流讨论，更为主要的是课堂上，学生有更多的表现和参与的机会。因而，学生表现出了课前以及课堂学习中的很高的参与度，提

① 陈玉琨：《中小学慕课与翻转课堂教学模式研究》，《课程·教材·教法》2014年第10期。

升了学生学习的兴趣和动机，相对于传统的教学模式，他们更喜欢翻转的模式。让学生自己、而不是教师或者家长对其学习负责，是实施慕课学习和翻转课堂的教师们经常强调的观点。只有清楚自己的学习目标，为实现目标进行各种努力和探索，并能够以恰当的形式证明自己达到了目标的要求，学生才是真正的积极学习和自主学习者。在翻转课堂教学模式下，学生在教师设计的学习任务单的引导下，课前自己学习视频；课堂上单独或者以小组合作的形式，交流学习成果，参与问题讨论。教师不断巡视学生学习情况，提出疑问，解答难题，如林地公园高中的亚伦所言，班级内，每个学生都有事情做，没有溜神的。这样的课堂，虽然表面上看起来有点乱，学生不再那么安静，但是每个学生能是在积极地投入真正的学习。

让学生的学习更加自主，让学生为自己的学习负责，既是翻转课堂教学的核心，也是该模式所要达到的最重要的目标。学生自主学习的增强，体现在 3 个方面：

一是学生明确自己学习的目标；

二是为达到目标而努力学习，无论是视频学习，还是其他资料的学习，完成作业，向他人求助等都是这方面努力的表现；

三是通过适当的方式证明自己达到了学习的目标。

如果学生能在这些方面有所改善，学生的自主学习能力就在增强。从教师和学生的反映来看，从事慕课和翻转课堂形式学习，学生自主学习的能力确实在提升。美国学者汤姆·追斯柯尔（Tom Driscoll）于 2012 年对实践翻转课堂的 26 位教师和 203 名学生的调查表明，26 位教师都认为，翻转模式下，学生的学习更加积极。

2012 年，美国翻转学习网站对 453 个从事慕课和翻转课堂的教师做的调查表明：在实施慕课和翻转课堂教学的过程中，88%的教师教学满意度有所提升，其中 46%的教师有显著提升。99%的教师回答明年还会继续采用这种模式。

5. 家校关系更为密切

翻转课堂模式下，学生的视频学习很多时候是在家里完成的。这样，家长就可以更加了解学生整体的学习情况，有时，家长也会和学生一起学习视频，一起讨论。已有的实践表明，总体来说，家长是比较支持这种学习模式的。克林顿戴尔高中的校长雷格·格林（Greg Green）说道：我们不仅在教育我们的学生，我们也在教育我们的社区。学生课前学习视频，课上讨论完成作业，让家长更为直接了解孩子的在校学习，也给了家长积极参与学生教育的机会。并且家长自己也喜欢和孩子一起在网上看视频，当孩子学习遇到困难时，家长可以更有效地提供帮助。

（三）翻转课堂的典型案例

美国翻转课堂教学应用，有一些的典型案例具体如下。

美国柯林戴尔高中在2010年实行了翻转课堂的教学模式。以两个班作为实验班，一个学期后，实验班的140名学生，各科不合格率分别降为：英语语言艺术33%、数学31%、科学22%、社会研究19%。原先这些学科的不合格率均在50%以上。校长格雷格·格林在历时两年的试验后，在全校全面推进了这种模式①。柯林戴尔高中的教师会设计制作好包含某个知识点的视频，学生在家观看教师的讲解视频，进行自主学习，第二天学生带着问题与困惑，在课堂上与教师进行互动交流，或建立合作小组展开讨论，教师给予针对性的指导。

2011年，美国明尼苏达州斯蒂尔沃特市石桥小学开始了数学翻转课堂试点计划，五、六年级学生回家看教学视频，课堂上在教师和同伴的帮助下完成作业。学生按自己的学习进度在家观看10—15分钟的授课视频，然后接受3—5个测验，检查对教学内容的理解情况。同时，教师通过Moodle跟踪学生的学习过程，这样教师更易于关注学习有困难的学生，满足学生个性化学习的需求。

美国加州河畔联合学区实行翻转课堂后也取得了优异的效果。加州河畔联合学区翻转课堂的主要特点是采用基于iPad的数字化互动教材，互动教材更节省教师的时间，更吸引学生沉浸其中。据统计结果显示，使用互动教材的学生中有78%的人获得了“优秀”或“良好”排名，而使用传统纸质教材的学生只有58%获得了相似的排名②。

① 宋艳玲等：《从认知负荷视角探究翻转课堂——兼及翻转课堂的典型模式分析》，《远程教育杂志》2014年第1期。

② 杨刚等：《十大“翻转课堂”精彩案例》，《中小学信息技术教育》2012年第3期。

得克萨斯州达拉斯地区的生活学区，布雷特·维廉发现翻转课堂让不同层次的学生都受益，他将翻转课堂应用于化学课程，在课堂上他与学生进行增强性的课堂活动，如讨论、实验、互动和基于项目的学习等，他也帮助学生将化学应用到现实世界中，解决日常生活中的问题，并实现了分层次教学。普通学生在基本技能上需要更多的帮助和时间，而较好的学生则将时间用在实验室和小组活动上。

（四）翻转课堂的实施模式

1. 探索翻转应用模式

探索（Explore）阶段采用引导式探究的教学方法。教师依据教学内容提出问题并提供必要的解决问题的材料，希望学生设计出解决问题的程序。整个“探究”阶段分为：任务、活动和结论。

翻转（Flip）阶段使用教学视频的及时教学，由学生在家完成。包含学生观看教学视频和提交视频反馈两部分。

应用（Apply）阶段分为概念测试、材料延伸、评估三部分内容。这一过程是在教师引导下完成。

2. 格斯丁模式

杰姬·格斯丁（Jackie Gerstein）认为对于教育工作者来说，实现翻转课堂的主要障碍是：不知道在课堂时间应该怎么做。针对这一问题，他创建了一种翻转课堂教学模式，如图 12-4 所示。

体验式参与（Experiential Engagement）包括体验式学习活动、科学实验、模拟、游戏和艺术活动。这一阶段引导学生进行一些真实的、动手的活动，在最大程度上吸引学生的注意力。这一阶段的活动在课堂中以小组协作形式进行。

概念探索（Concept Exploration）阶段课程内容通过视频、网站、在线文本等呈现，学习者自主学习，并对问题进行思考和提问。

有意义建构（Meaning Making）阶段学习者要对上一阶段的内容理解进行反思。可以通过博客、视频等方式表达和建构自己的理解内容。是对以上两个阶段内容反思的过程。

图 12-4　格斯丁提出的翻转课堂教学模式

演示与应用（Demonstration & Application）阶段，学习者演示学到的内容，并以某种方式应用。最好是面对面的、以小组协作的形式开展。

结语

纵观中小学信息技术教育的发展，我们可以发现计算机技术以及相关的多媒体技术和网络技术已渗透到社会生活的每一层面，并以前所未有的强劲态势向前拓展，极大地改变着人们的工作、生活和思维方式，带来了教育的巨大变化，也对人才的知识结构和能力素质提出了全新的要求，带来了全新教育质量观。美国中小学信息技术教育通过网络等基本通信手段实现了信息的整体化，扩展了学生基本的获取信息途径；信息技术手段丰富了课堂内容，促进了教学评价方式的改革。汇集多方力量，共同促进信息技术教育的开展。在相对整合的建设模式中，教育理念得到了进一步统一，各种教育资源相互补充，在充分发挥各方优势的同时避免重复建设。近年来新兴起的网络在线教学模式受到学生的青睐，很多学校都将自己学校的课程录像、课件、参考资料公布在网上，既包括高等教育阶段也包括基础教育阶段。网络环境下的慕课和翻转课堂极大地改变着教与学的方式，使得教学媒体多元化，动态过程可视化，学习反馈即时化，过程评价简便化，资源运用全球化。信息技术教育的发展必定给教育带来革命性变革。一般认为，慕课更适用于高等教育领域，因为在高等教育阶段的学生自学能力强、外语功底深，能够跨语境选修。在基础教育领域，如何应用慕课，应用到什么程度，实际上仍是需要探索的问题。然而，信息技术日新月异，基础教育领域对慕课不应袖手旁观，要积极研究试验。与此同时，不管到了什么时候，也不能忘记，必须充分尊重基础教育特点和少年儿童身心成长规律，保持定力，该汲取的做法就汲取，不该模仿的做法就放弃，而不能对各种社会潮流亦步亦趋，随波逐流。

图13-1 中小学生正在登上校车

第十三章

一道亮丽风景线：美国校车制度

校车是美国中小学服务保障体系的重要内容。据中国驻纽约总领事馆教育组了解，2014 年时，全美每天有 48 万辆校车运行，接送 2 600 万中小学生上下学，占学生总数的 53%。由于校车服务逐渐法制化、规范化、专业化、系统化，往返于美国各社区和中小学校之间的校车以其卓越的安全性能和完善的配套机制成为公认的最安全的学生交通工具，成为接送孩子上下学最安全的方式。据美国交通部统计，学生乘坐校车的安全性比自驾车或与朋友拼车上下学的安全性高 44 倍。对美国校车制度进行观察与研究，可以发现其可资借鉴的方面。

一、美国校车的起源与发展

校车在美国有着悠久的历史。如果说 18 世纪是“校车”这一概念的诞生纪，那么 19 世纪就是它的青春期，20 世纪开始茁壮成长并走向成熟，到了 21 世纪，美国校车已经趋于成熟。

在汽车发明之前，美国就已经有了专门接送学生的专车，校车是从当地的农场主那里租用的四轮马车。世界上第一辆校车是乔治·史利伯（George Shillibeer）于 1827 年制造的马拉校车。1837 年开始，学校马车渐渐被“校卡”（school truck）所代替。韦恩公司（Wayne Works）最早生产校用四轮马车，这种校车能够乘坐 25 个小孩，主要在农村地区使用，因为在美国农民住得比较分散，小孩上学不方便，这也就产生了对于校车的需求。

1869 年，马萨诸塞州第一个通过法令，将学校交通纳入政府公共经费开支。1910 年，美国大约有 30 个州开始推行校车制度，学生交通计划已在 30 个州不同程度地得以实施。到了 1914 年，由于汽车的发明，韦恩公司在原有的马车上进行了一系列的创新，将马车的车厢装到汽车底盘之上，发明了动力驱动的校车。但有趣的是，当时校车座位的设计却不像现代的校车座位，它是在车厢周围装一排板凳，小孩围坐下来，从后门上下车。这种后门在现代的校车上还保留着，作为有紧急事故时的安全门，这应该说也是韦恩对于现代校车的贡献之一。1919 年，当时全美 48 州均通过了关于学生交通的法令。20 世纪 20—30 年代，美国全国的公路网不断扩展，尤其在地方社区，这种扩展相当迅速。同时，家长对校车接送学生的需求也不断扩大，这也促进了整个校车行业的大发展。在 1927 年前后，校车工业又进一步发生变革。韦恩公司和蓝鸟集团（Blue Bird）一起合作开发生产金属体的校车，可以说这个时代的校车与我们现在看到的美国校车已经大体相同了。后来，一些厂家也开始按照这样的模型生产校车，其中做得比较好的是福特汽车公司。另外，我们如今所见橙黄色校车的诞生，还要归功于弗兰克·西尔（Frank Cyr），在美国教育史上，他被称为“橙黄色校车之父”①。1939年，哥伦比亚大学师范学院教授西尔博士在纽约市召集了一个校车标准研讨会，专门讨论制定有关校车制造和安全方面的标准。这次大会一共开了7天，制定出45项有关校车安全的设计标准和规章。正是在这次大会上，代表们决定巴士中只有校车才能漆成这种橙黄色的车身，叫作“国家校车黄”（National School Bus Yellow），并选择黑色来涂写车上的字母，以增加可见度。由于有了这些标准和规则，美国的校车才开始走上标准化和安全化的道路，并且延续至今。

得益于“自由择校计划”的实施，华盛顿州的西雅图市于1963年开始推行校车制度，是美国北方推行得最成功的一个城市。1974—1979年间，马里兰州的乔治王子县、马萨诸塞州的波士顿地区、肯塔基州的路易斯维尔地区、密歇根州的底特律市、加利福尼亚州的洛杉矶市、俄亥俄州的戴顿县等地也先后实行了校车制度②。

到了21世纪，校车的发展已经趋于成熟。美国比较主流的校车制造商包括蓝鸟集团、万国集团（IC Corporation）以及托马斯公司（Thomas Built Buses）。万国公司将校车生产基地扩展到了俄克拉荷马州，而托马斯公司更将奔驰的发动机配装到校车上。“9·11事件”后，美国立法将校车纳入政府反恐怖安全监视系统的保护范围。任何对校车的攻击都定为联邦罪行，可判20年至终身监禁。2002年，美国将校车安全提上优先日程，比如加利福尼亚州制定法律，对校车的车体长度进行了限制，全国公路交通安全管理局还召开会议讨论了校车的防撞性能。2004年，托马斯公司在北卡罗来纳州设了一条全新的、高起点的校车安全生产线。2006年，万国公司研制出混合动力校车。2007年，得克萨斯州通过了校车外廓限定的法律，这一法律于2010年起生效。

二、美国校车技术保障

总体而言，在校车安全方面，具体是从两个方面来保障的。其一是技术安全

① 王培：《“说古论今”看美国校车》，《商用汽车新闻》，2007年第25期。

② 田桂友：《论美国当代反种族隔离校车制》，山东大学硕士论文，2007年5月，第30页。

指标，这是由联邦当局制定的各项安全标准；其二是安全设施配备规定，这涉及每一个校车应该配置的安全装备。

（一）校车分类

并非所有运送学生的车辆都能被称为校车。《公路安全方案第17号方针》把运送学生的车辆分为两大类：一大类是短期租用的客车；另一大类就是专门设计用于运送9位以上学生上下学、参加学校所组织活动的校车。

《国家交通与机动车安全法》与《机动车与校车安全修正案》也都对校车进行了界定。根据界定，校车是指专门设计用于运送10位以上的幼儿园儿童、中小学生上下学、参加学校所组织活动的客车。

联邦政府界定的校车必须全部或部分符合《联邦机动车安全标准》中有关校车部分的规定。目前，符合联邦界定的校车类型有7种，具体包括A类、B类、C类、D类、多功能学校活动车、可替代型车辆与厢式校车。美国校车行业确定的校车类型仅为前4种。各州立法也对校车进行了界定，大部分州的界定都比联邦的更为严格。例如，威斯康星州界定的校车仅仅包括联邦校车中的前4种，不允许可替代型车辆与其他车辆作为校车使用①。

A类：此类校车是车头独立，并且左侧有司机门，额定载客大于10人的车辆。它有两个分类，A-1车货总重不足4536千克（10 000磅），A-2车货总重4 536千克（10 000磅）以上。该类校车均需满足所有联邦机动车安全标准。

B类：此类校车车身安装在一个有车头的底盘上，车货总重大于4536千克（10 000磅），额定载客大于10人。发动机部分前置，车辆入口在前轮后方。该类校车均需满足所有联邦机动车安全标准。

C类：此类校车通常又被称为常规校车，车身安装在后部为平板前部有发动机盖的底盘上，车货总重大于4 536千克（10 000磅），额定载客大于10人。发动机全部前置，车辆入口在前轮后方。该类校车均需满足所有联邦机动车安全标准。

D类：此类校车发动机在整车内部且前置，车货总重大于4 536千克

① 丁芝化：《美国的校车安全立法研究》，《交通与安全》2010年2月第10卷第1期。

(10 000 磅)，额定载客大于 10 人。车辆入口在前轮之前，该类校车均需满足所有联邦机动车安全标准。

多功能学校活动车：多功能学校活动车平时不用于学校、家庭之间往返。由于其不得驶入公路接送学生，所以就不必安装交通控制设备。但必须遵守其他关于碰撞、保护的标准。此类车辆严禁承担学校、家庭间运输任务。

可替代车辆：可替代车辆必须遵守联邦标准中关于碰撞的标准，但不必遵守强制灯光闪烁、车身颜色等交通管制标志。

学校厢式车：此类车辆是对普通厢式车辆进行重大改装之后符合联邦机动车安全标准中关于校车部分的车辆①。

（二）校车安全指标

在技术方面，美国校车的相关制度规定得非常细致。1966 年和 1974 年的两项法规总共为校车确定了 36 项联邦机动车辆安全标准（FMVSS)。这些标准覆盖了校车的零件和整车，适用于各种类型的校车，其中不少联邦标准是特设的。

对于校车结构完整性的关注促使美国联邦机动车标准针对校车做出了规定。此规定大多于 1977 年 4 月 1 日开始施行。以下的各条，包括关于接缝处承力度的第 221 条标准，即使在几十年后仍被认为是最重要的。

1. 校车紧急出口与车窗的保持和打开

这条标准于 1973 年 9 月 1 日起生效。它规定了车窗的保持力和打开的最小值，以使乘客在碰撞中被从车窗抛出车身的可能性降低；同时也规定了在危难中供乘客逃生的紧急出口的相关标准。另外，它还规定每辆校车必须有互锁系统，即在紧急出口关闭的情况下不能发动引擎；也必须安装声音警报，在引擎发动但紧急出口却未关上的情况下发声提醒驾驶员。

2. 校车翻车保护

这条标准于 1977 年 4 月 1 日起生效。它规定校车在翻车事故中必须要能启

① 马鑫：《美国校车的标准管理与分类》，《商用汽车新闻》2007 年第 2 期。

动保护系统，以达到在由于校车自身结构设计失误而不能抵挡的强力翻车冲撞中，将死亡人数和伤情严重性降低的目的。

3. 校车车身接缝处承力度

这条标准于 1977 年 4 月 1 日起生效。它规定了校车车身嵌板接缝处承力度必须达到的要求，以降低在冲撞中由于校车车身的结构性瓦解引起的死亡和伤害。

4. 校车乘客座位的撞车保护措施

这条标准于 1977 年 4 月 1 日起生效。它设立了校车乘客座位保护措施标准并限制车内障碍物的数量。此项标准的目的在于通过减少由冲撞或驾驶过程中的紧急行为引起的乘客与车内器械间的撞击，而降低因此造成的死亡人数和伤害程度。

5. 校车燃料系统完整性

这条标准于 1977 年 4 月 1 日起生效。它详细说明了机动车燃料系统完整性的必需条件。此项标准的目的在于减少在机动车撞击事故之中和之后由燃料泄漏引起的大火所造成的死亡和伤害。

1977 年的联邦校车新标准将校车的安全系数大大提升。但是 1988 年肯塔基州卡洛尔顿市发生的巴士事故是美国历史上最严重的巴士车祸之一。事件的主角是一辆本是用作校车的教会巴士。驾驶员和车上的 26 名乘客（大多数为青少年或儿童）在撞击和继发大火中丧生，另外的 34 名乘客受到了不同程度的伤害，仅有 6 名乘客没有受伤。人们很快意识到那个悲剧性的夜晚是由多种原因造成的。事故的首要原因是冲撞另一方的驾驶员酒后驾驶，而多数乘客的死亡却是因为不能在车祸发生后及时逃生。

许多参与过 1988 年车祸研究的专家们都希望能够通过他们的努力避免此类人为和机械设计缺陷共同造成的大型伤亡事故。但多年过去了，一些人仍认为人们有必要再次研究事故原因，特别是那些现在仍有可能导致事故发生的隐患。

目前这些规定都是全国通行的，当然在各州和各社区，还会有各自不同的其他补充规定。以校车座椅为例，要求在校车发生事故时学生即使未扣紧安全带也可获得必要保护。座椅必须全部朝前，高靠背，使用坚固材料制作；座椅应具备坚固贴身的形制，其靠背能吸收撞车时的冲击能量。如今，有些公司还推出了智能化控制的校车座椅。

校车安全性能不断提高，技术不断升级。美国众多公司都把GPS系统、安全监视系统和其他电子设备装到了校车上，使之越来越自动化。为了保证安全，须强制淘汰老旧校车。现代校车通常都配有空调、双向无线电、高净空车顶、轮椅梯等设施。

“9·11”事件之后，为适应校车安全防恐需要，联邦建立了新的机构，制定了新的计划预防潜在的恐怖袭击。在这种背景下，三大学校运输协会成功地游说政府，将校车纳入全国最高级别易受攻击目标的范围。这一安全措施方面的最新发展，自然也是对反恐和校车基本安全的最好实践。同时，又加强了校车的防爆性能等技术指标。例如，全国学生运输联合会（NAPT）就主持了一系列爆炸试验和技术改进。

（三）校车的安全标志与装置

为保证校车的运行安全，联邦与各州立法还要求校车必须具有一些必要的特殊标志，包括“校车”（School Bus）字样、外表颜色等。还要配备一些必要的特殊装置，包括警示信号灯、停车信号臂、保险杠、灭火器等。联邦关于这些安全标志与装置的规定主要分布在《公路安全方案第17号方针》与《联邦机动车安全标准》中，而各州的相应规定主要分布在本州的机动车法典、行政法典或综合性法典中。

根据《公路安全方案第17号方针》，校车前后顶部一般应标有符合规定大小的“校车”字样；外表颜色应为具有规定色度的铬黄色，但车头发动机罩也可为黑色；应安装涂覆反射材料的黑色保险杠；车内应配备包括灭火器在内的应急设备；应安装停车信号臂等增强运行安全的装置；应安装一套符合规定的信号灯装置；应安装一套符合规定的后视镜装置。

在《联邦机动车安全标准》中，FMVSS No108（灯具、反射装置及相关装置）设定了校车信号灯的具体标准，FMVSS No131（校车行人安全装置）设定了校车停车信号臂的具体标准，而 FMVSS No111（后视镜）设定了校车后视镜的具体标准。需要说明的是，对于不同类型的校车，规定的安全标志与装置可能有所不同。

各州在本州的相关法典中也根据联邦规定对校车的安全标志与装置进行了较为详尽的规定。例如，对于“校车”字样，南卡罗来纳州规定，除了前后顶部的“校车”字样外，车身两侧还应标有“南卡罗来纳州公立学校”的字样；对于校车的颜色，威斯康星州不但对车外各部分的颜色进行了详细规定，还对车内各部分的颜色进行了具体规定；对于应急设备，堪萨斯州规定，除了灭火器外，校车还应配备急救包、体液清洁工具、涂覆反射材料的三角形警示标志等；对于警示信号灯、停车信号臂、后视镜等，大部分州的规定基本与《联邦机动车安全标准》相同①。

1. 警示灯

1946 年，美国弗吉尼亚州校车首次采用交通警示灯系统，最初的警示灯由普通灯泡和红色外罩玻璃片组成，警示灯安装在校车的左右两侧，并由一个单独的小型电机供电，当驾驶员打开开关时，警示灯开始闪烁。近年来，警示灯已由原来的电动机械控制升级为电子控制，并由原来的前后 2 个增加为前后各 4 个，其中 4 只琥珀色灯亮时，表示校车即将停车；4 只红灯亮时则表示警告其他车辆应立即停车。而美国威斯康星州等以及加拿大至今仍沿用全红色指示灯。

2. 停车指示牌

20 世纪 50 年代初期，美国开始在校车上安装停车指示牌。该设施被安装在车头左侧下方，指示牌上标有“停车”（STOP）标志，当展开时可警示其他车辆和行人。美国联邦机动车辆安全标准 131 条规定：停车指示牌必须在双面用白色大写字母标上停车字样，且不得小于 45cm；停车指示牌可以自动收回，上面必须有红色灯闪烁。多数情况下，校车生产商都为停车指示牌的“停车”标志安装 LED 灯。

---

① 丁芝化：《美国的校车安全立法研究》，《道路交通与安全》2010 年 2 月第 10 卷第 1 期。

3. 紧急出口

紧急逃生出口源于马拉校车。除正常车门外，所有校车的后部至少有一个安全门（窗），其他紧急出口可以是车顶的天窗、其他车窗等。紧急出口的数量不仅由车辆的载客量决定，还要遵循美国各州相应的法律规定。

4. 反光标志

按照惯例，校车都被涂成显眼的黄色，但在美国北部的一些地区（如科罗拉多州）还要求校车必须在车辆边缘贴上反光标志，以便其他驾驶员能在光线差或者天气状况不好时，清楚判断校车的长、宽、高等基本尺寸，进而做出正确的判断和操作。美国联邦机动车辆安全标准217条规定，应用黄白或者红色反光标志贴在紧急出口周围，以方便营救人员在校车发生紧急情况时可迅速找到紧急出口的位置。

5. 闪烁灯光

在美国部分州，例如，在伊利诺伊州的部分学区，校车运营机构还要求在校车车顶四周加装闪烁灯光。

6. 摄像头

近年来，摄像头已经成为校车的必备装置之一。摄像头可用来监控车内状况，并能在车辆发生紧急情况时予以及时了解①。

美国堪萨斯地区的147辆校车安装了无线射频系统。每辆校车上安装有无线射频按钮型标签，司机和机械师也配备了手持式无线射频读写器。射频系统可以让每日的例行检查更细致准确，读写器引导司机在行车前检查车辆的各个关键部件，如刹车灯、后轮、顶灯和紧急出口等。司机也能够直接向读写器输入问题，在出故障时可及时向指挥中心或其他车辆求救。

此外，安全带对于保证校车驾乘人员的安全也很重要。但对于校车是否需要安装安全带的问题，在美国存在激烈争论。目前联邦并没有所有校车都统一安装

---

① 王培祥：《不断完善的北美校车安全标准与装备性能》，《商用汽车》2010年第7期。

安全带的立法，只规定部分类型的校车需要安装安全带，而其他类型的校车由各州自行决定。目前，只有 6 个州，即加利福尼亚州、佛罗里达州、路易斯安那州、新泽西州、纽约州与得克萨斯州，通过立法规定新校车需要统一安装安全带，对于现有校车，只有新泽西州要求全部安装安全带。

三、美国校车治理体系

（一）校车各方管理职责

美国是世界上校车管理制度较为健全的国家。美国校车由交通部门主管，教育部门只负责提出安全要求，公立学校校车安全则完全由运输企业负责，学生和家长负责对校车运营企业做出评价。其最大的特点是联邦政府、州政府和地方学区进行层级管理，协会企业互相配合，各司其职，分工明确，多元共治。

1. 政府

笼统地说，政府对学生交通负责。政府既指联邦政府又指州政府，均与校车有关系，具体事项由教育主管部门和交通主管部门负责。

一是建章立制。联邦政府和州政府负责法律法规的制定，制定相应的监管政策对企业进行监督，提供必要的政策支持。一般来说，州教育厅是全州校车运营的核心管理部门，根据州法出台实施细则，每年向州长和州议会提交校车报告。州交通厅主要负责校车安全事宜，包括制定规章，开展年度安全检查。

二是保障经费。学校交通是教育经常性支出的一部分。据统计，2009—2010 学年，全美学校交通费用支出近 230 亿美元，约占教育经常性支出的 4.5%。联邦政府基本上无直接拨款，校车支出主要依靠州、地方政府的税收，经费下拨各学区，由学区按照合同拨付给校车公司。

三是招标监管。地方教育部门先根据学生数量、校车路线和行驶里程等情况测算校车的运行成本，调查地形、人口密度和学校分布等因素，协调相关部门，设定校车的线路和站点，在充分吸纳民意的基础上向社会公开招标。通过竞标，与有资质的专业化运输公司签订合同或契约，为学校提供专门的校车服务团。地方教育部门监督检查学校、校车公司和校车司机以及整个运营情况。

2. 相关协会

美国有三大协会在校车管理中发挥着重要作用，即全国学校运输协会（NSTA）、全国学生运输联合会（NAPT）和全国各州学生运输事务主管协会（NASDPTS）。除此之外，还有“美国校车委员会”等有许多相关专业化协会与组织，分工协调，对于促进美国校车安全运营与监督不无助益。

第一，全国学生运输联合会（NAPT）。全国学生运输联合会主要代表了学区和政府的交通监管人员，严格按照联邦政府制定的各种法律法规，依据教育规划与现代校车技术因地制宜制定的详细条款，对交通进行严格的监管。

第二，全国学校运输协会（NSTA）。全国学校运输协会是美国最重要的代表校车生产者的唯一的全国行业组织。40 年来，该组织讨论制定校车的安全标准、操作规程，为学校提供专业的校车人员和各种资源，促进了校车的安全、有效运营。

第三，全国各州学生运输事务主管协会（NASDPTS）。全国各州学生运输事务主管协会代表各州负责学生运输事务的主管者，主管各个州的学生运输事务，对其各种运输事务负责。

第四，美国校车委员会（ASBC）。这是一个美国学校运输行业的代表，旗下包括公车和私车的车主、校车的制造方和负责学生运输的政府官员。委员会具体由 6 个成员组成，其中包括上述的全国学校运输协会和全国各州学生运输事务主管协会，此外还有全国小学生运输协会、蓝鸟集团、万国集团和托马斯公司。后三者是校车制造商。

3. 制造企业

制造企业通过“招标承包”，加入发到美国商业化运行机制中去。校车制造业按照相关部门的标准制造合格的校车，并按相关规定安全运行。校车服务企业提供优良的服务，最大限度地满足政府、社会、学生和家长的要求。

4. 运营公司

负责校车购买、保养、运营管理、司机聘用以及参与校车路线竞标等，执行准入制度。竞标成功后，与学区签订合同，向学校提供校车服务。除了固定的上下学接送外，对于学校临时校外活动需求，也提供支持。

5. 学校

学校根据自身条件如学生人数、经济实力、校车需求等，对交通服务及校车服务提出具体要求。财力雄厚的学校可以独立购买校车，雇佣专业的司机，成立专门的校车管理和运营机构，为全区或全校的学生提供校车服务。购买校车和设备所需的高额经费可通过分期付款、发行短期债券等方式解决。财力欠缺的学校可以采用雇佣校车方式，可以减轻固定资产的占用。

（二）校车管理制度

1. 规范的法律制度

美国联邦政府、各州政府就校车管理出台了五百多部法律、法规①，行业协会也制定了严格的管理标准，涉及校车生产、安全技术保障、校车运营和管理、经费保障等多个方面，光校车安全防护措施就有几十项的规定。虽然各州规定不尽相同，但确保校车安全均是首要目标。美国颁布的有关校车安全的法律法规主要包括《校车安全修正案》《联邦机动车辆安全准则》《学童客车行人安全装置》《学童客车翻滚保护》《学童客车乘员座椅和碰撞保护》《客车紧急出口及车窗的固定与放松》《后视镜》《校车停车报警装置》《校车停车信号臂》《校车停车示意灯》《灯具、反射装置和相关的装置》《阿肯色州教育部关于校车设计的管理条例》等。规定之丰富、详细，可谓“面面俱到”“事无巨细”。

1939 年，来自 48 个州的代表们集会，提出了校车的标准体系和校车推荐品牌。从此以后，美国举行了 12 次全国学校运输业大会，不断修订和制定安全标准和运送学生的操作规程。在这一民间的标准体系之外，联邦标准也开始制定并运用。1966 年国会通过了《全国交通与机动车安全法》，1974 年又增加了《校车

---

① 李光霞：《美国校车安全保障机制研究》，华中师范大学硕士论文，2013 年，第 16 页。

安全修正案》。两项法案为校车制度确立了诸多基本规定。

1988年，肯塔基州一卡车司机醉驾逆行，撞上一辆校车，引发车内大火，造成26名学生死亡及1名司机死亡。调查组从校车配置角度总结了后果如此惨重的原因，包括校车结构不稳、油箱不够坚固、座位材料易燃、紧急出口受阻等。随后，该州对校车规格做了十分严格的规定，包括油箱外加铁笼、坐垫使用不易燃材料、校车紧急出口增至9个等。

1989年，得克萨斯州一辆校车被一辆卡车撞击后滑入水塘，造成21名学生死亡和50人受伤。经过调查分析，国家交通安全委员会发布了提高校车安全性能的14点指导意见，包括修改联邦校车技术标准、增加紧急出口、加强紧急救助和逃生疏散方面的演练等。

2. 多元的监管特点

第一，管理机制多主体。在美国，管理不仅仅是联邦政府的责任，同时州政府对校车的管理进行具体的规划，更有校车公司、学校、家长及一些非政府组织同时参与到校车的管理中来，形成了美国校车“多元共治”的局面。联邦政府负责校车的宏观管理工作，制定相关法律法规。州政府在联邦政府规定的基础上，因地制宜，依据本地实际情况，制定更为详细的管理条例。学校、驾驶人员、运输公司具体执行，家长和一些非政府组织共同参与到管理体系中来。官方立法和民间自治相结合，是美国校车管理机制一大特点。

第二，监督机制多层次。美国对校车的监督是全方位的。司机每天早上接完学生后必须接受车辆安全检查，填写安全确认表格。不仅如此，每隔半年，校车必须接受平均一小时的、专业化的安全检查。除了对校车进行年度检查外，国家还对校车进行详细的、不定期的随机抽查①。除此之外，美国严格和健全的法律监督体系为校车的安全监督提供了坚实的基础。一些非政府组织、协会、家长等也参与到监督中来，实现多层次监督。

第三，安全教育多样化。美国始终将安全教育置于重中之重。安全教育是保障美国校车安全运营的内在动力。注重提高校车司机的安全意识，美国校车司机

① 谢晶等：《美国校车安全保障及管理体系探析》，《中国教师》2013年第12期。

超载不仅会丢掉工作，严重的还要负刑事责任。美国校车司机如果在4年内收到罚单超过3张，就没有资格当校车司机①。同时加强对学生的安全教育，提升其安全意识，如上下校车时的注意事项。学区和交通管理部门在开学之初，会带领学生和家长进行校车体验，感受校车的乘坐过程。

3. **严格的准入制度**

一是对校车的质量标准严格要求。对校车有着相当严格的要求，仅仅联邦政府的法律中关于校车安全的标准就有37项之多，不仅对校车的速度、载人数、司机有严格的要求，同时，又要求其具有“特设装备”，如对黄色信号灯、红色停车装置、紧急出口、回射标记、横向手臂等同样有严格的规定。州政府颁布了《学童客车行人安全装置》《学童客车翻滚保护》《灯具、反射装置和相关的装置》《后视镜》等校车标准，这些标准对校车的车灯、视镜、车体颜色、车门、车内座椅、扶手、过道及车载摄像设备等均做出细致的规定②。

二是对驾驶人员资格严格选拔。校车驾驶员的资格主要包括校车司机的年龄限制、校车司机的驾驶资格、校车司机审查等方面。司机一般有最低年龄限制，最低是21岁，不同的州有不同的限制。在校车司机的驾驶资格方面，个人申请成为校车司机，需参加州政府组织的校车司机培训项目，包括校车法律法规、校车安全运行、儿童行为安全管理、紧急事故处理等。在校车司机审查方面同样有相当严格的要求，主要包括体检、背景审查、确定是否有犯罪前科、药物酒精测试等，以确保最大限度地降低对学生的潜在危险。

（三）校车运营资金

各州教育法明确规定适龄儿童有接受免费义务教育的权利。学区必须采取措施解决学生因为距离、时间等因素导致的儿童不能正常上学的类似问题。学生在义务教育阶段的交通费自然也在教育预算的考虑范围之内。从1869年全美通过第一部交通法案即开始规定“为了给予校车服务以经费支持，学区可以采取增加

---

① 杨先碧：《国外校车如何保安全》，《生命与灾害》2011年第12期。

② 谢晶等：《美国校车安全保障及管理体系探析》，《中国教师》2013年第12期。

税收或者其他形式集资”，因此美国各州逐渐形成了公共财政资助校车服务的运行机制①。通常用于校车服务的公共财政资金来自于学区内居民上缴的税收，还有一些非税收的经费筹集方式，如私人与民间团体的赠予。由于经济状况的差异，各州政府财政会对校车产业给予不同方式的财政补贴。其中校车经费的拨付方式一般包括：州政府一次性将校车经费拨给各学区的整体拨付方式；州政府通过建立包含政府批准的校车经费支出和拨付比例的一系列清单许可成本方式；根据校车服务活动和地理特征计算出预期成本的方式，等等。在审视校车经费来源的同时不能忽略校车经费的支出。其支出主要包括校车的购买、运营、维护以及替换方面的开支，校车所需燃料费，相关人员的工资和福利待遇，以及校车保险等。其中，相关人员的工资和福利待遇在美国校车经费支出方面占据了较大比例。此外，还有校车事故赔偿所需资金。尽管美国校车的事故发生率低，约占全部交通事故的0.35%，且伤亡人数少，年均死亡人数约135人，但是美国校车事故赔偿制度依然较为完善。由于各州的各项社会保障制度存在显著差异，校车事故赔偿机制亦是不尽相同。有的州使用教育经费购买责任保险的形式，还有采用州事故应急基金的“自我保险”的方式进行校车事故赔偿。

四、美国校车司机选配

（一）校车驾驶员的选用程序及标准

在联邦方面，国家公路交通安全管理局（NHTSA）早在1974年颁布的《公路安全方案第17号标准》中就对校车驾驶员的选用要求做了专门规定；1986年国会通过《商用机动车安全法》后，联邦公路管理局（FHWA）得到授权，制定并颁布了有关商用机动车驾驶员的资格与商用机动车驾驶证的申领标准的法规（《联邦行政法典》第49卷第383与391部分），其中也包括针对校车驾驶员的专门规定。从总体上讲，除了部分立法重点外，联邦在这方面的规定多具有原则性和指导性的特点。

---

① 李光霞：《美国校车安全保障机制研究》，华中师范大学硕士论文，2013年，第24页。

在各州，有关校车驾驶员选用的规定大多分布在本州的交通法、教育法、行政法典或综合性法典中。尽管各州的具体规定不尽相同，但基本上可分为两大类。

第一大类是有关选用资格与条件的规定，包括担任校车驾驶员需要达到的最低年龄、持有的驾驶证类型、通过的专业培训、通过的体验、药物与酒精检测、通过的犯罪和交通违章记录审查等。

第二大类是有关选用程序的规定。相对来讲，第二类的规定简单一些，主要是指校车驾驶员的选用需要经过当地教育、交通或其他主管部门的考核（包括各种考试）与审批，而第一大类的规定复杂一些，下面对其详细探讨。

关于最低年龄，尽管并非所有的校车都属于商用机动车辆，但大部分州都采纳了联邦有关商用机动车辆驾驶员的最低年龄限制，即 21 岁，只有少部分州规定为 17 岁或 18 岁，如马萨诸塞州、密歇根州等。但在这少部分州中，实际选用的校车驾驶员的年龄也不会低于 21 岁，因为 21 岁以下的人并不能申领校车驾驶许可证书。此外，由于对驾驶经验的法定或实际要求，如俄亥俄州规定初任校车驾驶员的人至少需具有 2 年驾驶经验，各州实际选用的校车驾驶员的最低年龄可能还要大些。

关于驾驶证类型，各州基本上都根据校车类型的不同进行了不同的规定。如明尼苏达州规定，担任 A 类、B 类、C 类、D 类校车的驾驶员都须持有附带校车驾驶许可证书的 A 类、B 类或 C 类商用机动车驾驶证，但 A-I 类校车除外，担任这类校车的驾驶员只需持有非商用机动车驾驶证即 D 类驾驶证，也不需要附带校车驾驶许可证书。对于校车驾驶许可证书，有些州规定在申领商用机动车驾驶证时通过交通主管部门的附加考试取得，有些州规定得较为复杂，如在特拉华州，申请人首先需要通过教育主管部门的考核，然后还需要通过交通主管部门的考核，才能获得驾驶证。

关于专业培训，各州基本上都规定，校车驾驶员上岗或被聘用前须参加并通过当地教育主管部门主办的培训，培训内容大致包括校车的安全运行、学生管理、道路交通法规、紧急事件处理、残障学生护理等，培训形式既包括理论培训，也包括实践培训，培训时间从数小时到数十小时不等；上岗或被聘用后也需要参加并通过类似的定期培训，如每年 1 次的培训。有些州还规定，每学期开学前也需要参加并通过类似培训，但培训时间相对较短，如几个小时。需要说明的是，有些州把专业培训规定在校车驾驶许可证书审批程序中，而非在上岗或被聘用前。校车司机必须接受如下培训：1—4 周的交通法规和校车政策知识培训、安全驾驶技能培训、司机与学生交流技巧、紧急疏散规程、司机行为规范、应对残障人和淘气学生的特殊需求以及学校规章制度，之后通过笔试和路考，并取得校车驾驶证书。校车公司在招聘司机时对其资格有一定要求，比如必须驾驶记录清白，必须通过联邦交通部的体质和就业前的药物测试，并且没有个人犯罪记录。校车运行时还会提前做好安全疏散预案。各地方的紧急救助团队都会有这些预案的文本，并且会经常督导相关训练。因此，校车司机称得上职责重大。

关于司机体检，各州都规定必须通过在指定医院完成的体检，才有资格担任校车驾驶员。大部分州规定的体检标准都等同于或者高于联邦规定的商用机动车驾驶员体检标准，即四肢健全，有能力控制机动车辆，无需要胰岛素控制的糖尿病、心血管疾病，无影响或可能影响车辆控制的呼吸性机能障碍、高血压、风湿、关节炎、肌肉疾病、血管疾病、癫痫、心理疾病、精神疾病、官能症等，无糖尿病、呼吸性机能障碍、风湿、关节炎、肌肉疾病、血管疾病、癫痫等病史，视力、听力良好，无毒品依赖、酒精中毒等。各州还规定，被选用的校车驾驶员在被聘用期间需要定期进行体检，如每两年进行 1 次，如果不通过，则不会被继续聘用。需要说明的是，有些州把体检规定在校车驾驶许可证书审批程序中，而非在聘用程序中。

关于药物与酒精检测，各州基本上都规定必须通过规定的药物与酒精检测，才能担任校车驾驶员。《联邦行政法典》第 49 卷第 40 部分规定了交通运输领域中药物与酒精检测的标准与程序等，第 382 部分规定了适用于商用机动车驾驶员的药物与酒精检测标准与程序。除了属于商用机动车的校车驾驶员外，许多州也都规定其他校车的驾驶员也适用联邦前述规定中的药物与酒精检测标准与程序。除了聘用前、申领商用机动车驾驶证时或申领校车驾驶许可证书时外，许多州还规定校车驾驶员需要接受定期的（如每年 1 次）或续聘前的药物与酒精检测。

关于犯罪和交通违章记录审查，各州基本上都规定，校车驾驶员的应聘者或者校车驾驶许可证书的申领者需要通过犯罪和交通违章记录审查。各州规定的审查通过标准不太一致，但从总体上讲都很严格。如，威斯康星州规定，对于实施过故意杀人、故意伤害、强奸、绑架、抢劫、暴力、非法使用机动车、破坏社会风俗、侵害儿童权益、滥用毒品等的申请者，不得颁发校车驾驶许可证书；对于申请日前的5年内实施过前述所列犯罪外的其他重罪、吸毒或酗酒后驾车、吸毒或酗酒后驾车造成事故、未达法定年龄饮酒后驾车、酒精检测超标的酒后驾驶商用机动车等犯罪的申请者，不得颁发校车驾驶许可证书；特拉华州规定，未实施过本州或者美国其他司法管辖区域规定的任何犯罪的人，3年内的交通违章累计记分不超过5分，才有资格申领校车驾驶许可证书。

（二）校车驾驶员的工作要求

在联邦方面，《联邦行政法典》第49卷第392部分详细规定了商用机动车的检查、运行与维护内容与程序，属于商用机动车的校车的驾驶员必须遵守这些规定；《公路安全方案第17号方针》也对校车驾驶员的部分工作进行了规范。从总体上讲，除了部分立法重点外，联邦在这方面的规定多具有原则性和指导性的特点。

在各州，校车驾驶员的工作内容与程序多通过本州的交通法、教育法、行政法典或综合性法典等加以规范。尽管各州的具体规定不尽相同，但大多都非常详尽，涵盖校车驾驶员工作的方方面面，从对驾驶员的一般要求，到校车的日常检查、卫生清洁、营运和乘员管理、行车安全，再到学生上下车的安全、紧急事件处理等。

关于对驾驶员行为的一般要求，大多数州规定：驾驶员应熟悉并遵守联邦与当地的交通法律、法规，校区、校车营运人等制定的规章制度等；在行车时，应始终系带安全带；运行线路存在安全隐患时，应及时向主管领导汇报；当车内有学生时，不得离开车辆，如有紧急情况必须离开车辆，应停止发动机运转，拔下点火钥匙，启用手刹；不得在车内吸烟，不得允许车内其他人员吸烟；不得在车内喝酒，吸食毒品等；在行车过程中，不允许吃喝东西或实施其他影响车辆安全运行的行为；除紧急情况外，行车过程中不得使用手机通话；在行车过程中，不得佩戴耳机。

运送学生前，关于对车辆的安全检查要求如下。

第一，应检查车辆状况，尤其是刹车、轮胎、照明灯和信号灯、后视镜、应急设备、车窗、风挡刮水器、喇叭、排气系统等，确认车辆处于良好状态。如果发现车辆存在安全问题，则不能运送学生；

第二，应检查校车安全标志，确认其处于良好状态，检查座位等车内设施状况，确认其处于正常状态；

第三，应把油箱加满油，车内有学生或者发动机处于运转状态时，不得加油。如必须在运送途中加油，则应让车内所有人员下车，关闭发动机。此外不得在校车上携带任何备用燃油；

第四，应清扫车辆内外部，保持车辆卫生，并注意保持风挡刮水器与后视镜的清洁；

第五，运送学生后应对车内进行检查，确认所有学生是否已经全部离开车辆。

关于营运与乘员管理，大多数州规定：驾驶员应遵守规定的运行时刻表，保证学生提前一定时间到校，在下午运送学生回家时，确认所有学生下车后，方可离开；按照设定线路运营，未经主管部门的书面批准，不得擅自更改运营线路；有权拒绝学生、教职员工等以外的人员乘车；对于不按规定出示证件的学生，有权决绝其上车；有权拒绝携带危险品、影响学生乘车或者驾驶员安全行车的物品的学生上车；有权安排车内人员的座位与安置车内物品；应保持良好的职业态度，不得与学生保持过密关系；有权维护学生的乘车秩序，对破坏秩序的行为，及时向主管领导汇报。校车司机每周还得向管理部门报告乘车学生人数、出行次数、里程和耗油量。

相应的校车司机全权管理校车的运行，并承担全部责任，维持车内良好秩序。校车司机需要每天早晨在同一时间接学生，每天上午在预定的时间到达学校。下午校车离开学校前司机要等待学校工作人员发出信号。开车离开学校前先确认学生已经面朝前方、有序地坐好。与学生和校方打交道要表现专业。校车司机应该把学生车内不当的和违反司机指挥的行为向学校管理人员汇报。学校主管要对发生在校车上的不当行为采取行动，就像对待校内违纪情况一样。违反学生行为准则中指定上车政策受到的处罚适用于车上发生的行为。校方应该将一份指定的校车纪律表上交给合适的交通运行管理人员。

关于行车安全，大多数州规定：驾驶员应在车辆运行前确认所有车门处于关闭状态，在行车过程中，始终保持车门的关闭状态；不得超载，不允许有站客；在行车过程中，不允许学生把头或手臂伸到窗外，不允许学生上下车；应遵守相关的限速规定；不得超越其他校车，除非前面的校车处于停车状态并且该校车的驾驶员给出可通行信号；车辆通过铁路道口时，应先停下车，确认通行安全时，方可启动通行；在右转或左转前，应启动相关警示信号灯；应保持车辆平稳运行，除非有紧急情况，不允许急启、急停。

关于学生上下车的安全，大多数州规定：驾驶员不得在设定站点外的其他地方停车上下学生；校车距离停车站点一定距离时，应启动警示信号灯；在学生上下车期间，应保持警示信号灯与停车信号臂的启用状态；在学生下车后需要穿越道路时，应确认学生与校车保持一定距离且无危险时方可告知学生穿越道路；在下车的学生离开校车一段距离，需要穿越道路的学生安全穿越后，司机方可启动车辆，继续前行；车辆安全启动运行后，方可停止闪烁警示信号灯，收回停车信号臂。

关于紧急事件处理，大多数州规定：驾驶员在发生交通事故时应立即停车，启动应急信号灯，保持事故现场，确认学生的安全状况，如有必要，紧急疏散学生，护理受伤人员，通知当地执法部门与学校或校车营运方主管领导，请求医疗救援等，事故后提交事故报告，接受相关处罚；在发生车辆故障时，应确认学生的安全状况，如有必要，紧急疏散学生到安全之处，启用应急信号灯，通知学校或校车营运方主管领导，安排学生通过其他交通方式回家或上学。

美国的校车驾驶员同教师一样出勤，享受假期待遇。例如，美国 2012 年度教职员工上班天数为 198 天，校车司机按这个天数上班。不考虑加班的话，新驾驶员一年工资可有 27 000 美元，有些资历的驾驶员可拿到 32 000 美元，多的一年接近 45 000 美元。有些司机还被安排担任兼职保安或干些其他辅助工作，另可赚取收入。至于校车司机中午接送幼儿班儿童，课外活动、参观实习出车等，自然也有收入。什么都算上，每年挣四五万美元不成问题。至于老驾驶员，特别是值班驾驶员，他们熟悉所有的路线，可以接替其他驾驶员的任务，还要在车辆抛锚、发生事故或其他特殊情况下出车，他们的收入可以接近或达到当地平均收入水平。校车驾驶员只要每天工作 4 个小时以上，就可以享受全职员工的福利，包括牙科在内的个人或全家医疗保险，还有人寿保险和长期病休护理保险，六个非工作日带薪假以及十多天带薪的病事假。带薪假可以跨年使用。还有一条规定对那些有孩子的父母或已经退休的爷爷奶奶特别有吸引力：校车驾驶员或乘务员在上班的时候可以带上自己的学龄前子女或孙子辈的孩子，如果孩子也在上学，则可以安排在自己的接送路线内。这样既省去了托儿费，又不用担心孩子放学后家里没人，免除了后顾之忧。卡伦在美国国防部国防测绘局做了 18 年文秘和研究工作。为了有更多的时间与孩子在一起，她选择了开校车。现在四个子女中有两个是在她的接送路线上。有一天，一个二年级学生给了她一张自己画的招贴画，上面写着“我爱卡伦女士”。卡伦深受感动，知道自己选择了一条正确的生活道路①。

（三）社会方面对于校车司机的预期

美国校车产业委员会禁止驾驶员在校车行驶或学生上下车时使用手机。委员会的副理事，同时也是俄亥俄州学校交通系统负责人的皮特·杰皮克斯说，委员会促使巴士制造商和学区共同把此项禁令制定为法律。他说，研究明确表明手机会分散驾驶员的注意力，我们不想让驾驶员在一个如此容易分心的环境中工作。

学校主管应该确保安排坐校车的所有乘客都已通过班级教育、班级监督或其他方式知道作为校车乘客其行为和安全责任。主管还必须把每个校车乘客的责任告诉乘客家长。每个校车乘客都应该配合主管、教师、校车司机以及校车安全协助员。同时学校规定学生只能乘坐指定的校车，并在指定的校车停靠点上下车。这些安排如有任何变化，必须经过学校管理人员或学区运行管理人员的书面同意，然后把变化的情况告诉校车司机。要求学生遵守乘坐校车的规章制度。

五、美国对学生乘车安全的要求

美国是当今世界上校车服务最完善、最系统的国家之一，其悠久的校车文化，成熟的校车制度，严谨的校车规范令世界许多国家难望其项背。校车的高安全性得到了美国公众的普遍认可，被认为是最安全的接送儿童上下学的交通工

① 詹木星：《在美国当校车驾驶员》，《驾驶园》2014 年第 4 期。

具。儿童的生命安全是美国校车发展过程中的首要考虑因素，据悉，美国约有48万辆校车，每天接送2 600万名儿童上下学以及参加学校相关活动，公立学校60%的儿童选择乘坐校车上下学①。

（一）国家对学生乘车安全的规定

《儿童权利公约》第六条明确指出：缔约国确认每个儿童均有固有的生命权；缔约国应最大限度地确保儿童的存活与发展。保障儿童的生命安全是国家和公民的责任。美国著名心理学家尤里·布朗芬布伦纳也曾经说过："如果一个民族的儿童和青少年能够有机会充分地发展自己的能力，如果他们有机会获得理解世界的知识和改变世界的智慧，那么民族未来的前途才是光明的。反之，一个忽略儿童的社会，不管它在其他方面的功能是多么完好，最终都将走向瓦解与灭亡"②。美国政府高度重视少年儿童的乘车安全问题。为保障校车行业的规范性，美国政府每五年会举行一次全国性的学生运输大会。该大会始于1939年，参加会议的主要有各州教育部门、公共安全部门以及校车营运商的代表、顾问等。2005年第十四届全国学生运输大会通过的《2005年美国学校运输细则与流程规范修订版》对美国校车的车身及底盘、校车的燃油问题、校车的运营管理以及特殊儿童的运输进行了详细的规定③。该会议的召开，有利于国家加强对校车的监管，了解校车的现状，规范了校车行业。

据悉，在美国，每1亿英里的里程中，乘坐普通汽车、飞机和火车的死亡率的人数分别是0.94、0.06和0.04，而校车的死亡人数是0.01，由此可见，校车的安全性分别是普通汽车、飞机和火车的94倍、6倍和4倍，因此美国人自豪地称其校车是"美国最成功的故事"。在美国校车高安全性的背后，必然有技术的因素，亦有管理的因素。美国有着完善的校车管理体系，其极低的事故率成为世界各国学习的典范。自1939年哥伦比亚大学教授弗兰克·赛尔（Frank W.

---

① Rob Rampage. Parents，Perceptions of the Rural School Bus Ride. *Rural Educator*，No. 1，2005.

② 莫里森著：《当今美国儿童早期教育》，北京大学出版社2004年版，第25页。

③ The Fourteenth National Congress on Student Transportation. *National School Transportation Specifications and Procedures*，2005. 参见https：//www. ucmo. edu/safetycenter.

Cyr）组织召开第一届美国校车全国联席会议并制定第一部关于校车基本标准开始，美国校车便走上了标准化的道路，发展到今天，美国校车成为美国的一项基本公共服务，服务于美国的中小学生。美国联邦和各州都高度重视校车的安全问题，都针对校车的安全制定了一系列的法律法规，进一步完善了美国校车的管理体系①。丹佛大学的福赛斯与拉尔夫（Forsythe & Ralph）教授对美国公立学校学生运输的法律地位进行了分析。该研究主要运用文本分析法，通过查阅与校车有关的法律法规了解校车服务范围与运营权限、校车的财政补助权、校车的配置权、校车的责任赔偿机制等各方面的法律规定，并发现各州在非公立学校校车的财政补助方面、区“责任豁免”权等方面存在较大异议②。

美国校车除了拥有完善的法律法规制度之外，还有众多的管理机构，例如：美国全国公路交通安全管理局、美国国家运输安全委员会等部门，它们责任明晰，分工明确，这是美国校车安全性高的另一重要保障。此外，美国校车还有政府丰厚的经费支持。中国著名主持人白岩松经过对美国的实地考察后发现：美国政府平均每年要为一个正常孩子坐校车支付 520 美元，为特殊儿童支付 2 400 美元③。

州政府的补助，是美国校车经费的主要来源，美国各州都有详细的校车财政补助方案，在此只对美国华盛顿州和西弗吉尼亚州进行简单的介绍，可对美国的校车经费补偿机制“窥其一斑”。华盛顿州财政管理办公室对其现行的校车经费补偿机制进行了反思，认为其“单位成本”的校车经费分配方案不具有经济效益，校车运营成本过高。而且财政管理办公室还对其改进方案进行了探索，认为可以实行“预期成本”的财政分配策略。艾米·希金博瑟姆（Amy Higginbotham）、杰瑞德·皮斯（Jared Pincin）、塔米·格利·科尔维（Tami Gurley-Calvez）教授以及汤姆·维特（Tom Witt）教授运用了对比研究的方法对西弗吉尼亚州公立学校的校车经费补偿机制进行了研究，主要是对周围各州的经费补偿方案与西弗吉尼亚州现行的方案进行对比，认为该州对校车运营经费的补偿金

① 张淑萍：《美国校车管理体制研究》，华东师范大学硕士论文，2012 年 5 月。

② Forsythe and Ralph A. *The Legal Status of Pupil Transportation in the Public Schools of the United States*. Washington，D. C.：Office of Education，Bureau of Research，1969.

③ 白岩松：《谈美国的校车》，参见 http：//www. gmw. cn/content/ 2010-05/15.

额出现了不断上升的趋势，校车成本负担越来越重①。

（二）学生自身需要遵守的事项②

第一，学生需要在校车规定到达时间之前5分钟到达指定地点候车。至少走出校车前缓冲器10英尺远，站在校车周围的危险区之外。学生必须始终站在校车司机能看到的地方。任何时候，学生都必须从校车前方过马路。

第二，学生在候车时要互相尊重，相互爱护各自的财产，爱护候车点周围的财产。在校车停靠点不要追赶、推搡。保持路面空旷，不要放书、衣物和其他东西。

第三，上车后，直接走向座位。整个乘车过程中始终面朝前方坐好。人多座少时，可共享座位。

第四，听从校车司机的指示。

第五，在整个行车过程中，学生不应大声喧哗，必须保持安静。

第六，除了医疗原因外，学生在校车上不可以吃东西、喝东西或嚼泡泡糖。

第七，不将垃圾扔在地上或扔出窗外，帮助维护车厢整洁。要把手和头一直放在车厢内。

第八，学生只允许带适当的、安全的并能放于两腿间的东西上车。

第九，学生只能在指定的地点上下车，除非得到家长和学校管理人员的批准。学生放学下车后必须直接向家走去。

其他的相关叮嘱还包括，为了自身的人身安全，学生在步行去校车停靠点时始终走人行道，千万不要跑。如果没有人行道，面朝车辆走在路的左边。校车开动时，不要追着校车跑。一直等到校车停下来，然后走到车门口，有序地上车，不要推搡。住在校车停靠点马路对面的学生必须在他们所在的马路一侧等到校车开来。注意红色闪烁灯和障碍臂的伸展。只有在所有车辆停下来后才过马路。过马路前向左向右再向左张望。上车时排成一队，年纪小的学生排在前面。上下车梯时握住扶手。如果东西掉在校车旁，那么在打算捡起前告诉校车司机，这样司

① 张淑萍：《美国校车管理体制研究》，华东师范大学硕士论文，2012年5月。
② 黄全愈著：《美式校园》，人民大学出版社2010年版，第138页。

机就知道你在什么位置。不要在校车停靠点与陌生人讲话，也千万不要同陌生人上车。如果陌生人试图跟你讲话或把你接走，那么直接回家，告诉你的父母，校车司机以及主管。

（三）司机应特别关注学生乘车安全

司机在学生乘车过程中扮演着至关重要的角色，是学生日常生活中的重要他人，反思各种校车事故，很多都是由于司机的粗心和不负责任造成的，因此校车司机的招聘、培训、留任、监督等工作在校车项目管理中也具有举足轻重的地位。

在美国，司机上岗都要经过严格的职前培训，培训的基本内容有：明确校车服务在学校日常教育教学中的作用；研讨州政策中有关校车服务的规定；研讨地方政府对校车司机的基本要求；研讨与校车服务相关的交通法规；研讨校车事故的防御；演练校车紧急情况下校车司机应采取的措施；研讨校车司机在与学生相处时应注意的原则与技巧；明确校车的日常维护在保证校车服务安全与效率中所发挥的重要作用①。

此外，美国还制定了系统的严密的《校车司机手册》。除了强调安全性和规范性，一些学区还特别强调提升司机与学生相处的技能，并给予司机必要的提示，对司机的培训往往是提出一些具有操作性的提示，这在实践中的作用远远大于枯燥无味的理论培训，也能够使校车司机更快掌握并应用于实际工作中。美国校车司机手册规定比较详细，也显得烦琐，笔者从中概括出 10 条②：

第一，不要发出那些并非你本意的命令；

第二，在对学生提出要求时，要采用激励的语气，而不是审问的语气，要说“请这样做”，而非“别那样做”；

第三，给学生充分的时间来对你的命令做出反应；

第四，在要求学生时，要有充分的理由，如果有可能，最好向学生解释要求他们这样做的原因；

① Jordan K. F. & Others. *School Business Administration*. Sage Publications, 1985, p. 332.

② Drake, T. L. & Roe, W. H. *School Business Management: Supporting Instructional Effectiveness*. Ally and Bacon, 2005, p. 177.

第五，要友好，表现出你对工作的热爱，保持工作热忱，树立良好的榜样，你的行为会对学生产生潜移默化的影响。

第六，要公平，惩罚并不会导致学生反抗你的教导，不公平会导致学生强烈的逆反心理；

第七，表扬和鼓励学生正确的做法，在与学生互动时，不要用压迫性的方式与他们相处，幽默十分重要；

第八，保持风度，不要发脾气，不要将个人情绪和偏见施加在学生身上；不要公开批评或揶揄学生，否则会导致新的纪律混乱；

第九，讲道理是唯一能让你不断使用并且效果越来越好的锐利的武器，不要唠叨、吓唬学生和多管闲事，要寻找学生的优点，不要总是盯着学生的一点小错误不放，有时有意忽略这些小错误是更加明智的做法；

第十，吸取他人在管理学生方面的失败教训，掌控局面。

（四）社会有关方面对学生乘车安全的尊重

在美国校车安全发展历程中，社会界力量、非政府组织具有不可估量的作用。据统计，20 世纪初，美国大约有 12 500 万个学区，到 1938 年大约有 11 900 个学区，而到 1975 年美国仅有 1 600 个学区。1939 年到 1973 年是美国学校布局调整的最高峰，每年学区以 13%的速率合并①。

市场作为服务主体之一支持校车服务，市场在美国校车的发展中起着不可小视的作用。车辆本身的技术开发、校车服务的提供以及校车信息的传播都依靠市场。在市场中，涉及三个部分，即校车制造商、校车服务提供商和媒体。

车辆在技术上的改进亦是校车安全与运营效率的最本体的保障。而校车制造技术的进步，其推动主体非车辆制造者莫属。在美国校车发展史上，在推动校车进步方面做出巨大贡献的校车制造者众多，其中以蓝鸟公司最为著名。蓝鸟公司成立于 1927 年，拥有 A 型校车、C 型校车和 D 型校车的生产线。该公司是校车车辆技术改进方面的领航者。

---

① Kieran Killeen and John Supple. *School Consolidation and Transportation Policy: an Empirical and Institutional AnaIysis*. 参见 http://www.smartgrowthamerica.org/documents/

校车服务的提供有两种方式：一是由学区自办校车服务，二是学区将本学区所应提供的校车服务外包给校车服务公司，学区教育董事会只负责财政支持和监督管理。目前有诸多校车服务公司，承担着接送学生上下学的责任。学区与校车服务公司通过签订外包合同，确立合作关系，学区教育董事会负责对校车公司提供的服务进行定期评估，以确保其提供安全可靠的服务。目前，美国提供校车服务的公司有数百家，《校车车队》杂志通过调查评议，评出了2011年度全美排名前十的校车公司①。

学生乘车安全管理是一项社会性工程，需要学校与家庭及社会职能部门的密切配合。美国媒体营造良好氛围，宣传保障安全的做法，曝光不利安全的行为，为校车安全提供正能量。校车的待遇与警车、救护车、消防车是一样的。

校车规则远比警车、救护车、消防车复杂和严格，包括：

第一，当校车准备停车时，司机会在驾驶室外预先伸出一个红底白字的STOP牌，并闪烁停车信号灯，此时无论从校车前方与校车相向而行还是从校车后方与校车同向而行的所有接近校车的车辆都必须立即减速并完全停车；

第二，在校车停车、上下学生的时候，任何车辆包括警车、救护车、消防车必须处于完全停车状态，且必须停在离校车不少于20英尺的距离之外，在全美国50个州，都有同样的一条交通规则，即超越正在停靠和上下学生的校车是最严重的交通违法行为之一；

第三，所有车辆在经过标有学校区域（School Zone）时，必须减速，当学校区域标志上的黄灯开始闪烁时，所有车辆的时速不得超过24公里，田纳西州驾驶员手册在介绍了有关校车避让规则后，有一段用红色大号字体标示的警示语：在田纳西州，孩子的生命安全超过一切最有价值的财富。

① 张淑萍：《美国校车管理体制研究》，华东师范大学硕士论文，2012年5月。

六、美国校车的通行优先权与校车文化

（一）校车通行优先权

从 20 世纪 40 年代中期开始，美国绝大多数州的交通法规都规定，当学生在上下校车的时候，附近的机动车司机应当停车，即所谓的“通行优先权”①。这样规定的原因，首先是美国的学生，尤其是年幼学生，即使有成人陪伴，也难以避免其跨越栏杆，穿越街道，造成非常大而其本身并没有意识的危险。学生上下车过程中，校车体积庞大会限制其他司机和学生的视线。在美国，校车拥有最高优先级的路权，通常它的特权甚至优于救护车和消防车。美国校车“通行优先权”最根本还是为了确保安全这一首要目标。

美国校车有如此强大的特权，它是如何保障的呢？

1. 立法保障

美国有严格的校车立法层级，为了保障校车的“通行优先权”，美国各州都制定了《校车让停法》(Stop Law)。《校车让停法》保障了校车道路优先权，校车在美国属于特种车型。各州的停车法典中明确规定：当校车准备停车时，司机会从驾驶室外伸出一个红底白字的“STOP”标志并闪烁停车信号灯，这时校车周围的车辆需立即减速并停车。然而，在不同的道路上校车让停规则不同。如亚拉巴马州《校车让停法》规定：双车道或多车道道路上所有校车周围的车辆都要为校车让停，而在四车道（含有中间车道）的高速公路上则只有与校车同方向的车辆让停。在校车巴士站，学生上下车时，任何车辆，不论是警车、消防车、救护车甚至是总统的车辆都需减速或停车，并离校车 20 英尺（约 6 米）左右。当车辆经过“学校”标志区时必须减速慢行，而当“学校”标志区黄色灯开始闪烁时，所有的车辆车速不得超过 15 英里/小时。

---

① 李海龙：《美国校车：构筑学生安全的坚固城墙》，《中小学管理》2012 年第 1 期。

2. 监管有力

经过严格的程序制定出的法律，如果得不到贯彻执行，法律文件也就成了一个“空头支票”。因此美国政府不但重视法律的制定，而且非常重视法律的贯彻执行。国家公路交通安全管理局负责法律得到彻底实施。一旦发现违背交通规则，尤其是侵犯校车“通行优先权”的行为，则严惩不贷。在美国，校车上的黄色闪光灯和红色停车牌就像是红绿灯一样，所有的行人都要像遵守交通规则一样地遵守。除此之外，如前文所述，联邦政府、州政府、校车公司、学校、家长及一些非政府组织，尤其是协会，同时参与到校车的管理中来，发挥了多重监管的作用，形成了美国校车“多元共治”的局面。

3. 标准严格

美国政府对校车生产的各项标准做了严格的规定，使校车拥有了一些特殊装备，这对于保障美国校车的通行优先权至关重要。

黄色闪光灯：黄色闪光灯在校车将要减速停车时使用，它像交通路灯一样一直闪烁，用以提示过往车辆减速停车。

红色停车标志：安装在校车左前方，在校车停下来时打开，提示过往车辆必须等待。还有的校车在左侧后方有第 2 个停车牌，使提示更加醒目。

停车信号旋臂：位于车身左侧，且与车身成直角，校车处于停车状态中时，司机会将其旋开，用以警告他人。《联邦机动车安全标准》对这一旋臂做了明确规定：必须是双面的标准八角形红色停止标牌，其宽度至少要达到 17.7 英寸，同时嵌有白边以及白色大写字母“STOP”。该标牌必须是具有反向反射功能或者是具有交替闪烁功能的红色发光体。当然，也可以借助发光二极管，以大写的“STOP”闪烁的方式代替上述办法。

（二）校车文化

美国校车有着强大的硬件保障，但是光有硬件保障难以充分说明美国校车制度的完美。它的“软件部分”同样是美国校车制度的另一个重要组成部分。使校车制度充满了“人情味”，形成所谓“校车文化”。

1. **对学生关爱备至**

在美国“学生至上”的理念已经深入人心。校车公司、学校和政府都为了学生的安全出谋划策。比如，每个新学期开始时，都让学生和家长提前了解乘车路线，提前感受乘车体验，熟悉新校车，减少孩子面对新校车产生的紧张感。如果有新学生加入，学校不得不改变行车路线，校方则会提前通知家长学生怎么坐，在哪儿坐，具体路线等。对于残疾学生，政府还有特殊的规定，1994 年就修正了《联邦机动车安全标准》第 222 条，对特殊教育学校的校车提出了特别规定，坐轮椅的学生在上下车和安全保护方面都备受呵护，例如，轮椅在校车上固定时，缚着点不得少于 4 个，轮椅必须朝向车头前方方向①。

2. **对司机比较尊重**

美国对整个社会的 50 万名司机尊重有加，2006 年 5 月 19 日，众议院投票一致通过了这项决议，把每年 10 月第 3 个星期定为校车安全周，并要求政府在这期间表彰校车司机等从业者。此外，美国人还会送给校车司机各种人情味儿十足的小礼物。比如绘有卡通图案的 T 恤衫，对司机的劳动表示感谢。这种荣誉感和相互尊重的气氛大大促进了司机们尽职尽责地为孩子们服务②。

3. **对健康非常在意**

正因为社会各界对少年儿童非常关爱，人们对校车的研究也较为深入和苛刻。美国 99%的校车都采用柴油燃料，美国的校车每年要消耗 8.22 亿吨柴油，柴油会释放细小颗粒物（PM2.5）和碳元素，而颗粒物与呼吸系统疾病和心脏病导致的死亡有关，柴油尾气含有多种致癌物和其他有毒物质，这就使每天乘坐校车的几千万学生面临着柴油排放导致的各种健康问题③。乘坐柴油校车的学生所接触到的细小颗粒物和其他污染物水平比坐小汽车的孩子接触到的更高。因此，由柴油校车引发的健康问题在美国成为重要的议题，降低校车排放成为各州和联邦监管机构的一个重要任务。污染测量数据表明，人体在公路上或公路旁所

---

①② 天好：《美国校车制度带来的安全感》，参见 http：//www.chinabuses.com/buses/2010/0816.

③ John Wargo & Others. Children's Exposure to Diesel Exhaust on School Buses. *Environment & Human Health*, *Inc.*, 2002, Vol. 29, No. 2.

吸收的车辆排放的超细颗粒（PM0.1）最多。而儿童由于呼吸系统尚未发育成熟，呼吸频率也比成人要快，因此所受到的危害更大。

4. 对线路精心设计

校车线路的设计和站点的选择与学生上下车安全和能否最大化地发挥每辆校车的运力、提高能源利用效率息息相关。所以，线路的设计不应是盲目的，而应是科学的。早在 1969 年，牛顿（M. Newton）、托马斯（Warren H. Thomas）等学者提出使用计算机设计校车线路。2000 年以后，随着科技的发展，一些校车也装配了更为先进的设备，如北卡罗来纳州采用交通信息管理系统（TIMS）通过优化算法来设计线路，以最好地服务学生，并把所需车辆降到最低。这种算法利用数字地图上编码的出行次数和速度来确定每个校车的线路。重视校车路线的设计，最主要的目的是照顾尽量多的学生的乘车利益，同时为了更加便捷、省时、安全。

结语

经过百余年的发展，校车成为全美最庞大的运输系统，目前大约有 48 万辆校车在运行，每年校车行驶 43 亿英里，全美的校车运载了至少 5 亿名学生，每天乘坐校车的学生人数多达 5 000 万人次，占全部在校学生的一半以上，有近 2 400万名儿童每天花一个半小时的时间在校车上①。每天因参加课外活动乘校车的学生为 500 万人次，有 110 亿人次学生旅行，并有 220 亿人次学生上下车，乘车上下学的 12 年制学校学生也占到了整个在校生总数的 54%。但是随着公路上校车与日俱增，不可避免地出现了各种问题。尽管美国的校车被认为是最安全的学校交通方式，但无论是立法机构对校车安全性的法规制定，还是业界对校车的持续改进，或是学者对安全问题的研究都从未停止过②。借鉴美国校车制度时，要与我国国情相适应，既积极进取又实事求是。

① What Is the American School Bus Council. http：//www. americanschoolbuscouncil. org.

② 徐志勇、赵美艳：《美国校车前沿研究述评》，《比较教育研究》2012 年第 5 期。

图14-1 美国国会山

第十四章

特色鲜明有传统：美国私立学校教育

美国私立教育由来已久。17 世纪初期，北美建立的第一批学校皆为私立学校，如今私立学校已成为美国教育体系一个不可分割的部分。与美国大学的发展历史一样，美国私立中小学要比公立学校历史悠久。近 20 年来，美国私立中小学学生数呈现不稳定发展趋势，从 1995—1996 年的 590 万增加到 2001—2002 年的 630 万，截至 2009—2010 年，总数已经减少为 550 万。相对于 1995—1996 年，私立中小学学生数占总数的 12%，2009—2010 年降低到 10%。从 1995 到 2006 年，在私立中小学校中天主教学校所占比例始终最高。然而，此统计数据已经从 1995—1996 年的 45%减少到 2009—2010 年的 39%①。近年来，美国基础教育中的私立学校呈发展态势，其管理体制、办学模式和教学效果进一步地得到广泛关注。总体上，美国的私立中小学的教学条件和教学质量均好于普通公立学校。因而，收入殷实的家庭往往会考虑将子女送往私立学校就读。不过，由于私立学校普遍收费较高，学业负担较重，日常管束较严，所以未能送子女前往就读的家长的心理是平衡的，没有羡慕嫉妒恨。

① U. S. Department of Education. *The Condition of Education* 2012, p. 24.

一、美国私立学校教育的起源

（一）美国私立学校的出现

美国私立教育出现于公立教育之前，一直是美国教育不可缺少的部分。殖民地时期，北美并不存在现代公共教育的概念，各殖民地处理教育事务的方式各不相同。在新英格兰各州，尽管政府机关尽力发挥其对教育的监督作用，但热心办学的清教徒所开办的各类学校大多是由私人出资设立的，学校在社会中的作用犹如教会的仆役，学校与清教徒的教堂具有相似的功能，让儿童信奉加尔文派的神学；在中部大西洋殖民地各州，实行的是对宗教的宽容政策，使不同教派得以存在，各教派都要求其学校传授本教派的教义，不同的学校内出现了不同的政策；南方各殖民地未曾制定强迫儿童入学的法令，由家长请私人教师教育自己的孩子，将子女送入私立学校接受教育。尽管这三个地区的教育各具区域特色，但它们都是西欧教育传统的继承者，优先考虑的是宗教的价值，各地的教育无一例外地是宗教教育，采取的多是私立教育的形式。殖民地时期，美国建立了各种私立中小学，既有教派的，又有非教派的，妇人学校、小学校（Petty Schools）、读写学校和文法学校是当时私立学校的主要类型，到殖民地末期，美国出现了一种新型的私立中等学校——文实学校。

（二）美国早期私立学校的实验

美国早期的许多文实学校都是与教会相连的。名义上，文实学校向任何人开放，但由于收费高昂，只有中产阶级才有能力支付，因而穷人对之无法问津。文实学校中，当数本杰明·富兰克林于 1751 年开办的费城文实学校最为有名。特拉华州的涅瓦克学校和新泽西州的华盛顿学校也比较热门。到 19 世纪初，文实学校成了美国中等学校的主要类型，多数中学开设了广泛的学科门类，仍主要强调实用学科，诸如航行、测量、簿记、地理、现代语等。当然，文实学校的课程内容及其难度因学校不同而差别很大，有些学校实质上是以大学起点水平运作的，而另一些学校则训练有限的技能。

美国私立文实学校为当代许多英才私立学校奠定了基础，例如，迪尔菲尔德文实中学和菲利普文实中学的起源和传统可追溯到18世纪和19世纪，这种学校一直特别关注开设为升大学做准备的课程，因而常被指责为只重视英才教育，但它们却成了当代美国教育追求优异的一种典范。同样，起源于19世纪末和20世纪初、反映进步主义教育运动哲学观的众多实验学校也都是私立学校，诸如芝加哥大学实验学校（杜威学校）、布法罗的帕克学校、马萨诸塞的沙迪希尔学校，它们进行了具有革新精神和颇具影响的教育改革试验，虽然实验是在私立学校中开展的，但实验的理念和结论对美国公立教育产生了重大影响。

（三）美国私立学校的特色

宗教背景是美国私立学校的基本特色。天主教会办的学校至今仍是美国私立教育中的一支生力军。2010年，驻美大使馆教育处刘翠航调研发现，当年在全美33 366所私立学校中，天主教学校有7 115所，占22.3%，学生占42.8%；其他宗教的学校15 616所，占46.8%，学生占37.3%。美国天主教办学起源于殖民地时期，但直到19世纪30年代和40年代才得到很大发展。在19世纪后半期，天主教移民蜂拥来到美国，定居于像纽约、波士顿和费城等城区，他们的宗教信仰面临强大的歧视，整个美国出现的反移民情绪进而成了反天主教的情绪，人们担心天主教移民会忠诚于教皇，而不是美国政府，新型的天主教学校是天主教领导人有预谋地向天主教儿童灌输反民主价值观的手段。在反移民、反天主教的潮流中，美国公立学校发展速度快，虽然美国宪法“第一修正案”规定国家与教会脱离，但早期的“同学校”为新教所支配，教师多是新教徒，课程中全是新教徒的作品，另外还有新教的祈祷辞、赞美诗以及詹姆斯的《圣经》译本文选。对此，天主教徒提出了强烈的抗议，认为这种教育是对其宗教信仰的歧视。

19世纪30年代末，由于天主教领导人支持教会兴办私立学校，在一个相当短的时期，一个大众私立天主教学校系统便形成了。天主教私立学校的兴办起初主要是作为反对宗教偏见和歧视的一种手段，但随着各天主教民族团体的稳固和强盛，它很快就成了凝聚天主教共同体的重要方式。发展到现今的天主教学校承担了美国近11%的学龄儿童的教育任务。其中，近18%的学生来自贫困的少数民族，家长们希望天主教学校会给其子女带来更好的经济收入和社会升迁的机会。詹姆斯·科尔曼及其同事在80年代初的研究表明，天主教学校具有一种团体感，具有优良的纪律传统，并强调学业的学习，因而家长们对天主教学校的兴趣与日俱增。在2009—2010年，美国私立学校中天主教学校的数量仍然比其他宗教学校多，达到75%。而在保守基督教学校就读的学生数只占2%，6%的学生在附属或独立的宗教学校，12%的学生在非教派私立学校就读。

二、美国私立学校教育的现况

美国私立教育呈现出历史长、比例大、质量高、影响好的特点。历史长是指美国私立教育的发展阶段比较早，存在时间比较长。美国独立以前，学校完全是私立的，在基础教育阶段就有了读写学校和带有慈善性质的贫民学校，以及拉丁文法学校。而美国公立中小学的出现也大都出现在美国独立战争以后，如在1834年才出现美国第一所公立小学。比例大是指美国私立学校数、学生数、教师数所占的比例比较大。质量高是通过学生的毕业率、区域统一测评成绩等众多因素而形成的结论。影响好就是总能得到社会的认可和一部分家长的推崇。正因为上述几方面的特点，美国私立中小学教育的声誉较之于公立教育要好。在美国，不仅有钱人将自己的孩子送到私立学校读书，有些不富裕的美国人也将孩子送到私立学校学习。原因是这些美国人认为，他们的孩子会在私立学校学得更好。

美国私立学校的发展先于公立学校，在学校管理方面有着较成熟的经验，教学质量也较稳定。私立学校中包括大量的教会学校，这些学校一般规模不大，但历史较长，主要由天主教教会举办。在2009—2010年，美国私立中小学校中天主教学校占总数的39%①。一般来讲，教会学校都会开设宗教课，但不要求学生都信教。根据美国国家教育统计中心（NCES）2011年的统计数字显示，美国共有私立中小学3.34万所，包括470.01万学生和43.74万名在编教师。其中，68%的私立学校、80%的学生和72%的教师均具有宗教倾向。只有1.16万所私立学校宣称没有参与到任何学校联盟中。私立学校的分布情况呈现在郊区、城

① U. S. Department of Education. *The Condition of Education* 2012，p. 24.

市、农村、城镇数量递减的趋势，分别为1.16万所、1.08万所、7 607所和3 340所。私立学校注册学生数量分布情况呈现在城市、城郊、农村、城镇递减的趋势，分别为196.04万人、178.53万人、62.89万人和32.55万人①。

私立学校的规模、班级人数和师生比例一般都小于公立学校。例如，据NCES统计，2009—2010年，美国私立学校在校学生人数平均为141人，私立学校的平均学校规模与教育阶段有关。平均来讲，小学为106人，初中为283人，混合学校为180人。相对于公立学校的大规模，美国公立中小学校中小规模学校的数量较多，其中，45%的私立学校注册学生数少于50人。私立学校的生师比为平均10.7。生师比数随着教育层次的不同而变化，混合学校较低，为9.4，小学为11.7，初中为11.6。在加州、佛罗里达州、伊利诺伊州、纽约州、俄亥俄州、宾夕法尼亚州和得克萨斯州的私立学校注册学生数均超过20万②。

美国私立中小学学生以白人居多，2009—2010年，73%的私立学校学生为白人，9%为西班牙裔或拉丁裔，9%是非洲裔美国人，5%是亚裔美国人，3%属于两种或两种以上的种族，印第安土著人、阿拉斯加土著人、夏威夷本地人和其他太平洋岛屿的本地人均不足1%。另外，在所有的私立学校中有96%是男女合校的，男校和女校分别占2%。

美国私立中小学教师以全职教师居多，其中79%的私立学校教师是全职教师。5%的教师不是全职教师，但工作时间至少占四分之三；9%的教师少于四分之三，但多于一半；4%的教师不足一半，但多余四分之一；3%的教师不足四分之一③。

三、美国私立学校的治理

美国基础教育阶段的私立学校之所以能得到不断发展，不仅得益于较为宽松的教育体制与政策、适合私立教育发展的教育人事环境，而且还得益于政府补贴的教育经费政策。从构成的要素组成来讲，教育体制可划分为教育机构和教育制

---

① 参见 http：//nces. ed. gov/

②③ U. S. Department of Education. *The Condition of Education* 2012，p. 25.

度两部分。对于基础教育阶段的教育体制来讲，具体可包括学校教育体制和教育管理体制两部分。从美国私立学校的教育体制来看，从学前教育到高等教育的各级各类私立教育机构，它们的存在得到国家的允许并得到发展性的支持。因此，美国已经形成了从私立学前教育到私立高等教育的比较完备的学校教育体制。从教育管理体制来看，在联邦和州设立了单独负责私立教育事务的教育机构。这种机构与私立学校的关系不是管理与被管理的服从关系，而是重点强调机构对于私立学校的指导和服务功能。

（一）通过立法进行治理

美国法律规定，联邦政府和各州地方政府不直接干预私立学校的管理。通常来讲，美国的私立学校大都由宗教团体和独立的理事会掌管，由此可见，美国私立学校具有较强的自主权。一方面，学生和学生家长有权选择私立学校，另一方面，私立学校也同样有权根据学校的发展方向和特色对报考的学生进行选择录取。

美国私立学校教育法一般由各州根据实际情况制定，内容比较全面，其中涉及私立学校的办学标准、审批、课程设置、教师队伍诸方面的问题。2012 年 2 月，美国教育委员会对各州私立学校的资助情况进行了统计①。

1. 多数州不向宗教学校拨款

由于世俗国家主张教育与宗教相分离，所以美国多数州法律规定政府不向宗教学校提供拨款。在全美 50 个州中，禁止向宗教学校拨款的共 40 个州：阿拉巴马、阿拉斯加、亚利桑那、加利福尼亚、科罗拉多、德拉维尔、佛罗里达、佐治亚、夏威夷、爱达荷、伊利诺伊、印第安纳、衣阿华、堪萨斯、肯塔基、马萨诸塞、密歇根、明尼苏达、密西西比、密苏里、蒙塔纳、内布拉斯加、内华达、新罕普什尔、新墨西哥、纽约、北达科他、俄亥俄、俄克拉荷马、俄勒冈、宾夕法尼亚、罗得岛、加利福尼亚、南达科他、得克萨斯、犹他、弗吉尼亚、华盛顿、威斯康星、怀俄明。

① Education Commission of the States. *State Aid to Nonpublic Schools 2012*, pp. 1-6.

2. 部分州不向任何私立学校拨款

立法禁止向非公立学校提供经费资助的州共 12 个州：阿拉斯加、加利福尼亚、科罗拉多、肯塔基、马萨诸塞、密歇根、密苏里、蒙塔纳、内布拉斯加、新墨西哥、加利福尼亚、怀俄明。

3. 有的州谨慎向私立学校提供经费

有时为了体现对私立教育的支持，或者需要向私立学校购买服务，有 9 个州规定可以在必要时向非公立学校提供经费，它们是：阿肯色、康涅狄格、德拉维尔、佐治亚、夏威夷、新泽西、南加利福尼亚、得克萨斯、路易斯安那。

4. 过半州为私立学校提供交通资助

有些州为私立学校提供交通资助，让其学生可以免费或低费享受校车服务。这样的州共 29 个：阿拉斯加、加利福尼亚、康涅狄格、德拉维尔、伊利诺伊、印第安纳、衣阿华、堪萨斯、路易斯安那、缅因、马萨诸塞、密歇根、明尼苏达、蒙塔纳、内布拉斯加、内华达、新罕布什尔、新泽西、纽约、北达科他、俄亥俄、俄勒冈、宾夕法尼亚、罗得岛、南达科他、佛蒙特、弗吉尼亚、西弗吉尼亚、威斯康星。

5. 部分州向私立学校提供教科书和学习方面资助

能够为私立学校提供教科书和学习资助的州共 21 个：康涅狄格、佛罗里达、伊利诺伊、印第安纳、衣阿华、路易斯安那、缅因、马里兰、明尼苏达、密西西比、内布拉斯加、新罕布什尔、新泽西、新墨西哥、纽约、俄亥俄、宾夕法尼亚、罗得岛、南达科他、华盛顿、西弗吉尼亚州。

（二）通过全国性机构进行治理

联邦政府和全国性教育机构对私立学校的影响主要体现在相关法令的颁布和有关协会的作用方面。例如，1925 年，美国最高法院依据宪法第十四条修正案，确认了私立学校存在的合法性和父母可以为其子女择校的权利。美国宪法规定公共基金不能用于私立学校。但是，1997 年宪法第一修正案声明："并不绝对禁止私立学校的孩子，甚至宗教院校的学生参与政府资助的社会福利项目。”因此，美国今天有 27 个州允许动用公共基金向私立学校的学生提供交通便利，17 个州同意向私立学校的学生免费借阅课本。有些州为私立学校学生的免疫、视力与听力检查等提供免费保健服务。2002 年布什总统签署《不让一个孩子掉队法》，为全面深化教育改革，请私立学校的师生与公立学校的师生一起参与“改进残疾儿童学业成绩”“培训和招聘高质量教师和校长”及“改进家长学校选择和教育创新”等项目。

美国联邦政府内与私立学校有关的管理机构有 10 多家，其中隶属美国教育部的非公立教育办公室具有一定代表性。该办公室成立于 1971 年，办公室主任是教育部长非公立教育总顾问。其主要职责是：（1）最大限度地促使非公立学校的学生参与适合他们的联邦教育项目；（2）向教育部长建议修改有关法规，尽可能多地向非公立学校学生提供服务；（3）审核联邦政府和其他全国性机构向非公立学校学生开放的教育项目的合法性。

私立学校协会是对私立学校实施管理及私立学校自我管理机构。美国在联邦一级设立全美私立学校协会，另外在马萨诸塞、纽约等州成立了 19 个地区性私立学校协会。协会不仅具有学术研讨的职能，而且由于它的特殊地位也发挥一定的管理职能。私立学校是经各州教育行政部门审批后而建立的非营利的法人团体。作为法人团体，私立学校内部管理自治，掌握人权和财权，决定招生和毕业，自筹经费和签约办学。多数私立学校为特许非营利法人实体。作为营利法人实体的学校，一般都有州政府有关部门的特许证书。它们多为中等和高等教育机构，除了少量高校从事学位教学外，其余基本从事短期职业培训。

美国全国性非官方私立教育协会有 30 多家。其中较大的非营利性组织有 10 多家，最有代表性的是美国私立教育理事会。该理事会成立于 1971 年，是美国各地私立教育组织的一个全国性联合会。其宗旨是代表全美私立学校的利益，与公立学校及其管理层沟通，以提高美国教育的整体质量。

（三）通过地方性机构进行治理

美国法律规定，州政府及其教育管理部门不直接干预私立学校的管理，其责任主要体现在监管和确保本州所有适龄儿童，包括非公立学校与公立学校的学生，平等地接受水平基本相等的教育。州政府一般通过州教育厅及私立教育理事会对私立学校进行宏观指导。州教育厅设立有非公立教育办公室和州非公立学校督学的职位。该办公室及督学依据本州教育法，对私立学校进行审批注册，颁发许可证书，并确保其办学合法、达标。

笔者多次访问过纽约州教育厅非公立教育办公室。该办公室介绍，纽约州非公立学校法规的内容包括以下内容。

一是注册登记。非公立学校可自愿注册登记，但只有经注册登记的非公立高中才有资格颁发高中毕业证书，有资格参加州教育行政部门的统考。

二是学生档案管理。所有非公立学校必须按照州教育法第104条对学生档案进行管理，以确保州政府对学生情况的追踪和统计。

三是学年与日学时。公立学校一学年为180天，1—6年级每天5小时，7—12年级每天5.5小时。虽然纽约州教育法规没有就此向非公立学校提出明文规定，但州教育厅要求后者的学年长短与日学时应与前者相似或保持一致。

四是语言。就是规定教科书和课堂语言必须使用英语。

六是教师资格。法规没有明文要求非公立学校的教师必须具备资格证书，但纽约州教育厅要求任课教师必须具备应有的能力。

六是教学大纲。非公立学校不必使用与公立学校相同的教学大纲，但是1—6年级必须教授算术、英语、科学、音乐、体育、美国历史等13门课程；7—12年级必须教授英语、社科、科学、数学、音乐、体育、健康教育等13门课程。同时，要达到“水平基本相等”的教学要求。非公立学校还必须向学生开设爱国主义、公民职责与权利、人权问题、《美国宪法》及《独立宣言》等课程。

（四）通过完善内部结构进行治理

美国的非公立学校分为营利和非营利两种。例如，纽约州共有2 400多所非公立学校，其中10%为营利性质，90%为非营利性质。营利性私立学校一般称私营学校（Proprietary School），在基础教育阶段很少。通常所说的私立学校，是指非营利的学校。私营学校运营前，需向纽约州政府申请企业法人许可证，按照纽约州企业法规办学，并像其他公司一样如期向地方、州和联邦政府纳税。

纽约州教育厅对新开办私立学校的要求是：确保教学设施的安全性，要有消防局和建设厅的认可；来年的校历；教学年龄段和注册总量；课程设置情况；如何考核。对于已经开办的私立学校，教育厅要定期进行评估，并要求学校有自己的办学理念，有财务管理制度，有与家长、公立学校、社区、校董会联系的人员和渠道；有教书育人的教师队伍。州教育厅要求私立学校的教学质量至少不低于公立学校的质量。

非营利性私立学校首先需向纽约州教育厅申请临时办学许可证，经州教育厅非公立学校办公室定期或不定期现场视察，审核达标后，换取长期办学许可证。非营利性私立学校自领取临时办学许可证之日起，可免缴地方、本州和联邦税以及财产税；必须成立不少于5人和不多于25人的校董事会。董事会的主要权限包括：选举不少于5人的学校管理层；制定学校规章制度；管理人事和工资；管理校产和设备；按照许可范围，授予学位和颁发证书。

非营利性私立学校管理层在校长的领导下，除了处理学校日常事务外，其主要职责包括：确定学校办学宗旨和办学方针；制定教学计划和实施方案；管理学校财务；确保校舍安全和设备运转正常；保障教学正常进行和教员定期进修；定期与校董事会和学生家长联系；保持与公立学校和学校所在社区的联络；参与社区、专业组织和相关协会的活动。

私立学校的教师在教学上表现出更大的自主性，在学校教学决策方面也有更多的发言权。在教学上，私立学校的教师基本自定教材、辅助材料和教学方法，自行命题和确定评分标准。在诸如确定教学大纲与学习标准、制定课堂纪律、评估教师教学效果等教学决策上，68%的私立学校教师认为他们的意见受到重视，而公立学校持相同观点的教师人数仅为44%。

1. 自我管理

美国私立学校一般是由自选自定并自我调整人员的董事会担负制订学校的宗旨，规划资源和课程方案的最终责任，同时，董事会还有权选定学校主要行政人员，并授权他们负责学校方方面面的日常运营。

自我管理是美国私立学校的主要特征，私立学校一般不受地方、州和联邦政府的科层干预，也很少取得政府的财政资助。由于缺乏官僚政治的干涉，私立学校有权决定办学的形式。教师和行政人员的角色差别也不那么明显，他们齐心协力致力于学校各项工作，行政人员一般也具有常规教学职责。许多教师也为学校行政出谋划策，不但负责教学，而且还负责招生、升学和就业指导等事务。由于行政人员和教师的界限模糊，因此，许多私立学校的教师没有加入“全美劳工组织”，多数私立学校也不受终身聘用和集体谈判等条款的限制。对比美国公立学校和私立学校的组织结构，杰拉尔德·格兰特（Gerald Grant）教授在《教育的性格与性格教育》一文中做了形象的比喻，他把当代美国公立学校比作“西瓜”，官僚政治、法律团体、联合会的合同、限制正当使用权力的责任制措施等方面就如同西瓜籽分布在西瓜里一样，没有明显固定的中心，却对学校生活的方方面面产生影响，而私立学校则像一只只“鳄梨”，学校内部的所有成人都以学校主要行政人员为核心，同时，每一成员的权利和主动性都受到重视，外部强加的政策压力也就像很薄的鳄梨皮一样。可以断言，缺乏官僚政治的美国私立学校具有高度的自治权，享有经营学校的自主权。

2. **自筹资金**

美国私立学校，作为一种非营利性的、免税的社团组织，主要依靠学费办学，并辅之以家长、校友基金会、公司的捐赠。美国多数私立学校不适合获得地方、州和联邦机构的大额财政资助，虽然有时可得到一定的书籍和设备的援助，在许多州还可以享受校车接送的服务，但私立学校在接受政府补助金时慎而又慎，因为它们担心会威胁到自己的自治权。一般情况下，政府的补贴可占到私立学校经费的15%。由于私立学校主要靠学费办学，要维持学校的运转，就不得不收取高额学费，这在某种程度上限制了私立学校学生群体的社会构成，并要求私立学校以不同于公立学校的方式去经营，满足服务对象的要求，使所有在校学生取得成功。由于经济的压力，私立学校不得不把促进学生个体的发展视为自己的首要任务，花大力气实施严格的学术性教育，为升学做准备，这必然形成私立学校的英才主义形象。驻美国大使馆教育处刘翠航2012年调研发现，私立学校的办学经费主要来自学校的学费，占68%，学校基金占17%，各种占捐助9%，学校组织活动收入占3%，其他占3%。花销用于三个方面：首先是雇员费用，占50%；其次是日常教育开支，占30%，包括维护扩建校舍，购置仪器设备；再次是提供奖学金以吸引和鼓励学生，占15%；其他占5%。

3. **自定课程**

美国每一所私立学校都有权设计自己的课程，各校所采用的课程反映了学校的价值取向。虽然私立学校有进行课程改革实验的自由，但多数私立学校注重学术性目标，强调的是英语、历史、语言、数学和理科等高度学术性的课程，而不像公立学校那样开设广泛的技术类或职业类课程。虽然某些州对私立学校的课程设置提出了一些要求，但多数私立学校不受州法规的严格限制，它们仍自行其是。由于学校有自定课程的权力，这就增强了学科教师在课程决策、课程实施、课程评价等方面的权力、主动性和自主性，激起了教师对课程开发的积极参与，提高了教师的教学专业水平。美国私立学校不仅重视与升学相关的显性课程的教学，而且重视学生身体的发育和品格的培养等方面的课程实施，多数私立学校通过宗教和伦理等课程来培养学生的价值观和品格。同时，广泛开展的文化活动和体育活动既有利于学生的道德养成，又有利于学生的身体发育，私立学校的教师十分热心这类课程的教学，积极承担辅导的任务，认为学生的学习不仅产生于教室，而且发生于操场。

4. **自选学生**

美国私立学校具有选择学生的自由，但市场机制可能会使学校经常提高或降低入学的标准。学校挑选学生实质上是一种双向选择，学校有权选择学生，学生也有权选择学校，这种机制对学生的学业和社会行为有很大影响，同时，对学校也是一种压力和激励。私立学校选择学生不仅要与学生家庭建立成文的经济合同，而且还要达成某些不成文的约定，诸如使学生的学业取得更大进步，既满足保护个体学生的利益，又达成学校的目的。可以断言，美国私立学校与学生双向选择的自由是私立学校产生凝聚力、提高教育效率的基石和动力。

5. **自聘教师**

美国私立学校有权制定招聘教师的标准，而且所聘人员可不受教师资格证书的限制。美国私立学校聘用教师的明显趋向是招收文、理科的本科和研究生毕业生，以及竞争力强、有造诣的大学教师。多数私立学校教师没有修读过可取得公立学校教师证书的教育类课程，并可能会认为教育类课程的专业学习是可有可无的，许多私立学校的行政人员也认为，教学法是可以在工作岗位上获得的技巧，年轻教师可以摸着石头过河。美国公、私立学校教师的培养和专业倾向等方面的差别或许可部分地说明两类学校教师工作方式上的差别。私立学校教师不愿加入公立学校教师联合会，因为私立学校有权控制教师的工资额并拥有解聘教师的自由，虽然教师可以同学校商讨工资和福利等问题，但不像公立学校那样可诉诸“集体谈判”或采取正当的法律程序。私立学校的行政人员认为，招聘教职工的自由正是学校有效率的根源所在，对教师们来说，解聘的自由正是教学自由的价格。

四、美国私立学校教育的走势

截至2009—2010学年，全美有10%的中小学生在私立学校接受基础教育，这个比例比1995—1996学年的12%要低①。私立学校学生在国内SAT和国际数学与科学竞赛上的优异成绩，与其小班化、较小的师生比和教师较大的自主权密切相关。这些特点已在美国基础教育改革中得到认可与体现。另外，通过高标准、严要求来追求卓越学业成绩的私立学校教育传统，也在美国各地的公立学校中得到广泛赞许和不同形式的效仿。虽然美国法律规定，联邦、各州和地方政府不直接干预私立学校的管理，但是美国各级政府和教育管理部门却通过诸如国家义务教育法案和类似纽约州规定的必须达到与公立学校“水平基本相等”的教育法规等，对私立教育从宏观层面到实际操作上进行了有效的调控。各州的企业法规范着私营学校的正常经营。注册登记、审批特许以及从法律上明确校董事会的权限等措施，保证了学校进行着“水平基本相等”的教学。虽然美国私立学校曾经一度只是贵族和富人的专利品，其较高的教育教学水平也是适龄儿童和家长追逐私立学校的重要原因。私立学校发展动力强劲，具有光明的发展前途。但在经济、社会发展的重大变革形势下，美国私立学校也同样面临着挑战，急需克服和解决。

① U. S. Department of Education. *The Condition of Education* 2013, p. 50.

（一）经济环境影响大

美国私立学校在追求各自办学宗旨的同时，基本上都能主动地与当地社区、政府部门非公立学校主管及相关公立学校建立良好的沟通关系，同时也不失时机地参与和享受法律许可的政府教育项目和社会福利。但是，参与社会经济，必然受到社会经济发展的影响。私立学校不是世外桃源。进入 21 世纪后，美国的社会经济问题对私立学校的发展带来了挑战。2005 年，李月在《华盛顿观察》周刊撰文指出，美国公立学校的数量和学生容量都远大于私立学校，相对低廉的费用和完善的设施也为几乎所有家庭的孩子提供了接受基本教育的可能。美国的公立中小学有 8 万 8 千多所，占全国中小学数的 76％左右，容纳了 89％的学生。公立中小学一般是免费的，孩子入学非常容易。纽约哥伦比亚大学师范学院的经济与教育学教授、全国教育民营化研究中心主任亨利·列文提出了他的看法："通过 15 年的研究，我们可以得出结论，那就是私有化并没有什么特别之处。"列文说，与选择公立或私立学校带来的学习成绩的微小差别相比，白人学生与其他少数族裔学生的差别显然要更大一些。而且研究范围越大，这种在公私学校学习结果的差别就越小。美国的私立中小学最早是基于宗教价值和"贵族"阶层的教育意愿而建立并不断发展起来的。进入 21 世纪以来，为了适应社会新的发展需要，也为了使自身更好地生存与发展，美国的私立中小学开始朝着"贫民化"、国家化和社会化的方向发展。

（二）学生构成更加多元

过去的私立学校都是有钱人子弟的专有学习之地，一般平民百姓子女难以问津。而今，除一部分私立学校仍坚持只招白人有钱阶层子弟外，多数私立学校受平权思潮影响或有关法律制约，转而招收各类适龄少年儿童。有些私立学校已经不再是优质学校的代名词，反而成了基础薄弱的学校。纽约市哈雷姆黑人聚集区的一些私立学校简直就是最差的学校。这样的学校不为盈利，政府有时会给予补助。

是选择邻近社区、费用低廉但拥挤的公立学校，还是去学费昂贵、但声誉卓著的私立学校？美国的很多家长在为自己的孩子择校的问题上往往权衡再三，左右为难。但近年来，美国越来越多的父母喜欢把子女送到私立学校读书，就连过去公立学校的长期青睐者——低收入父母，现在也开始怀疑公立学校是否能够为自己的子女提供良好的教育。毕竟私立学校追求学术，保持质量，拥有一批高质量的私立大学和私立中小学。例如，新英格兰地区的剑桥友人学校及密尔顿中学也是全美知名的私立中小学。这些学校毕业的多数学生能以高分考取美国一些著名的大学。在威斯康星州一家超市工作的蒂娜抱怨，“公立学校里不断发生的暴力行为，还采纳不能随孩子发展进行调整的教育计划，这让我开始考虑送儿子到私立学校的可能性。”产生这种困扰的原因之一是，人们认为私立学校通常能够培养出更好的学生。

（三）宗教色彩比较突出

美国的私立学校是从教会学校发展起来的。天主教学校、独立学校及其他私立学校在办学理念上的差异很大。除此之外，有的私立学校的办学理念比较独特，有时甚至是不合常理。长岛深处的罗斯学校（Rose School）是时代华纳老板的遗孀创办的一所非常独特的学校。它远离尘世，掩映于树林，强调自然。有些教室堂而皇之地悬挂着大幅裸体画，让学生对异性身体见多不怪，消除神秘感。该校强调与世界的互动，开设国际文化课程，鼓励学生通过网络等形式与世界沟通。此外，私立学校教师收入偏低，社会地位提高缓慢，以及公立学校的质量提高等都对私立学校形成了挑战。

结语

美国私立学校之所以能够长期存在并具有进一步发展的潜质，主要原因在于其具有特色的教育理念和教育发展方式。虽然在新型社会的教育环境中，私立中小学面临着前所未有的困难和挑战，但符合社会、教育发展规律的新型改革能够促进困难的顺利克服和未来发展动力的提升。美国很强调各私立学校教育质量的特色。一方面，每所私立学校要开设一些所在州规定的课程，同时每所私立学校也有自己的特色课程。私立学校可以跨地区招生，学生可以择校入学。实行这一政策，有利于私立学校获得好的生源，对提高私立学校的质量有好处。私立学校一般采用小班授课制，这显然也有利于私立学校教育质量的提高。美国寄宿制的私立学校对学生的管理比较严格。笔者曾参观的几所寄宿制学校，男、女学生分别住在不同的宿舍楼里，每一栋楼有固定的员工管理，每一层楼还住有一个教师，负责学生的生活教育和解疑释惑。笔者进学生宿舍楼参观时，要先登记，出来时也要登记。美国公立学校比较突出的种族问题、暴力问题、吸毒问题和少女怀孕问题，在私立学校很少。取得这种效果，与对学生采取较严格的寄宿制是分不开的。

第十五章

图15-1 本书作者在与美国同行交流

百闻不如一见：对美国基础教育的十余次近距离观察

对于美国教育情况，书本里、杂志中、网络上已有许多介绍。只要愿意，便可信手拈来，知其大概。所以，国人对美国教育的大致情况并不陌生，更不用说还有许多学者专门研究美国教育理论和实践，发表了许多精辟的见解，读之更会有所启发。那是不是就不用研究了呢？显然不是。其实，我们对美国教育的研究远远不够。研究美国教育要“读万卷书”，为此我拜读了刘文修先生、滕大春等老先生写的经典，参阅了许多中青年学者的新作，查对了美国一些教育英文书籍；研究美国教育还要“行万里路”，迄今我已先后以大学访问学者、教育部官员、常驻领事身份，先后十多次长期或短期赴美考察。每次赴美考察，都会深化对美国教育的认识。

一、抵达玫瑰之城，初识美国社会

美国西北部俄勒冈州波特兰市四季如春，气候宜人。因城中处处可见美丽鲜艳的玫瑰而成为远近闻名的玫瑰城。离城市不远，有著名的邙瑚雪山（Mt. Hood)，山顶终年积雪不化。从城内望去，显得冰清玉洁，着实给这座城市一片诗意。这里是各类雪上运动的天然场地，是滑雪爱好者一年四季的乐园。

1988年，我在河南大学教育系任教。经河南大学推荐，我应邀以访问教授身份赴美国俄勒冈州的波特兰州立大学，用英语讲授中国教育史和哲学、中国教育现行改革、亚洲比较教育等3门课程。当时，能出国的人凤毛麟角。我即将访美的消息迅速传开，很多人表示祝贺。教育系张俊民书记，指派数人帮助办理各种手续，我的同学朋友也积极协助。即使如此，光出国手续就办了3个月。

行前，美方根据波特兰州立大学“提供从波特兰至受邀请人所在国最便捷城市的机票”的惯例，如期寄来了从香港往返波特兰的机票。去时和回来都要经过香港、东京、西雅图转机，看来，“便捷”只是对他们购票比较经济而已。那时正在讨论香港回归，美国朋友提前把香港当作中国城市对待也能自圆其说。于是，我接受了这种安排，从开封乘1小时火车到郑州，又从郑州转乘火车1个昼夜到了广州，着实做了次长途旅行。

“洋装虽然穿在身，我心依然是中国心”。当流行歌曲在我耳边萦绕之际，白云机场上中国民航的班机霎时间将我们送入万米高空。经过短短20多分钟的飞行，到达香港启德机场。当时我满脑子想的是，香港是否能顺利回归，香港何以如此繁荣之类问题。在从香港到东京，再到西雅图途中，乘坐的是美国西北航空公司硕大的波音747飞机，机舱宽敞，每人座前有一个液晶屏幕，内置多套节目可供选择观赏，让人新鲜不已。

飞临西雅图时，神奇的港湾，碧蓝的海水，白雪盖顶的群山，在夏日里显得格外夺目。从西雅图转机飞往波特兰的途中，我急切地想知道美国社会究竟怎样？美国教育究竟如何？

波特兰人非常友好，认识不认识的，见面总会问声好。一般市民均文明礼貌、爱护公物、整洁有序。波特兰市比较安全，是美国犯罪率最低的城市之一。

即使夜色已深，看书累了，独自去24小时连锁超市SAFEWAY购物也是可以的。装货的推车，可推离超市区域，不必专门送还，放各自楼前显著位置即可。商家定期开小货车到各居民楼前收回。波特兰电车、公共汽车在市内运行区段一律免费，不验证，不要票，目的是鼓励大家乘坐公共交通工具，避免拥堵，减少碳排。

当时，中国与美国经济社会状况差别非常显著。在波特兰的日子里，以及往返田纳西州看望大学时代好友过程中的见闻，让我第一次体验了什么是高速公路，什么是长途直拨电话，什么是286电脑。外面的世界很是丰富多彩，我受到很大触动。而今，由于祖国经济社会的飞速发展，出国的人们不会再有这样的感觉了。

在参观考察美国学校过程中，我了解到，美国各州基础教育差别很大，州与州之间的基础教育管理和课程内容各具特色。所以，其实不存在严格意义上整齐划一的美国基础教育，而只是美国各州的基础教育。即使在州内部，也划分为很多学区。学区的中小学办学经费多来自于居民的房地产税。由于居民择邻而处，于是便形成了富裕的高档居民区与相对贫穷的低端居民区。相应地，学区之间的办学条件很不相同，基础教育发展不均衡问题普遍存在。学区的教育委员会拥有直接的对基础教育的管理权，包括招募校长，聘任教师，选定教材。中小学教学形式比较灵活，顾及学生兴趣，启发主动思考，调动学生参与。那时，美国学校的国际教育交流，主要面向欧洲等地，与中国交流不多，对中国知之甚少。

在波特兰州立大学，课程可自由选修。当时，选修我课的人都是对中国文化和教育感兴趣者，有本校的本科生、研究生，也有校外的社会在职人员。大家尤其对孔子的教育学说非常推崇，似乎饶有兴趣。有位中年白人女士，态度平和，喜欢与我讨论些问题，等全部课程结束之际，她递给我名片，原来她是东华盛顿州立大学的社会学教授。可能为避免我讲课时拘束，在最初自我介绍中，她只说自己是一名教育工作者。记得有位小伙子，是来自柬埔寨的在美留学生，面庞黝黑，表情凝重，说祖国被敌人占领了，准备硕士毕业后投笔从戎，回国参加战斗。后来，我还总想起他，但慢慢失去了联系。直到2006年，我前往柬埔寨首都金边参加联合国教科文组织全民教育会议时还能忆起这位学生的音容笑貌，但愿他还幸福地活着。

2011年春，我有机会陪同早已退休的张俊民老书记在北京郊野公园漫步。当谈及1988年他送我首次出国的往事时，我们师徒二人均感慨岁月流逝之迅速，庆幸祖国之繁荣富强。

二、考察“2061计划”，感受基础教育地位

1995年，应美方邀请，我随中国科技大学党委书记余翔林教授前往考察美国中小学科学知识普及教育和“2061计划”（Project 2061）。我们先后访问了旧金山、麦迪逊、纽约和首都华盛顿，并特别赴“2061计划”总部与罗斯曼（Roseman）等负责人进行了探讨。罗斯曼是位精干的女士，时已中年，风韵犹存，侃侃而谈。她说，大学关心支持中小学教育的发展，在美国是比较普遍的，“2061计划”就凸显了这一特色。中国科学技术大学比较关心科学普及，关心中小学为创新人才培养奠定基础，与美国做法异曲同工。

为改变美国中小学科技教育相对薄弱的局面，1985年，美国促进科学协会、高质量教育委员会、教育部等12个机构，在一些大学的参与下，联合启动了一项面向21世纪，致力于科学知识普及的中小学课程改革工程。当年，恰逢哈雷彗星临近地球，改革计划又是为了使美国青少年能够适应未来，包括2061年哈雷彗星再次临近地球的那个时期科学技术和社会生活的急剧变化，所以取名为“2061计划”。

“2061计划”认为，美国青少年的科技知识非常贫乏，远不能应对世界科技飞速发展的挑战，急需在全国范围内搞一次科技扫盲，在科学、数学和技术教育上制定一个示范性、指导性的基本标准，编写新的教学大纲。它号召全国中小学以及幼儿园据此实施科技教育，从而使年轻一代具备科学技术的基础素养。该计划制定的基本标准是面向所有学生的普及科技知识的底线，同时鼓励天资聪颖的少年儿童超越这个标准，以获得更好发展。

从1995年考察后，笔者一直关注2061计划的进展情况。2000年，为更有效地推动课程改革向纵深发展，“2061计划”组织专家撰写了大量报告，汇总出版成《改革的蓝图》。该书重点阐述了“2061计划”实施中遇到的各种问题，描绘出如何改变教育体制中不适应部分，以完善提高科学素质课程的蓝图。它涉及

教师培养和培训、评估和监督、学校支持、家庭与社区的责任、商业界与工业界的作用、政策及法律法规的调整和适应、经费保障以及学生在接受科学知识方面的教育平等问题。此后，“2061 计划”在此蓝图指导下，编印了丰富多彩的参考材料，并使之变成电子信息广为传播；制定了关于课程改革和“2061 计划”推行情况的评价标准；提倡大学要继续支持基础教育；加强教师培训和对科技教育的科学研究工作。

2002 年时任美国总统的小布什签署了由国会通过的《不让一个孩子掉队法》。它是进入 21 世纪美国教育改革和发展的基本准则，侧重的是全面提高教育质量，与 2061 计划所强调的内容是一致的。

2008 年 1 月，美国教育部基础教育代表团访问中国教育部时，虽然没有专门打出 2061 计划的旗号，但所发表的主张及所关心的问题与以往一脉相承，仍然是着重就数学和科学教学、面向全体学生的科学普及与中方进行了研讨。

2010 年 11 月，中美青少年科学素质教育论坛在上海举办。美国 40 多位相关专家和中小学科学教师参加，美国 2061 计划总部的罗斯曼女士也在此列。15 年后相见，她虽不再年轻，但丝毫不显臃肿，行动依然敏捷，目光更加睿智了，对教育问题的认识也更为深刻了。说起“2061 计划”，她如同讲起自己的儿子，话匣子一打开，便情不自禁地进行介绍起来。

通过对“2061 计划”的考察和后续追踪，可以看到美国关于中小学科技教育的基本原则和实施策略。

一是提倡启发，利用和培养学生们的好奇心和创造性，从学生感兴趣或比较熟悉的问题导入。

二是提倡理解，帮助学生在理解前提下掌握科学概念。

三是提倡变式，让科学概念在不同情况下呈现，并以不同的方式叙述，以易于学生掌握。

四是提倡运用，促进学生审慎思维，善于分析，科学表达，逻辑论证，参与实践。

五是提倡协作，鼓励学生利用各种场合，参与诸如搜集证据、观察现象、撰写概述、会见记者、使用仪器等与科学有关的集体性活动，培养他们从事科学技术工作的协作精神。

六是提倡习惯，培养学生对证据、逻辑和科学问题提出疑问和见解的习惯。

七要提倡关联，让学生多接触些在某种历史环境下提出来的科学思想观念，懂得社会对科学技术发展的影响，以及科学技术对社会的冲击。

三、飞抵底特律休斯顿，驶入信息高速公路

1999 年夏，我随教育部领导前往加拿大、美国考察中小学信息技术教育。当时，正值国内对中小学是否开设信息技术必修课激烈争论之际。争论的焦点在于，如此强调信息技术的重要性、普遍开设信息技术课是否超越了我国教育发展阶段。带着这个问题，我们踏上北美大陆，想看看人家是怎么做的。

加拿大地广人稀，人们对信息技术非常重视，相关研究也比较深刻，试图通过信息技术传播优质教育资源、提高教育质量。我们在加拿大考察了其城乡一些地方和学校，受到一定启发。不过，加拿大总体上缺乏人气，显得过于冷清。美国毕竟是超级大国，一派繁忙的景象是加拿大所无法媲美的。所以，结束在加拿大考察抵达美国后，我们的感受大有不同。从最北部的汽车城底特律，到最南端的航天基地休斯敦，再从东部的教育名城波士顿，到西部的 IT 新城旧金山，我们所到之处看到美国同行无不在积极推进信息技术，分享信息技术带给人类的便利，无不在中小学推动普及信息技术，让年轻一代掌握信息技术，不断冲破学习的疆域之限。

通过考察，我们看到，在世纪之交的美国，计算机网络教育和远程教学正大大地改变着其中小学教育的观念和方式。一些学校或因地处偏僻，或因规模过小，或因师资缺乏，不能全部开设所需课程，但都可通过学生网上学习得以弥补。学生对某些科目、领域产生兴趣，可从网上找到大量信息进行钻研。有些理论、原理难以用语言讲解清楚，而网上声像并茂的三维演示可大大加深学生理解。学生们在网上注册后，在家里也可借助丰富的数字资源进行学习。互联网和信息技术正改变着学习方式，实现从工业模式到信息模式，再到知识模式的转化。在工业模式中，教学以教师讲授为主，使用粉笔加黑板为主的传授方式，学生处在被动学习状态；在信息模式中，学生成了学习主体，计算机成了学习工具；而在正迈入的知识模式中，计算机网络广泛使用，适时的、交互式学习成为

时尚，教育能适应所有社会人群，满足各种各样的学习需求。比如，教师在一个地方，而学生在其他若干不同地方，师生也可在线通过声音和图像进行交流。

美国中小学校信息技术教育中重视企业参与，发展教育产业。1999 年，我们到位于旧金山附近硅谷的英特尔总部访问时，得知该公司当年在教育项目上投入 7 000 万美元。该公司表示，今后拟加大对教育的投入，使其永踞推动科学教育的世界前五家公司之一。据统计，美国有三分之一的中小学校在开展信息技术教育过程中受到了企业的捐助。企业对中小学进行捐赠或给予优惠，可树立形象，增进认同，稳住用户，有利于自身长远发展，属双赢之策。

美国中小学信息技术教育注意“修路”与“造车”、“装货”并举，硬件研究与软件学习并重。就硬件建设来看，美国的中小学考虑学生的年龄特征，配置一些彩色外壳的或透明的计算机，给学生耳目一新的感觉，也好让儿童少年消除对高科技产品的神秘感和畏惧心理，并不刻意追求计算机的高档化，而是添置够用、适用的普及型电脑。在硬件的管理上，更强调发挥计算机的效用，让学生有机会摸，有机会碰，甚至有机会拆开探究。就软件开发而言，开发丰富的适应中小学教学的高质量软件，已成为中小学信息技术教育的重点之一。美国开发教育软件时注意国际合作，以便节约资源，提高效率，博采众长。

美国中小学信息技术教育推进中注意针对教师特点，提供适当培训。对于信息技术教育，学生普遍兴趣浓厚，但有些教师或因自身对信息技术掌握不够，或因当前软件难以充分反映学科内容，或因习惯于以往的教育形式，从而表现漠然。因而，加强对教师的信息技术培训十分重要。本书第十二章第二部分已对相关做法和经验进行了介绍，不再重复。

尽管信息技术已被广泛应用于美国中小学，但是在学校的具体教学中，信息技术更多突出的是技术工具的特点。不管是开设正式课程的学校，还是未开设正式课程的学校，其信息技术教育多是在向学生教授如何利用这个工具进行学习和交流。另外，信息技术对课程开发与编制有极大的帮助。如康涅狄格州教育信息中心和麻省理工学院各编制了一套课程登录、编制和开发的平台，能帮助教师进行课程的开发与编制，使用十分方便。教师可以利用这一套平台进行自己的网上教学资源建设。

信息技术还在深刻地改变着人们的思维方式、生活方式、交友方式，也必然会改变教育的内容、形态、结构和方式。无论你欢迎也好，抵触也罢，信息技术已经与你密不可分。唯有积极应对，主动适应，熟练驾驭，方能不被汹涌而来的信息技术洪流所淹没。

四、出任教育领事，亲历重大事件

从 2000 年 4 月起，我受命出任中国驻纽约总领事馆教育领事。纽约领区涵盖美国新英格兰地区及周边共 10 个州，这里著名大学众多，教育资源极为丰富。哈佛大学、耶鲁大学、布朗大学、哥伦比亚大学、康乃尔大学、宾夕法尼亚大学、普林斯顿大学、达特茅斯学院、麻省理工学院、纽约大学等一流大学分布在纽约领区。中国在美的留学人员三分之一以上汇集于此。

赴纽约上任后，我先是分管纽约市及长岛地区的中国留学生管理工作。其间，我从事了很多平凡的事务，诸如指导留学生联谊会、组织学生活动、看望中国学者、逐校放映电影、探视遭收押学生、处理车祸事故、开具回国证明，等等。同时，也亲历了不少非凡的事件，中美南海撞击事件让中美关系蒙上阴影，我们既通过外交手段开展斗争，又积极沟通化解，曾随张宏喜总领事到大学演讲，宣传我国主张；得悉台湾“外交部部长”拟到哈佛大学演讲，我陪赵会民副总领事星夜兼程，立即前往交涉，反对制造两个“中国”；我国高层领导访问美国或到联合国参加会议，我组织留学生夹道欢迎。更让人刻骨铭心的是，2001 年 9 月 11 日，我目睹了世贸中心从遭撞燃烧到轰然坍塌的全过程。这两栋摩天大楼曾是纽约经济繁荣的象征。突然化为乌有，夺去了近 3 000 无辜性命，震惊了全世界，也成了美国许多对内对外的政策转折点。

“9・11 事件”让人对国际安全观进行反思。冷战时期，各国为了自身安全和战略利益考虑，不断扩充军备，导致美苏两霸剑拔弩张。冷战结束后，随着社会矛盾的空前激化，民族和宗教矛盾日益扩大，暴力倾向和暴力事件有增无减，冷战时期所奉行的扩充军备和核武库做法已经不合时宜。不同文明之间应相互学习，共存共荣。任何文明都是人类集体智慧的结晶，不同文明创造了人类的共同繁荣。人类社会的不同文明不仅使得这个世界丰富多彩，而且也相互影响，相互渗透，共同前进，绘成人类社会色彩斑斓的全景图，创造出一个又一个辉煌的人间奇迹。面对不同文明，人类社会只能秉持理性，互相包容，求同存异，学会和睦共处。

然而，一些美国政府高官和鹰派人物并不都这么想、这么做。“9·11事件”后，美国国会和移民局以劫机的恐怖分子中有人持学生签证为由，对在美留学生和外国人说三道四，信任大打折扣。尤其是来自阿拉伯地区的留学人员，普遍受到怀疑和监视，有的连租房都遇到困难，只好半途而废，收拾行囊，返回老家。一些较为敏感的实验室或专业领域停止招募新的外国留学人员。当时，外国学生申请入美签证时，需接受签证官的面试和背景调查，申请者还要交纳95美元的留学生电子资料费。根据有关反恐法律，联邦政府有权随时调阅留学生的资料档案，对于拒绝提供的大学或工作人员，可提起公诉。美国移民局要求各高等院校从2003年起启动留学生监督网，利用网络平台建立外国留学生追踪系统，用电子方式取代过去多年来一直采用的纸张记录，以建立外国学生及交换学者的资料库。如有大学不这样做，就不能招收新留学生。对此，许多大学教授表示反对，认为有碍学术自由。但胳膊拧不过大腿，波士顿、纽约、洛杉矶等地区的名校率先行动起来，建立留学生数据库，并表示愿向政府随时提供，其他大学遂不再说话，纷纷动手建库。

历史上，美国移民局在不同时期先后归属过财政部、商务部、劳工部、司法部。移民局归属不同部门，反映了国家看待移民和涉外事务态度的变化。美国政府为了加强各职能部门的反恐协调，于2003年将移民局并入国土安全部。这反映了美国政府把移民和留学生政策上升到事关国家安全的地位。

虽然对外国人才的审查加强了，但是，美国并未关闭接受留学生及招揽外国人才的大门，因为外国人才对美国的科技发展贡献巨大，不可或缺。有人估计，对美国的科技发展的贡献，有一半是外国人和留学生做出的。在新的世纪，美国主要瞄准高科技人才，采取切实措施进行吸引和挽留。一是高薪诱人，让外国高科技人才感到突然的富足。二是每年签发20万工作签证，让他们合法地留下来。三是设立大学科研奖学金，引导外国人才从事一些急需的高科技领域研究。四是提供充足的科研经费，以添置先进实验设施。五是设立各类奖励，如总统青年科学家奖、工程创造奖、国家技术奖等，让外国人才也可体会到成功的喜悦。此外，美国优美的自然环境，大致公平的发展机会，也是吸引外国留学生留下来的重要因素。

从派遣国的角度看，人才流失当然是令人惋惜的事。这些国家支付了基础教育乃至本科教育的成本，却让美国占了先机。闭关锁国会更加落后，对外开放人才流失，因而发展中国家常常感到非常矛盾。不过，经过痛苦的抉择，大多数国家仍一如既往地执行了自由留学政策。长远来看，得大于失。在派遣国经济、社会发展到一定程度后，人才用武之地大了，工资待遇高了，科研条件好了，海外留学人员便会越来越多地回国效力。更何况，发展中国家的留学人员即使留在美国工作，也会促进美国与祖国之间的联系，留学生成了带动祖国科技发展、滋生经济增长点的重要因素。“支持留学、鼓励回国、来去自由、发挥作用”是中国政府的留学政策。2014 年 12 月在北京召开的全国留学工作会议，进一步出台了利好的留学政策与措施，体现出国家开放与宽容的胸襟。

五、开展实地调研，考察通识教育

2002 年 6 月，我从美国回国休假，深入国内一些地方教育部门和大中小学校进行了调查了解，之后带着问题和期待返回纽约。这时，我主要负责纽约领区中美教育交流和教育调研工作。我亲自推动哈佛大学校长、耶鲁大学校长对华访问，促进了哥伦比亚大学与中国人民大学、东南大学、复旦大学的合作，先后数次参与安排了我国最高领导人对美国纽约和得克萨斯的访问。

在纽约总领事馆工作，具备考察和了解美国优质教育资源的便利条件，能够深入美国社会，走进美国教育，实地考察美国基础教育、高等教育的发展变化，讨论美国教育理论与教育实践的前进方向。

为了让国内同行及时了解美国教育改革的动向和对一些重大教育问题的认识，我花较多的精力用于开展教育调研。既对美国基础教育进行深入考察，又对美国高等教育进行认真分析。当时选题包括：纽约三所优质高中考察，美国大学入学制度与公平性问题，美国大学的通识教育，八所常春藤大学考察，波士顿 128 公路沿线的科技发展，本科教学改革与质量提高，大学数字图书馆建设等。

当时，国内对本科教育质量提高问题非常重视，对通识教育与专业教育的关系问题讨论较多。于是，我有意识地对美国相应的情况进行研究。在与哈佛大学、耶鲁大学、哥伦比亚大学、弗吉尼亚大学教授的交谈中，我深切地感受到他们对通识教育的探索与企盼。

通识教育是一种素质教育或普通教育，在大学阶段是指对全体学生所进行的基础性的语言、文化、历史、科学知识的传授、高尚道德的陶冶、个性品质的训练，以及人所共需的一些基本能力的培养。美国通识教育从古希腊及欧洲中世纪大学先哲那里汲取营养，又移植了英国自由教育基本理论，并适应北美大陆的社会环境，从北美建立高等院校起就相伴而生了。通识教育主要围绕着有关人、人类、人性的问题展开。二战后的通识教育强调掌握现代基础科学知识、基本能力和道德规范，着重于对受教育者的品行、人性、基础知识和基本技能的全面而严格的训练。通识教育更强调教学生会做人，专业教育强调让学生能做事。不过，二者并非水火不容，在美国高等教育发展过程中，通识教育与专业教育大体能够并行不悖，甚至相得益彰。美国学者普遍认为，通识教育通过充分发挥个人才智的创造性活动，使生活变得丰富充实，并创造出名副其实的人生价值，塑造健康的人格。

通识教育关注人类文明，提倡和平与人文精神。位于纽约曼哈顿的哥伦比亚大学素有热爱和平的传统。回忆过往，面对两次世界大战使许多国家经济崩溃，成千上万青年葬身于战场的局面，哥大曾设计了“战争问题”课及“和平问题”课，后将两课合并而成为“当代文明”课，试图让学生认识战争的残酷，明了当代政治、经济、学术和生活的特点，将各国重大历史事件与当今国际关系联系起来分析，并能以史为鉴思考当代现实问题，真正理解和理智地参与今日的文明生活。哥大的这门课保留至今，其提倡文明与和平的传统延续了下来。2003 年，美国对伊拉克动武期间，哥大教授尼古拉斯·迪格诺瓦在一次反战集会上讲道：“现在，美国的国旗在伊拉克已经变成战争机器的象征，只有那些找到办法挫败美国军队的人才是真正的英雄。”此话引起主战者不满。美国众议院 103 名共和党议员联名给哥大写信要求解雇他。哥大校长博林杰断然拒绝：“在任何大学内，没有比思想和表达自由更加可贵的，这是宪法第一修正案的宗旨，也应是哥伦比亚大学奉行的原则。”2008 年 4 月 4 日，博林杰校长在官邸举行早餐会，与到访的笔者一行就哥伦比亚大学与中国合作问题举行了会谈，其友好、儒雅、务实的言行，与 2003 年回应众议院的态度形成鲜明对照，判若两人。

米克尔约翰与阿姆赫斯特学院的改革也常让人忆起。阿姆赫斯特学院创设于1821年，位于马萨诸塞西部的阿姆赫斯特镇，最初以培养牧师和教师为己任。1912年，米克尔约翰出任阿姆赫斯特学院院长。按照强化通识教育的思路，他进行了两次大刀阔斧的课程改革，强调学生博学广泛知识，拓宽认识眼界，扩大和平胸襟，而不仅仅追求实用技能。2003年，我从纽约驱车向北3小时到达阿姆赫斯特小镇，试图追寻一下当年米克尔约翰在阿姆赫斯特学院改革的踪迹。在纽约，正值伊拉克战争的反战派和主战派各自发起大规模游行、闹得沸沸扬扬之际，而阿姆赫斯特这一个群山环抱的小镇，远离城市喧嚣，一派田园风光，显得和平、宁静。阿姆赫斯特学院提倡和平传统犹在，师生认为应建立对话、合作的国际政治新秩序，不能总依赖武力解决国际争端。当然，不光阿姆赫斯特学院如此，那时哈佛大学萨默斯校长也在哈佛网站上发表书面讲话，表示不管国际风云如何变幻，哈佛都会一如既往地致力于校园的多样化和国际化，表达了向往和平的愿望。

美国学者对大学通识教育一直在研究和跟踪。美国高等院校协会（AACU）的首要宗旨是推动各院校通识教育的开展。该协会设立专门网站，发布通识教育研究成果，召集通识教育研讨活动，在一定程度上引领了21世纪初叶通识教育研究的方向。还有，博耶尔研究型大学本科生教育委员会在石溪大学设立了本科生教育复兴中心，并定期发表研究报告，主张以通识教育精神统领本科生教育。

石溪大学又称纽约州立大学石溪校区，位于纽约市以东的长岛上。沿着495号公路，我曾多次驱车前往这座美丽校园。有一次，笔者应邀参加在石溪大学举办的由全美有关专家出席的一次研讨会。与会者表示：通识教育在美国存在着“钟摆”现象，时盛时衰；国家过于强调发展经济的时期，院校往往追求培养应用型人才，于是容易忽略通识教育；不重视通识教育，常会招致不良后果，学生知识面窄、目光短浅、品质下滑等。他们建议，在通识教育目标中，更要求培养学生的高尚品质及主动性、创造性，促进其全面发展。同时，通识教育更加积极主动，富有生机，既要满足闲暇，发展人性，锻炼心智，又要顾及现代社会之需要。

六、出席中美论坛，推动交流借鉴

2005 年 7 月，作为教育部的处长，我陪部领导赴美国科罗拉多州丹佛市参加了第三次中美基础教育论坛。这次论坛由中国教育部和美国亚洲协会、美国联邦教育部联合举办，主题是中美高中数学与科学教育，中国教育部组织的中国数学与科学教育代表团一行 17 人与来自美国官方及民间机构的 18 位代表出席。中美代表对两国科学与数学教育领域的重要问题，进行了广泛而深入的讨论，展示了各自基础教育改革和发展成就，增进了中美之间的相互了解，深化了对有关问题的认识，形成了共同推进中美数学与科学教育发展的意愿，并就两国数学与科学教育工作者进一步开展交流与合作达成了共识。

时任美国联邦教育部助理部长的苏姗·斯克拉法尼（Susan Sclafani）女士出席会议。斯克拉法尼曾在德克萨斯州工作，是小布什当总统前在德州时的老班底成员，因而到教育部后有职有权，很有影响力。她在会上介绍了《不让一个孩子掉队法》的出台背景及其主要内容，阐述了从数学、科学方面促进该法实施的问题，并指出一方面经济发展对人的技能要求的不断提高，另一方面却有相当多的美国中小学生的数学能力未达到基本要求。她援引国际比较资料，指出与世界其他国家尤其是东亚国家相比，美国中小学生的科学平均成绩处于靠后位置，学生所接受的科学教育很不平衡。21 世纪初的几年，全美高中生毕业率大致为 70%，其中，非洲裔学生毕业率仅为 51%、西班牙裔学生毕业率 52%上下。在演讲中，斯克拉法尼女士还分析了美国教师的素质及其影响，指出美国学生在数学、科学方面的不足，强调数学与科学教育的重要性。她希望人们在数学与科学教学和评价等方面做深入研究，做好数学与科学教师的培养工作。

从斯克拉法尼女士的演讲和美国代表的发言中，可以清楚地看到，美国正在认真反思并努力改进他们的数学和科学教育，力图通过教育法案提升基础教育质量，加强基础教育教师队伍，增强全民素质，提高本国国力。美国联邦政府和州政府试图通过经常性的测验和教学效能核定，创立一个更多加注重结果的体制，还试图定义数学和科学核心概念，并通过更好的学科知识准备和专业发展改进教师质量。与 20 世纪相比，美国联邦政府和州政府更加重视基础教育在国家竞争力中的地位，更加具有强烈的危机意识。

中美两国教育传统和教育理念不同，发展模式也不一样，但各有优势，具有较强的互补性，这为相互交流和探讨创造了广阔的空间。近些年来，两国的省、州之间在基础教育领域开展了富有成效的合作与交流，使我们对美国的基础教育体制、教育发展状况、教材课程设置等有了较为深入的了解，也为中国基础教育的改革提供了有益的借鉴。中美开展基础教育交流，为双方相互借鉴提供了机会。

这次论坛的举办地科罗拉多州给我留下很好印象。我喜欢科罗拉多，不只因为中美论坛富有成果，也不只因为白雪皑皑的落基山脉给夏日带来阵阵清凉，而是由于科罗拉多是我敬爱的河北大学导师滕大春先生早年留学的地方。滕先生38岁赴美，在科罗拉多大学潜心学习教育理论、研究美国教育。在科罗拉多，滕先生经常与美国教授和同学切磋琢磨，相互启发，但最好的朋友当数后来同为著名教育史学者的曹孚先生。科罗拉多河河水清澈，经常可见成群的青鱼游过。这种青鱼大多五六斤重，当地人不吃，任其滋生繁殖。据说这种青鱼最初来自中国，历经百年，已完全适应科罗拉多河水。滕先生常邀曹孚先生到河边观鱼漫步、讨论问题。二人相信真理愈辩愈明，有时为一个学术细节争得面红耳赤。但过后，他们会心平气和，请对方喝杯咖啡以表敬意。在科罗拉多，滕先生学问变得渊博，思维日渐深邃，目光更加远大。科罗拉多的学习经历，奠定了他日后事业的辉煌。

2005年9月，由中美两国教育部发起的第四次中美基础教育论坛——中美科技和信息技术教育研讨会在上海华东师范大学举办。来自教育部、部分省市的教育官员、有关专家、中学校长共30人，以及美国教育部、亚洲协会、州教育厅的厅长、专家共22人参加了论坛，华东师大逾百名师生列席。美国代表团团长是当时纽约州教育厅理查德·密尔斯（Richard Mills）厅长。我与密尔斯在纽约州府阿尔巴尼曾有过会见，此次在上海相见是第二次握手，因而谈得比较融洽。

参加了上海中美基础教育第四次论坛回国后，美国代表团发表了书面报告，对中国基础教育大加赞赏，在美国教育界引起很大反响。

一是认为中国教育有长远规划，目的明确，措施得当，重点突出。

二是认为中国中学教育成绩卓著，特别是数学、科学和外语水平相当惊人。

三是认为中国的高中科学分为物理、化学、生物，有专业教师传授，教学质量高；而美国的科学不分科，难以找到同时谙熟三个领域的教师，影响了教学质量和学习效果。而且，中国女生认真学习科学者比较普遍，而美国女生对科学缺乏兴趣。

四是认为中国基础教育注重教育国际化，从英语课程的设计和学习英语者的数量，到大学科技园区、蒙台梭利学校、引用英国督学模式，再到论坛上中方代表表现出的英语和专业知识水平，都证明中国教育界注意博采众长，教育领导者具有广泛的国际视野。

五是认为中国正在进行基础教育课程改革，以应对21世纪的新挑战。

六是认为中国师资培养（岗前培养、在职培训、校本研修）以及职称晋升体系都比较完善，能够吸引优秀青年和造就合格教师。

七、纽约故地重游，探讨择校问题

2006年2月，由于要前往墨西哥出席国际教育会议，没有直飞航班，我再次飞抵纽约。故地重游，一切如旧，变化不大。那高耸入云的帝国大厦，五彩斑斓的时代广场，还有静静流淌的哈德逊河，留下年轻足迹的哥伦比亚大学，飘扬着五星红旗的中国总领事馆，还有我的同胞，我的朋友，以及曾饱受心灵创伤的各种肤色纽约市民，都还是那么熟悉！

利用这次机会，我就国内普遍关心的义务教育择校问题进行了考察。

择校（School Choice）是美国和世界各国都很重视的问题。国际上对“择校”比较通行的理解就是“义务教育阶段的选择学校”，主要有3个层面：从学校性质看，即选择公立学校或私立学校；从选择权限而言，即从允许的若干公立学校范围内选择或超出范围进行选择；从做出决定看，指考虑多种因素后从可望可及的若干学校中最终选定一所学校就读。

如今，美国的政策允许一定的择校。

一是允许家长和学生在学区若干学校中选择中意的学校。目前，美国有16个州在全州范围普遍实行学区内学生自由择校，另有28个州允许学区自定是否这样做。

二是通过交换学生名额，实现学区间的择校。比如，有 5 名 A 片区的学生到 B 片区就学，同时又有大致数目的 B 片区的学生到 A 片区就学，那么两个区的教育委员会便达成默契，互相予以方便，准许这些学生择校。

三是学生凭教育券申请私立学校。比如人均教育经费每年 1.2 万美元的地方，如果学生放弃上公立学校而申请进入私立学校，那么地方教育局便发给每个学生相当于三分之二教育经费的补助，即面值 0.8 万美元的教育券，学生可据此折抵学费。

四是全国有 40 个州先后新办或将一部分公立学校转变为特许学校，一般规模较小，办学有特色，允许选择。

五是部分学校通过学业考试选拔新生。在美国，高中虽然属于义务教育阶段，但各州均办少量学术性的重点高中。这些高中不搞就近入学，而是通过考试选拔新生，“以分择校”，旨在培养未来科技精英。

综上所述，由于受税制的影响，美国的择校主要发生在同一学区之内，跨学区的择校是困难的。不过，美国各地并不公开反对择校愿望，相反在条件允许时，还是尽量满足公民对教育选择的需要。这是由美国的国情和世界的趋势决定的。

首先，“就近入学”是长期以来各国义务教育阶段公立学校普遍采取的基本入学方式，肯定有其合理性。但自 20 世纪 80 年代开始这种局面有所改变。随着经济社会的发展，通过引入竞争，激发学校办学活力，提高办学质量，满足家长多样化选择的需求，成了各国制定公共教育政策的重要考量。

其次，私立学校是引导家长择校的重要方面，允许自由选择私立学校是所有国家的共同做法。历史上专为贵族阶层设立、其他阶层即使缴费也难以进入的贵族学校已失去原有的意义，都为有钱人或成绩优异者开放。为了帮助家长选择私立学校并支持私立学校的发展，美国各州对私立学校以不同形式的支持。

最后，允许择校的政策普遍得到本国学生及家长的广泛认同，也赢得了社会多数民众的拥护。与此同时，各国也均存在基于维护教育公平而反对择校的声音。目前，实行限定性择校政策的国家居多，即确定一些条件，满足这些条件才可择校。完全放开择校，或一律不许择校的国家是很少的。

八、深入美国高中，观察创新教育

2006年10月，我率中国高中课程代表团就美国高中课程改革和学生创新精神培养问题，访问了美国教育部及部分州教育厅，与美国亚洲协会、哥伦比亚大学、纽约大学、弗吉尼亚大学教授进行了座谈，还深入到纽约州维切斯特县的博览富高中、纽约长岛县高中、弗吉尼亚州劳顿县的自由高中、夏威夷州的麦金利高中、罗斯福高中听课。

在美国联邦教育部，中等教育政策办公室主任阿兰·金斯博格（Alan Ginsburg）等官员接待了我们，向我们介绍了美国高中教育的最新进展，介绍了对高中数学和科学课程改革的打算，还介绍了美国英才教育理论和实践进展。

在弗吉尼亚教育厅，我们了解到弗吉尼亚的高中改革试点学校情况。为突出学生的主体地位，这个州的各学科标准均叫“学习标准”。作为教育程度较高的州，弗吉尼亚州比联邦教育部设定的标准和周围各州标准要高些，在高中教育改革方面也走在前列。

在夏威夷州，教育厅富杰（Fujie）副厅长率有关处长和专家接待了我们，向我们介绍了在多元文化背景中教育与学生发展情况，并一直陪同我们考察学校。由于州小、地理位置特殊，夏威夷全州只设一个学区，统一负责全州八岛的教育事务。州里设有经选举产生的州教育委员会，包括13位成员。州教育委员会的常设机构为州教育厅。教育厅设厅长1名，副厅长1名，助理厅长4名，均由州教育委员会选定，不归州长任命。教育厅下设15个“分学区”，具体联络辖区内的中小学工作，但没有人事权和财权，因而不被看作独立的学区。每年联邦政府对夏威夷州的经常性教育拨款在2亿美元。在夏威夷，军队子女比较集中，在校的有2万人左右，联邦教育部和国防部另拨4亿元左右专项。富杰副厅长说，联邦对军队子女拨款数额每年会有变动，美国对外没有战事的年景拨款多，否则就少，因而夏威夷最不希望打仗。

我们访问了纽约州维切斯特县。县长安德鲁·斯宾诺（Andrew Spano）率五位学区教育局长及五位高中校长与代表团进行了座谈。重点是探讨在国际化社会中如何强化外国语教学，增长学生的国际知识，培养学生的国际意识，增长他们的国际交往能力。这个县拥有数十家世界百强企业，连中国的联想公司也在这里安营扎寨。有局长在场，各学区来的校长均很慎言，轮到自己发言时，也比较谦虚。这五个学区的教育局长，有男有女，清一色博士，而且年富力强，透出精干，发言时也比较自信。其中博览富·曼诺学区的局长福兰·韦尔斯（Fran Wills）是位40多岁的女士，2005年曾访问过中国北京、西安、上海和香港。她自认知道中国人希望了解什么，因而她发言最为踊跃。她说，美国联邦、州对教育固然都做了种种努力，但基础教育的支撑力量主要在基层。本学区不等不靠，不但每年加大对中小学投入力度，而且还积极开展教育教学改革，促进教育内涵发展。在县府会见结束时，韦尔斯陪同我们到她的学区参观，一起深入到教室听课。她还安排学生与我们一同在学校餐厅就餐，边吃边聊。我们了解到，美国高中重视理顺与大学的关系，畅通升学渠道，拓宽人才成长的道路；通过AP课程提供适合学生的教育，使高中学生获得充分的全面的发展。

总部位于纽约的亚洲协会专门结合中国代表团的来访，举办“美国高中教育的最佳实践”的研讨会，邀请了美东地区18位资深教育专家及高中校长参加。中方代表团介绍了中国基础教育最新进展及学科教学情况。之后，与会人员就如何改革课程教学以应对创新社会需要，以及怎样利用新技术提高教学效率，促进高中生向大学过渡的政策措施等问题，进行了认真讨论。

国人总问，美国的中小学课程是不是比中国的容易？对此，在弗吉尼亚大学，副校长威廉·哈维（William B. Harvey）以学者的眼光，一分为二地对笔者谈了他的看法。他认为，美国小学、初中阶段课业要求低，课程比中国容易，学生比较轻松，尽情施展天性。到了高中阶段，课程内容就博而深了，有的学生游刃有余，如鱼得水，捷足先登，创新意识也得到陶冶，但也有的学生感到课业负担陡然加重，不堪重负，面临学习困难，所以造成高中辍学率居高不下。

九、参加部级磋商，关注数学课程

2008年4月，我随教育部领导应邀到美国首都华盛顿出席了中美部级教育磋商会，与美国联邦教育部和国务院教育文化局进行了工作会谈。会谈涉及大中小学交流、大学学分互认、方便中国学生赴美签证、加大汉语教学力度等问题，其中与笔者工作最为相关的是中小学的数学课程与教学问题。

许多美国人认为，自己的前辈具有非凡的数学能力，不仅涌现出许多数学专家，普通公民的运算本领也是强的。然而，曾几何时，这种景象一去不复返了。美国的数学研究者抱怨，各州和各学区使用的数学课程缺少前后连贯和内在逻辑。围绕中小学数学该如何教的争论持续了好多年，形成所谓的“数学论战”。论战一方坚持让学生扎实掌握基本的解题步骤，另一方则主张对教学采取更加概念化处理方式。无论持何种观念，都承认美国数学教学存在严重问题，是制约基础教育质量提高的重要因素。

早在 2006 年 4 月 18 日，时任美国总统的小布什亲自签署行政命令，责令联邦教育部组建国家数学咨询专家组，希望能为白宫提供改进数学教学的建议。以总统令形式组建国家数学顾问专家组，意味着将中小学数学教学摆到了与国家前途命运攸关的战略地位，其最终目的是全面提高人才培养质量，确保美国未来的科技实力和经济活力。2008 年 3 月 13 日，国家数学咨询专家组发布了题为《成功的基础》（Foundations for Success）的研究报告。报告认为，美国的数学教育体制已经破败，亟须重建。报告为提高全美所有学生的数学成绩提出了指导意见，其中包括有关教学材料、教学实践、教学评估、教师专业发展等方面的建议。

一是小学和初中阶段的数学课程应予以整合，学习要更为连贯，低年级应精选一些重要的题目，从而激发学生的学习兴趣，奠定学生今后深入学习的基础。

二是数学教学必须符合学生的认知规律，使儿童有一个好的开端，不仅理解概念，而且熟练计算，同时记住一些数学公式和运算方法。在数学学习中，不能单单依赖天赋，还要通过勤奋努力，不断获得发展。

三是美国公民和教育领导者应该认识到，教师的数学能力对学生的数学学习的影响至关重要，必须吸引和培养优秀人才从事数学教育工作，通过合理的评价激励他们，通过有效的措施留住他们。

四是数学教学的实践，要有科学理论做支撑，并且由具有判断能力和丰富经验的教师来完成，教师要认真指导课堂讨论，同时要鼓励学生更多地自己解决问题。

五是今后的考试评价应促进质量提高，强调一些重要的知识和技能，更多地考查学好代数所需的重要知识和技能。

六是国家应进一步支持具有生机活力的教育科学研究项目，为制定教育政策和开展教育实践提供支撑。

国家数学咨询专家组的报告受到了美国各界的广泛关注。全国数学教师理事会（NCTM）认为该报告突出了重点、精简了内容，有利于改善中小学数学教学。有的专家则表示怀疑，认为穿新鞋走老路，不会有多大起色。

在 2008 年 4 月中美两国部长级教育的磋商中，根据美方要求，双方决定举行两国数学专家研讨，进一步提出对美国国家数学咨询专家组报告的意见和建议，听取中方专家详细介绍中国中小学数学课程教学的理论和实践。作为友好回应，美方表示愿意在高水平大学建设、留学生签证等方面给中方提供更多的便利。

十、受邀介绍经验，聚焦教育质量

2010 年四五月间，我再次踏上访美旅程，连续参加了两次教育会议。

我先参加了美国各州教育官员协会和美国亚洲协会在首都华盛顿举办的会议，主题是国际比较背景下的美国教育变革。会场设在华盛顿市中心的国民自卫军纪念博物馆。选择在这样的地点开会，似乎反映出，在美国同行潜意识里，教育事业是如此重要，以至于同国家安全息息相关。与会者来自美国各州教育厅、相关大学和教育研究机构。会议特邀了中国、英国、芬兰、新加坡、加拿大、澳大利亚及世界银行、经合组织（OECD）各一位专家出席。我和另外五个国家的专家始终被安排坐在主席台上。这样安排，一方面表示对国际专家的尊重，另一方面希望国际专家随时回答问题、多做贡献。

会上，盛情之下，国际学者为美国提高基础教育质量支着。加拿大专家本·莱文（Ben Levine）是安大略教育研究院的资深研究员。他认为，美国没有必要花过多的财力、精力去发展针对残障儿童的特殊教育，那样太得不偿失。他建议美国要关注学生主流群体，关心多数学生成长。澳大利亚学者建议加强和改进基于学校的管理，认为在过去的 10 年里，这种管理模式成了很多国家流行的做法，这与基础教育地方分权的现实以及扩大学校的办学自主权的呼吁是一致的。他还指出，好的教育不光是要保障资源和投入，还要改善学校和教学的激励措施。基于学校的管理，就是要给学校充分的办学自主权，调动其办学积极性。基于学校的管理，首先要划分好校长与各种管理委员会的关系；其次要取得利益相关者，特别是教师的支持；再次要得到社区和家长的拥护，形成合力。还有的专家分析了美国州级统考与提高教育质量的关系。根据《不让一个孩子掉队法》规定而开展的州级统一考试，虽说在一些方面发挥了一定作用，但是，美国长期以来具有教育分权的传统，从根子上不愿意搞全国一盘棋。而且，测试采用的标准化试题，可能扼杀儿童的天性。目前，美国基础教育人均开支居经合组织国家之首，学生成绩却低于绝大多数经合组织国家。在会上，我主要介绍了面向2020年的国家中长期教育改革和发展规划纲要的制定背景和主要内容，当然也对美国基础教育做了些点评。

华盛顿会议结束后，我飞往中西部科罗拉多州丹佛市，参加美国教育研究协会2010年会，主题是理解变化世界中的复杂教育生态。这次盛会注册人数超过1.5万人，会场设在丹佛市会展中心，有大会有分会。会议为大中小学的教育研究者、教育决策者和一线教师提供了学习交流的平台。各教育图书出版公司闻风而动，举办了大型的新书展览。除中国教育部应邀组团出席外，许多国内学者和在美中国留学生也主动前来参会，显得非常热闹。我感到，美国同行重视其他国家的做法，注意反思本国存在问题，十分关心通过优化教师队伍建设促进学校革新、改善学生评价，以提高基础教育的质量。

十一、出席学术论坛，回应美方关切

2013年四五月间，笔者应邀第11次访问美国，在洛杉矶参加了由迈尔肯协会（Milken Institute）举办的美国重要问题国际论坛。教育是此次论坛议题之一。笔者就中美基础教育做了发言，之后参观了洛杉矶地区迈尔肯社区高中（Milken Community High），波顿高中（Burton High），高技术高中（HTLA）等一些学校。教育学者托马斯·博伊森（Thomas C. Boysen）安排并陪伴了整个访问行程。此人曾任肯塔基州教育厅长，对美国基础教育有深入研究。2012年到中国教育部访问时，笔者曾会见过他。因此，这次笔者访美，他做了周到安排，希望笔者在短时间内，对美国教育进展尽可能多了解。博伊森博士一生从事基础教育工作，曾担任过中学校长、基层学区教育局长，还担任过肯塔基州教育厅厅长，具有丰富的教育实践经验。从厅长位置上退下后，教育情怀不减，潜心从事教育比较研究。2012年10月来中国教育部访问，与笔者进行了较为深入的探讨。中国基础教育取得的成就，让波伊森博士十分敬佩。他尤其说道，中国教育部现在所抓的义务教育均衡发展工作，是惠及全民的奠基工程，很像美国历史上著名的教育家霍瑞斯·曼（Horace Mann）推进公立学校运动一样，功在当代，利在千秋。霍瑞斯·曼做过马萨诸塞州教育厅厅长、议长、美国国会议员，是18世纪末至19世纪初美国最有影响的教育家之一。2012年12月，博伊森博士从美国寄来了1971年出版的《霍瑞斯·曼传记》并附了一封信。信中称，这本书他年轻时候读过，很受启发，现在寻遍各书店也未找到，最后从网上发现美国中部印第安纳州哥伦布小镇公共图书馆剔除的图书中有这么一本，便立即订购了下来。他说，中国正面向2020年推动基础教育公平与质量，这本书或会有一定参考价值。这本书600多页，一气读完确实没有时间，但经常翻翻却也开卷有益。2013年在洛杉矶，博伊森博士亲自驾车带我参观了加州大学洛杉矶校区、南加州大学，还参观了一些普通中小学、精英中学以及特许学校，我们又进行了深入的交流。

迈尔肯学会是以迈尔肯其人命名的。迈尔肯做生意发了财，便注册了这个私立非营利机构。迈尔肯学会每年举办大型论坛，参与者主要来自美国和加拿大。而演讲人则从世界各地邀请。论坛主题每年不尽相关，且每年可能不止一个主题。2013年的主题主要涉及人与生态、人与教育、人与科技，参加者达600人左右。迈尔肯先生在论坛前与我进行了会谈，希望我针对美国基础教育存在的问题，在会上介绍中国的相关做法。

迈尔肯说，美国基础教育面临一些突出问题，亟待借鉴他国经验，寻求破解良策。

一是教师的水平普遍不高。由于教师的待遇偏低，优秀青年不愿意从事教师职业，许多现有教师事业心不强，缺乏积极性。中小学教师中数学和科学等专业领域的毕业生少，数学和科学教学常常由非专业毕业的教师担任，教师粗枝大叶，学生囫囵吞枣。

二是美国学生普遍对数学和科学不感兴趣，在大学修习这些专业的人越来越少。一大批美国高中毕业生因在高中阶段没有得到足够的训练，到大学后还需补习数学和英语，造成浪费。

三是每年都有近百万高中学生辍学，强制性义务教育的理念受到挑战，劳动力素质受到影响。

四是基础教育的发展并不均衡。地区之间，族裔之间办学条件和办学质量差别较大，薄弱学区和薄弱学校的教育质量得不到充分保障。

美国同行相信，要提高基础教育质量，教师的因素至关重要。没有高水平的教师，就没有高质量的教育。教师的工资的确定，在考虑了学历、教龄等因素之后，要体现多劳多得、优劳优酬。然而，对教师的绩效评价要有一套标准，并谨慎操作，科学实施。如果在评价教师绩效时操作不当，则不但调动不了多数教师的积极性，而且有可能引起新的矛盾，甚至遭遇教师工会抵制。不过，科学实施，说来容易做起来难。比如，要改变教师的某些不符合教育规律的行为，就是很难的事，往往需要较长的时间。所以，评价教师的时候，必须看全面，看发展，看实绩。

我注意到，奥巴马政府 2010 年提出了基础教育改革计划。主要内容是实行民办公助等多种办学体制，在全美提出一些统一的教育标准。有 48 个州、华盛顿特区和 2 个美属领地已表态支持国家标准。据悉，美国将进一步绘制面向未来的教育改革发展蓝图。包括，要加强学校管理，对薄弱学校进行整改；要提高教师水平，于 2014 年前解雇不合格校长和不称职教师；要通过加强和改进年度考试，实现 2020 年使高中毕业生为上大学或就业做好准备的目标。

基于此，在论坛上我主要介绍了中国政府及其教育部在促进基础教育公平、提高基础教育质量方面的做法和取得的辉煌成就。

结语

时间过得很快，研究美国教育已 30 多年了。笔者不能说自己不了解美国教育，毕竟本科论文题目是《美日中三国高等教育入学制度比较研究》，硕士论文题目是《美国留学生教育研究》，博士论文题目是《美国大学通识教育》，又到过美国11次近距离观察与研究，对美国教育的基本方面是知道的，对其基础教育的发展与改革的总的情况是掌握的。但是，笔者也不敢说自己真的很懂美国教育，毕竟作为一个外国人，我有着与美国师生不同的思维方式、行为特点，也没有真正融入他们的学习和工作一线环境中。加之，美国各州基础教育各有不同，试图归纳出一些共同之处并不是一件容易的事。我们所处的世界在飞速变化着，美国基础教育也在不停地发展着，因而要以辩证法的观点始终观察美国基础教育，分析美国基础教育，比较美国基础教育。实践无止境，创新无止境，研究美国教育也无止境。

第十六章

图16-1 德克萨斯州调整公路通向远方

向哪里去：美国基础教育发展趋势展望

近年来，第三次工业革命成为全球焦点话题，引起强烈的关注和重视。在第三次工业革命中，信息化与全球化深度融合，3D数字制造技术不断兴起，智能互联网、大数据、云计算成为时尚，个性化和定制化生产方式和生活方式渐成现实。第三次工业革命给全球的人才培养模式提出新要求。美国是第三次工业革命的引领者，其经济发展不靠大量消耗本国资源，而是大力实施名牌战略，出售知识产权，通过电影大片、电脑芯片、武器弹片、食品薯片等，在经济全球化浪潮中处于比较主动的地位。面向未来，为了维护经济持续发展的活力，获得充足的人力资源储备，美国以全面提高教育质量为目标，不断深化基础教育改革和发展。

一、完善课程标准，适应形势发展变化

受地方分权的教育管理体制影响，美国一直没有全国统一的课标。近年来，为了引导各州开展教育改革、提高教育质量，联邦教育部和有关机构制定了学校核心课程的基本参考标准，启动了一系列改革项目，鼓励和资助各地颁布参考标准进行课程实验。特别是随着《不让一个孩子掉队法》实施，美国朝野提高教育质量的呼声日高，各州遂对照全国标准，根据本州实际组织开发或完善了本州的课程标准。

（一）认真完善必修课课程标准

美国认识到，面对世界科技迅猛发展和学习化社会悄然而至的新形势，一次性学校教育对人的一生发展远远不够，终身教育、终身学习、终身发展成了国家进步和个人成长的必由之路。课程改革要适应新的形势，更新学科内容，重视培养学生的学习热情、自学能力、探究本领，以便在将来工作和生活中不断获得新的知识和技能。首先，保证基础性课程在课程设置中的地位。要求学生必修英语、数学、科学、社会、体育、艺术、外语等课程，保证充足的课时。其次，纠正曾经存在的轻视知识的倾向，精选对学生终身学习有益的课程内容，保留或增加基础知识，体现学科的逻辑结构和学生的心理结构。2010 年，美国颁布《各州共同核心标准》（Common Core State Standards）及与其相对应的公共评价要求。至 2015 年，已有 46 个州、华盛顿特区、4 个领地接纳了该标准①。美国课程标准的制定不可能避免历史遗留和现实管理体制的影响，促进美国共同的参考性课程标准的科学性和可操作性发展，是未来美国课程发展的一个重要趋势。

（二）探索开发选修课课程纲要

各州鼓励学校开设丰富多彩的选修课，使学生各得其所，各展其长。为更好地适应新时期社会和个人的需要，针对学生能力、学校环境和具体地域的特点，

---

① 杨川林：《美国国家课程标准的来临》，《世界教育信息》2015 年第 4 期。

一些地方教育部门或高中在探索开发选修课课程纲要。这些纲要明确表述高中选修课程的总体设置、学分管理制度、选课的原则、程序、要求，学校对学生选课的建议。有的把选修课程设计成综合型，有的分成不同的难易模块，供地方、学校、学生酌情选择。纽约州博览富高中的课程设置和管理与多数美国高中一样，实行基本要求框架下的学分制，即学生在完成一定必修课学习基础上，可选修适合本人的学科领域，实现有个性的发展。每学年博览富高中都向每位学生及家长印发选课指导手册，介绍学校课程设置、课程资源和选课要求等，以帮助学生根据自己的兴趣、能力、人生理想选择适当的课程。学校专设学生选课和生涯指导的咨询员，随时为学生提供选课指导。

（三）注重学科综合化渗透

美国学校在培养目标上，重视培养学生综合素质，以造就适应性强的复合型人才。在第三次工业革命的背景下，教育不再是单纯的专业教育，而倾向于全人教育和全课程育人，强化科学与人文融合平衡。在这种形势下，人才培养目标要体现个性化、创新型。培养的人要具有信息化能力和综合职业能力，能够将自身价值与社会价值、人类价值密切结合起来；具有较高的科学文化素养、跨学科的知识背景、终身学习能力和创新精神；具有较强的团队精神、健康的身心、热爱社会和自然的素养①。

在教育结构上，在小学和初中阶段实行完全意义上的普通教育，在高中阶段促进普通教育与职业教育的融合和渗透。美国教育部政策研究负责人艾伦·金斯伯格（Alan L. Ginsburg）2010 年 4 月在华盛顿向笔者介绍，美国当时只有 5% 的高中系职业高中，其余均为综合高中，兼有双重功能。

在教育内容上，重视课程整合，支持课程融通实验，增设综合性课程，帮助学生具备广阔的视野。长期以来，美国的高中将物理、化学、生物、地理视为有机整体，统称为“科学”，鼓励它们之间的综合，也重视科学与数学的联系。在博览富高中化学课上，教师做光谱分析时，讲解了光速、波长、频率三者之间的关系，而这也是物理学电磁波部分的内容。在长岛县高中的一节数学课上，教师

① 周洪宇、鲍成中：《第三次工业革命与人才培养模式变革》，《教育研究》2013 年第 10 期。

在讲解函数图像时，所举例子不单纯是抽象的变量之间的关系图像，而是物体运动速度与时间的关系，通过讨论图线形状变化，让学生认识物体运动规律。

（四）谨慎操作课程标准的修订

在课程标准制定、修订和整个课程改革过程中，美国教育部门注意听取各方意见，并通过由小到大的实验，逐步推开。据弗吉尼亚州教育厅副厅长琳达·沃林格（Linda M. Wallinger）2006 年 10 月在里士满向笔者的介绍，该州曾一度将各科标准挂到网上，接受公开审议，并指定专人收集整理网上意见。在美国，众多著名科学家、教育学家、心理学家、诺贝尔奖获得者对基础教育发展充满热情和责任心，认真研究教育规律，踊跃参与数学、科学等课程改革，而不是置身事外，评头论足，空发议论。大学教育学院的教授们在指导学生实习时，注意观察学校的运转和学科教学，并与教师切磋琢磨，提供专业指导。

此外，学校与社区的关系也非常紧密，学校服务社会，社会支持学校。学区委员会由社区各界人士代表参加，讨论本学区教育发展方向，为课程改革献计献策，提供条件保障。在广泛听取意见后，州教育厅的学科专家和特邀专家对课标每个细节逐一进行讨论，某个内容要保留，理由何在；某个知识点要加入，是否必要；某个表述要删除，会不会割断知识链，在取得共识前不予草率行动。在他们看来，课程改革乃是学校之本，涉及方方面面，只能和风细雨式渐进，不可疾风暴雨般硬推。这样做有助于少走弯路，然而从另一方面看，再好的教育举措在美国也难以雷厉风行。因此，美国课程标准在实施过程中颇具灵活性，课标的教学顺序和课时均具有弹性，留有余地。基层学区可以根据地方文化、时令季节、重大事件、家长意见以及学生实际对课程进行调整或补充。

二、注重综合素质，鼓励学生主动发展

美国政府和教育工作者清醒地认识到，教育的对象是人，必须关心人、尊重人、理解人，通过品格教育、研究性学习、治理改进、信息技术，让教师更加受到激励、更加充满活力、更加善于教学，让学生更加爱国敬业、素质更加全面、更加乐于创造。

（一）进一步加强学生品格教育

美国虽然学校虽未专门设思想政治课，但自 2001 年“9·11 事件”以来，则在相关学科中普遍增加了美国历史和国际理解等方面内容的分量，突出加强了爱国主义教育。有的州教育厅列出了高中生必读篇目，如《美国宪法》《独立宣言》和总统演说等，要求各校贯彻在教学之中，以灌输美国精神。有的州更加重视外语和国际知识教学，培养学生的国际意识，帮助他们做好应对经济全球化挑战的准备。美国各地重视品格教育与其他学科课程的整合。学科课程虽然是以科学知识的传递作为主要任务，但这些学科中同样蕴含着价值观的发展趋向，因此将品格教育与其他学科课程进行整合被认为是明智之举。得克萨斯州还通过隐性课程开发促进品格教育。在他们看来，品格教育的开展可以通过教学方式、管理工作、教职工的行为示范、教学环境等隐性课程来进行，中小学校的品格教育可以渗透到教学管理、制度文化中，将与学生学习高度相关的物质环境和精神环境都作为品德教育的重要浸入环境，促进品格教育在潜移默化中取得效果。

（二）进一步普及学生研究性学习

美国学校重视给学生提供课题研究的机会，以拓宽学习领域，获得研究本领。以纽约州博览富高中为例，学生课题分为初级、高级，指导教师中有的是本校教师，有的是校外专家。2006 年度，“城区气喘病流行问题研究”的指导者来自当地医院，“质子疗法问题研究”的指导者来自一个国家实验室，“多样能源及应用”课题由一家著名工程公司的工程师担任指导教师。参加课题研究的学生，一般能够选择重要的理论或现实问题，制订方案，刻苦研究，取得进展。例如，有的学生以“模拟蛋白质的构成”为课题，使用超级计算机和专门软件，花一年时间，克服重重困难模拟出蛋白质折叠情况，制作出与真实蛋白质尽可能接近的系统。有的学生以“记忆与学习”为课题，观察不同类型的记忆如何激活大脑的不同部位，探索与瞬时记忆、短时记忆或长时记忆相应的大脑皮层变化，试图揭示记忆与学习的关系。也有的学生以“美国与印度的食品文化”为课题，使用斯瓦茨（Schwartz）价值量表，从 2005 年住在纽约市和新德里市的年龄在 15 岁到 75 岁的居民中抽出共 150 名男女被试进行测量，观察其对某种食品的购买和消费态度，从而进行文化、宗教、种族方面的分析，探讨国家和社会经济状况对民族食品的影响。还有的学生研究“什么是优质教育网站”，对100名初中生使用5个教育网站的情况进行跟踪与测试，从内容构成、组织方式、交互作用、操作难易等方面，用实验方法确定这些网站的优缺点并予发布。

（三）进一步培养学生创新精神

鼓励学生大胆思考。美国学校大力开展启发式教学，尊重学生的主体地位，突出了教学的发展性。长岛县高中一节化学课上，教师在讲授气体的占空间、可压缩、易扩散性质时，都通过演示实验帮助学生理解，并指导学生自己归纳出结论。学校努力保护学生的好奇心和求知欲，提倡和鼓励学生大胆质疑，独立思考，勇于冲破现成的思维定式。

提供创新时间和空间。在教学中，美国学校重视提高课堂效率，不搞加班加点，让学生有时间思考问题。各学校不仅强调课内学习，也强调课外多渠道学习，强调学生之间的相互促进和交流，强调接触自然，参与实践，锻炼发现问题、提出问题、分析问题和解决问题的能力。另外，学校重视帮助学生了解创造发明过程，掌握创造发明的基本方法或规律，逐步具备初步的创造能力。

注重知识发生过程。有的教师讲解物体平抛运动这节课时，大部分时间是让学生通过实验台上操作，验证物体在水平方向匀速运动和竖直方向自由落体运动的等时性，测量物体的初速度，描绘其运动轨迹，分析测量数据得出物体的轨迹方程。数据的采集是实时的，数据的分析处理更强调方法，整个课堂给学生创设了较宽松的探究氛围。教师引导学生积极主动参与实验，亲身体验知识发生的全过程，经过认真思考和分析，自己得出正确的结论。

（四）进一步锻炼学生实践能力

美国的学校注重通过课内外、校内外的教学或活动，增强学生的实践能力。在美国学校考察时，笔者曾看到这样的景象，即学生在教师辅导下饶有兴趣地用可乐瓶、打气筒等废品或低成本材料自制水推火箭。一些学校的实践教室颇像工厂车间，车、铣、刨等各种工具应有尽有。学生们在学校养殖场养鱼，在玉米试验田里劳动，从做中学，锻炼了动手能力。长岛县高中成立亚洲俱乐部、法国俱乐部、希腊俱乐部、意大利俱乐部、烹饪俱乐部、艺术俱乐部、舞蹈俱乐部、形体俱乐部、啦啦队俱乐部、科学研究俱乐部。该校还组建了男女棒球队、排球队、网球队、篮球队、手球队、足球队、垒球队、橄榄球队、保龄球队、高尔夫球队，以及剑术队、体操队、游泳队、摔跤队等。众多的学生社团举办着丰富多彩的活动，有的是学术性的，有的是为锻炼学生领导才能提供的各种平台，有的提供课堂以外社会化或者人际交往的机会。

三、开设先修课程，密切中学与大学的联系

（一）先修课程呈扩大之势

大学先修课程于1951年由福特基金会资助启动实验，1955年美国大学理事会接手管理，次年首次举办AP考试，当时的考试课程只有11门。自20世纪80年代开始，开设AP课程的学校逐渐增多。进入21世纪，随着各界对高中教育质量期待提高及名牌大学招生时对申请人AP考试成绩的看重，开设AP课程的高中越来越多。2006年开设AP课程的高中校，已逾全美高中总数的60%。其中，多数高中开3—5门，优质高中则往往开设10门以上。至2006年，AP计划涵盖了22个领域的37门课程，即：物理（力学）、物理（光学）、物理（电学）、生物学、微积分A、微积分B、微积分C、化学、计算机A、计算机B、心理学、统计学、环境科学、人类地理学、宏观经济学、微观经济学、美国史、欧洲史、世界史、美国政府与政治、政府与政治（写作）、音乐理论、艺术史、美术作品（绘画）、美术作品（二维设计）、美术作品（三维设计）、英语、英美文学、法语、法国文学、拉丁语、拉丁文学、西班牙语、西班牙文学、德语和德国文化、中文和中国文化、日语及日本文化。其中，中文和中国文化于2003年列入AP计划，2007年开考。到2014年，美国高中已经能够提供10多个学科近40门课程的服务，开设AP课程的高中达到14000所①。

① 熊万曦：《美国高中国际文凭课程发展研究》，《比较教育研究》2015年第3期。

（二）先修课程基本得到认可

AP 课程对学生、高中、大学具有多重意义。对学生来讲，学习 AP 课程，可提前体验大学阶段学习，挑战自我，开阔视野，提前进入一个崭新的学习领域。学完 AP 课程可参加由美国大学理事会组织的全国标准化统考。AP 考试采取 5 分制，3 分及格，为多数大学所接受，名牌大学则要求 4 分乃至 5 分才能折抵大学学分。例如，哈佛大学规定，只有 5 分的 AP 成绩才能折抵学分。学生若有几门 AP 课程高分通过全国统考，便可在申请大学时占得先机。把成绩带入大学折抵学分，可节省学费，并有更多的时间从事自己喜欢的研究，谋划下一步的专业发展。对高中来讲，通过设置 AP 课程，丰富了办学层次和教学领域，给学生提供更广阔的发展空间，让天资聪颖和学有余力的学生捷足先登，增强了学校的影响力。对大学来讲，由于 AP 课程使高中生多方向多层次分流，在一定共性发展基础上实现有个性、有特长地发展，从而有助于改革大学招生考试办法，拓宽发现和选拔人才的道路。

美国的大学何以看重 AP 成绩？

一是认为 SAT 允许多次考试，取其最佳，难以看出学生实际水平，而 AP 课程只允许考一次，无法靠机械训练提高成绩，更能预测高中生未来在大学里的成绩。

二是断言 SAT 只考某一方面的知识，且所考内容与学生未来在大学阶段学术潜力发展关系不大，而 AP 考的本身就是前置的大学课程，涵盖知识面较广。

三是 SAT 几乎都属选择题，不利学生尝试多种解题办法，而 AP 考试题目比较灵活，学生可以自由发挥，分数由人工判定，比机器判卷更能测出学生的思维能力。

从总体上看，AP 课程还是受到欢迎和肯定的。2006 年 5 月美国国家科学基金会（NSF）向大学理事会拨款 180 万美元，重新设计高中的物理、化学、生物、环境科学课程，以提高学生学习科学的兴趣。NSF 希望在设计新课程时，要运用新的教育科研成果来编排内容，以新课程为载体，唤起广大学生科学探索之热情。为此，大学理事会成立了 4 个 AP 课程委员会进行工作，所有课程修改于 2007 年 12 月完成，2009 年秋季按新课程施考。相关组织者注意让学校和社会对 AP 考试“早知道”，在 2015 年 AP 的网页上，提前两年发布了关于 2017 年 AP 开考规则的说明。

（三）先修课程普及存在困难

AP 课程远非尽善尽美，对于本已学习较差的学生，AP 课程会造成一定的心理压力。在学生中，产生自卑感者有，更加厌学者有，辍学者也存在。对此，美国教育部在办公大楼正门悬挂“不让一个孩子掉队”标语，时时提醒联邦教育政策要面向全体学生。各州启动相应控辍计划，希望能帮助学习困难学生完成学业。即使认同了 AP 课程，地处偏远的高中或城市师资条件较差的高中，在开设方面也常感力不从心，面临诸多困难。对此，一方面有关部门反复解释，AP 课程不要求所有高中都开设，各学校应量力而行，另一方面积极通过网络 AP 课程进行弥补，或请大学教师上课以解决高中师资力量不足的问题。毕竟，AP 考试成绩是研究型大学录取新生的一个指标，高中怎能坐视不理。但是，美国高中办学条件良莠不齐，学生程度差别也大，完全解决这一问题可谓近期无望。事实上，美国教育界也无意将高中拉平，看来这种矛盾将长期存在。

四、增加选择机会，满足多样化教育需求

在创新型国家建设的总体战略中，美国各州勇于摆脱制约教育发展的桎梏，开阔办学思路，创新教学实践。在课程改革和教学过程的各个环节中，重视对学生创新精神和创造能力的培养，因材施教，让所有学生在各自基础上获得充分发展。

（一）创新办学体制

美国人认为，高质量的教育不是僵死的教育，义务教育阶段的就近入学办法，旨在为家长提供方便，而不是完全限制选择权。为适当满足家长择校愿望，各地采取了划大选校范围、补贴私立学校、举办特许学校、允许在家上学等措施。

自 1991 年开始，为了增强学校教育生机活力，为家长和学生提供选择机会，

部分州将一些由公共财政支持的中小学校交由教育专业团体、非营利组织或个人承办，让其拥有学校管理和教育教学自主权，不受通常的教育法规制约。当时，宾夕法尼亚州费城的40所质量比较差的公立学校交由非营利组织来管理，十年后取得成效，受到认可，于是这种做法得以效仿。2010年5月3日，纽约参议院以45∶15的表决结果，通过了特许学校新法案，据此，纽约州的特许学校从200所增加到460所①。到2011年，40个州已有关于或涉及特许学校的立法，特许学校数量增至3500所，在校生逾100万人②。

学费代用券办法继续实行，学生拿到政府发的这种学费代用券后，可选校就读，教育经费跟学生走。这一政策使得低收入家庭的子女也有选择学校的机会。2010年，新泽西州议会以75∶0全票通过议案，允许学生跨区选择就读公立学校。学生居住的学区如因质量问题留不住学生造成小学生到2英里之外、中学生到2.5英里之外就读，则须为其支付交通费。当然，如转学到20英里之外，则无须支付交通费了。

此外，因不满意公立学校的现状，或宗教原因，或希望将子女培养成与众不同的人才，更多的家长可能会选择让子女在家接受教育，在家上学会继续抬头。

（二）设置实验性学校

由于历史传统、教育哲学、经费来源不同，各地各校的硬件条件、师资水平、办学质量相差悬殊。且不说一些非常有影响的私立寄宿制高中及专司学术性的大学预备教育都已成为远近有名的重点高中，即使公立教育范畴之内，在弗吉尼亚、纽约等州也长期存在“重点高中”。例如，弗吉尼亚州杰弗逊科技高中，就一直跨学区选拔招收在数学、物理、生物或计算机方面有天赋的学生。与此类似，纽约市三所优质高中采用考试选拔新生，实施学术性教育，努力为拔尖人才培养奠定基础。美国各地还有一些社区或者大学办的“磁石学校”，课程具有挑战性，教师也是精心挑选而来，学业要求较高，目的也是满足学生的兴趣和学习需求，为他们提供更多发展机会。联邦教育部专设“磁石学校”基金，用于奖励

① 中国驻纽约总领事馆实地调研的结果。

② 参见美国特许学校官方网站（http：//www. uscharterschools. org）。

学术水平高、课程改革有成效、做出贡献的“磁石学校”。

美国的“重点高中”之所以能存在和发展，有其适宜的土壤。很多人认为，未来社会不光需要高素质的劳动者，还必须有科技精英和社区领袖，这些人在高中阶段应奠定良好基础；人的天赋、兴趣、才能确有差别，高中阶段又是学生成绩分化时期，应给予针对性的教育。弗吉尼亚大学教育学教授迈克尔·麦肯纳（Michael C. Mckenna）2006 年 10 月在该校对笔者坦言，美国高中生 20%属一流，45%还可以，35%是很差的。将前 20%的学生用一种具有生机活力的方式培养成才，就可以引领科技进步，使美国经济发展获得持续的智力支持。当然，对上述理由，并非所有美国人都认可，因而主张基础教育均衡发展、取消实际存在着的重点学校的声音也不绝于耳。

可见，在美国面向全体学生的普及教育和面向少数学生的英才教育是同时存在的。本书第六章和第九章相关部分对此进行了较为具体的介绍，不再重复。

（三）实施校内分层教学

美国学校课程进度适应学生学习程度和需要，尤对学习有困难的学生给予特殊关照，体现出较强的人本精神和向每个纳税人负责的态度。例如，各地多数学区组织学生参加学术性向测试预考（PSAT），高中以此作为进一步分层教学的依据。分层教学形式多样，校内课程设置和结构有较大的选择性和自主性，课堂教学的灵活性和开放性也很大。不仅如此，在校内还通过学生社团和形式多样化的课外活动满足学生的不同需求，在校外通过与政府、社区和大学的有效联合，为学生创造出多样化的学习机会。这些措施充分考虑了学生的个性差异，满足了不同需求，促进了学生潜能的发展。

在面向全体学生的同时，一些高中还重视给那些有潜力的学生提供更大的发展空间。特别在 11 年级和 12 年级的课程安排上，突出了分层或多向发展。如博览富高中 11 年级英语课有：常规水平的英语 11，差别性教学的英语 11C，荣誉课程英语 11H 以及英语 11AP 课程——英语语言和写作。教师指导学生依据自身学业成绩和能力选择课程，例如要选择荣誉课程英语 11H，应先在英语 9 和英语 10 课程学习中成绩优异、获得校英语教研部的推荐。荣誉课程除了覆盖常规水平课程的内容外，还希望学生获得高水平思考、阅读、写作、听说技能，要求读更多材料，写出研究论文，强化对文学作品做专题研究，对作品多艺术形式做深度分析，突出批判性讨论、反思式写作。相应地，该校对学习英语 11AP 课程要求就更高。

为了体现自主性和选择性，强调发挥学生的主体意识，弗吉尼亚州把课程标准称作“学习标准”，并在各门学习标准前言中明确指出，学习标准并非涵盖全部具体教学内容或方法，而是鼓励教师参考这些标准选择适合学生的教学策略和评价方式。学生修完这些课程须参加考试，根据通过考试的情况，获得不同的高中文凭。例如，就科学课程而言，要获得“标准文凭”，需最少完成 2 个不同领域的 3 门科学课程；要获得“高级学习文凭”，则需最少完成 3 个不同领域的 4 门科学课程。

美国的大学不同院系对科学掌握程度要求不一，高中生须根据自身情况，选择与日后大学学习相适合的高中科学课程的学习内容。例如，纽约州博览富高中的物理课程设置就体现了这个特点。一是概念物理。介绍物质相互作用和能量的特性和本质，以及力学、热学、电磁学、波动学、光学和原子核等基本的物理学原理，面向所有学生，传授作为现代科技社会的合格公民所必需的科学知识，弘扬科学精神，注重科学与生活、社会的联系。二是 AP 物理。涵盖力、热、电磁、波、光学、狭义相对论和原子的结构。学习之，学生须具有代数和三角函数、实验技能、图线分析技能等方面的基础，旨在为今后学习科学或工程的学生做准备。三是研究性物理。为那些对科学、工程、数学、计算机有极大兴趣，具备较强的科学背景的学生做继续深造的准备，指导他们开展科学探究，充分发挥潜能。

在未来的教育中，学生个体越来越从群体的教育接受者变成教学过程的中心，强调学生的自主学习、个性化学习，按照学生自己的节奏学习，而不是被动地接受教师面向全班同学统一进度的灌输，教学资源、教学过程、学习评价更加以学生为中心，教师的作用也由教学主导变成学生学习的引导者和服务者①。

① 陈永红：《信息技术吹动教育变革的“风口”在哪里?》，《中国教育报》2015 年 3 月 24 日。

五、推广信息技术，促进到位避免越位

2010 年，美国颁布“国家教育技术计划”。该计划涉及教育系统的每一个领域，是涉及教育系统中所有组成要素的全面的教育发展计划。2013 年 6 月，奥巴马在北卡罗来纳州公布了一个大胆的教育改革计划，即要在五年内让全美 99％的学生都能享有高速宽带，将美国带入宽带时代，为 21 世纪注入活力。面向第三次工业革命的大形势，美国将进一步发挥信息技术的作用。用信息化带动制造业革命，智能制造、绿色制造正在改变制造业的模式，引领着产业发展新方向。教育信息化是教育理念和教学模式的深刻变革，是促进教育公平、提高教育质量的有效手段，美国致力于促进信息技术与基础教育的深度融合。

（一）信息技术有用有效

从一定意义上说，有了慕课这种大规模开放式在线课程，只需一根网线，每个学生都能享受优秀数字资源，实现接受名师教育的梦想。慕课是帮助人们树立终身学习理念、构建学习型社会的重要手段。世界在飞速变化，新情况、新问题、新发明层出不穷，知识更新速度加快。人们要适应不断发展变化的客观世界，就必须把学习从单一的求知转变为一种生活方式，而慕课适应了这样的需要。慕课实行免费，供全世界的人们选学，有利于知识的传播。作为一种崭新的教育和学习形式，慕课正打破学校之间的隔墙，让更多的人分享优质教育资源，是实现教育公平的有效形式。世界银行专家阿树涛希（Chandra Ashutosh）在对 40 多个国家在教育中使用信息技术的情况进行调查后认为，在迅速变革时代，任何国家都不应对信息技术不理不睬，不能让任何学生远离现代文明。信息技术对城市学校并不成问题，推进信息技术应用，其实是对农村教育的支援。信息技术可用来改善管理，可用作教师培训，可用作教师特别是偏远地区教师与外部联系及愉快生活的手段。学生的研究性学习、项目学习常常也需要借助电脑。信息技术让过去只有城市和发达地区学生享有的优质教育资源到达山乡，让那里的孩子受益，并了解外部世界。面向未来，随着互联网技术深入发展和网络辅助教学的应用普及，教学过程中教师和学生的行为、教学过程和学习成果的大量数据被

网络教学系统记录下来，通过对教育大数据的综合分析，有助于改善和提高教学质量。

（二）信息技术只是辅助

世界银行的研究报告对信息技术在学校运用的效果持非常谨慎的态度①。评估表明，若一堂课超过一半的时间使用电脑，就会降低教学效果，信息技术的作用不能无限夸大。课堂上，既不能以教师为中心，也不能以信息技术为中心，而要让学生做课堂的主人。“计算机辅助教学”的概念比较好，机器不应取代人成为主导，也不必任何课都用信息技术。传统的方法不能轻易丢弃，教师作用不能降低。世行的研究报告还指出，将计算机放到教室比建计算机室好；多大年龄引入计算机学习还不确定，但绝不是越早越好；如果指望靠信息技术提高教育质量，那么及早停止吧，这在拉美国家已证明了行不通。

（三）信息技术需要条件

政府资金投入、企业参与、社区捐助、电力到达缺一不可。教师是否适应、教学内容是否适合也是需要考虑的问题。与世行研究结果不同的是，蒙古国教育部官员称，在学校设立电脑室是他们的做法，由于资金所限，不能让人人拥有笔记本电脑，集中使用比较合算。哥伦比亚早在20世纪80年代就积极推进现代化教育手段，而今却不敢自称成功。在美国麻省理工学院媒体实验室推介下，柬埔寨、印度等国近年试行“100美元电脑”计划。推介者称100美元就可配一台笔记本电脑。事实上，100美元的电脑功能太差，扩充功能后则超过了200美元。目前，这个计划风声大，雨点小，并未得到大面积推广。美国曾长期存在所谓“数字鸿沟”问题，不同的学区之间由于经济条件不同，学生接触和使用计算机等信息技术产品的机会悬殊，所接受信息技术教育的程度各异。经济欠发达学区不但在资金、设施等硬件条件方面表现出弱势，师资水平、管理能力也同样与经济发达学区存在明显差距，同时还受经济、文化、社会等因素的综合影响。

① Michael Trucano. *Knowledge Map*：*ICT in Education*. The World Bank，2005，pp. 5-8.

六、开展扶弱济困，更加强调有质量的公平

美国各界曾一度认为，教育特别是义务教育是各州和地方的责任，并经常援引宪法修正案中关于“本法未授予联邦拥有，而又未禁止各州享有的权利，均归各州和人民”条款。由于宪法修正案未提及教育，故教育被自然地看作是各州和地方的事。在这样的思想指导下，联邦政府在20世纪中叶以前，对教育很少过问，联邦教育部处于时设时废状态。第二次世界大战后，特别是苏联人造地球卫星上天以来，美国朝野逐步认识到，教育对国家发展至关重要，甚至与国家安全息息相关，从此，联邦政府加大了对全美教育的参与力度。联邦政府对教育的拨款在逐步增加。例如，对公立基础教育的投入，从20世纪中叶占整个公立基础教育投入不到3%，提高到现在的7%左右。联邦政府的经费虽只占小头，但好似最后一个馒头，少了它就会感觉没吃饱。

联邦教育部无法对各州教育官员的任免提出建议，无法干预各地具体的教育运作，但它通过立法和经费对各地教育施加越来越大的影响。布什政府采取强硬措施对付各自为政的各州教育当局。夏威夷从联邦政府拿到的拨款远远大于各州平均数，因而该州明确表示，其公共教育事务接受联邦教育部的指导。2006年秋，笔者前往夏威夷访问，发现该州教育厅负责人和一些学校的负责人对联邦教育部的相关政策十分熟悉。当然，联邦教育拨款也是有条件的，如果一些州教育当局未能落实联邦教育法规中的要求，联邦教育部将扣留其拨款。例如，俄亥俄州现行的教育法规曾与联邦《不让一个孩子掉队法》规定有许多不一致之处。当时，联邦政府警告说，如果该州教育法规不及时修正，教育部极有可能扣发其4亿美元的拨款。俄亥俄州政府对中小学的财政预算是70亿美元，教育部的4亿美元相对来说是个小数目，但在当前州政府财政紧张的形势下，要是少了这笔款项日子就更不好过了，州内各界也不会答应。因此，州长向州议会施压，让它尽快修改现行的州教育法规有关条款。

奥巴马政府重视增加教育投入，并将其作为促进教育公平的重要手段。在经济欠发达的地方，联邦的基础教育拨款就比较大，而对发达的地方，联邦所拨基础教育经费很少或完全没有。联邦政府还专门为贫困学生集中的地方教育部门提

供资金，通过改进标准与评估，提高教学和合格教师的公平分配，加强数据采集，辅助薄弱学校，强化相关教师培训，扩大早期教育，开发网络课程，提供课外辅导。联邦政府还启动了流浪儿童和青少年教育项目，增设三个特殊教育拨款项目。

2009年，经过与国会的讨价还价，奥巴马政府拿到了刺激经济增长的资金，在支持华尔街改善金融环境和底特律挽救汽车工业的同时，联邦政府推出了40亿美元的庞大基金振兴教育事业。这让教育部长邓肯（Arne Duncan）很有面子，更让教育发展受益。在美国，从某种意义上可以说，政策就是钱。面对高度分权自治的基础教育体系，一味的号召几乎等于废话，经费的调节则是实实在在的。2010年的联邦政府对基础教育的经费也有了明显的增长。新设3亿美元的项目，用于实施早期学习挑战资助计划，同时增加10亿美元，用于中学教育的改进。

奥巴马多次表示，美国的未来取决于教师，他呼吁新一代美国人挺身而出，发扬奉献精神，到郊区、小镇、贫困地区学校为教育、为国家贡献才智。与此同时，政府承担起相应的责任，采用奖励手段，采取创建教师从业奖学金等措施吸引和培养有才华的年轻人到中小学任教，激励他们到最需要的地方去从事数学、科学等学科的教学。奥巴马政府倡导教师绩效工资制度，认为好的教师应受到奖励，不称职的教师如果不思进取，就没有必要留在教师队伍中了。芝加哥市公立教育系统参加了绩效工资试点项目。南达卡塔、得克萨斯、田纳西、纽约市等地也实行了绩效工资制度。

美国联邦教育部于2007年公布了《2007—2012年战略计划》，提出了要让所有学生的阅读和数学水平均达到目标要求、提高所有高中学生的学习成绩、确保高等教育的普及性三大目标。在管理方面，该《计划》提出加强财政管理及内部监控、改善联邦教育部人力资源的战略性管理、实现财政预算和业绩的整合三大目标。从这个《计划》的提出和执行，可以管窥到美国在教育改革与发展方面的着力点是提高质量。

面向未来，基础教育处于继续发展和改革之中，其中提高质量是基础教育改革的核心。科技的发展，经济的繁荣，民主的健全，公民的福祉，在很大程度上，都取决于基础教育的质量提升。例如，美国有教育专业协会认为，基础教育的质量提高应满足以下目的，即学生的成绩、对学生的综合性支持、学校的核心状况、专业学习社区、有效的资源利用。达到这些目的之策略是：系统整合，多方交流，联手合作，持续改进。

七、更加体现基础教育治理改善

不像其他一些国家那样强调管理，美国更看重治理。强调管理时，一般体现为自上而下用权，提要求；而强调治理，则主要期冀调动方方面面积极性，重协商。治理是各种公共的或私人的机构及个人管理其共同事物的许多方式的总和，是使相互冲突的或不同的利益得以调和并且采取联合行动的持续的过程①。治理的实质是建立在市场原则、公共利益和认同之上的合作。它所拥有的管理机制不单是依靠政府的权威，还依赖合作网络的权威，其权力是多元的、相互的，而不是单一的和自上而下的②。治理是公共利益最大化的社会管理过程，其最终目的是实现善治，本质是政府和公民对社会公共生活的合作管理，体现政府、社会组织与公民的一种新型关系。

面向未来，美国联邦教育部将设计更多与拨款相联系的项目，积极引导全美教育改革。在基础教育、高等教育、终身教育、国际教育交流与合作等方面，教育部的声音将会更大。教育，连同卫生、国防、外交等，被视为联邦政府分内之事，以后投入的经费将更多，付出的努力会更大。美国各州政府将对基础教育的公平保障和质量提升提供更多的公共服务。

家长和社区对基础教育的参与日益直接和广泛。教育越来越成为全社会关心的议题。总统大选时，讨论教育问题比以前更多。各州和地方选举时，一些候选人把发展教育作为竞选纲领的重点。政客们往往尽说选民爱听的话，可见教育在民众心目中占据重要位置。在美国，全社会参与教育，主要体现为对教育的关心、支持，而不是“齐抓共管”，搞得教育部门和学校无所适从。教育有其自身

---

① 李阳春：《治理创新新视阈下政府与社会的新型关系》，《中共中央党校学报》2014 年第 5 期。

② Anthony R. T. and Others. *Governance as Trialogue*: *Government-Society-Science in Transition*. The Springer Press, 2007, p. 29.

规律，定会沿着一定的方向不断前进。

中小学普遍设立家长教师联谊会。家长除传统上帮助学校募集一些小钱，到期末给教师送个小礼品外，还直接参与校内、校外各种活动，如在课堂上给老师当助手，到校图书馆义务帮忙。最主要的是，家长对学校管理提出意见，予以监督。纽约市各学区成立的家长委员会，由自愿报名、竞选产生的热心人组成，对本学区的教育计划、课程安排、课外教育项目进行审议，并提出整改意见。长岛市高中专门设立家长代表办公室，家长代表驻校参与和监督学校治理。当然，各级教师工会的力量一直很大，将来还是会很大的。教师工会协调内部纠纷，规范教师行为，同时代表教师群体与州政府、学区教育委员会讨价还价，甚至不惜组织教师罢课以争取权益。在美国，按程序组织罢课虽不违法，却往往对正常教学造成影响，因此常常让教育部门头疼，让社会各界厌烦。

社区与企业将更多地直接参与教育活动。社区和企业一方面对教育有钱出钱，有力出力，大力支持，另一方面，对教育提出更高的要求。如果学区的管理或成绩未能达到社区居民的期待，就会失去支持，教育局长就得走人。因为局长是由学区教育委员会任命的，而学区委员则是由居民选举产生的。

结语

从《国家处在危险之中》到《2000 年目标：美国教育法》，从《不让一个孩子掉队法》到《每一个学生成功法》，美国一直在为基础教育质量过低痛心疾首，为提高基础教育质量建章立制。为此，联邦教育部研制了参考课标，组织了国际交流，推动了州级统考，改进了质量评价，提供了技术支持。各州调整了课标难度，组织了教师培训，增加了学区指导，帮扶了困难地区，扩大了教育选择。各学区精选了教材版本，实施了连片教研，更新了教育手段，开展了绩效排名。下一步，美国为了继续促进教育公平、提高教育质量、提升学生素质，将进一步加强系统科学文化知识传授，并发扬重视培养学生创造性和动手能力的传统，同时尊重学生差异，培养学生良好品德、豁达性格、坚强意志、健康体魄、审美情趣等非智力因素。面向未来，世界正进入一个信息传递高速化、商业竞争全球化、科技发展高新化的时代，进入一个以知识密集的智力资源为基础，以信息生产和利用为核心，以人力资本和技术为动力，以高新技术产业为支柱，以强大的知识创新、科技创新、人才创新体系为后盾的崭新时代。随着国际政治、经济、科技和社会形势的速变，世界教育正在呈现出一些新的趋势，而美国教育则处于变革的前沿。

后记

2004年人民教育出版社出版了笔者的专著《走进美国教育》。该书后来得到重印，受到欢迎。十几年过去了，外部世界变化很大。而我国教育更是进步明显，引来美国同行屡屡来华考察学习。美国基础教育方面的许多有益做法，在当下的中国学校也已成为现实。所以，笼统地介绍美国基础教育一般情况，会让国人感到不能解渴。于是，我在《走进美国教育》中有关基础教育的章节的基础上新撰了《美国基础教育：观察与研究》。本书不仅在内容上进行了大量更新与补充，而且增加了近年来笔者对美国基础教育的新观察和新思考，特别是增加了一些中国基础教育工作者普遍关心的内容。

在本书即将付梓之际，我充满感激之情。我要感谢几位恩师，他们是本科阶段引导我关注外国教育的孟宪德先生，硕士阶段对我谆谆教诲的刘文修先生，博士阶段对我耳提面命的滕大春先生。感谢曾主持我硕士论文答辩的顾明远先生，主持我博士论文答辩的黄济先生，鼓励我学以致用的李秉德先生。感谢朱永新先生欣然为本书作序。我还要感谢参与书稿阅校的教育部信息中心陈海东博士、北京师范大学教育学部余胜泉博士、天津市教育科学研究院刘金明博士，还有我司赵珊、赵宇、孙颖、房玮等同事。当然，在漫漫学术道路上，给予我指导、启发、帮助的老师、领导、同学、朋友、同事还有很多，我衷心感谢他们，真诚祝福他们。人民教育出版社有关领导和编审人员为此书的编辑出版付出了辛劳，谨此一并致谢。

在写作过程中，笔者参考了许多学者的研究成果，已尽量在文中做了脚注。如不慎仍有遗漏，敬祈原作者谅解。

本书所配照片均为笔者所拍。

终日忙于教育行政工作，只能挤时间完成本书稿，持续五六年，确实不够专注。有的章节是在访美途中写成的，不乏真实感受，却有杂乱不精之嫌。本书试图客观反映美国基础教育的重要方面，把握美国基础教育发展方向，但愿对读者有所助益。书中有的表述或失之偏颇，还望各位读者、贤达不吝指正。

作　者

2016年1月1日于北京